Tunesien

Hans-Joachim Aubert
unter Mitarbeit von Michael Köhler

Inhalt

Landschaften und Kulturen zwischen Wüste und Meer

Landeskunde im Schnelldurchgang	10
Geographie – Maghrebinische Vielfalt	12
Bevölkerung – Alltag und Kultur	16
Thema Hinter dem Schleier – Frauen in Tunesien	18
Staat und Verwaltung – Wege zur Demokratie	20
Wirtschaft – Oliven, Phosphat und fremde Gäste	22
Thema Olive und Dattelpalme – Die Säulen der traditionellen Wirtschaft	24
Geschichte – Ein langer Blick zurück	30
Thema Hannibal – Lichtgestalt oder Kriegstreiber	32
Thema Die Numider	34
Thema Die frühen Christen	38
Zeittafel zur Geschichte	49
Kunst und Kultur – Thermen, Ribats und Moscheen	52
Thema Die Moschee	56
Der Islam – Das einigende Band des Glaubens	59
Thema Mohammed – Prophet Allahs	60
Thema Koran und Sunna – Die Grundpfeiler des Islam	62

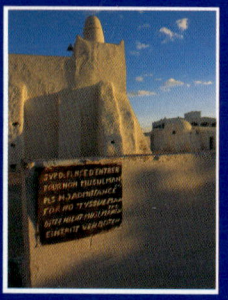

Reisen in Tunesien

Tunis und Umgebung

Tunis – Metropole mit langer Geschichte 70
Geschichte 70
Das Neustadtzentrum 73
Die Medina 75

Thema Medina – Das Labyrinth der Altstadt 84

Das Bardo-Museum 89
Belvédère 93

In der Heimat Hannibals – Die nordöstlichen Vororte von Tunis 94
La Goulette 94
Karthago (Carthage) 95

Thema Karthagos Untergang 102

Sidi Bou Said 105

Thema Im Farbenrausch – Die Reise der Maler 106

La Marsa und Gammarth 109

Zwischen Meer und Bergen – Das Becken von Tunis 111
Hammam Lif 112
La Mohammedia und der Hadrians-Aquädukt 113
Thuburbo Majus 115
Zaghouan 117

Tip Zriba Ancien 118

Cap Bon – Der Garten Tunesiens 120
Von Soliman nach El Haouaria 121

Tip Auf den Gipfel des Djebel Sidi Aboid 125

Von El Haouaria nach Nabeul 126
Nabeul 129
Hammamet 133

Inhalt

Tunesiens Norden – Badebuchten und Korkeichen

Von der Medjerda-Mündung nach Bizerte — 141
- Utica — 142
- Ghar el Melh, Ras Sidi Ali el Mekki und Raf Raf — 143
- Garaet Ichkeul (Ichkeul-See) — 145

Bizerte – Der verlockende Hafen — 146
- Geschichte — 146
- Besichtigung — 148

Einsame Buchten und steile Felsen — 152
- Zwischen Cap Blanc und Tabarka — 152
- Tabarka — 154

Durch die zentralen Bergländer — 157
- Ain Draham und Umgebung — 160
- Bulla Regia — 160
- Chemtou (Simitthus) — 164
- Zwischen Béja und Dougga — 166
- Dougga (Thugga) — 167
- Le Kef (El Kef) — 173
- Table de Jugurtha und Haidra — 176
- Maktar (Mactaris) — 177

Zwischen Meer und Steppe

Vom Berberdorf zum Yachthafen — 186
- Takrouna und Enfida(ville) — 186
- Die Küste entlang nach Sousse — 188

Sousse – Königin des Sahel — 190
- Geschichte — 190
- Besichtigung — 193

Zwischen Sousse und Sfax – Strände an historischen Ufern — 198
- Monastir — 198
- Mahdia — 203
- **Thema** Das rätselhafte Schiff von Mahdia — 206
- Zwischen Mahdia und Sfax — 209
- El Djem — 210

Sfax – Nahtstelle zwischen Tradition und Moderne	213
Geschichte	213
Besichtigung	213
Zwischen Sfax und Gabès	217
Die Zentraltunesische Steppe	222
Sbeitla (Sufetula)	224
Kasserine	227
Tip Auf den Djebel Chambi	228
Kairouan – Wiege des Islam	229
Geschichte	229
Besichtigung	231
Thema Teppiche aus Kairouan	236

Tunesiens Süden – Im Banne der Wüste

Die südliche Küstenebene	244
Gabès	244
Thema Schlacht um die Mareth-Linie	250
Medenine und Tataouine	251
Die bizarre Welt der Speicherburgen	253
Bergdörfer des Djebel Abiod	256
Am Rande des Dahar-Berglandes	259
Das Bergland von Matmata	265
Matmata	266
Tip Höhlenhotels	267
Die Umgebung von Matmata	268
Bergoasen am Rande der Wüste	271
Gafsa	271
Das Phosphatgebiet	274
Tip Mit dem Zug durch die Gorges du Seldja	275

Inhalt

Tamerza, Midès und Chebika	277
Tip Wanderung nach Midès	278
Die Oasen beiderseits des Chott el Djerid	282
Thema Das Kamel	283
Touzeur	285
Nefta	289
Thema Sufis – Mystiker des Islam	291
Das Chott el Djerid	292
Kebili	294
Douz	296
Die Oasen südlich und westlich von Douz	297
Pisten ins Herz der Sahara	300
Medenine – Matmata	300
Matmata – Douz	301
Zur Oase Ksar Ghilane	303
Fahrten ins Sperrgebiet	304
Djerba	306
Houmt Souk	313
Thema Die Ibaditen	314
Die Strände	317
Inselrundfahrt	318

Fremde Kulturen kennenlernen und gastfreundlichen Menschen begegnen – wie sehr genießen wir das auf Reisen. Zu Hause bei uns jedoch wird mancher Ausländer von einer kleinen Minderheit beschimpft und sogar mißhandelt. Alle, die in fremden Ländern Gastrecht genossen haben, tragen hier besondere Verantwortung. Deshalb: Lassen Sie uns gemeinsam für die Würde des Menschen einstehen.

Verlagsleitung, Mitarbeiterinnen und Mitarbeiter des DuMont Buchverlages

Serviceteil

Inhalt	329
Adressen und Tips von Ort zu Ort	330
Reiseinformationen von A bis Z	349
Sprachführer und Glossar	371
Literaturauswahl	376
Abbildungsnachweis	376
Register	377

Verzeichnis der Karten und Pläne

Die geographische Gliederung Tunesiens	13

Tunis und Umgebung
Die Medina von Tunis	78/79
Die Souks von Tunis	83
Der Großraum Tunis	95
Die Ruinen von Karthago	104
Das Becken von Tunis	111
Die Ruinen von Thuburbo Majus	116
Die Halbinsel Cap Bon	122
Stadtplan Nabeul	132
Stadtplan Hammamet	136

Tunesiens Norden
Von der Medjerda-Mündung nach Bizerte	142
Stadtplan Bizerte	147
Zwischen Cap Blanc und Tabarka	152/153
Die zentralen Bergländer	158/159
Die Ruinen von Bulla Regia	162
Die Ruinen von Dougga (Thugga)	168
Die Ruinen von Maktar (Mactaris)	178

Inhalt

Zwischen Meer und Steppe

Zwischen Takrouna und Sousse	188
Stadtplan Sousse	191
Stadtplan Monastir	199
Zwischen Sousse und Sfax	202
Stadtplan Mahdia	204
Stadtplan Sfax	214
Zwischen Sfax und Gabès	218/219
Die Zentraltunesische Steppe	222/223
Die Ruinen von Sbeitla (Sufetula)	225
Stadtplan Kairouan	230

Tunesiens Süden

Die südliche Küstenebene zwischen Gabès und Tataouine	244/245
Stadtplan Gabès	248
Das Bergland des Dahar	256/257
Das Bergland von Matmata	265
Stadtplan Gafsa	273
Die Oasen am Rande der Wüste und beiderseits des Chott el Djerid	280/281
Stadtplan Tozeur	285
Stadtplan Nefta	290
Stadtplan Douz	296
Pisten in der Sahara	302/303
Djerba	306/307
Stadtplan Houmt Souk	315

Die Wiedergabe arabischer Begriffe in diesem Reiseführer entspricht, soweit es sich nicht um im Deutschen fest eingebürgerte Begriffe handelt, der in Tunesien verwendeten französischen Transliteration. Allerdings sind die Umschreibungen im Land selbst nicht einheitlich, neben lokalen Variationen tauchen selbst innerhalb eines Ortes verschiedene Schreibweisen desselben Namens auf (vor allem bei Straßennamen). Diese Uneinheitlichkeit findet sich besonders bei der Wiedergabe der Laute ›dsch‹ (Djerba/Jerba) und ›k‹ (Okba/Ogba), bei den arabischen Kehllauten (Ksar Ghilane/Ksar Rhilane) und beim stummen ›e‹ am Wortende (Tataouine/Tataouin). Insgesamt sind deshalb trotz größten Bemühens um eine einheitliche Schreibweise Unstimmigkeiten nicht auszuschließen.

Landschaften und Kulturen zwischen Wüste und Meer

Landeskunde im Schnelldurchgang

Fläche: 164 150 km²
Einwohner: 8,7 Mio.
Hauptstadt: Tunis
Amtssprache: Arabisch und Französisch
Währung: Tunesischer Dinar (TD)

Geographie: Tunesien erstreckt sich über eine Länge von etwa 750 km zwischen der Küste des Mittelmeers und den Rändern der Sahara. Im Norden wird das Land von den Ausläufern des Atlas-Gebirges durchzogen, im Süden bestimmen der Chott el Djerid, das Bergland des Dahar und Schotterebenen das Landschaftsbild. Der Küste vorgelagert sind einige Inseln, darunter als größte und wichtigste das beliebte Urlauberziel Djerba.

Geschichte: Menschliche Besiedlung ist bis in die Altsteinzeit nachweisbar. Ab 3000 v. Chr. kristallisierte sich allmählich die Berberbevölkerung heraus. Um 800 v. Chr. gründeten die Phönizier die Siedlung Karthago als Hauptstadt des neuen Punischen Reiches. In drei großen Kriegen kämpften die Karthager gegen die Römer um die Vorherrschaft im Mittelmeerraum. Mit der Zerstörung Karthagos im Jahre 146 v. Chr. ging das Karthager-Reich unter. Tunesien geriet nun unter römische Herrschaft und erlebte eine erste kulturelle und wirtschaftliche Glanzzeit. Nach dem Niedergang des römischen Imperiums schwangen sich 439 n. Chr. die Vandalen für kurze Zeit zu den neuen Herren auf, gefolgt von den Byzantinern. Ab dem 7. Jh. wurde Tunesien von einer Welle islamischer Eroberer überrannt, die sich nach mehreren Rückschlägen festsetzen konnten. Eine tiefgreifende Zäsur in der Geschichte brachte der Einfall der Beni Hilal-Nomaden im Jahre 1051, die das Land fast vollständig verwüsteten. Im Gefolge der Auseinandersetzungen zwischen Spaniern und Türken im Mittelmeer geriet Tunesien Mitte des 16. Jh. unter osmanische Herrschaft und entwickelte sich zu einer Hochburg der Piraterie. Die eigentliche Arabisierung trat erst mit der Zuwanderung aus Andalusien vertriebener Muslime im frühen 17. Jh. ein. 1830 marschieren die Franzosen, bei denen sich das Land hoch verschuldet hatte, unter fadenscheinigen Vorwänden ein und zwangen es unter ihr Diktat. Die von Oppositionellen wie Habib Bourguiba bekämpfte Kolonialherrschaft endete im Jahre 1956 mit der Unabhängigkeit des Landes.

Staat und Politik: Tunesien ist eine präsidiale Republik, bei der, ähnlich wie in den USA und in Frankreich, das Staatsoberhaupt die Richtlinien der Politik bestimmt. Das Parlament besteht aus einer Kammer und umfaßt 141 Sitze, die fast ausschließlich auf die Mitglieder der Regierungspartei RCD entfallen.

Wirtschaft: Tunesien gehört zwar zu den wohlhabendsten Ländern Afrikas, muß aber mit einer hohen Erwerbslosigkeit vor allem bei den Jugendlichen kämpfen und weist eine sehr ungleiche Einkommensverteilung auf. Das Außenhandelsdefizit ist beträchtlich. Zu den wichtigsten Exportprodukten zählen Erdgas, Olivenöl und Phosphat. Die Industrieproduktion wächst ständig, konzentriert sich jedoch vor allem auf mittlere und kleine Betriebe. Wichtiger Erwerbszweig ist nach wie vor die Landwirtschaft, bei der Oliven-, Getreide- und im Süden Dattelproduktion im Mittelpunkt stehen. In einigen Regionen werden auch Wein und Obst kultiviert. Zum bedeutendsten Wirtschaftsfaktor hat sich im Laufe der letzten Jahrzehnte der Tourismus entwickelt. Zentren sind die Badeorte Hammamet, Sousse und Monastir sowie die Insel Djerba. Im Aufbau befindet sich das im Norden gelegene Tabarka.

Bevölkerung: Der überwiegende Teil der Bewohner hat berberisches Blut in sich, jedoch haben die zahlreichen Eroberer zweifellos ihre Spuren hinterlassen. Auf Djerba gibt es noch geringe Reste der einst bedeutenden jüdischen Bevölkerung, in den Oasen des Südens trifft man noch auf zahlreiche Nachfahren schwarzer Sklaven, in den Städten auf Minderheiten von Franzosen, Italienern und Maltesern. Die Bewohner verteilen sich ungleichmäßig über das Land. Über die Hälfte lebt in Städten, vor allem in Tunis, Sousse und Sfax. Der wüstenhafte Süden ist hingegen extrem dünn besiedelt, die Landflucht ein ernsthaftes Problem.

Religion: Der Islam ist Staatsreligion. Vertreten ist in Tunesien hauptsächlich die malekitische Schule des sunnitischen Islam. Im Süden, vor allem auf Djerba, haben die konservativen Ibaditen die Mehrheit, die sich aus der Glaubensrichtung der Schiiten abgespalten haben. Überdies leben in Tunesien noch zwischen 10 000 und 20 000 Juden und ca. 20 000 meist katholische Christen.

Klima und Reisezeit: Tunesien liegt im Grenzbereich der mediterranen und saharischen Klimazonen, so daß es immer wieder zu kurzfristigen erheblichen Klimaschwankungen kommen kann. Im allgemeinen sind die Sommer heiß und trocken, die Winter gemäßigt und regnerisch. Die höchsten Niederschläge empfängt der Norden, die meisten Sonnenscheinstunden kann Djerba aufweisen. Dort schwankt die Wassertemperatur zwischen 13 °C im Januar/Februar und 24 °C im August.

Geographie – Maghrebinische Vielfalt

Tunesien – mit 164 150 km² Fläche (offizielle Angabe) knapp halb so groß wie die Bundesrepublik Deutschland und fast doppelt so groß wie Österreich – nimmt den östlichen Teil des Maghreb ein. Als Übergangsgebiet zwischen Mittelmeerraum und Wüste reicht es von allen afrikanischen Ländern am weitesten nach Norden, stößt andererseits im Süden aber bis in die Sanddünengebiete des saharischen Grand Erg Oriental vor. Entsprechend groß ist die landschaftliche Vielfalt: Der gesamte Nordwesten wird vom **Tell-Atlas,** den Ausläufern des mächtigen, vom Atlantik quer durch den gesamten Maghreb verlaufenden Atlas-Gebirges geprägt. Der Atlas erreicht hier allerdings nicht die Höhen wie im Westen und zerfällt in drei verschiedene, west-östlich verlaufende, durch Senken und/oder Hochebenen voneinander getrennte Bergzüge: die Kette von Kroumirie und Mogod entlang der nördlichen Steilküste, das Hügelland beiderseits des Medjerda-Flusses und die stark zergliederten Kalksteinmassive der Dorsale mit den höchsten Erhebungen des Landes (bis 1544 m). Das Nordtunesische Bergland umschließt die weite Mündungsebene der Medjerda und das anschließende Becken von Tunis, ehe es seinen nordöstlichen Abschluß im hügeligen Cap Bon findet.

Die nördliche Hälfte der tunesischen Ostküste – überwiegend flach, sandig und ohne natürliche Häfen – wird von der Kulturlandschaft des **Sahel** eingenommen. Südlich des Berglandes und westlich des Sahel schließt sich die meist ebene, nur von wenigen Hügelketten durchzogene **Zentraltunesische Steppe** an, die nach Süden zu immer karger wird und schließlich auf die Senke der *Chotts* trifft, jener großen Salzseen, die das Land in zwei etwa gleich große Hälften teilen. Südlich der Chotts erstrecken sich längs der Küste die Djeffara-Ebene mit der vorgelagerten Insel Djerba und parallel dazu das Dahar-Bergland; im übrigen beginnt nun die Sand- und Geröllwüste der **Sahara.** Die Nord-Süd-Ausdehnung Tunesiens beträgt ca. 750 km, die Ost-West-Ausdehnung zwischen 200 und 300 km; die Küste ist fast 1300 km lang. Ganzjährig wasserführende und ins Meer mündende Flüsse finden sich nur im Norden, darunter vor allem das System der Medjerda (420 km, davon 361 km in Tunesien) mit ihren Nebenflüssen. Die oft tief eingeschnittenen *Oueds* (Wadi; Fluß, Flußbett) des Südens dagegen liegen fast immer trocken, können sich aber nach Regenfällen in reißende Ströme verwandeln. Zumeist münden sie in abflußlose Becken vor der Küste, wo sich infolge der hohen Verdunstung Salzsümpfe bilden.

Klima

Das tunesische Klima ist geprägt vom Widerstreit zwischen mediterranem und saharischem Klima, wobei – bedingt durch den Verlauf der Bergzüge – eine Nord-Süd- und eine Ost-West-Gliederung zu unterscheiden sind. Vereinfacht ergibt sich folgendes Schema: Die Nordküste präsentiert sich noch vollständig mediterran (warme Sommer, milde Winter, hohe Niederschläge), die südli-

Die geographische Gliederung Tunesiens

cheren Bergketten und die Ostküste zeigen schon merklich trockeneres und mehr kontinentales Klima (höhere Temperaturschwankungen, in den Bergen winterliche Schneefälle). In der Zentraltunesischen Steppe stoßen dann beide Klimazonen scharf aufeinander. Launisches Wetter mit teilweise langen Trok-

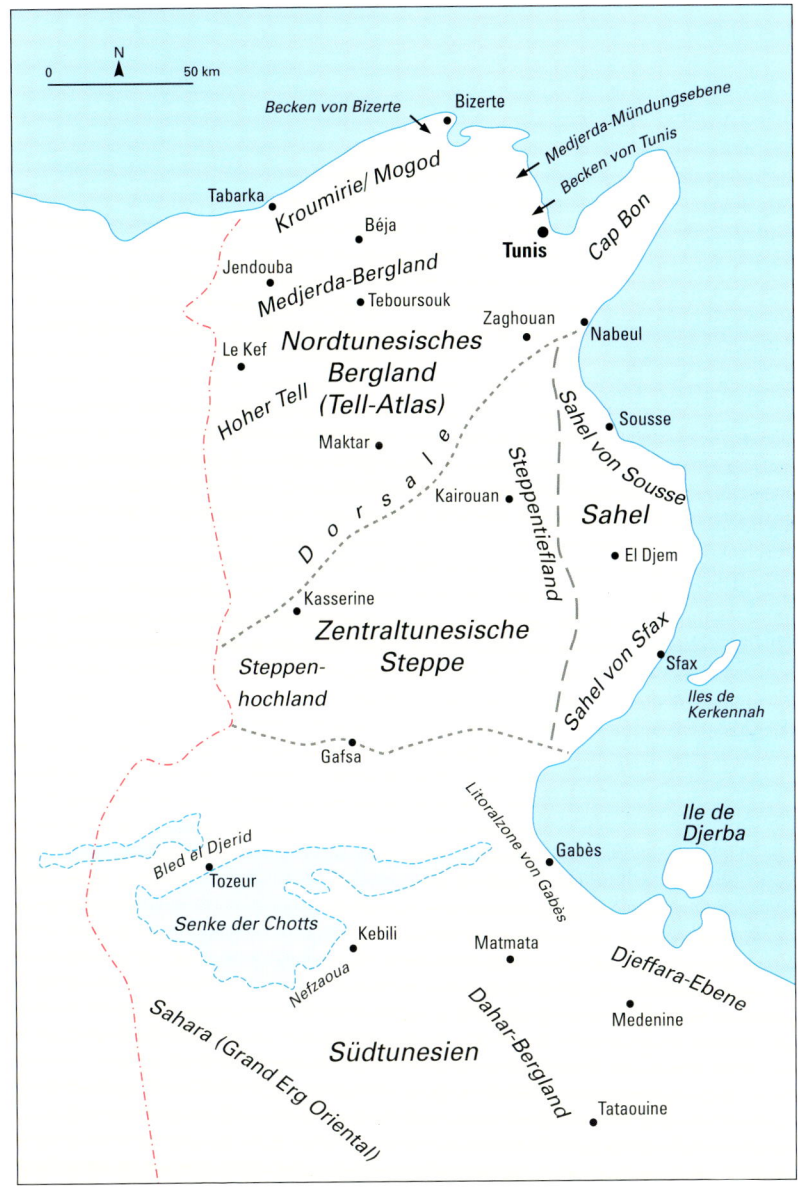

Im Nordtunesischen Bergland

ken- und Hitzeperioden, dann wieder Kälteeinbrüche und katastrophale Überschwemmungen sind die Folge. Das Gebiet südlich der Chotts steht schließlich ganz im Zeichen saharischen Klimas; im Dahar-Bergland fallen gerade noch 100–200 mm Regen pro Jahr. Kalten Winternächten stehen sommerliche Tagestemperaturen mit Werten über 50 °C gegenüber. Die Niederschläge fallen vornehmlich im Winter. Im Sommer weht häufig der trocken-heiße *Chehill* (Schirokko) aus der Sahara oder der mildfeuchte *Chergui* vom Meer.

Vegetation und Tierwelt

Seinem Klima entsprechend, zeigt Tunesien einen Übergang von mediterraner zu saharischer **Vegetation**. Eingriffe des Menschen haben das ursprüngliche Bild allerdings überall stark verändert: Vom einst dichten Baumbestand des Nordens – u. a. Korkeichen, Steineichen, Thuya, Aleppokiefern – finden sich nach umfangreichen Rodungen zur Gewinnung von Ackerland, rücksichtslosem Holzschlag (schon in punischer und römischer Zeit!) und Überweidung nur noch geringe Reste in der Kroumirie; ansonsten herrschen lichte Baumbestände (südliches Bergland), Macchia (Mogod, Cap Bon) oder Kulturlandschaften (Cap Bon, Sahel) vor. In der Steppe gedeihen nur mehr trockenresistente Gräser (vor allem Halfa), Akazien und Tamarisken, im Süden finden sich außerhalb der landwirtschaftlich intensiv genutzten Oasen gerade noch vereinzelt Agaven, Kakteen, Disteln, Dornsträucher u. ä.; zunehmender Grundwassermangel und Erosion lassen die Wüste hier stetig voranschreiten.

Die tunesische Regierung widmet der Wiederaufforstung große Aufmerksamkeit; seit der Unabhängigkeit im Jahre 1956 wurden Millionen von Bäumen gepflanzt (vor allem schnellwachsender Eukalyptus, aber auch Aleppokiefern und Zypressen) und Windschutzgürtel aus Opuntien (Feigenkakteen) angelegt. Die Ziegenhaltung hat man beschränkt und in manchen Gebieten ganz verboten, da diese selbst spärlichste Wurzeln wegfressen. Außerdem sind fünf Nationalparks eingerichtet, weitere in Planung (S. 363).

Die **Tierwelt** Tunesiens wurde seit der Antike stark dezimiert: Löwe, Leopard,

Bär, Elefant und Strauß sind als Folge vor allem der römischen und französischen Jagdleidenschaft schon seit langem verschwunden, Gazellen, Antilopen und Hyänen selten geworden. Häufiger sind nur noch Wildschweine, Wüstenfüchse (Fennek), Rotfüchse, Schakale, Mungos, Mähnenschafe (eine Art Gemse), Stachelschweine, Wüstenspringmäuse und andere Nagetierarten. Zu den Reptilien zählen verschiedene Schlangen – darunter die giftige Levanteotter sowie Kobra, Horn- und Sandviper –, Wüstenwarane, Chamäleons, verschiedene Frosch- und Krötenarten, u. a. die riesige Berberkröte, sowie Skorpione. Die Vogelwelt ist vertreten durch Falken, Sperber, Bussarde, Adler, Geier, Uhus, Kormorane, Kanarienvögel, Flamingos u. v. a., zu denen sich im Winter zahllose Zugvögel aus Europa gesellen. Die Zahl der Insekten hält sich wegen der Trockenheit in Grenzen. Kakerlaken oder Stechmücken werden nur selten zur Plage – häufiger schon Stubenfliegen.

Die tunesische Regierung hat für verschiedene bedrohte Tiere Schutz- und Zuchtprogramme entwickelt, so für die Mönchsrobben auf den Inseln Zembra und Zembretta, die Wasserbüffel am Ichkeul-See und die Atlas- (oder Berber-) Hirsche in der Kroumirie.

Bevölkerung – Alltag und Kultur

Tunesien zählte 1995 etwa 8,7 Mio. Einwohner, fast ausschließlich Araber bzw. arabisierte Berber, zu denen noch kleine Minderheiten von Franzosen, Italienern und Maltesern kommen. 96 % von ihnen bekennen sich zum Islam (malekitische Sunniten; s. S. 64), daneben gibt es ca. 20 000 meist katholische Christen und zwischen 10 000 und 20 000 Juden. Die durchschnittliche Bevölkerungsdichte liegt bei knapp 49 Einwohnern pro km², die Verteilung ist allerdings sehr ungleich: Mehr als die Hälfte der Bevölkerung lebt im Norden auf 20 % der Landesfläche (allein ca. 25 % im Großraum Tunis), weitere 23 % im Sahel auf 10 % der Fläche. Das restliche Viertel verteilt sich auf 70 % des Staatsgebiets, wobei die Dichte von Nord nach Süd stetig abnimmt; der äußerste Süden schließlich ist fast menschenleer. Die Rate des Bevölkerungswachstums liegt mit jährlich 2,3 % sehr hoch, entsprechend ist mehr als die Hälfte aller Tunesier unter 20 Jahre alt. Besonders rapide verläuft das Wachstum in den Städten, so daß heute über die Hälfte der Tunesier in städtischen Siedlungen leben.

Die heutige tunesische Bevölkerung erscheint recht einheitlich als arabisch, hat aber sehr verschiedene Wurzeln. In historischer Zeit – mindestens seit dem 3. Jt. v. Chr. – lebten in ganz Nordafrika bis tief in die Sahara hinein zunächst die **Berber,** eine nur lose zusammenhängende Volksgruppe mit relativer sprachlicher und ähnlicher sozialer Organisation. Es handelte sich wohl um eine Mischung aus altansässigen, negroiden und mediterranen Gruppen, deren genauer Ursprung unklar ist. Die Berber wurden ethnisch überlagert von den se

Das Café - Treffpunkt der Männerwelt

Schulkinder: Seit der Unabhängigkeit Tunesiens wurden im Bildungsbereich erhebliche Fortschritte erzielt

mitischen Puniern (s. S. 30) und den Römern, die beide aber stets nur kleine Minderheiten bildeten. Vom 7. Jh. an erfolgte dann die **Arabisierung,** die im 17. Jh. durch den Zustrom andalusischer Araber abgeschlossen war. Die Osmanenherrschaft brachte dann viele Türken ins Land, der rege Sklavenhandel mit Innerafrika zahlreiche Schwarze. Maximal 1–3 % der Tunesier sprechen noch einen Berberdialekt als Muttersprache – vor allem im Dahar und auf Djerba –, aber auch bei ihnen ist die Arabisierung praktisch vollzogen.

Eine bedeutende Rolle in der tunesischen Geschichte spielten die **Juden,** vor allem die aus Andalusien geflohenen Sephardim, die bedeutende Positionen in Wissenschaft, Handel und Geldverleih einnahmen und im Vergleich zu Europa nur geringe Benachteiligungen in Kauf zu nehmen hatten; ihre Zahl – einst ca. 100 000 – ist jedoch durch Aus wanderung infolge des arabisch-israelischen Konflikts drastisch gesunken (s. o.). Von den einst über 250 000 Europäern (Franzosen, Italiener, Malteser) blieb nach der Unabhängigkeit 1956 nur eine Minderheit im Lande.

Die traditionelle **Sozialordnung der Araber,** basierend auf einer patriarchalisch geführten Großfamilie, hatte auch in Tunesien Geltung. Die frühe Herausbildung einer städtischen Kultur führte zur Entstehung religiöser Orden und Bruderschaften, die das Land mit einem fast unübersehbaren Geflecht verwandtschaftlicher, religiöser und wirtschaftlicher Gruppierungen überzogen.

Ein tiefgreifender Wandel der traditionellen Sozialordnung setzte erst mit der Kolonialzeit ein und beschleunigte sich noch nach der Unabhängigkeit. Familienbande, Respekt vor der Autorität der Älteren, Achtung der islamischen Normen sowie die strikte Trennung zwi

Hinter dem Schleier
Frauen in Tunesien

Stellung der Frau

Das patriarchalische Prinzip, das vor allem im Islam bis heute deutlich zutage tritt, hat seine Wurzeln in vorislamischer Zeit, wurde dann jedoch im Koran in der 4. Sure festgeschrieben, wo es heißt: »Die Männer stehen über den Frauen, weil Gott sie ausgezeichnet hat ...«, eine Feststellung, die sich bis vor kurzem durchaus mit der Vorstellung der katholischen Kirche deckte.

Die Ehe ist im Islam ein zivilrechtlicher Akt, zu dem die Braut ihre Einwilligung geben muß, wobei bereits ihr Schweigen als Zustimmung gilt. Den Ehemann aussuchen, kann sie sich in der Regel nicht; Mädchen werden häufig schon im Kindesalter mit einem ihnen oft Unbekannten verlobt und das gesetzliche Heiratsalter von 15 wird oft unterschritten. Die Jungfräulichkeit der Braut gilt noch als unumstößliches Gebot. Der Brautpreis, der als Absicherung der Frau von der Familie des Mannes zu zahlen ist, wird nicht selten nur auf dem Papier vereinbart.

Bei der Scheidung stehen die Kinder immer dem Mann zu. Am liberalsten verhalten sich hier die in Tunesien vorherrschenden Malekiten, die es dem Knaben bis zur Pubertät und dem Mädchen sogar bis zu ihrer Vermählung erlauben, im Haus der Mutter zu bleiben.

Der Wirkungsbereich der Frau beschränkt sich traditionsgemäß auf die eigenen vier Wände, wo sie allerdings eine beachtliche Machtposition innehat und eingebunden ist in ein dichtes

Kommunikationsnetz mit den Nachbarinnen. Es sind die Frauen, die die Partner für ihre Kinder aussuchen, auch wenn der Mann seine Zustimmung geben muß, und es sind die Tanten und Basen, die den heranwachsenden Knaben Aufklärungsunterricht erteilen. Der Soziologe Ekkehart H. Eckert stellt in seiner Untersuchung über die Medina-Gesellschaft sogar die Frage, »... ob diese Gesellschaft nicht eine reine Frauengesellschaft ist, in der den Männern eine zugleich dekorative und erhaltende Funktion zufällt.«

Unter dem Wandel der traditionellen Sozialordnung haben die Frauen einerseits zu leiden, weil die Kontrollfunktion ihrer eigenen Familie mehr und mehr verlorengeht und sie der Willkür ihrer Ehemänner so mehr unterworfen sind als zuvor, andererseits ist damit zumindest in ›höheren‹ Schichten und im Mittelstand eine deutliche Emanzipation verbunden.

Staatliche Gesetze garantieren heute die Gleichberechtigung der Frau und die gesetzliche Scheidung, die Mehrehe ist abgeschafft. Das staatliche Bildungsangebot nehmen immer mehr Frauen wahr – z. Z. gibt es über 40 % weibliche Schüler –, die nationale Frauenorganisation UNFT stellt weitere Schulungsangebote bereit, u. a. über 100 Ausbildungszentren für Frauen im ganzen Land. Zumindest im ›modernen‹ Sektor der Wirtschaft sind weibliche Arbeitskräfte heute keine Seltenheit mehr, auch wenn ihnen leitende Positionen noch weitgehend verschlossen bleiben. Dies alles darf allerdings nicht darüber hinwegtäuschen, daß – besonders bei den ärmeren Schichten und hier vor allem auf dem Lande – Frauen noch immer eine minderprivilegierte Position einnehmen und die Hauptlast der täglichen Arbeit auf ihren Schultern ruht.

schen einem männlichen (sprich: öffentlichen) und einem weiblichen (sprich: privaten) Bereich spielen zwar noch immer eine dominierende Rolle, doch erinnert im großen ganzen kaum noch etwas an die vergangenen Verhältnisse. Die tunesische Oberschicht zeigt sich heute – ebenso wie die Mittelschicht – weitgehend europäisiert. Bei städtischen Arbeitern und der dortigen Unterschicht haben sich die traditionellen Bande gleichfalls merklich gelockert, und auch die Bauern kennen inzwischen ›zivilisatorische Errungenschaften‹ wie Fernsehen, Bankkredite und Jeans. Die ›klassischen‹ Nomaden, also reine Viehzüchter, die das ganze Jahr hindurch mit ihren Kamel- und Ziegenherden umherziehen, sind zu einer winzigen Randgruppe geworden, auch die Zahl der Halbnomaden (Gruppen, deren einer Teil saisonal mit Schaf- und Ziegenherden in begrenzten Gebieten umherzieht, während der andere seßhaft Ackerbau betreibt) nimmt stetig ab. Entsprechend hat sich – auch wenn es diesbezüglich nach wie vor ein starkes Stadt-Land-Gefälle gibt – das zentrale Loyalitätsverhältnis der Tunesier von der Großfamilie bzw. vom Stamm auf die Kleinfamilie verlagert, auch wenn diese zahlenmäßig meist größer und als Kollektiv bedeutsamer ist als in Mitteleuropa.

Schwierig ist die Lage der tunesischen Jugendlichen. Hin- und hergerissen zwischen Tradition und ›modernem‹ Leben, das die Touristen oft genug für sie verkörpern, häufig ohne Chance auf geregelte Arbeit, besonders in ländlichen Regionen fast ohne Unterhaltungsmöglichkeiten, träumen viele vom Leben in der Hauptstadt oder in Europa, öffnen sich aber auch immer mehr fundamentalistischem Gedankengut, das eine Lösung aller Probleme durch Rückbesinnung auf den Glauben verspricht.

Staat und Verwaltung – Wege zur Demokratie

Tunesien, arabisch ›El Djumhuriya el Tunisiya‹, französisch ›République Tunisienne‹, ist nach der Verfassung von 1959 eine **präsidiale Republik,** die dem Staatsoberhaupt nach französischem Vorbild weitgehende Befugnisse einräumt: Er ist Oberbefehlshaber der Armee, ernennt den Premierminister und die Minister, bestimmt die Richtlinien der Politik und kann Gesetzesentwürfe ablehnen. Das **Einkammerparlament** führte bislang nur ein Schattendasein, zumal fast alle der 141 Sitze auf die Regierungspartei ›Rassemblement constitutionel démocratique‹ (RCD) entfallen. Der Islam ist Staatsreligion, es herrscht aber Freiheit der Religionsausübung – z. B. keine Fastenpflicht –, und die unabhängige Justiz orientiert sich an französischem, nicht etwa islamischem Recht. Die Verfassung garantiert formal alle Freiheitsrechte, war jedoch in den letzten Jahren in weiten Teilen außer Kraft. Es gab bislang weder wirkliche Pressefreiheit noch Streikrecht, die Opposition (s. u.) ist in ihrer Tätigkeit stark eingeschränkt, die Gewerkschaft UGTT (ca. 400 000 Mitglieder), die sich lange Zeit kritisch zeigte, wurde spätestens durch die Inhaftierung ihres populären Führers Habib Achour Anfang 1986 gleichgeschaltet. De facto besteht also eine Einparteienherrschaft mit dominierender Position des Staatspräsidenten, wobei die Verhältnisse in Tunesien im Vergleich zu anderen afrikanischen Ländern noch als ›liberal‹ gelten können. Die jüngsten Entwicklungen lassen auf eine weitere Demokratisierung hoffen.

Gegliedert ist Tunesien in **23 Gouvernorate** (*Wilaya*) unter eingesetzten Gouverneuren *(Wali);* die Gouvernorate zerfallen in insgesamt 136 Kreise *(Délégation* bzw. *Mutamadia)* und eine Viel-

Porträts von Staatspräsident Zine el Abidine Ben Ali sieht man überall

zahl von Gemeinden *(Municipalité* bzw. *Baladia).* Die Verwaltungsstruktur folgt dem französischen Vorbild, ist also stark zentralisiert.
Staatspräsident ist seit dem 27. 11. 1987 Zine el Abidine Ben Ali (*1936), ein General, der seit 1978 als Sicherheitschef, seit 1984 als Innenminister und seit dem 2. 10. 1987 als Regierungschef fungierte. Seinen Vorgänger, den seit 1956 amtierenden Habib Bourguiba entmachtete er – für alle Beobachter überraschend – ›lautlos‹: Ärzte bescheinigten die Regierungsunfähigkeit des seit langem kranken, heute 94jährigen, der sich durch ausgeprägten Personenkult und selbstherrlichen Führungsstil unbeliebt gemacht hatte. Ben Alis verfassungsmäßig legale Machtübernahme wurde von der Bevölkerung mit Begeisterung gefeiert, versprach dieser doch Demokratisierung, mehr Freiheitsrechte sowie Kampf gegen Vetternwirtschaft und Korruption. Bislang hat er seine Versprechen gehalten: Die Mehrzahl der politischen Gefangenen wurde amnestiert, die Pressezensur weitgehend aufgehoben – nur Regierungsmitglieder dürfen nach wie vor nicht kritisiert werden –, das lange Zeit gespannte Verhältnis zu Libyen normalisiert. Im März 1989 fanden – früher als geplant – Parlamentswahlen statt, an der auch die Opposition teilnehmen durfte. Der im Vergleich zur Vergangenheit faire Urnengang brachte der **Regierungspartei** RCD 80,48 % der Stimmen, sieben unabhängigen Listen zwischen 9,1 und 0,1 %. Für Ben Ali bedeutete die Wahl einen persönlichen Triumph: Als Präsidentschaftskandidat konnte er über 99 % der Stimmen auf sich vereinigen. Im Jahre 1994 konnte der Präsident seine Position erneut durch einen überwältigenden Wahlsieg festigen, obwohl die Opposition der Regierungspartei Behinderung vorwarf.

Unklar bleibt, wie groß der Einfluß der nicht legal tätigen Oppositionsgruppen derzeit ist. Mächtiger als die linkssozialistische MUP (Mouvement d'Uniti Populaire) des im Pariser Exil lebenden Exministers Ahmed Ben Salah dürfte inzwischen die als fundamentalistisch eingestufte Untergrundbewegung al-Nahda (Wiedergeburt) sein, die von Rachid el Gannouche aus dem Exil geführt wird. 1991 soll sie einen Umsturzversuch unternommen haben, der mit der Verhaftung zahlreicher Anhänger endete. Inwieweit die Politik Tunesiens angesichts des erstarkenden Fundamentalismus im benachbarten Algerien von der Bewegung auch weiterhin berührt wird, ist noch nicht abzusehen.

In der **Außenpolitik** versucht Tunesien vor allem, eine Vermittlerrolle innerhalb der Arabischen Liga zu spielen. So bestehen einerseits sehr enge Beziehungen zum konservativen Marokko, andererseits aber auch recht gute zum sozialistischen Algerien und neuerdings auch wieder zu Libyen. Einerseits wurden 1982 aus dem Libanon evakuierte PLO-Kämpfer aufgenommen, die bis zum Friedensschluß mit Israel ihr Hauptquartier in Bordj Cedria bei Hammam Lif unterhielten, andererseits werden Verhandlungen mit Israel befürwortet. Tunesien verfolgt allgemein eine ausgesprochen prowestliche Politik, u. a. US-Militärhilfe und Kooperationsabkommen mit der EG. Die engsten kulturellen und wirtschaftlichen Beziehungen bestehen nach wie vor zu Frankreich, gefolgt von Italien, BRD und USA. Expansionsgelüste zeigt Tunesien nicht, auch wenn es mit Libyen Differenzen über die Saharagrenzen gibt. Die Militärausgaben zählen zu den niedrigsten in Afrika, die Streitkräfte (ca. 35 000 Mann) können sich mit denen der größeren und reicheren Nachbarn nicht messen.

Wirtschaft – Oliven, Phosphat und fremde Gäste

Tunesien gilt nach UNO-Kriterien als ›Schwellenland‹, als Staat also, der ökonomisch zwischen armer Dritter Welt und den reichen Industrienationen steht. Auf den ersten Blick scheint dies auch zuzutreffen: Mit einem jährlichen Pro-Kopf-Bruttosozialprodukt von 1875 US-$ (1993) ist Tunesien der fünft›reichste‹ Staat Afrikas nach den Erdölproduzenten Libyen, Algerien, Nigeria sowie der Republik Südafrika; es liegt damit deutlich vor Ländern wie Marokko oder Ägypten.

Bei näherem Hinsehen zeigt sich jedoch, daß Tunesien – auch wenn es keinesfalls zu den ärmsten der Armen gehört – unter den typischen Problemen eines Entwicklungslandes leidet: Der bescheidene Wohlstand ist extrem ungleich verteilt (die reichsten 5 % leben mit 22 % des Nationaleinkommens, die ärmsten 20 % mit 5 %), wobei die Unterschiede sogar noch wachsen. Zwar gibt es neben einer kleinen Oberschicht eine relativ breite Mittelschicht, gleichzeitig herrscht aber hohe Arbeitslosigkeit (offiziell 16 %, inoffiziell 20–25 %). Von den Beschäftigten haben 40 % nur saisonal, d. h. maximal 6 Monate pro Jahr eine Anstellung. Mindestens 500 000 Menschen leben in *Bidonvilles* (Kanisterstädte, Slums). Auch sind die Unterschiede in der regionalen Entwicklung erheblich; trotz aller Bemühungen um eine Diversifizierung der Wirtschaftsschwerpunkte besteht nach wie vor ein krasses Gefälle zwischen den städtischen Zentren und dem Land. Abwanderung in die Städte und damit Slumbildung sowie die zunehmende Verödung weiter Landstriche sind die Folgen. Über 400 000 (!) Tunesier arbeiten im Ausland, vor allem in Algerien, Frankreich und Libyen, knapp 25 000 auch in der Bundesrepublik. Zudem hat sich die Abhängigkeit von den westlichen Industrienationen in der jüngeren Vergangenheit verstärkt: Seit 1974 besteht ein chronisches Außenhandelsdefizit, zur Zeit übersteigen die Einfuhren (vor allem Maschinen, Autos, Textilien und andere Konsumgüter) die Ausfuhren (hauptsächlich Erdgas, Olivenöl und Phosphat) um fast das Doppelte. Wichtigster Handelspartner ist Frankreich, gefolgt von Italien, BRD und USA

Bergbau und Industrie

Traditionell wichtigster Bodenschatz ist das seit Ende des 19. Jh. vor allem im Gebiet um Gafsa geförderte **Phosphat,** das mit jährlich 6 Mio. Tonnen allerdings nur noch etwa 15 % der Exporterlöse erwirtschaftet.

Bis vor kurzem noch entfielen etwa 25 % der Exporterlöse auf die Vermarktung von Erdöl aus den Quellen von El Borma. Rückläufige Produktion und steigender Eigenbedarf haben den Export jedoch zum Erliegen gebracht. Bedeutung hat allerdings der Export von **Erdgas** über eine untermeerische Pipeline nach Sizilien. Überdies profitiert Tunesien vom Erdölreichtum des Nachbarn Algerien, dem es eine Pipeline zum Hafen La Skhirra vermietet.

Tunesien ist nach mitteleuropäischen Maßstäben nach wie vor gering industrialisiert, wobei Klein- und Mittelbetriebe der Nahrungsmittelverarbeitung, der Textilindustrie, der Baustoffindustrie

Der größte Teil des Bodens wird noch traditionell bearbeitet

und des Maschinenbaus vorherrschen. Die größeren Industrieunternehmen – insbesondere die im Erdöl-Petrochemiesektor – arbeiten vielfach mit ausländischer Beteiligung oder Majorität, sofern sie sich nicht ganz oder teilweise in Staatsbesitz befinden. Noch immer konzentriert sich die Industrie auf den Norden des Landes, vor allem den Großraum Tunis. Im Süden entstehen aber neue Schwerpunkte um Gabès und Sfax.

Fischerei

Eine nicht unwichtige Rolle spielt aufgrund der langen Küste die Fischerei, die allerdings überwiegend noch traditionell mit kleinen Booten betrieben wird. In den letzten Jahren ist eine Reihe neuer Fischereihäfen entstanden, als größter davon Mahdia. Angesichts des Fischreichtums der tunesischen Gewässer bleiben die Erträge bislang allerdings gering. Bedeutung für den Export haben vor allem **Thunfisch, Makrelen** und **Sardinen,** während die einst wichtige Schwammfischerei Südtunesiens wegen der Konkurrenz synthetischer Produkte stark abgenommen hat. Probleme bereiten die unzureichenden Kühl- und Lagereinrichtungen sowie die zu geringe Reichweite der meisten Boote.

Landwirtschaft und Viehzucht

Obwohl mittlerweile nur noch knapp 20 % der Erwerbstätigen in der Landwirtschaft beschäftigt sind, über 30 % hingegen in der Industrie, trägt Tunesien nach wie vor weithin den Charakter eines Agrarlandes. Etwa 9 Mio. ha, das entspricht 55 % der Landesfläche, sind kultiviert, wobei sich – den geographi-

Olive und Dattelpalme
Die Säulen der traditionellen Wirtschaft

Unter den Anbaupflanzen rangiert die Olive an erster Stelle. In Tunesien stehen ca. 20–30 Mio. Ölbäume auf ca. 800 000 ha, die meisten im Sahel, dem größten zusammenhängenden Olivenanbaugebiet des Maghreb. Jährlich werden über 600 000 Tonnen Oliven geerntet und etwa 140 000 Tonnen Olivenöl produziert. Nach Spanien ist Tunesien das zweitwichtigste Exportland für Oliven bzw. Olivenöl. Durch den Beitritt von Spanien und Portugal zur EG haben sich die Absatzchancen allerdings etwas verschlechtert. Die grünen Oliven werden unreif geerntet und dann etwa sechs Monate in Salzwasser eingelegt, die schwarzen hingegen sind gereift und liegen nur noch sechs Tage in Salz. Der Olivenbaum wurde im 3. Jh. v. Chr. in Syrien kultiviert und später von den Phöniziern im Mittelmeerraum verbreitet. In der Antike wurde Olivenöl auch für die Körperpflege verwendet und diente als Heilmittel und Lampenöl.

Im Mittelpunkt der südtunesischen Oasenwirtschaft steht die Dattelpalme *(Phoenix dactylifera),* die in verschiedenen Qualitäten kultiviert wird. Die höchsten Erträge erzielt die schmackhafte Sorte *Deglet en Nour* (Finger des Lichts), die allerdings intensiver Pflege bedarf und doppelt soviel Wasser benötigt wie die gewöhnlichen Sorten, nämlich 160 m^3 pro Jahr und Baum. Nach der Wasserzufuhr richtet sich auch der Pflanzabstand, der zwischen 40 und 400 Bäumen pro Hektar schwankt. Da die Palme zweigeschlechtig (diözisch) ist, muß die Bestäubung künstlich vorgenommen werden, wobei der Pollen einer männlichen Pflanze zur Befruchtung 20–30 weiblicher Bäume ausreicht. Die erste Ernte kann nach 5 Jahren erfolgen, seine höchsten Erträge (30–120 kg) liefert der Baum, der ein Alter von 200 Jahren erreichen kann, zwischen seinem 40. und 80. Lebensjahr. Es werden ca. 75 000 Tonnen jährlich, davon maximal 5–10 % Deglet en Nour-Qualität, geerntet. Die Dattelpalme läßt sich universell verwenden. Ihre Früchte lassen sich trocknen und über lange Zeit konservieren. Sieht man

eine Palme, die nur noch einen schmalen Blätterkranz besitzt, so wird aus ihr Palmensaft gewonnen. Der Saft tritt aus der abgeschlagenen, oben zugespitzten Baumkrone, in die man ringsum eine Rinne gekerbt hat, die den Saft sammelt und in einen Behälter leitet. Vor allem an den Zufahrtsstraßen nach Gabès wird dieser Palmensaft, aus dem sich auch hochprozentiger Dattelpalmenschnaps *(Laghmi)* gewinnen läßt, angeboten. Die Blätter finden als Dachbedeckung und Windschutz Verwendung, das Holz als Baumaterial, die holzigen Blattansätze als Brennstoff, das faserige Material der Blattrippen läßt sich zu Besen und Seilen verarbeiten.

Dattelpalmen wurden bereits 4000 v. Chr. in Ägypten und Mesopotamien kultiviert und später durch die Phönizier und Karthager in ganz Nordafrika verbreitet. Nicht von ungefähr wird die Dattelpalme in der altorientalischen Kunst oftmals als Lebensbaum dargestellt; in einigen Gebieten Nordafrikas galten Datteln sogar als Zahlungsmittel.

schen und klimatischen Gegebenheiten entsprechend – krasse regionale Unterschiede zeigen.

Während die im nördlichen Landesteil gelegenen Hauptanbaugebiete (Medjerda-Tal mit dem Hinterland von Tunis, Cap Bon, Sahel) Überschüsse produzieren und z. T. exportieren können, decken die übrigen Regionen – sieht man von den dattelexportierenden Oasen ab – knapp oder nicht einmal ihren Eigenbedarf.

Wichtigste Anbaupflanze ist seit alters her der **Olivenbaum** (s. S. 24), gefolgt von Weizen, Gerste und Hafer, die vor allem im Medjerda-Tal und den Randzonen des Hohen Tell kultiviert werden. Dominierende Pflanze des Südens ist schließlich die **Dattelpalme** (s. S. 24). Daneben werden angebaut: Zitrusfrüchte, verschiedene Gemüse und Wein, der zu 90 % exportiert wird, Zukker, Tabak, Nüsse u. v. a. Unter den wildwachsenden Pflanzen haben vor allem **Halfagras** (für Zellulose- und Papierproduktion) und Korkeichen wirtschaftliche Bedeutung.

Die tunesische Landwirtschaft steht trotz intensiver Entwicklungsprogramme der Regierung noch immer vor großen Problemen: Großgrundbesitzer und staatliche Güter kontrollieren einen großen Teil der fruchtbaren Regionen, auch wenn Habous-Land (von der Geistlichkeit beherrschtes Land religiöser Stiftungen) und ausländischer Großgrundbesitz nach der Unabhängigkeit verstaatlicht wurden. Das übrige Land kultivieren Kleinbauern oder *Khammes,* weitgehend rechtlose und abhängige Kleinpächter, die theoretisch gerade ein Fünftel (Khammes), praktisch oft noch weniger der Ernte für ihre Arbeit einbehalten dürfen. Des weiteren gibt es zahllose Tagelöhner, die häufig als Saisonarbeiter zwischen der sommerlichen Getreideernte im Norden und der frühwinterlichen Olivenernte im Süden hin- und herwandern.

Nur ein kleiner Teil der Anbaufläche – vor allem die großen und die staatlichen Güter – wird unter Einsatz moderner Technik kultiviert, im übrigen herrschen aufgrund des Kapitalmangels und zersplitterten Kleinbesitzes noch traditionelle Methoden vor. Zu leiden hat die Landwirtschaft fast überall unter chronischem Wassermangel: Einerseits liegt die Verdunstung extrem hoch, andererseits gibt es nur bescheidenen, gebietsweise fast keinen Niederschlag und außer dem Medjerda-System keine ganzjährig wasserführenden Flüsse. Die dadurch erzwungene Ausbeutung des Grundwassers führt zu dessen Versalzung und Absinken. Belastend für den Wasserhaushalt ist nicht zuletzt der Tourismus, der verschwenderisch mit dem kostbaren Gut umgeht. So zählt der Bau von Talsperren und Bewässerungsanlagen seit Jahrzehnten zu den Prioritäten der tunesischen Wirtschaftsplanung.

Vor allem als Ergänzung der Landwirtschaft hat die Viehzucht landesweit große Bedeutung. Wichtigste Nutztiere sind **Schafe** (ca. 3 Mio., meist Fettschwanzschafe) und **Ziegen** (ca. 1,5 Mio.), die überall außer im äußersten Norden und in der Wüste dominieren, gefolgt von den zähen, aber wenig ergiebigen Atlasrindern. Als universale Lasttiere begegnen dem Reisenden vielerorts **Esel** und **Maultiere** sowie im Süden das **Kamel** (s. S. 283), das als exotisches Reittier in den größeren Oasen zunehmend im Dienst des Tourismus steht. Als Ratten- und Mäusevertilger erfreut sich die Katze außerordentlich großer Beliebtheit. Hunde hingegen

Markttag in Douz

sind – auch aus religiösen Gründen – gering geachtet und entsprechend selten.

Wie die Landwirtschaft leidet auch die Tierhaltung unter Trockenheit und Erosion. Die Haltung von Ziegen, die Mitverursacher der Erosion sind, da sie selbst spärlichste Pflanzendecken und Wurzeln wegfressen, mußte in einigen Gebieten schon drastisch eingeschränkt werden. Staatliche Förderung erfährt nur die Rinderzucht.

Handel und Handwerk

Tunesien ist traditionell ein Land des Handels. Sowohl die Macht Karthagos als auch die der mittelalterlichen islamischen Reiche basierte nicht zuletzt auf dem internationalen Warenverkehr. Schon im 9. Jh. zogen arabische Karawanen bis tief hinein in die Sahara und weiter bis Schwarzafrika, um Sklaven, Gold, Elfenbein, Tiere und vor allem das unentbehrliche Salz zu beschaffen, brachten Schiffe Handwerksprodukte, Eisen und Pelzwaren aus den Mittelmeerländern. Der wirtschaftliche Niedergang in der späten Türkenzeit, das Ende der großen Karawanen aufgrund kolonialer Grenzziehungen und Unterwerfung der Nomadenstämme sowie die politischen Spannungen zwischen den jungen afrikanischen Staaten brachten den klassischen Fernhandel zum Erliegen, der lokale Austausch folgt aber teilweise noch immer den Gesetzen des Mittelalters. So werden viele Waren nach wie vor über die **Souks** umgeschlagen (s. S. 84).

Auch das Handwerk spielt in Tunesien traditionell eine bedeutende Rolle, in manchen Sparten erreichte es früher sogar ein herausragendes künstlerisches Niveau. Damals waren die Handwerker in losen, stark religiös geprägten Verbänden organisiert, die zusammen mit den Großhändlern die Souks beherrschten, daneben gab es für bestimmte Bereiche, z. B. öffentliche Bauten, Waffen, Münzen u. a., auch staatliche Manufakturen. Noch heute beschäftigt das Handwerk zahlreiche Tunesier – alleine ca. 30 000 Teppichweberinnen –, es unterliegt in seiner Struktur jedoch einem raschen Wandel: Manche Gewerbe sind durch den Zustrom moderner **Importwaren** ausgelöscht worden, in anderen dominieren fabrikmäßig organisierte **Großbetriebe;** viele Handwerke leben mittlerweile von der Souvenirproduktion und haben ihre Waren dem Geschmack oder der Erwartungshaltung der Touristen angepaßt, was nur selten der Qualität förderlich ist und zu einem starken Preisanstieg geführt hat. Die Regierung bemüht sich durch die ›Organisation Nationale d'Artisanat Tunisienne‹ **(ONAT)**, das Niveau des traditionellen Kunsthandwerks zu erhalten bzw. zu heben. Die ONAT unterhält in allen größeren Orten Verkaufsstellen, wo Handwerksprodukte auf ihre Qualität überprüft und zu festen Preisen angeboten werden.

Tourismus

Der Tourismus hat für die tunesische Wirtschaft inzwischen herausragende Bedeutung gewonnen. 1994 besuchten über 4 Mio. Fremde das Land, darunter mehr als 850 000 Deutsche. Die Einnahmen aus dem Fremdenverkehr betrugen 1987 noch 630 Mio. US-$, 1994 bereits 945 Mio. Der Tourismus ist damit zum wichtigsten Devisenbringer des Landes geworden und zu einem der bedeutendsten ›Arbeitgeber‹. Mehr als 10 % der Bevölkerung dürfte inzwischen direkt oder indirekt vom Tourismus leben.

Bis zum Zweiten Weltkrieg kamen nur einige wenige Abenteurer, wohlhabende

Bildungshungrige sowie Künstler nach Tunesien, erst danach allmählich auch eine kleine Schar Erholungssuchender; noch 1958 lag die jährliche Touristenzahl bei gerade 33 000. Ab 1960 begann – analog zu dem weltweiten Tourismusboom – eine vorsichtige, ab den frühen 70er Jahren dann eine intensive staatliche Förderung des Fremdenverkehrs. 1975 wurden erstmals über 1 Mio. Touristen registriert, 1990 über 3 Mio. Der Golfkrieg im Jahre 1991 ließ den Strom der Besucher verebben. Sehr schnell aber war die Krise überwunden und der Anstieg setzte sich unvermindert fort, da andere beliebte Ferienregionen am Mittelmeer aufgrund politischer Unruhen (Türkei) oder kriegerischer Auseinandersetzungen (ehemaliges Jugoslawien) ausfielen. Derzeit stehen in Tunesien etwa 120 000 Betten in etwa 450 Hotels zur Verfügung. Nach wie vor kommen etwa 90 % der Europäer als **pauschalreisende Badeurlauber,** die Quote der ›Bildungs- und Abenteuerreisen‹ ins Landesinnere wächst aber, wobei vor allem Touren zu Oasen und Bergdörfern des Südens inzwischen von fast allen Reiseveranstaltern angeboten werden. Der Individualtourismus spielt eine relativ geringe Rolle, da Tunesien vielen Afrika-Reisenden (zu Unrecht) als bloßes Durchgangsland ins benachbarte Libyen erscheint. Die meisten Urlauber kommen zwischen Juli und Oktober sowie um Ostern, die wenigsten zwischen Dezember und März.

Auch wenn das tunesische Reisegeschäft nicht mehr überwiegend staatlichen Institutionen untersteht, sondern inzwischen zu 90 % Privatgesellschaften (überwiegend tunesische, aber auch viele europäische und neuerdings zunehmend mit Kapital aus Saudi-Arabien und den Golfstaaten finanzierte), räumt die Regierung der Tourismusförderung weiterhin vorrangige Bedeutung ein: Die Zahl der Hotelbetten soll bis zur Jahrtausendwende auf 200 000, die der Touristen auf 5 Mio. steigen. Das Konzept des ›integrierten Tourismus‹ – autarke Luxus-Feriensiedlungen mit Appartements und Bungalows sowie umfassendem Unterhaltungs- und Sport-angebot für den zahlungskräftigen ›Aktivurlauber‹ – soll stark erweitert werden. Vorbild sind die bereits bestehenden Projekte in Port el Kantaoui bei Sousse (s. S. 189) und Monastir (s. S. 198). Dem schon in den letzten Jahren stark protegierten **Sahara-Tourismus** hat man durch Hotel- und Straßenneubauten sowie durch umfangreiche Restaurierungsarbeiten bereits zu besonderer Attraktivität verholfen; aber auch der bislang vergleichsweise bescheidene Ausflugsverkehr zu den archäologischen Stätten soll einen höheren Stellenwert erhalten. Tunesien setzt also weiter auf Tourismus, obwohl dessen negative Seiten immer deutlicher zu spüren sind: Die zumindest relativ wohlhabenden Ausländer erscheinen häufig vor allem jugendlichen Tunesiern als Vorbild; die oftmals unbedachten Verhaltensweisen der Fremden, z. B. herablassende Äußerungen über Religion und Sitten, und ihre vermeintlichen Statussymbole wie Kameras, Jeans, Uhren u. a. gelten als erstrebenswert. Andererseits provoziert die Mißachtung lokaler Bräuche – vor allem zu saloppe Kleidung, öffentlicher Alkoholgenuß, Mischung aus arrogantem, dann wieder allzu loyalem Verhalten, Degradierung von Traditionen zu bloßen Touristenattraktionen u. a. – Ablehnung bei älteren und/oder ländlichen Tunesiern, aber auch bei manchen Intellektuellen; es entsteht ein Potential für Fremdenhaß und ein durchaus ernst zu nehmender Nährboden für religiösen Fundamentalismus.

Geschichte – Ein langer Blick zurück

Vor- und Frühgeschichte

Eine menschliche Besiedlung Nordafrikas wird auf den Beginn des Paläolithikums (Altsteinzeit, ab ca. 1 000 000 v. Chr.) datiert, erste Funde gibt es aus der Zeit um 500 000 v. Chr. Ab ca. 12 000 v. Chr. taucht der Cro-Magnon-Mensch auf, ab ca. 8000 v. Chr. dann schließlich der Homo Sapiens, dem hier nach dem Fundort Capsa (heutiges Gafsa) die Epoche des **Capsien** zugeordnet wurde. Dieser wahrscheinlich negroide Jäger und Sammler lebte auch in der Sahara, die damals noch ein fruchtbares, subtropisch-feuchtes Savannengebiet war. Um 5000 v. Chr. beginnt das nordafrikanische Neolithikum (Jungsteinzeit), gekennzeichnet durch das allmähliche Einsetzen von Ackerbau und Viehzucht, verbunden mit der Anlage von ersten festen Siedlungen sowie der Herstellung von Keramik und Bronzewerkzeugen. Spätestens ab ca. 3000 v. Chr. entsteht allmählich eine neue Völkermischung, die wohl mit den Vorfahren der heutigen Berber (s. S. 45) identisch ist. Die verschiedenen Stämme werden von den Griechen später als Libyer, Garamanten, Numider (s. S. 34f.), Nubier, Gätuler, Nasamonen u. a. bezeichnet. (Von den Numidern leitet sich übrigens unser ›Nomaden‹ her. Den Sammelbegriff ›Barbari‹, auf den ›Berber‹ zurückgeht, enden erst die Römer an.) Diese Völker leben in den Trockengebieten von der Viehzucht, in klimatisch begünstigten Landstrichen betreibt man Ackerbau. Größere politische Einheiten bilden die Stämme nicht, auch wenn sie bereits im 14./13. Jh. v. Chr. vereinzelte Vorstöße gegen Ägypten unternehmen.

Punische Zeit

Aus dem Schatten der Weltgeschichte tritt der Maghreb erst mit dem Aufstieg der **Phönizier,** eines semitischen Volkes, das um ca. 3000 v. Chr. vom Persischen Golf in den Raum Palästina/Libanon einwandert und spätestens ab 1200 v. Chr., nach dem Untergang des minoischen Kreta, zur beherrschenden Handelsmacht des Mittelmeeres wird.

Der Legende nach gründet die phönizische Prinzessin Elissa (röm. Dido), die Schwester des Tyrus-Herrschers Pygmalion, 814 v. Chr. – tatsächlich aber wohl später – im tunesischen Norden die Stadt *Karth Hadasht* (Neue Hauptstadt). **Karthago,** wie die Römer die Stadt später nannten, wird vom 7. Jh. an zum zentralen Ausgangspunkt für weitere Koloniegründungen und zur wichtigsten Bastion gegen die griechische Expansion. Die Karthager oder Punier (die Bezeichnung ›Poeni‹ für die ›Phönizier des Westens‹ stammt von den Römern) errichten Stützpunkte entlang der gesamten Maghrebküste, in Sardinien, Sizilien, Südspanien und auf Ibiza, unterwerfen spätestens im 5. Jh. das numidische (berberische) Hinterland und pflegen rege Handelskontakte mit Ägyptern, Griechen, Etruskern und Stämmen Innerafrikas. Die Hauptstadt Karthago ist mit ca. 400 000 Einwohnern die größte und zugleich wohl auch wohlhabendste Metropole des Mittelmeerraumes. Die Außenpolitik wird jahrhundertelang von dem Konflikt mit den Griechen bestimmt, die eine expansive Großmachtpolitik betreiben. In den letzten großen Auseinandersetzungen kann Agathokles, der Tyrann von Syrakus, 310 v. Chr.

Der Tophet (Sanctuaire Punique) in Karthago wurde von den Puniern vermutlich an der Stelle angelegt, wo der Sage nach Elissa gelandet sein soll

sogar auf dem Cap Bon landen, mehrere punische Städte nehmen und Karthago belagern, bevor er schließlich zurückgeschlagen wird.

Zwischen der Großmacht Karthago und dem noch relativ unbedeutenden, aber in Expansion begriffenen Rom gibt es kaum Berührungspunkte, bis beide gemeinsam den Feldzügen des Makedonierkönigs Pyrrhus von Epiros (reg. 285–270 v. Chr.) Widerstand leisten und es im Anschluß daran zu einem Konflikt um den Besitz der von rebellischen Söldnern besetzten Stadt Messina kommt, der den **Ersten Punischen Krieg** (264–241 v. Chr.) auslöst. In den Anfangsjahren wird mit wechselndem Glück um Sizilien gekämpft, Roms Hoffnung auf einen schnellen Sieg erfüllt sich trotz Teilerfolgen nicht. Erst 242 muß das durch gleichzeitige Kämpfe gegen die benachbarten Numider geschwächte Karthago den römischen Friedensbedingungen zustimmen. Diese verlangen Räumung von Sizilien, Zahlung von Reparationen und eine Nichtangriffsverpflichtung gegenüber dem römischen Bündnispartner Syrakus.

Karthago konzentriert sich in der Folgezeit auf den Gewinn neuer Einflußsphären in Spanien; unter dem Heerführer Hamilkar Barkas und seinem Schwiegersohn Hasdrubal wird von 237–225 v. Chr. die spanische Küste bis zum Ebro erobert, unter Hamilkars Sohn **Hannibal** (s. S. 32f.) ab 221 auch ein Großteil des Hinterlandes. Mit Rom ist zwar der Ebro als Grenze der Einflußsphären vertraglich festgelegt, doch führt ein Konflikt um die südlich des Flusses gelegene, aber prorömische Stadt Sagunt zum unvermeidlichen **Zweiten Punischen Krieg** (218–201 v. Chr.). Im Frühjahr 218 überschreitet Hannibal mit 40–60 000 Mann, 12 000 Reitern und 37 Elefanten den Ebro, zieht quer durch Südfrankreich und überwindet die Alpen. Mit gallischen Truppen, in Norditalien neu angeworben, kann er den Römern empfindliche Niederlagen zufügen: Ende 218 bei Placentia und Trebia, im Frühjahr 217 am Trasimenischen See (15000 gefallene Römer) und schließlich 216 bei Cannae (mit über 50 000 Toten bislang größter römischer Verlust). Rom hat aber durchaus noch

Hannibal
Lichtgestalt oder Kriegstreiber

Auch wer dem Schulfach ›Geschichte‹ kaum größeres Interesse entgegenbringen konnte, dem dürfte beim Namen Hannibal (247–183/182 v. Chr.) spontan der dramatische Zug des Feldherren mit seinem Heer und zahlreichen Kriegselefanten über die winterlichen Alpen einfallen – der rechte Stoff, aus dem Abenteuergeschichten und Legenden sind. Seinen Weg durch völlig unwegsames Gelände soll sich der wagemutige Heerführer gebahnt haben, Tausende von Soldaten und alle Elefanten sollen dem mörderischen Klima und der Wildnis zum Opfer gefallen sein.

Und wie war es wirklich? In den Alpen gab es damals bereits gut ausgebaute Übergänge, die regelmäßig von Kaufleuten genutzt wurden, und selbst ganze Heere hatten schon zuvor die Berge unbeschadet überquert. Überdies waren die Täler bis weit in die Berge hinein dicht besiedelt. Als Hannibal 218 v. Chr. den Versuch wagte, war er gut vorbereitet und benötigte dank hervorragender Logistik von der Rhone zur Po-Ebene nur fünf Wochen. Entgegen allgemeiner Ansicht kam von den Kriegselefanten keiner zu Schaden, und auch der Verlust an Soldaten durch Unglücksfälle dürfte im Vergleich zu den blutigen Schlachten kaum der Rede wert gewesen sein.

Die Römer hatten die bis heute nicht totzukriegende Legende vom selbstmörderischen Alpenübergang in die Welt gesetzt, um ihre nachfolgenden Niederlagen in Italien zu entschuldigen. Wer hätte schon damit rechnen können, daß jemand es wagt, den Weg zu nehmen, den zuvor nur der Gott Herakles gegangen war? Die Propagandamaschinerie lief schon damals auf vollen Touren! Da wir nun bedauerlicherweise zur Beurteilung Hannibals wie auch Karthagos fast ausschließlich auf römische Niederschriften angewiesen sind, ergibt sich wie bereits dieses Beispiel zeigt, ein völlig verzerrtes Bild des ohne Zweifel bedeutenden, von zahlreichen Geheimnissen umgebenen antiken Feldherrn. Es beginnt schon damit, daß man nicht weiß, wie er aussah, noch wann er genau geboren wurde oder starb. Bereits als Kind nahm er am Feldzug seines Vaters Hamilkar Barkas teil und wurde auf seine zukünftigen militärischen Aufgaben sorgsam vorbereitet. Sein geistiger Lehrer war der Grieche Sosylos, dessen Aufzeichnungen über das Leben Hannibals leider verlorengegangen sind. Der weitere Weg als Feldherr im Kampf gegen seinen Widersacher Scipio ist einseitig und manchmal vieldeutig dokumentiert, so daß sich die Historiker noch immer bemühen, aus den zahlreichen, sich oft widersprechenden Fragmenten ein treffendes Psychogramm zu gewinnen.

Die Römer stellten ihn als grausam und verschlagen dar und wurden nicht müde, ihm Greueltaten anzudichten. Er soll Kriegsgefangene als lebende Brücken benutzt, Frauen und Kinder verbrannt und Angehörige auf Leben und Tod gegeneinander kämpfen gelassen haben. Griechische Historiker, unter ihnen vor allem Polybios, rühmten hingegen seine Milde im Umgang mit Gefangenen, stellten andererseits aber auch Habgier fest. Zweifellos war Hannibal im positiven Sinn listenreich und im Gegensatz zu den Römern vertragstreu. Überdies muß er erstaunliche Führungsqualitäten besessen haben, denn trotz langjähriger Operationen in fremden Ländern ist es niemals zu einer Meuterei gekommen. Seine Fähigkeiten als Taktiker sind unbestritten, weniger seine politische Weitsicht. So versäumte er es, den in vier Schlachten niedergerungenen Römern nach Cannae einen Frieden zu diktieren und nahm Abstand von einer Belagerung Roms, die den Krieg möglicherweise endgültig entschieden hätte.

Die Schlacht von Zama südlich von Karthago (202 v. Chr.) besiegelte das Kriegsglück Hannibals. Er verlor gegen seinen alten Widersacher Scipio, der Zweite Punische Krieg war zu Ende. Zwar wurde Hannibal von seinem Amt abberufen, ja sogar vor Gericht gestellt, konnte aber bald darauf wieder eine wichtige Rolle in der Innenpolitik spielen, bis er vor einem römischen Auslieferungsersuchen die Flucht ergreifen mußte. Er fand zunächst Aufnahme beim Seleukidenherrscher Antiochos III. in Ephesos, den er mit Erfolg zum Kampf gegen Rom überredete und das Flottenkommando zugesprochen bekam. Ungeübt in Seeschlachten versagte er in Side gegen die weit unterlegenen Gegner. Erneut blieb nur die Flucht in ein Land, diesmal zum König Prusisas von Bythnien. Im Jahre 183/182 v. Chr. war Hannibal in die Enge getrieben, als auch sein letzter Schutzpatron sich dem römischen Diktat beugen mußte. Um der drohenden Auslieferung zu entgehen, beging der karthagische Feldherr Selbstmord. Weder über die Art des Freitodes noch über den genauen Zeitpunkt besteht Klarheit. Und daß sein marmorner Grabbau, den ihm der Römer Septimus Severus hatte errichten lassen, bis heute nicht gefunden werden konnte, nährt nur den Mythos vom tragischen Helden der Antike.

Die Numider

Die Geschichte der numidischen Königreiche ist auf das engste verknüpft mit der Herrschaft Roms in Nordafrika, zumal die historischen Berichte über diese einheimischen Reiche fast ausschließlich römischen Quellen entstammen. Dieser einseitigen Betrachtungsweise ist die recht subjektive und auch lückenhafte Darstellung der numidischen Geschichte zuzuschreiben, denn die römischen Historiker, allen voran Livius und Sallust, gingen verständlicherweise vornehmlich auf die römisch-numidischen Beziehungen ein. Während wir über diese ausreichend unterrichtet sind, fehlen über innenpolitische Ereignisse der numidischen Reiche nähere Hinweise. Zwar hatten die Numider eine eigene, streng symmetrische Schrift, dennoch hinterließen sie keinerlei Aufzeichnungen von historischem Wert, so daß wir hinsichtlich der Entwicklung weitgehend auf Vermutungen angewiesen sind.

Der Name des Volkes ist von dem römischen *Numidia*, der latinisierten Form der griechischen Bezeichnung für ›Nomaden‹ abgeleitet, die von den Griechen für den nicht seßhaften Teil der nordafrikanischen Urbevölkerung verwendet wurde. Die Wurzeln der Numider reichen bis in prähistorische Zeit zurück, kann man die Volksgruppe doch als einen Zweig des nordafrikanischen Altvolkes bezeichnen, das die Griechen Libyer nannten. Aus einzelnen Sippen und Großfamilien hatten sich noch vor dem 4. Jh. v. Chr. größere Stammesverbände auf dem Boden des Maghreb formiert. Die Entstehungsgeschichte dieser Berberreiche wird wohl für immer im dunklen liegen.

Die Hauptstadt des numidischen Reiches lag in der Frühzeit in Siga, einer Hafenstadt an der Mündung des Tafna unweit der algerischen Stadt Oran, ein zweites Zentrum in Cirta, dem heutigen Constantine. Seine erste Blütezeit erlebte das Reich 248–238 v. Chr. unter Massinissa, der dem Stammesverband der Massyli angehörte und für seine Waffenhilfe von den Römern reich belohnt wurde. Mit römischer Duldung herrschte er über ein Gebiet, das sich von der marokkanisch-algerischen Grenze bis vor die Tore Karthagos erstreckte. Er öffnete sein riesiges Reich nach außen und knüpfte Kontakte zu Ägypten, Griechenland und anderen Mittelmeerländern, deren Lebensweise nunmehr auf dem Boden Nordafrikas, zusammen mit punischen und römischen Elementen, ihre Spuren hinterließ.

Neben der Ausweitung des Handels, bei dem phönizische und karthagische Erfahrungen Pate standen, erfuhr auch die Landwirtschaft einen ungeahnten Aufschwung. Bald floß das Getreide so reichlich, daß Rom in den nordafrikanischen Provinzen eine neue wertvolle Kornkammer gewonnen hatte. Massinissa mochte sich bald nicht mehr mit dem Erworbenen zufriedengeben. Immer wieder versuchte er, die vertraglich zugesicherte Autonomie Karthagos zu unterlaufen und Ländereien und Hafenstädte in seinen Besitz zu bringen. Mehrfach mußten Schlichter aus Rom zu Hilfe gerufen werden, um in den Auseinandersetzungen zwischen Karthago und Massinissa zu vermitteln, wobei der Numidenfürst als Verbündeter Roms naturgemäß selten den kürzeren zog. Aus diesem Konflikt entwickelte sich schließlich der Dritte Punische Krieg (149–146 v. Chr.), der zum Untergang Karthagos führte. Danach sicherte sich Rom die reichen fruchtbaren Niederungen und Küstenstriche, weshalb sich der numidische Einfluß nach Westen in die Regionen des heutigen Algeriens und Marokkos verlagerte, wo sich nach wechselvoller Geschichte ein blühendes Reich entwickelte, bis Kaiser Caligula 37 n. Chr. den jungen Herrscher Ptolemaios anläßlich eines Besuchs in Rom ermorden ließ.

Das numidische Mauseleum von Dougga

Trümpfe in der Hand: Ein bereits 218 entsandtes Expeditionskorps kann bis 215 den Karthagern in Spanien schwere Verluste zufügen, 211 wird das mittlerweile zu den Puniern übergelaufene Syrakus erobert. Hannibal setzt zwar seine Eroberungszüge fort und gelangt im gleichen Jahr bis vor die Tore Roms, erhält aber nicht die ersehnte Truppenunterstützung aus der Heimat, die er für einen entscheidenden Sieg benötigt hätte. Nun wendet sich das Blatt: Im Frühjahr 204 landet Scipio bei Ghar el Melh, verbündet sich mit dem Numiderfürsten Massinissa und besiegt Hannibal in der Schlacht von Zama (202 v. Chr.). Karthago muß die harten römischen Forderungen akzeptieren: Verzicht auf alle Ländereien außerhalb seines Stammgebietes, Verbot von Kriegen außerhalb Afrikas und ›Genehmigungspflicht‹ für solche innerhalb, Aufgabe aller Kriegselefanten und der Flotte bis auf zehn Schiffe, enorme Reparationszahlungen.

Mit dem Zweiten Punischen Krieg hat Karthago seine Großmachtstellung endgültig verloren; den Zahlungsverpflichtungen kann es kaum nachkommen, und der prorömische Massinissa hat freie Hand für seine Eroberungen im numidischen Hinterland. Nachdem bis um 160 das punische Einflußgebiet auf den Nordosten Tunesiens zusammengeschrumpft ist, gewinnt eine strikt antirömische Fraktion politisch die Oberhand. 151 löst dann die Gefangennahme von zwei Söhnen des Numiderfürsten die endgültige Katastrophe aus, den **Dritten Punischen Krieg** (149–146 v. Chr.). Karthago verteidigt sich – unerlaubt gegen einen Angriff Massinissas (s. S. 35). Rom, wo u. a. Cato schon lange die Zerschlagung der angeblichen Kriegsgefahr gefordert hat, schickt sofort Truppen. Karthago kapituliert, widersetzt sich aber dem Befehl Roms, die Stadt zu räumen, und wird zerstört (s. S. 102). Diejenigen überlebenden Bewohner, die nicht versklavt werden, fliehen in die Küstenstädte, die sich schon frühzeitig Rom unterworfen hatten, oder ins Landesinnere. Ihre Sprache und Sitten können sie dort trotz römischen Einflusses noch lange bewahren; es entsteht die neopunische Kultur als Mischung karthagischer, numidischer und römischer Elemente, die noch lange weiterwirkt.

Die römische Herrschaft

Nach der Zerstörung Karthagos wird das punische Kernland (Gebiet vom nördlichen Bergland bis Sfax) 146 v. Chr. zur **römischen Provinz Africa** erklärt. Neben der neuen Hauptstadt Utica erhalten sechs weitere Städte, die sich frühzeitig unterworfen hatten, den Status einer ›Civitas libera‹, der Rest des Landes wird als ›öffentliches Eigentum‹ landwirtschaftlich erschlossen, aber zunächst nicht neu besiedelt. Erst nach dem Bürgerkrieg (49–46 v. Chr.) zwischen Pompejus und Cäsar reorganisiert der siegreiche Cäsar die Verwaltung Nordafrikas. Neben die alte Provinz (jetzt *Africa vetus*) tritt als neue das Gebiet von Juba *(Africa nova)*. Die Kolonisationspläne Cäsars werden aber erst von seinem Nachfolger Augustus (Octavius) ab 27 v. Chr. verwirklicht. Dieser bildet aus Africa vetus und Africa nova unter Einschluß Tripolitaniens das neue *Africa proconsularis*. An die Stelle einer rücksichtslosen Ausplünderung der Agrarressourcen tritt nun ein planvoller Aufbau: Das seit über 100 Jahren unbewohnte Karthago entsteht als Hauptstadt neu, zahlreiche weitere Siedlungsgründungen, ein umfangreiches Programm zur Förderung der Infrastruktur (Straßenbau, Bewässerung u. a.) folgen,

Die römischen Ruinen von Thuburbo Majus

viele Siedler kommen ins Land. Gleichzeitig vollzieht sich die weitgehende sprachliche und kulturelle Romanisierung des Landes, auch wenn sich punische Kulte noch lange halten.

Das 2. Jh. n. Chr. bringt einen großen **wirtschaftlichen Aufschwung,** der nach einer ersten Blüte unter Hadrian (reg. 117–138) in der Zeit der Severer-Kaiser (reg. 193–235) gipfelt. Die Provinz zählt nun zu den reichsten des Imperiums, Karthago wetteifert an Glanz mit Rom, Afrikaner dringen in die höchsten Positionen der Hauptstadt vor. Ökonomische Grundlage der Provinz stellt die Landwirtschaft dar. Alles nutzbare Land wird vermessen und intensiv genutzt. An zweiter Stelle rangiert der bei den Puniern noch übermächtige Handel, gefolgt von Fischerei und Forstwirtschaft. Letztere ist verantwortlich für die Entwaldung großer Teile Tunesiens und der damit verbundenen Erosion. Hauptlandeigentümer sind anfangs die römischen Senatoren, ab Nero dann der Kaiser und seine Beamten, später schließlich die einheimischen Großbürger. Die Bodenbearbeitung erfolgt zunächst durch Sklaven, später zunehmend durch arme Siedler, die als Kleinpächter hohe Ernteabgaben und Frondienste leisten müssen. Die wirtschaftliche Blüte hat eine dichte Besiedlung der Provinz zur Folge. Über 200 Römerstädte sind in Tunesien bislang nachgewiesen, womit Africa proconsularis zu den Gebieten des Imperiums mit dem höchsten Anteil von Stadtbewohnern gezählt haben dürfte; die Metropole Karthago ist mit ca. 300 000 Einwohnern die drittgrößte Stadt des Mittelmeerraumes nach Rom und Antiochia. Die Verwaltung der Städte erfolgt nach römischem Vorbild durch einen Senat, in dem die wohlhabenden Bürger (Händler und Großgrundbesitzer) dominieren. In der Religion wird das römische Pantheon übernommen, als neue Hauptgötter fun-

Die frühen Christen

Christliche Missionare treten in Afrika wohl schon im späten 1. Jh. auf, die erste Gemeinde ist ab 180, der erste Bischof (Tertullian aus Karthago) ab 197 belegt. In dieser Zeit beginnt eine jahrzehntelange Christenverfolgung, die einen ausgeprägten Märtyrerkult entstehen läßt. Aber weder die weiteren Verfolgungen, vor allem unter Diokletian (reg. 303–305), noch die Spaltung von Katholiken und Donatisten (benannt nach ihrem Bischof Donatus Magnus), können die Ausbreitung der neuen Religion aufhalten. 313 erkennt Konstantin das Christentum als gleichberechtigt an, unter Theodosius wird es 380 zur Staatsreligion. Tunesien avanciert in der Folge zu einem der großen Zentren des Frühchristentums.

Auseinandersetzungen um den Märtyrerkult und um die Frage der Loyalität zum römischen Staat führen im frühen 4. Jh. zu einer tiefen Spaltung innerhalb des nordafrikanischen Christentums, ausgelöst durch die Wahl zweier rivalisierender Bischöfe im Jahre 312/13. Den ›staatstreuen‹ Katholiken stehen die stark dem Märtyrerkult verhafteten, die römische Autorität ablehnenden Donatisten gegenüber, die trotz römischer Repressionen bald die Mehrheit der Bevölkerung gewinnen, vor allem die verarmten numidischen Landbewohner. Die Erneuerungsbewegung schließt alle jene Kirchenführer aus der Glaubensgemeinschaft aus, die während der Christenverfolgung ihr Leben höher eingeschätzt hatten als ihren Glauben. Die Donatisten fordern überdies eine strikt egalitäre Gesellschaftsordnung und eine streng an den christlichen Idealen orientierte Lebensführung, nehmen Elemente des punisch-römischen Baal/Saturn-Kultes auf und feiern exzessiv-orgiastische Märtyrerfeste. Ihr ›radikaler Flügel‹, die aus arbeitslosen Landarbeitern rekrutierten Circumcellionen, beginnt um die Mitte des 4. Jh. mit sporadischen Erhebungen und Plünderungszügen, die zur staatlichen Ächtung der Donatisten führen. 411 scheitert ein Verständigungsversuch mit den Katholiken, deren Kopf seit 362 der algerische Berber Augustinus ist. Die Donatistenbewegung wird gewaltsam zerschlagen, Ketzer werden gnadenlos verfolgt, Scheiterhaufen lodern, Kirchen sinken in Schutt und Asche. In dieser Zerfleischung der Christen muß eine der Ursachen für den später so schnellen Erfolg des Islams bei der einheimischen Bevölkerung gesehen werden.

Trotz der bewegten Geschichte des frühen Christentums in Tunesien sind einige herausragende Kunstwerke, insbesondere Mosaiken, entstanden, die im Bardo-Museum in Tunis ihren Platz gefunden haben. Prunkstück dürfte ein Taufbekken aus Kelibia sein, dessen prachtvolles Mosaik eine Schrift enthält, die an die Einheit des Christentums gemahnt.

gieren mit Saturn, Juno Caelestis und Aeskulap aber die direkten Nachfolger der punischen Gottheiten Baal, Thanit und Eshmun. Auch die Tempelstätten werden meist nur umgewidmet, die Rolle der Menschenopfer nehmen nun Tieropfer ein.

Nach dem Ende der Severer-Zeit beginnen zwei Entwicklungen die weitere Geschichte Africas entscheidend zu bestimmen: der Zerfall des römischen Imperiums und der Aufstieg des **Christentums**. 313 erkennt Konstantin die neue Religion als gleichberechtigt an, unter Theodosius wird sie 380 zur Staatsreligion. Tunesien avanciert in der Folge zu einem der großen Zentren des Frühchristentums.

Herrschaft der Vandalen und Byzantiner

Im Rahmen der durch den Hunnensturm ausgelösten Völkerwanderung dringt das germanische Volk der Vandalen seit dem Beginn des 5. Jh. aus Schlesien über Spanien (411) nach Nordafrika vor (429 Tanger). 439 fallen die Vandalen mit ca. 20 000 Kriegern in die durch innere Kämpfe geschwächte und damit kaum abwehrbereite Provinz Africa ein; ihr Führer Geiserich kann sich zum absoluten König machen und den ersten völlig unabhängigen Germanenstaat gründen, der jedoch kaum Spuren hinterläßt; nach seinem Tod (477) zerfällt die Vandalenherrschaft rasch. Berber- und Bauernaufstände, wirtschaftlicher Niedergang und innere Zwistigkeiten schwächen das Germanenreich, so daß es zu einer leichten Beute für den byzantinischen Feldherrn Belisar wird, der 533 im Auftrag des Kaisers Justinian an der Küste landet.

Unter byzantinischer Herrschaft – die alte Provinz Africa ist nun das christliche ›Exarchat‹ Karthago – wird die alte römische Ordnung formell wiederhergestellt, der Einfluß von Byzanz beschränkt sich aber faktisch auf die Küstenstädte und einige wenige Orte im Hinterland. Wie schon die römische und die vandalische zerfällt auch die byzantinische Herrschaft durch Berberaufstände, Dynastiestreitigkeiten und Religionskonflikte; Anfang des 7. Jh. erklärt sich Gregorios, der Exarch von Karthago, sogar zum Gegenkaiser und residiert in Sbeitla.

Die arabische Eroberung

Nachdem erste arabische Vorstöße von Ägypten nach Tunesien schon 647 (Plünderung von Sbeitla) und 665 erfolgt sind, unterwirft der im Auftrag des Omayyadenkalifen Muawiya operierende Heerführer Oqba Ibn Nafi ab 670 in einem raschen Feldzug den größten Teil der byzantinischen Provinz und gründet 671 die neue Hauptstadt Kairouan (s. S.229). Der Widerstand der Byzantiner ist gering – nur Karthago kann sich noch bis 698 halten –, die Berber wehren sich allerdings entschieden, wobei die legendäre Berberführerin Kahina eine führende Rolle spielt und die Araber bis nach Tripolitanien (Libyen) zurückschlägt. Nach ihrem Tod gewinnen die Araber die Kontrolle jedoch rasch zurück, die Berber werden in das nun weiter nach Westen vorstoßende Heer, das 711 nach Spanien übersetzt und das dortige maurische Reich gründet, integriert. Von einer umfassenden Besitzergreifung des Landes kann anfangs jedoch kaum die Rede sein. Eigentumsverhältnisse und Verwaltungsorganisation bleiben weitgehend unangetastet, die Araber leben fast ausschließlich auf ihre Garnisonen beschränkt. Der Handel nimmt zwar einen gewissen Auf-

schwung, die Landwirtschaft liegt aber nach den Kriegszerstörungen darnieder, der Steuerdruck wächst; erneut macht sich Unzufriedenheit breit. Die kleine Schicht der arabischen Herren befindet sich bald in einer ähnlichen Lage wie Römer, Vandalen und Byzantiner, ihr Ende scheint nahe.

Als 750 die in Baghdad residierenden **Abbasiden** die Herrschaft der Omayyaden beenden (außer in Spanien!) und von ihnen das Kalifat übernehmen, beginnt eine neue Ära muslimischer Herrschaft, geprägt von straffer Organisation, orientalischer Prachtentfaltung und unerbittlicher Strenge gegenüber Abweichlern. Um das unruhige *Ifriqiya* – wie Tunesien seit 647 heißt – zu befrieden und ein Bollwerk gegen die kharedjitischen Kleinreiche in Marokko und Algerien zu schaffen, entsendet Harun al Rashid 799 den Statthalter des algerischen Mzab, Ibrahim Ibn al Aghlab, in den östlichen Maghreb. Die von ihm begründete Dynastie der **Aghlabiden** setzt die völlige Islamisierung der Berber durch, initiiert einen wirtschaftlichen und kulturellen Aufschwung und entfaltet eine rege Bautätigkeit. Ihre große Macht führt schließlich zu einer faktischen Unabhängigkeit vom Abbasidenkalifat. Aber auch die Aghlabiden nehmen den Weg ihrer Vorgänger: Nachfolgestreit, hohe Steuerlasten und Unterdrückung provozieren Revolten.

Ab 894 gelangt unter den Berbern der algerischen Kabylei die antiabbasidische Lehre der Schiiten zu großem Einfluß, und zwar die damals dominierende Richtung der Ismaeliten, die sich hier als **Fatimiden** (nach Mohammeds Tochter Fatima) bezeichnen. Unter ihrem Imam Obeid Allah, genannt Al Mahdi (gottgesandter Glaubenskämpfer), erobern die Fatimiden 909 Kairouan, rufen 910 ein neues Kalifat aus und gründen ab 916 ihre neue Hauptstadt Mahdia (s. S. 203). Wissenschaft und Handel erleben eine neue Blüte, unterbrochen allerdings 944 durch den langen, abermals durch hohe Steuern ausgelösten Aufstand des legendären kharedjitischen Berbers Abu Yazid (als ›der Mann mit dem Esel‹ bis heute ein Volksheld), der sogar Mahdia belagern kann. 973 verlegen die Fatimiden ihre Residenz ins neugegründete Kairo, dem sie nun all ihre Aufmerksamkeit widmen. Die Herrschaft in Ifriqiya übertragen sie der verwandten Familie der **Ziriden,** unter deren Statthalterschaft die Provinz zunächst eine Phase von Wohlstand und Frieden erlebt. Gegen Ende des Jahrhunderts stellen die Ziriden aber die Tributzahlungen an Kairo ein. 1048 sagen sie sich von den Fatimiden los und bekennen sich öffentlich zur Sunna (s. S. 62f.), eine Entscheidung, die fatale Folgen haben sollte. Denn die Fatimiden strafen ihre abtrünnigen Vasallen, indem sie den arabischen Nomadenstamm der **Beni Hilal** und deren Bundesgenossen aus Tripolitanien nach Tunesien entsenden und ihnen die Herrschaft über den gesamten Maghreb in Aussicht stellen. Die ›Hunnen des Islam‹, ca. 150 000–200 000 an der Zahl, verwüsten ab 1051 binnen drei Jahren das ganze Land mit Ausnahme einiger Küstenstädte. Tunesien verfällt in Bedeutungslosigkeit. Gleichzeitig bringt der Beni Hilal-Einfall eine tiefgreifende Arabisierung mit sich, denn erst jetzt – fast 400 Jahre nach Oqba Ibn Nafi – ist eine zahlenmäßig große arabische Erobererschicht ins Land eingedrungen, die ihm ihre nomadische Kultur und die arabische Sprache nachdrücklich aufzwingen kann. In der Folgezeit gibt es in

Das Ribat von Sousse gehört zu den ältesten arabischen Festungsanlagen

Tunesien keine Zentralmacht mehr. In den Küstenstädten regieren kleine Lokaldynastien, das Hinterland wird zum verödeten Weidegebiet für umherstreifende Nomaden; immer wieder fallen fremde Plünderer ein. 1135 erobern die sizilianischen Normannen Djerba und 1148 schließlich Mahdia, die Residenz des letzten, schon seit langem machtlosen Ziridenemirs.

1159 unterwerfen marokkanische **Almohaden** mit Unterstützung rebellischer Berberstämme binnen kurzem das verödete Ifriqiya und schließen den Maghreb erstmals in seiner Geschichte zu einer politischen Einheit zusammen, die von Spanien bis Tripolitanien reicht. Ihren islamischen Fundamentalismus verbinden sie mit Intoleranz gegen Andersgläubige. Mit Beginn der christlichen Rückeroberung Spaniens (Reconquista) geraten die Almohaden in Bedrängnis und setzen 1207 die Familie der **Hafsiden** als Statthalter in Tunis ein. Diese machen sich jedoch schon 1229 vom immer mehr zerfallenden Almohadenreich unabhängig und kontrollieren bald das Gebiet zwischen Algier und Tripolis. Unter dem dritten Hafsidenemir Al Mustansir (1249–1277), der als absoluter Herrscher regiert und sogar den Titel ›Kalif‹ annimmt, gelangt Ifriqiya wieder zu Wohlstand; die neue Hauptstadt Tunis erlebt ihre größte Blüte; der Zustrom hochgebildeter muslimischer und jüdischer Flüchtlinge aus dem von den Christen zunehmend bedrohten islamischen Spanien fördert Kunst und Wissenschaft. Gegenüber Andersgläubigen herrscht große Toleranz, der Handel mit dem europäischen Mittelmeerraum floriert.

Bald folgt jedoch ein neuer Konflikt mit den Christen: Um historische Ansprüche auf angebliche Lehnshoheit über Ifriqiya durchzusetzen, ruft der französische König Ludwig IX. (genannt ›Der Heilige‹) den siebten Kreuzzug aus. 1270 landet der Herrscher nahe Karthago, erliegt jedoch kurz darauf der Pest. Sieben Jahre später stirbt auch Al Mustansir; es folgt eine jahrzehntelange Periode von Stammesaufständen und Dynastiestreitigkeiten. Aus den Wirren geht als Sieger 1370 der Hafside Abul Abbas hervor, der die Reichseinheit wiederherstellen kann. Die zweite hafsidische Blütezeit, die nicht unwesentlich dem anhaltenden Zustrom andalusischer Flüchtlinge zu verdanken ist, hält trotz gescheiterter Expansionsversuche der tunesischen Herrscher bis in die zweite Hälfte des 15. Jh. an. Dann jedoch beginnt ein neuerlicher Niedergang, wieder einmal ausgelöst durch Streit um die Nachfolge.

Aufgrund der neuerlichen Schwäche Ifriqiyas können die habsburgischen Spanier zwischen 1508 und 1511 verschiedene Küstenstädte zu Tributleistungen zwingen. Die bedrängten Tunesier suchen daraufhin verzweifelt Schutz bei den türkischen Korsaren, die zu dieser Zeit quasi als Vorhut der osmanischen Expansion ins westliche Mittelmeer vorstoßen. Deren bekanntester Vertreter, der berüchtigte Kheired Din Barbarossa, wird 1533 vom osmanischen Sultan offiziell als Verwalter des östlichen Maghreb anerkannt und kann 1534 Bizerte und Tunis erobern, wo ihn die Bevölkerung als Befreier begrüßt. Der verhaßte Hafsidenherrscher Hassan muß fliehen und bittet den habsburgischen Kaiser Karl V. um Hilfe. Dieser landet 1535 mit 400 Schiffen und 33 000 Soldaten (Spanier und Malteser) bei La Goulette und erstürmt nach einmonatiger Belagerung Tunis. Der Hafside Hassan regiert fortan unter habsburgischem ›Protektorat‹. Tunesien gehört nun zur spanischen Einflußsphäre.

Die türkische Herrschaft

Der Kampf um die Mittelmeerherrschaft ist aber keineswegs zu Ende: Kheired Din Barbarossa fügt 1540 der christlichen Flotte eine schwere Niederlage zu, so daß von nun an die Türken die Seeherrschaft im östlichen Mittelmeer ausüben. Barbarossas Nachfolger Dragut (Torgut Rais), ab 1553 osmanischer Statthalter von Tripolis, kann bis 1560 Kairouan und nach erbitterten Kämpfen auch Djerba nehmen (s. S. 308f.), Draguts Bundesgenosse Ulug Ali (ein Pirat italienischer Abstammung) vertreibt 1569 sogar die spanische Garnison aus La Goulette. 1574 fällt Tunis endgültig in türkische Hand. In der Folgezeit erreicht die Mittelmeerpiraterie ihren Höhepunkt: Mit ihren leichten, wendigen und schnellen Booten kapern die Türken zahlreiche christliche Schiffe und verkaufen die Gefangenen als Sklaven bzw. lassen sie gegen hohe Lösegelder frei. Gegner werden grausam behandelt, die arabischen Küstenbewohner dagegen an der reichen Beute beteiligt, um ihre Unterstützung zu gewinnen. Die großen Piratenhäfen, u. a. Algier, Tripolis, Tunis und Bizerte, gelangen dadurch zu beachtlichem Wohlstand.

Tunesien bleibt für über 300 Jahre eine **Provinz des osmanischen Reiches.** 1587 setzt Istanbul ebenso wie in Algier und Tripolis auch in Tunis einen Pascha als Gouverneur ein, doch schon 1590 revoltieren die Janitscharen (aus den Nachkommen von Christen rekrutierte türkische Elitetruppen) und heben ihren Oberbefehlshaber, den Dey, an die Spitze der Verwaltung. Aus diesem anfangs gewählten Amt kann der ab 1612 regierende Mourad Dey ein erbliches machen und damit die Herrschaft seiner Familie für fast ein Jahrhundert etablieren. Für das normale Volk ändert sich durch den Machtwechsel nur wenig. Die städtische Bevölkerung besteht über-

Teil der türkischen Festungsanlagen in Ghar el Melh

wiegend aus Angehörigen der ›niederen‹ Handwerks- und Kleinhandelszweige, aus Lohnarbeitern sowie aus Sklaven; eine Sonderrolle spielen die in isolierten Stadtvierteln lebenden Juden, die oft als Geldverleiher und/oder Goldschmiede tätig sind. Auf dem Lande gibt es neben dem türkischen und tunesischen Großgrundbesitz auch Gebiete unter Kontrolle der Stämme sowie – vor allem an der Küste – Ländereien der andalusischen Einwanderer.

Die Oberhoheit der Sultane in Istanbul macht sich im 17. Jh. aufgrund der Krise des osmanischen Reiches nicht allzu stark bemerkbar. Trotz anhaltender Piraterie nimmt der Handel mit Europa einen neuen Aufschwung. Die letzte und umfassendste Vertreibung von Moslems aus Spanien, die ab 1609 unter Philipp II. stattfindet, läßt Zehntausende von andalusischen Arabern ins Land kommen, was der städtischen Kultur und der Landwirtschaft entscheidende Impulse vermittelt. Aus den 1666 beginnenden Wirren geht 1705 Hussein Bey Ali, bis dahin Kommandeur der Reitertruppen, als Sieger hervor und begründet die formal bis 1957 regierende **Dynastie der Husseiniten-Beys.** Er ruft eine straffe, zentralisierte Verwaltung ins Leben, Großbauten entstehen, und das Land wird praktisch unabhängig von der osmanischen Zentralmacht in Istanbul. Wie schon so oft folgt aber auf eine kurze Blütezeit der erneute Niedergang, vor allem bedingt durch die Verlagerung der internationalen Handelswege auf den Atlantik und die daraus resultierende Abnahme der Einkünfte aus der mediterranen Piraterie.

Französische Kolonialzeit

Die Europäer nutzen den desolaten Zustand, um sich unentbehrlich zu machen. Französische und britische Banken gewähren Kredite für die nach wie vor äußerst verschwenderische Hofhaltung der Herrscher, Instrukteure aus Frankreich bilden die Armee aus und bauen erste ›moderne‹ Hochschulen und Fabriken auf, europäische Industrieprodukte überschwemmen den tunesischen Markt. Frankreich, das nach harten, 17 Jahre dauernden Kämpfen 1847 das Nachbarland Algerien unterwerfen kann, gewinnt bald auf allen Ebenen entscheidenden Einfluß. Schließlich sind die Beys bei den ›großzügigen‹ Euro-

›Trikolore über Tunis‹,
Louis Moilliet, 1920/21

päern so verschuldet, daß sie deren Forderungen – denen durch verschiedene demonstrative Flottenaufmärsche Nachdruck verliehen wird – unbedingte Folge zu leisten haben; damit gerät Tunesien immer mehr in völlige Abhängigkeit von den europäischen Kolonialmächten.

Unruhen in der Kroumirie, in deren Verlauf ein Nomadenstamm die Grenze zu Algerien überschreitet, und die Plünderung eines gestrandeten französischen Schiffes werden von Frankreich zum Vorwand für den Einmarsch genommen. Am 12. 4. 1881 überschreiten 32 000 Soldaten aus Algerien die tunesische Grenze und zwingen den militärisch hoffnungslos unterlegenen Bey am 12. 5. in Kassar Said (La Menouba)

zur Unterzeichnung des **Protektoratsvertrags,** der Frankreich als ›Schutzmacht‹ anerkennt. 1884 wird der erste Generalresident (Résident Général) als oberster Repräsentant der Kolonialmacht eingesetzt. Finanzen, Militär und Außenpolitik kontrolliert er direkt, bei innenpolitischen Angelegenheiten ist ihm der Bey – formell nach wie vor Staatsoberhaupt – rechenschaftspflichtig. In den Städten werden französische Beamte eingesetzt, das ›friedliche‹ Land im Norden behält seine traditionellen *Sheikhs* und *Caids* (Sippen- bzw. Stammesführer), deren Ämter nun allerdings der Bestätigung durch die Franzosen bedürfen, der erst 1891 ›befriedete‹ rebellische Süden untersteht einer Militärverwaltung. Zu den ersten Maßnahmen der Kolonialmacht zählt die Enteignung allen nicht registrierten Grundbesitzes (ab 1885), worunter insbesondere die Ländereien von Nomaden und von religiösen Stiftungen (Habouz-Land) fallen. Die so gewonnenen Anbauflächen werden zunächst von staatlichen Gütern genutzt, nach 1900 dann von französischen Siedlern (Colons), die in großer Zahl ins Land kommen. Parallel dazu schreitet der Bau von Straßen, Häfen und Eisenbahnen voran, wird die Infrastruktur entwickelt; die großen Städte erhalten nach europäischem Muster angelegte Neustädte, auf dem Lande entstehen regionale Verwaltungs- und Marktzentren.

Der **Erste Weltkrieg** (1914–1918), in dem an der Westfront 80 000 Tunesier kämpfen und fast 11 000 fallen, unterbricht die Kolonisierung des Landes. Ab 1920 schreitet sie aber wieder zügig voran: Um die italienische Mehrheit unter den Colons zu brechen, erhalten französische Siedler verlockende Privilegien in Form günstiger Kauf- und Pachtbedingungen und zinsfreier Kredite. Überdies werden im Lande geborene

Ausländer automatisch naturalisiert, so daß französische Staatsangehörige zumindest formell die Mehrheit der schließlich über 250 000 Nicht-Tunesier stellen. An Produktionsziffern und Straßenkilometern gemessen erlebt Tunesien nun einen gewaltigen Aufschwung, die größte wirtschaftliche Revolution seit der Römerzeit ist im Gang. Gleichzeitig entstehen aber enorme **soziale Probleme:** Die Colons verdrängen Kleinbauern und Nomaden in unwirtliche Randgebiete, was zur Überausnutzung der kargen Steppen- und Gebirgsböden sowie zur Verarmung der tunesischen Landbevölkerung führt. Die daraus resultierende Landflucht läßt die Slums der Städte explosionsartig anwachsen. So verdoppelt sich etwa die Einwohnerzahl von Tunis innerhalb von nur zehn Jahren. Die Gesamtbevölkerung steigt von 1881, als sie 1,5 Mio. betrug, bis 1931 auf 2 Mio. und bis 1956 auf 3,4 Mio.

Da die Franzosen – wie überall in ihren Kolonien eine Politik der Assimilierung betreiben, versuchen sie, die traditionelle Elite (Kaufleute, Bey-Beamte, religiöse Würdenträger, einflußreiche Stammesführer) durch begrenzte Mitspracherechte in lokalen Verwaltungsgremien zu integrieren und gleichzeitig durch die Einrichtung von modernen Oberschulen eine junge, von französischen Idealen geprägte Nachwuchselite heranzubilden. Beides gelingt zwar partiell, bereitet gleichzeitig aber auch den Nährboden für die tunesische Unabhängigkeitsbewegung. Einen tiefen Einschnitt in die französische Kolonialzeit bringt der **Zweite Weltkrieg** (1939–1945), in den Tunesien als Schlachtfeld zwischen deutschen und alliierten Truppen direkt verwickelt wird (s. S. 250). Der Krieg hinterläßt im Land ein wirtschaftliches Chaos und eine

Das Bourguiba-Mauseleum in Monastir

schwere Hungersnot, die durch zwei katastrophale Dürren (1945 und 1947) weiter verschlimmert wird. Unruhen folgen, die Unabhängigkeitsbewegung wächst.

Der Weg zur Unabhängigkeit

Nach dem Ersten Weltkrieg, der u. a. die Zerschlagung des osmanischen Reiches und weltweite Forderungen nach Entkolonialisierung zur Folge hatte, formierte sich allmählich eine organisierte Opposition gegen die französische Kolonialherrschaft. Die großbürgerlich-liberalen ›Jungtürken‹, benannt nach der Reformbewegung im späten osmanischen Reich, verbanden sich mit den traditionalistischen Religionsgelehrten und gründeten 1920 die Destour-(Verfassungs-)Partei, die zunächst lediglich bescheidene Reformforderungen stellte und sich nur auf eine spärliche Massenbasis stützen konnte. Mehr Erfolg hatte – zumindest unter den Arbeitern – die 1925 von dem Kommunisten Mohammed Ali gegründete tunesische Gewerkschaft CGTT, die erste in der arabischen Welt, die bald zahlreiche Streiks organisiert. Der eigentliche Beginn der tunesischen Unabhängigkeitsbewegung ist erst in den 30er Jahren anzusetzen. 1933, als ein neuer Generalresident mit eiserner Hand jegliche Opposition zu unterdrücken versuchte und gleichzeitig eine tiefe Wirtschaftskrise herrschte, trat ein junger, an der Pariser Sorbonne promovierter Rechtsanwalt auf den Plan: Der 1903 in Monastir geborene **Habib Bourguiba** gründete zunächst die Zeitung ›L'Action Tunisienne‹ und schließlich am 2. 3. 1934 (in Ksar Hellal) eine neue Partei, die **Neo-Destour.** Sie repräsentierte zunächst die jüngeren, von

europäischen Idealen geprägten Intellektuellen, gewann aber dank hervorragender Organisation, geschickter Taktik und populärer Forderungen rasch eine breite Basis. Die französische Kolonialverwaltung ging hart gegen die Neo-Destour vor. Habib Bourguiba wurde mehrfach verhaftet, die Partei und die Gewerkschaft 1937 verboten.

Nach Kriegsende eskaliert die Situation: Colons beginnen ab 1952 mit Terroraktionen gegen tunesische Oppositionelle; ihre militärische Organisation ›Main Rouge‹ ermordet u. a. Ferhat Hached, den strikt antikommunistischen Begründer der neuen und für den tunesischen Unabhängigkeitskampf äußerst bedeutenden Gewerkschaft UGTT, sowie

Hedi Chaker, den engsten Vertrauten Bourguibas. Gleichzeitig geht die Neo-Destour zur Offensive über; Streiks sowie Sabotageakte und Anschläge der neuen Untergrundarmee ›Fellah‹ häufen sich, meist beantwortet von französischen Militäreinsätzen, die Hunderte von Todesopfern fordern. Bourguiba wird 1950 und 1952–55 erneut verhaftet und nach Frankreich gebracht – es herrscht praktisch Kriegszustand. Nach der Niederlage in Indochina und mit Beginn des Algerienkriegs bleibt der Regierung Mendès France keine Wahl: Sie gewährt am 31. 7. 1954 dem Land Tunesien die innere Autonomie und am **20. 3. 1956 die völlige Unabhängigkeit.**

Die ersten freien Wahlen der tunesischen Geschichte bringen am 15. 4. 1956 einen überwältigenden Sieg der Neo-Destour und machen Habib Bourguiba zum Ministerpräsidenten. Am 25. 7. 1957 folgt die offizielle Absetzung des Beys, der seit dem Beginn der Kolonialzeit ohnehin nur ein Schattendasein führte; damit wird Tunesien zur **Republik** und Bourguiba zum Staatspräsidenten. Binnen kurzem folgen an westeuropäischen Ideen orientierte Reformen wie Abschaffung der religiösen Gerichtsbarkeit, die Beschlagnahme des verbliebenen Habouz-Landes, die Gründung weltlicher Schulen, die Einführung der allgemeinen Schulpflicht, Alphabetisierungskampagnen, neue Arbeits- und Sozialgesetze, die rechtliche Gleichstellung der Frau, das Verbot der Polygamie, die Einführung eines Mindestheiratsalters u. ä. Gegen Bourguibas Politik regt sich allerdings Widerstand: Die Geistlichkeit wehrt sich gegen ›Verweltlichung‹, die Gewerkschaft UGTT unter ihrem neuen Führer Ahmed Ben Salah verlangt weitergehende antikapitalistische Wirtschaftsreformen. Die Regierung antwortet mit Verhaftungen, Streikverbot, der Absetzung Ben Salahs, der Deportation zahlreicher arbeitsloser städtischer Jugendlicher in als ›Kinderdörfer‹ apostrophierte Arbeits- und Erziehungslager auf dem Lande. Auch außenpolitisch kommt es zu Konflikten. Wegen der angeblichen Unterstützung algerischer FLN-Rebellen bombardieren die Franzosen im Februar 1958 das Grenzdorf Sakiet Sidi Youssef und sperren jegliche Wirtschaftshilfe, 1961 erfolgt dann ein tunesischer Angriff auf die im Kriegshafen Bizerte verbliebene französische Garnison, die erst im Oktober 1963 geräumt wird (s. S. 146f.).

Der geschickt taktierende und nach wie vor äußerst populäre Bourguiba kann jedoch trotz aller Probleme seine überragende Machtstellung festigen. Die Hauptaufmerksamkeit des jungen Nationalstaates gilt fortan dem Aufbau der Wirtschaft: 1962 entsteht ein erster Zehnjahresplan, 1964 erfolgt eine Bodenreform, und 1972 setzt ein zweiter Zehnjahresplan ein. Anfangs zeigt die Planung sozialistische Züge. Finanzmangel, Mißernten und der Widerstand der Großgrundbesitzer verhindern aber Erfolge, so daß Bourguiba einen rein kapitalistisch orientierten Kurs einschlägt. Eine Mitte der 70er Jahre einsetzende Rezession, besonders beim Phosphat- und Olivenexport, sowie die anhaltende Arbeitslosigkeit schüren vor allem in den Jahren 1976/77 Unruhen und Streiks unter Studenten, Arbeitern und Bauern und führen schließlich zu einer schweren inneren Krise. Am 27. 1. 1978 schlägt die Polizei in Tunis den von der UGTT ausgerufenen ersten Generalstreik Tunesiens blutig nieder (nach offiziellen Angaben 42 Tote, nach inoffiziellen mehrere hundert) und ruft den Ausnahmezustand aus. Exakt zwei Jahre später – nach einer neuen landesweiten

Streikwelle und Studentenunruhen – erfolgt ein Angriff junger Revolutionäre der R.A.T. (Résistance Armée Tunisienne) auf die Garnison von Gafsa, um das Signal für einen allgemeinen Aufstand zu geben; mehrtägige Gefechte fordern wieder über 40 Tote. Bourguiba reagiert taktisch: Einerseits werden Oppositionelle in Schauprozessen verurteilt (u. a. 15 Gafsa-Rebellen zum Tode), andererseits beginnt eine vorsichtige Liberalisierung, die einen vorläufigen Höhepunkt in den ›freien‹ **Wahlen** vom 1. 11. 1981 erreicht. Da die wichtigsten Oppositionsparteien nicht zugelassen sind und Repressionen die Gegenkandidaten behindern, bringen diese einen überwältigenden Sieg von Bourguibas ›Nationaler Front‹, die 94,6 % der Stimmen und sämtliche Parlamentssitze erhält. Anfang 1984 verursacht die Verdoppelung der (subventionierten) Preise für Brot und Hirse (Hauptnahrungsmittel der Armen) landesweite Unruhen, die im Süden beginnen und dann in Tunis kulminieren. Polizei- und Militäreinsätze fordern 121 Tote (offizielle Angabe), bevor Präsident Bourguiba durch Zurücknahme der (übrigens vom Internationalen Währungsfonds geforderten) Preiserhöhungen die Ruhe wiederherstellen kann.

Im August 1985 erreichen die Spannungen mit Libyen einen neuen Höhepunkt, als der durch den Ölpreisverfall in wirtschaftliche Schwierigkeiten geratene Nachbar die Ausweisung der Hälfte seiner fast 600 000 ›Gastarbeiter‹ ankündigt. Ca. 35 000 der über 80 000 in Libyen tätigen Tunesier müssen das Land verlassen; es folgen der Abbruch der diplomatischen Beziehungen und die Schließung der Grenzen. Überschattet werden diese Ereignisse durch den am 1. 10. 1985 erfolgten Angriff von 6 israelischen Kampfflugzeugen auf das Hauptquartier der PLO in Bordj Cedria.

Herausragendes Ereignis der jüngsten Vergangenheit ist die Entmachtung Bourguibas durch **Zine el Abidine Ben Ali** am 27. 11. 1987. 1991 scheitert ein Putschversuch islamischer Fundamentalisten. Neuwahlen im Jahre 1994 bestätigen die unangefochtene Stellung Ben Alis, der, ähnlich wie sein Vorgänger, eine fast absolutistische Machtfülle auf sich vereint und mit der Opposition geschickt taktiert (s. S. 21). Der radikale Fundamentalismus des benachbarten Algerien hat bisher glücklicherweise keinen Nährboden in Tunesien gefunden, obwohl sich zahlreiche Jugendliche von der Kompromißlosigkeit der Islamisten angezogen fühlen (s. S. 65).

Zeittafel zur Geschichte

Ab ca. 500 000	Erste Besiedlungsspuren in Tunesien
ab ca. 8000	Capsien (Übergangsphase zum Neolithikum)
ab ca. 3000	Besiedlung Nordafrikas durch Vorfahren der Berber
ab 12. Jh. v. Chr.	Die Phönizier werden zur beherrschenden Handelsmacht des Mittelmeeres
814 v. Chr.	Legendäres Gründungsdatum von Karthago
5./4. Jh. v. Chr.	Aufstieg Karthagos zur Großmacht; Dauerkonflikt mit den griechischen Städten auf Sizilien
264–241 v. Chr.	Erster Punischer Krieg gegen Rom; Verlust von Sizilien

Zeittafel

247–183/82 v. Chr.	Hannibal, bedeutendster karthagischer Heerführer und Politiker
241–237 v. Chr.	Aufstand der karthagischen Söldner
237–218 v. Chr.	Karthagische Expansion in Spanien
218–201 v. Chr.	Zweiter Punischer Krieg; Verlust der karthagischen Großmachtstellung
149–146 v. Chr.	Dritter Punischer Krieg; völlige Zerstörung Karthagos, dessen Gebiet in das römische Imperium einverleibt wird
146 v. Chr.	Nordtunesien wird zur römischen Provinz Africa
49–46 v. Chr.	Römischer Bürgerkrieg
ab 27 v. Chr.	Unter Augustus Schaffung der größeren Provinz ›Africa proconsularis‹; Neugründung Karthagos; Beginn der intensiven römischen Kolonisierung
1. Jh. n. Chr.	Völlige Befriedung der Provinz
2./3. Jh.	Größte wirtschaftliche und kulturelle Blütezeit unter römischer Herrschaft, bes. 193–235 unter den Severer-Kaisern; ab Ende des 2. Jh. Ausbreitung des Christentums
4. Jh.	Das Christentum setzt sich als dominierende Religion durch; Zerfall des römischen Imperiums
439–533	Vandalenherrschaft
ab 533	Byzantinische Herrschaft
570–632	Mohammed, der Prophet Allahs
647 und 665	Erste arabische Vorstöße nach Tunesien
671	Oqba Ibn Nafi gründet Kairouan
698	Die Araber zerstören Karthago
8. Jh.	Nur lose arabische Herrschaft; häufige Berberrevolten
799–909	Dynastie der Aghlabiden; wirtschaftliche und kulturelle Blüte
909–973	Dynastie der schiitischen Fatimiden (ab 916 neue Hauptstadt Mahdia); 944 Abu Yazid-Aufstand
973 bis Mitte 12. Jh.	Dynastie der Ziriden
ab 1051	Beni Hilal-Einfall; Verwüstung des Landes und Anarchie
1159–1207	Dynastie der Almohaden
1207–1574	Dynastie der Hafsiden
1249–1277	Unter dem Hafsidenemir Al Mustansir größte Blütezeit des islamischen Tunesien; Aufstieg der neuen Hauptstadt Tunis; Zustrom von Andalusienflüchtlingen
1270	Gescheiterter Kreuzzug des französischen Königs Ludwig IX.
14./15. Jh.	Bis um 1370 innere Wirren, gefolgt von der zweiten hafsidischen Blütezeit; gegen Ende des 15. Jh. neuerlicher Zerfall
Anf. 16. Jh.	Beginn der spanisch-türkischen Auseinandersetzungen im Mittelmeer
1535	Spanische Eroberung von Tunis (nominell bleibt die Oberhoheit der Hafsiden bestehen)
1574	Die Türken erobern Tunis, Tunesien wird Provinz des Osmanischen Reiches

1590	Janitscharenrevolte
ab 1609	Letzter und größter Zustrom von Andalusienflüchtlingen; wirtschaftliche und kulturelle Blüte
1705	Hussein Bey Ali begründet die Dynastie der Husseiniten-Beys (die offiziell bis 1957 im Amt bleibt)
bis Mitte 19. Jh.	Zunehmender wirtschaftlicher Verfall, wachsende finanzielle Abhängigkeit von den europäischen Kolonialmächten
1830–1847	Frankreich erobert Algerien
1881	Einmarsch französischer Truppen, Tunesien wird französisches Protektorat
ab 1900	Intensive Kolonisierung des Landes durch französische und italienische Siedler
1934	Habib Bourguiba gründet die Neo-Destour-Partei; in der Folgezeit rasches Erstarken der Unabhängigkeitsbewegung
1942/43	Erbitterte Kämpfe zwischen dem zurückweichenden deutschen Afrikacorps unter Rommel und alliierten Truppen
ab 1950	Auseinandersetzungen zwischen der Unabhängigkeitsbewegung, der Kolonialverwaltung und Terrororganisationen der französischen Siedler; 1952 Aufruf zum Freiheitskampf
20. 3. 1956	Frankreich erkennt die Unabhängigkeit Tunesiens an
1956/57	Offizielle Absetzung des Beys; Bourguiba wird Staatspräsident; Beginn umfassender Reformen
1961	Tunesischer Angriff auf die französische Flottenbasis Bizerte
Oktober 1963	Die letzten französischen Truppen verlassen Bizerte
1964	Bodenreform
1974	Der Plan zur Vereinigung Tunesiens mit Libyen wird nicht verwirklicht
1976/77	Arbeiter- und Studentenunruhen
1978	Generalstreik in Tunis blutig wird niedergeschlagen
1979	Tunis wird Sitz der Arabischen Liga (bis 1990)
1980	Angriff junger Revolutionäre auf die Garnison von Gafsa
1. 11. 1981	Parlamentswahlen
Anfang 1984	›Brotrevolte‹, die 121 Todesopfer fordert
August 1985	Spannungen mit Libyen wegen der Ausweisung von 35 000 tunesischen Gastarbeitern
1. 10. 1985	Israelischer Angriff auf das PLO-Hauptquartier in Bordj Cedria bei Hammam Lif
7. 11. 1987	Entmachtung Bourguibas durch Zine el Abidine Ben Ali
1989	Bei den Parlamentswahlen gewinnt die Partei des Präsidenten alle Mandate
1991	Gescheiterter Putschversuch islamischer Fundamentalisten
1994	Wahlen bestätigen Ben Ali mit überwältigender Mehrheit
1998	Eine Welle illegaler Bootsflüchtlinge aus Tunesien trifft in Süditalien ein

Zeittafel

Kunst und Kultur – Thermen, Ribats und Moscheen

Aus der Zeit vor der phönizischen Kolonisation sind nur wenige Artefakte – meist einfache Werkzeuge aus Stein, vom 4. Jt. v. Chr. an auch aus Bronze – erhalten, die man heute im Bardo-Museum in Tunis bewundern kann. Grandiose Felsmalereien wie in anderen Teilen der Sahara finden sich in Tunesien nicht.

Punische Kunst

Phönizische Maske aus Karthago, 7./6. Jh. v. Chr., Bardo-Museum, Tunis

In den phönizischen und karthagischen Grabstätten wurden zahllose **Kleinkunstgegenstände** gefunden (heute meist im Bardo-Museum), vorrangig tönerne Urnen und steinerne Grabstelen, die mit verschiedenen Inschriften, Fruchtbarkeits- und Göttersymbolen – vor allem dem der Thanit – versehen sind, sowie Beigaben für die Toten, u. a. Masken, Amulette, Schmuck, tönerne Öllämpchen und sonstige Keramik, Elfenbein- und Glasarbeiten sowie Statuetten. Die Artefakte zeigen starke etruskische, griechische und ägyptische Einflüsse, bei vielen handelt es sich auch um Importstücke.

Von der punischen Architektur blieb nur wenig erhalten, da die Römer auf den Fundamenten der zerstörten karthagischen Städte neue Siedlungen errichteten. Erwähnung verdienen lediglich die Ruinen von Kerkouane (s. S. 127f.), deren alter Grundriß noch erkennbar ist, die verschiedenen Ausgrabungsstätten von Karthago und das Mausoleum von Dougga.

Römische Kunst

Daß Tunesien eine Reihe der bedeutendsten römischen Kulturleistungen vorzuweisen hat, ist nicht verwunderlich. Zum einen zählte Africa zu den Kernprovinzen des Imperiums, zum anderen wurden viele Siedlungen nach dessen Ende für Jahrhunderte aufgegeben und dadurch vor späterer Überbauung bewahrt. Die tunesischen **Römerstädte** zeigen im Prinzip das übliche römische Schema strenger Schachbrettordnung. Dieser planmäßige Grundriß ließ sich aber nicht immer so konsequent übertragen, da die meisten der bisher über 200 nachgewiesenen Siedlungen auf den unregelmäßigen punischen Grundrissen aufbauten. Im Kern waren sie jedoch wie alle römischen Städte angelegt: Zentrum war das

Phönizische Votivstele aus Karthago, 3. Jh. v. Chr., Bardo-Museum, Tunis

Sie stammen meist aus den ersten vier nachchristlichen Jahrhunderten und haben sowohl mythologische Motive als auch Begebenheiten aus dem täglichen Leben zum Inhalt.

Vom 4. Jh. an wird die römische Kunst zunehmend vom Christentum geprägt, was sich vor allem in den Mosaikmotiven – nun meist an Gräbern und Taufbecken – und im Bau von Kirchen niederschlägt. Als Basiliken folgen sie im Grundriß den gleichnamigen römischen Gerichtsbauten; erhalten sind zahlreiche Fundamente in allen größeren Römerstädten, vor allem aber in Karthago. Die Zeit der Vandalen hinterläßt dagegen kaum Spuren; die der Byzantiner manifestiert sich lediglich in weiteren Kirchen- und Festungsbauten, in die meist die alten römischen Großbauten einbezogen wurden.

Römisches Mosaik, 2./3.Jh. n. Chr., Bulla Regia

Forum mit dem Markt und den großen öffentlichen Bauten wie Kapitol, Basilika und Curia.

Wie die unübersehbare Fülle der Ausstellungsstücke in den Museen von Tunis, Sousse, Karthago, El Djem und Sfax zeigt, vollbrachte das römische Tunesien aber nicht nur in der Architektur herausragende Leistungen. Besondere Erwähnung verdienen die großartigen **Mosaiken**, die die Fußböden öffentlicher Bauten und reicher Villen zierten.

Kunst und Wissenschaft im Islam

Mehr als in anderen Kulturkreisen ist die Kunst des Islam den strengen Regeln der Religion unterworfen. Da diese die Nachahmung der gottgeschaffenen Natur als Gotteslästerung empfindet, mußte auf figürliche Darstellungen verzichtet werden. Die Folge war die Entfaltung einer reichen abstrakten Formenwelt, die regional und zeitlich zwar vielfältig variiert wurde, dennoch durch die Beschränkung eine gewisse Einheitlichkeit des Kunstschaffens bewirkte. Keine andere Kultur hat eine vergleichbare Vielfalt und Perfektion der **Ornamentik** entwickelt, nirgendwo sonst spielen ornamentale Verzierungen eine derart herausragende Rolle in Architektur und Kleinkunst. Die islamische Ornamentik baut im wesentlichen auf drei Elementen auf, die in schier unendlichen Varianten miteinander kombiniert werden: der Arabeske (Motiv aus verschlungenen, streng stilisierten Pflanzenranken), den geometrischen Mustern aus ineinandergreifenden meist sechs- und achteckigen Polygonen und schließlich der **Kalligraphie**, die im Islam Vorrang vor allen anderen Künsten genießt, da sie unmittelbar das Wort Gottes darstellt.

Die bildhaft-allegorische, in äußerst blumenreiche Worte gefaßte Lyrik – Abenteuer, Liebesgedichte, Fabeln und Gleichnisse – stand ihr allerdings kaum nach; die Prosa wurde dagegen fast nur für wissenschaftliche Abhandlungen benutzt. Ensprechend erfuhren öffentliche Bibliotheken und Schulen stets große Förderung, die Analphabetenrate lag im Mittelalter unter den Arabern weit niedriger als in Europa.

Die islamische **Architektur** – traditionell geringer geschätzt als Kalligraphie und Ornamentalkunst – ist eine

Medaillon in maghrebinischer Schrift

überwiegend sakrale. Als der mit Abstand wichtigste Bau gilt entsprechend die Moschee. In der Sidi Oqba-Moschee von Kairouan besitzt Tunesien eine der ganz großen Bauleistungen des Islam, die zum Vorbild für die gesamte Sakralarchitektur des Maghreb wurde. In der Frühzeit des islamischen Tunesien (um 800) entstand zur Sicherung der neuen Herrschaft und als Ausgangsbasis für die weitere Expansion entlang der Küste eine Kette von *Ribats*, von massiven, viereckigen Wehrklöstern, deren Grundschema dem der Moschee folgt. Hervorragend erhalten haben sich die Ribats von Sousse (s. S. 194) und Monastir (s. S. 198f.). Ab dem 13. Jh. wurde die Baukunst durch *Medressen* – im Maghreb *Medersas* genannt – bereichert, theologische Hochschulen mit Wohnzellen für Studierende. Weitere Sakralbauten sind die Grabstätten von religiösen Führern bzw. ›Heiligen‹, genannt *Koubba* oder *Marabout*: einfache, kubische Bauten mit kuppel- oder pyramidenförmigem Dach. Sie sind oft Kern einer *Zaouia*, des Stammsitzes einer religiösen Bruderschaft, und bilden häufig zusammen mit einer Moschee und/oder einer Medersa eine Gesamtanlage.

Den ersten Rang unter den Profanbauten nehmen natürlich die Paläste ein – große, verschachtelte, um verschiedene Innenhöfe gruppierte Komplexe aus niedrigen Gebäuden, bei denen stets drei deutlich voneinander getrennte Bereiche zu unterscheiden sind: der *Selamlik* (öffentlicher Teil mit großem Versammlungshof), der *Diwan* (Thron- und Beratungsräume) und der *Harem* (Privatteil mit Frauengemächern). Von den alten Palastanlagen in und bei Kairouan sowie in Mahdia haben sich nur Spuren erhalten, da neue

Die Moschee

Gemäß dem ›klassischen‹ Vorbild der Moscheen von Medina und Damaskus gruppieren sich um einen rechteckigen Innenhof, in dessen Mittelpunkt ein Reinigungsbrunnen steht, auf drei Seiten gedeckte Säulenhallen. Die gen Mekka gerichtete Seite nimmt der größere Gebetssaal ein, der durch Säulenreihen in mehrere Längsschiffe geteilt wird; deren mittleres ist erhöht. Parallel zu der in Richtung Mekka weisenden *Qibla* (Gebetsmauer) verläuft ein von mehreren Kuppeln bekröntes Querschiff; im Zentrum der Qibla befindet sich der *Mihrab* (Gebetsnische), vor der der *Imam* (der Vorbeter der Gemeinde) die Gemeinschaftsgebete verrichtet. Rechts neben dem Mihrab steht der *Minbar*, die Gebetskanzel, von der aus die Ansprachen bei den Freitagsgottesdiensten gehalten werden. An der dem Gebetssaal gegenüber gelegenen Seite erhebt sich das Minarett, von dem aus der *Muezzin* die Gläubigen zum Gebet ruft (heute meist per Tonband). In seiner ›klassischen‹ Form ist es massiv, relativ niedrig und in drei oder vier sich nach oben verjüngende Teile gegliedert, seine Spitze krönen bis zu drei goldene Kugeln, deren Zahl den Rang der Moschee angibt. Insgesamt ist die ›klassische‹ Moschee in die Breite gelagert, von außen wirkt sie schlicht. Fenster, Türen und Säulenjoche zeigen den typischen maurischen Hufeisenbogen, die schlanken, zierlichen Säulen tragen oft antike Kapitelle. Die Ausschmückung – anfangs ebenfalls schlicht, seit der Fatimiden-Dynastie (10. Jh.) und insbesondere durch den andalusischen Einfluß (seit dem 13. Jh.) aber zunehmend komplexer und kostbarer werdend – konzentriert sich auf das Innere des Gebetssaales und hier besonders auf die Qibla. Neben Fayencen (glasierten Tonplättchen), Steinreliefs, verschiedenfarbigem Ziegelmauerwerk und reich verzierten Holzdecken finden sich hier die *Muqarnas*, aus Stuck geschnittene Nischen- und Deckenverzierungen, die auch ›Stalaktitgewölbe‹ genannt werden, weil sie an Tropfsteine erinnern. Den Boden bedecken in Tunesien Matten.

Die Türkenzeit brachte im Grunde nur Detailveränderungen des beschriebenen ›klassischen‹ Typus wie übertriebenen, besonders farbenfreudigen Innenschmuck sowie eine neue Minarettform: das schlanke, achteckige, von einem umlaufenden Balkon und einem spitzen Dach bekrönte ›syrische‹ Minarett; es findet sich allerdings nur bei den hanefitischen (= von Türken besuchten) Moscheen. Größere Kuppelmoscheen gibt es nur in Tunis, Bizerte und Kairouan, einen großen Zentralkuppelbau, wie er für die Osmanen typisch ist, überhaupt nicht. Als lokale Sonderentwicklungen verdienen Erwähnung die schlichten Wehrmoscheen von Djerba (s. S. 312) und die Ziegelbauweise des Djerid (s. S. 286f.).

Moschee

Straßenschild in Sidi Bou Said

Dynastien die Residenzen ihrer Vorgänger meist zerstören ließen. In vielen Städten gibt es noch die mittelalterlichen Stadtmauern mit ihren z. T. prachtvollen Toren und der *Kasbah*, der meist am höchsten Punkt gelegenen Stadtfestung. Erwähnung verdienen weiter die *Fondouks* (Großhandelslager und zugleich Herbergen für Kaufleute und Tiere), *Hammams* (Badehäuser, bekannt als ›Türkisches Bad‹) und die großen öffentlichen Brunnenanlagen.

Die mittelalterliche arabische **Wissenschaft** übertraf die zeitgenössische europäische bei weitem und war bis ins 13. Jh. hinein sogar die höchstentwickelte überhaupt; die europäische Renaissance baute außer auf antiken Quellen vor allem auf muslimischen Kenntnissen und Errungenschaften auf. Weit weniger wissenschaftsfeindlich als das

◁ *Die ibaditische Moschee in El May, Djerba*

Christentum, gelang der arabischen Kultur schon früh Bedeutendes, besonders in der Astronomie (viele Observatorien, schon um 1000 die Theorie, daß die Erde um die Sonne kreist), Mathematik (Grundlagen der Algebra), Chemie und Physik (u. a. Fernrohre, Lupen, verbesserter Kompaß, hydraulische Pumpen, Metalllegierungen, Destillation, Schießpulver, sehr früh auch Glasfenster), Medizin (zweifellos die entwickelste ihrer Zeit), Geographie (bis zum 14. Jh. detaillierte Monographien über die gesamte bekannte Welt) und Landwirtschaft (hervorragende Bewässerungs- und Zuchttechniken). Die Naturwissenschaften standen in engster Verbindung mit der Philosophie, die sich keineswegs nur auf die klassischen religiösen Quellen stützte, sondern u. a. auch auf die intensiv rezipierten griechischen. So war es der Islam, der die Schriften der ›Heiden‹, etwa die eines Aristoteles, in die Neuzeit hinüberrettete.

Der Islam – Das einigende Band des Glaubens

Praktisch alle Tunesier sind Anhänger des Islam, einer der großen Weltreligionen, zu der sich heute ca. 600 Mio. Menschen bekennen. Islam bedeutet sinngemäß ›Unterwerfung unter den Willen Gottes‹, die Gläubigen heißen *Muslime*, d. h. ›in den Stand des Heils Getretene‹. Begründer des Islam ist der um 570 in Mekka geborene **Mohammed** (s. S. 60f.). Bis zu seinem Tode im Jahre 632 nahmen alle Stämme der Arabischen Halbinsel die neue Religion an, und unter seinen Nachfolgern, den Kalifen, breitete sich der Islam innerhalb weniger Generationen bis nach Spanien im Westen und Pakistan im Osten aus. Die ersten arabischen Heere erreichten Tunesien 639, wo sie 671 die neue Hauptstadt Kairouan gründeten und sich bis gegen Ende des 7. Jh. auch in den zentralen Gebieten des Landes durchsetzen konnten.

Mohammed schuf keine völlig neue oder vorbildlose Religion, sondern verband Elemente der arabischen Stammesreligionen mit jüdischen, christlichen und persischen Überlieferungen sowie mit zahlreichen praktischen Verhaltensregeln. Juden und Christen gelten nicht als ›Ungläubige‹, sondern als Vorläufer des Islam, Thora und Bibel als heilige Bücher, ›aufgehoben‹ im Koran. Die Feindschaft gegenüber den Christen, deren Dreifaltigkeitsglauben der Islam als Abweichung vom ursprünglichen Monotheismus ansieht, entstand erst als Folge der Kreuzzüge und der Vertreibung der Moslems aus Spanien. Die Juden zählten lange sogar zu den wichtigsten Trägern der maurischen Kultur, ihre Diskriminierung (Sondersteuern, Beschränkungen) begann im wesentlichen erst unter der Herrschaft der Türken.

Grundlage des Islam ist der Glaube an den einzigen und unteilbaren **Gott Allah**. Mohammed gilt als sein letzter und vollkommener Prophet, aber ganz als Mensch, nicht etwa als Gottessohn. Allahs Wille bestimmt das Schicksal eines jeden Menschen; allerdings haben auch die menschlichen Taten Einfluß darauf, ob der Betreffende beim Jüngsten Gericht ins Paradies erhoben oder in die Hölle verbannt wird.

Die Heilige Schrift des Islam ist der **Koran** (Verkündigungen), die durch den Erzengel Gabriel an Mohammed vermittelte Offenbarung Allahs (s. S. 62). Neben Glaubensgeboten und Lobpreisungen Allahs enthält der Koran Vorschriften, die alle Bereiche des öffentlichen und privaten Lebens umfassen und in den Alltag eines Gläubigen viel stärker eingreifen als die Glaubensregeln des Christentums. In ihrer ursprünglichen Form ist die Religion nüchtern und auf praktische Bedürfnisse ausgerichtet. Das wichtigste Gebot ist die Einhaltung der als die ›**Fünf Säulen**‹ bezeichneten Grundregeln. Es sind dies:

– *Sahada*, das stets in Arabisch vorzutragende Glaubensbekenntnis »Es gibt keinen Gott außer Allah, und Mohammed ist sein Prophet«.

– *Salat*, das Gebet, das der Gläubige fünfmal täglich (morgens, mittags, nachmittags, abends, nachts) in Richtung Mekka spricht – die genauen Zeiten kündet der Ruf des Muezzin an. Eine Waschung von Füßen, Händen und Gesicht muß dem Gebet jeweils vorangehen, die Gebetsformeln und Körperhaltungen folgen festen Regeln. Der Moschee-

Mohammed
Der Prophet Allahs

Mohammed wurde gegen 570 in Mekka als Sohn der Familie Hashim geboren, die zum berühmten Geschlecht der Koraishiten zählte. Nach dem frühen Tod seines Vaters Abdallah und seiner Mutter Amina wuchs er zunächst bei seinem Großvater Abd-al-Muttalib, später bei seinem Onkel Abu Talib auf. Vom Hirten arbeitete er sich zum Kameltreiber in Diensten der vermögenden, 15 Jahre älteren Witwe Khadija empor, die ihn schließlich heiratete und zwei Söhne und vier Töchter gebar, darunter Fatima, die ihm als einzige Enkel schenkte.

Auf zahlreichen Handelsreisen durch die arabische Welt kam er in Kontakt mit der christlichen Lehre und beschäftigte sich bald immer intensiver mit religiösen Fragen.

Während des Schlafs in einer Höhle bei Mekka erschien ihm der Erzengel Gabriel, offenbarte ihm die ersten Verse des späteren Korans (96. Sure) und bedeutete ihm, daß er der von Gott auserwählte Prophet sei. Bis zu seinem Tode hatte er zahlreiche derartige Eingebungen, die schließlich im Koran zusammengefaßt wurden (s. u.).

Seine Offenbarungen von dem einen und alleinigen Gott Allah fanden bei den Bewohnern Mekkas, die dem Polytheismus anhingen, zunächst keinen Anklang, so daß Mohammed nach dem Tode seiner Frau (619) im Jahre 622 beschloß, seinen Wirkungskreis in die 300 km entfernte Stadt Yathrib zu verle-

besuch ist nur für das Mittagsgebet am Wochenfeiertag Freitag vorgeschrieben, außerhalb der Moschee soll ein Gebetsteppich verwendet werden.

– *Sakat*, die Pflicht, Almosen an Arme zu geben; diese wird heute als staatliche Armensteuer erhoben, Freigebigkeit gegenüber Bettlern ist jedem Gläubigen aber auch heute noch selbstverständlich.

– Fasten im Monat *Ramadan*, in dem der Erzengel Gabriel Mohammed erschienen sein soll. Während des Ramadan darf der Gläubige – ausgenommen Alte, Kranke, Schwangere, Säuglinge und Reisende – von Sonnenaufgang bis Sonnenuntergang weder essen, rauchen, trinken noch Geschlechtsverkehr haben, außerdem sind zusätzliche Gebete und Moscheebesuche vorgesehen. Das Fastengebot ist heute in Tunesien offiziell Privatsache und wird von staatlicher Seite aus wirtschaftlichen Gründen eher abgelehnt, dennoch hält man es besonders auf dem Land noch immer streng ein.

– *Hadj*, die Pilgerfahrt nach Mekka, die von jedem Gläubigen zumindest einmal im Leben unternommen werden muß, sofern er körperlich und finanziell dazu gen. Und in der Tat sollte dieser Umzug die große Wende bringen und den Weg von der Sekte zur Weltreligion ebnen. Nicht von ungefähr markiert der Auszug aus Mekka, die *Hedschra*, den Beginn der islamischen Zeitrechnung. Yathrib wurde unter seinem neuen Namen Medina, abgeleitet aus *Medinat-an-Nabi* (Stadt des Propheten), bis zum ersten *Schisma* der Nabel der islamischen Welt.

Die rasche Verbreitung des neuen Glaubens beruhte auf Mohammeds Geschick, Religion und Machtpolitik wirkungsvoll zu verbinden. Bald war er der unumstrittene Herrscher über Medina und wußte seine Ansprüche auch militärisch durchzusetzen. 627 kam es zum Friedensvertrag mit dem verhaßten Mekka, drei Jahre später zog Mohammed an der Spitze seiner Truppen siegreich in seine Heimatstadt. Er reinigte das heidnische Heiligtum der Kaaba von Götzenbildern und bestimmte es zur höchsten Kultstätte der neuen Religion, die nun auch in Mekka zunehmend Anhänger fand. Seine Rückkehr nach Medina glich einem Triumphzug, der dem Islam immer neue Stämme aus Arabien zutrieb.

Mohammeds religiösem Eifer stand sein Verlangen nach weltlichen Genüssen nicht im Wege. Neben gutem Essen und Wohlgerüchen richtete sich sein Interesse nach dem Tode seiner ersten Frau vor allem auf das weibliche Geschlecht. Aufgrund einer Offenbarung mußte er sich nicht mit nur vier Frauen begnügen, sondern konnte als einziger Muslim eine unbeschränkte Zahl ehelichen. Obwohl der Prophet von diesem Privileg regen Gebrauch machte, blieb ihm ein männlicher Nachfolger, der einmal sein Erbe antreten würde, versagt. Die Lieblingsfrau seines großen Harems war die junge Ai'sha, die später eine Rolle in den Auseinandersetzungen um die rechtmäßige Nachfolge spielte.

Zehn Jahre nach der Hedschra begab sich der 62jährige Mohammed noch einmal auf eine Wallfahrt nach Mekka, erkrankte aber schon bald nach der Rückkehr und verstarb am 8. Juni 632 in Medina.

in der Lage ist. Der siebenmalige Besuch der heiligen Stadt Kairouan gilt in Tunesien inoffiziell vielfach als Ersatz.

Neben diesen Grundregeln gibt es zahlreiche weitere Gebote. Untersagt sind vor allem der Genuß von Alkohol – heute nur noch partiell befolgt – und von Schweinefleisch sowie Glücksspiel und Geldverleih gegen Zins. Auffallend ist die nach unseren Maßstäben untergeordnete Stellung der Frau. Der Koran verbietet zwar ihre schlechte Behandlung und garantiert ihr – anders als in vorislamischer Zeit – wenigstens begrenzte Rechte, z. B. auf Besitz und Versorgung nach Scheidung oder Witwenschaft, räumt ihr jedoch kaum Möglichkeiten ein, sich gegen etwaige Übergriffe des Mannes zu behaupten. Der Koran gestattet jedem Mann vier Ehefrauen und beliebig viele Konkubinen, staatliche Gesetze schreiben seit der Unabhängigkeit aber die Einehe wie auch die gesetzliche Scheidung vor. Rassische Vorurteile kennt der Islam nicht, alle Völker und Hautfarben gelten als gleich. Über den *Djihad*, den Heiligen Krieg, gibt es widersprüchliche Aussagen: Früher nahm man bestimmte Koranworte als Auftrag, den Islam »mit

Koran und Sunna
Die Grundpfeiler des Islam

Im Gegensatz zu den heiligen Schriften des Hinduismus und des Christentums, die über lange Zeiträume hinweg von Menschen geschaffen wurden, ist der Koran für den Muslim die von Allah über den Erzengel Gabriel direkt und ausschließlich an Mohammed weitergegebene Offenbarung, die nach islamischer Auffassung als ewiges Buch im Himmel aufbewahrt wird. Es ist dieser vermeintlich göttliche Charakter, der dem Koran seine Heiligkeit verleiht und jeden Zweifel daran als Gotteslästerung verurteilt. Für den strengen Gläubigen ist selbst die Übersetzung aus dem Arabischen nicht statthaft, da diese die göttliche Urschrift verfälscht.

Die Bezeichnung *qur'an* (Vortrag) ist wahrscheinlich ein arabisches Lehenswort aus dem Aramäischen, einer nordwestsemitischen Sprache, die sich im arabischen Raum vom 1. Jh. v. Chr. an stark verbreitet und das Arabische beeinflußt hat.

Die Niederschrift erfolgte erst nach dem Tode des Propheten durch Zait ibn-Thabit, der bereits zahlreiche Offenbarungen Mohammeds zu Papier gebracht hatte und diese im Auftrag des Kalifen Omar durch die mündlichen Überlieferungen ergänzte, wodurch allerdings die Chronologie verloren gegangen ist.

Der Text besteht heute aus 114 Suren (Abschnitten), die bis auf die kurze Einleitungssure entsprechend ihrer Länge abnehmend aneinandergereiht sind. Die zweite Sure enthält 286 Verse, die letzte hingegen nur drei. Da Mohammed die Offenbarungen über einen langen Zeitraum empfangen hat, sind Stil und Inhalt sehr unterschiedlich. Sie reichen von gefühlvoller Poesie bis zu nüchternen Erläuterungen und Vorschriften. Bemerkenswert sind die zahlreichen Anlehnungen an die Bibel und die heiligen Schriften der Juden. Für Mohammed waren ja auch diese Bücher göttliche Offenbarungen und Jesus sowie die jüdischen Propheten ebenfalls Gottgesandte, konnten allerdings im Gegensatz zu ihm ihre Mission nicht erfüllen.

Die in vielen Fragen widerspruchsvollen Aussagen im Koran ließen bald die Auslegung in den Mittelpunkt der islamischen Theologie rücken. Dort, wo sich aus dem Koran keine Antwort herauslesen ließ, wurden mündlich überlieferte Aussprüche und Taten des Propheten *(Hadithe)* als Richtschnur herangezogen und schließlich zu einer Sammlung, der *Sunna* (Gewohnheit), zusammengefaßt. An ihr entzündete sich der erste große Streit der Muslime, der mit der Trennung von Sunniten und Schiiten endete (s. S.64). Während die Sunniten, wie ihr Name andeutet, die orthodoxen ›Gewohnheiten‹ in den Mittelpunkt ihres Handelns stellen, lassen die Schiiten nur die Hadithe von Ali und seinen Anhängern gelten und legten sie in eigenen Werken nieder. Da zahlreiche politische und religiöse Gruppen im Laufe der Zeit Hadithe erfanden, um ihre Auffassung zu legitimieren, bildete sich schon früh eine Traditionskritik heraus, die versuchte, die Spreu vom Weizen zu trennen. Eine überragende Bedeutung für die islamische Kultur haben Koran und Sunna vor allem durch die Beeinflussung der Rechtsprechung *(Sharia)*, die keine Unterscheidung zwischen religiösem und weltlichem Bereich kennt und in einigen Ländern, z. B. Saudi-Arabien, Iran, Sudan, noch streng den alten Normen folgt.

Die letzte Seite eines Korans: die Anzahl der Buchstaben und Suren, aus denen er besteht

Die ›Hand der Fatima‹

Feuer und Schwert« zu verbreiten, im Djihad Gefallene galten als Märtyrer, die unmittelbar ins Paradies gelangten, was den Kriegern ein Ansporn sein sollte. Seit langem interpretiert man den Heiligen Krieg nur noch als Pflicht, den »rechten Glauben« gegen Angriffe zu verteidigen. Durch den Fundamentalismus gewinnt die alte Interpretation jedoch wieder an Bedeutung.

Die Tunesier bekennen sich überwiegend zum **sunnitischen Islam**, der neben der schiitischen zweiten großen Richtung. Die Aufspaltung der Religion erfolgte bereits im 7. Jh. durch den Machtkampf um die legitime Nachfolge des Propheten. Von den vier großen orthodoxen **Rechtsschulen** *(Madhab)* des sunnitischen Islams dominieren in Tunesien seit dem 13. Jh. die Malekiten (benannt nach Malik Ibn Anas, 715–795), die sich auf die frühen Rechtsnormen aus Medina und auf strenge moralische Anforderungen stützen, Neuerungen gegenüber aber durchaus aufgeschlossen sind. Für Tunesien bedeutend ist daneben die von den türkischen Herrschern favorisierte Schule der Hanefiten (nach Abu Hanifa, 699–767), die sich sehr pragmatisch und offen zeigt. Der schiitische Glaube ist nur in Form der auf Djerba vorherrschenden Ibaditen präsent, die sich schon früh von der Hauptrichtung abgespalten haben. Vor allem auf dem Lande weit verbreitet ist der eng mit dem **Sufismus** (s. S. 291) verbundene Volksglaube, dessen Wurzeln weit in vorislamische Zeit reichen. Dazu gehört die Furcht vor bösen Geistern *(Djinns)*, die – wie auch manche Menschen – den ›Bösen Blick‹ haben können, der Krankheit, Unglück und Tod bringt. Davor schützen sollen verschiedene Zaubermittel und Amulette, darunter vor allem die *Khamsa* (Fünf), eine Zahl, die auch magische Bedeutung hat, z. B. als glücksbringende ›Hand der Fatima‹ (benannt nach Mohammeds Tochter). Besondere Schutzwirkung wird auch dem aus den getrockneten und gemahlenen Blättern des Henna-Strauchs gewonnenen, mit Wasser oder Kalkmilch zu einem Brei verrührten Farbstoff Henna zugesprochen. Frauen auf dem Lande, besonders im Süden, tragen damit – je nach Dauer des Einwirkens rötliche bis schwarze – Muster auf Hände, Füße und Gesicht auf; auch die Haare werden mit Henna gefärbt. Unter den übrigen Amuletten sei noch das (phönizische) Fischmotiv hervorgehoben, das ja auch eines der zentralen christlichen Symbole darstellt. Verbreitet ist weiter der Glaube an Zauberei, Wahrsagerei und an *Baraka*, eine heilige, heilbringende Kraft, die von bestimmten Menschen, z. B. Marabouts, aber auch von Pflanzen oder bestimmten Orten ausgeht und deren man durch

Vorhalle der Zaouia des Sidi Sahab (Barbiermoschee) in Kairouan: Der siebenmalige Besuch der heiligen Stadt gilt inoffiziell als Ersatz für die Fahrt nach Mekka

Opfer, Berührung o. ä. teilhaftig werden kann. Für die Bevölkerung Tunesiens bilden die Worte Mohammeds und die eigenen althergebrachten Bräuche eine untrennbare Einheit, eine zusammenhängende Vorstellungswelt.

In Tunesien herrscht heute Religionsfreiheit. Weder die islamischen Grundgebote noch das *Sharia*-Recht werden vom Staat durchgesetzt, zahlreiche Gesetze haben säkulare Veränderungen nach westlichem Vorbild bewirkt. Die Mehrheit der Bevölkerung befolgt aber noch immer weitgehend die religiösen Vorschriften. Die konservativen *Ulema* (Gelehrte des islamischen Rechts) stellen weiterhin einen bedeutenden Machtfaktor dar, der häufig gegen allzu ›westliche‹ Reformen opponiert. Von einem abnehmenden Einfluß des Islam kann derzeit kaum die Rede sein; vielmehr ist in jüngerer Vergangenheit, bedingt durch religiöse Strömungen in benachbarten islamischen Ländern, sogar eine gewisse Tendenz zur Re-Islamisierung zu beobachten, auch und gerade unter den Jugendlichen.

Andere Religionen spielen heute keine Rolle mehr im Land. Fast alle Juden sind inzwischen ausgewandert, obwohl es in Tunesien praktisch nie zu Übergriffen gegen sie kam und einige Synagogen bis heute geöffnet sind, vor allem in Tunis und auf Djerba (s. S. 319). Seit dem Exodus von Franzosen, Italienern und Maltesern gibt es nur noch wenige, meist katholische Christen; das einstige Erzbistum Karthago wurde 1964 aufgelöst, von den ehemals 78 Kirchengemeinden bestehen heute nur noch fünf in Tunis und Umgebung.

Sahara-Festival: Hochzeitskamel▷

Sidi Bou Said: Blick über den Golf von Tunis▷▷

Reisen in Tunesien

Tunis und Umgebung

Tunis – Metropole mit langer Geschichte

(S. 346) Die etwa 1 Mio. Einwohner zählende, an der gleichnamigen Meeresbucht gelegene Hauptstadt des Landes ist nicht nur das politische, wirtschaftliche und kulturelle Zentrum Tunesiens, sondern besitzt mit seinen Baudenkmälern, seinem Museum von Weltrang und der guterhaltenen Medina einige der überragenden Sehenswürdigkeiten des Maghreb.

Die Innenstadt von Tunis erstreckt sich zwischen der flachen, nur 1–2 m tiefen, ca. 50 km^2 großen Meeresbucht El Bahira (Lac de Tunis) im Osten und dem im Sommer fast völlig ausgetrockneten Sebkhet Sedjoumi im Westen. Historischer Kern ist die Medina (Altstadt) mit den anschließenden alten Vorstädten Bab Souika (nördlich) und Bab el Djazira (südlich), modernes Geschäftszentrum die unmittelbar östlich beginnende Neustadt, die bis zum an der Meeresbucht gelegenen Hafen- und Gewerbegebiet reicht. Um die Innenstadt legt sich der Kranz der inneren Vororte: im Westen die Villen- und Regierungsviertel Bardo mit dem gleichnamigen Museum und La Manouba; im Norden die Villen- und Botschaftsviertel um die Belvédère-Hügel mit Park, Zoo und Universität sowie die daran nördlich anschließenden, neueren Wohnsiedlungen von Mutuelleville, El Khadra, El Menzah mit der Sportstadt ›Complexe Olympique‹ und El Ariana (östlich davon liegt der Flughafen Tunis-Carthage); im Süden schließlich – durchsetzt von ärmlichen Bidonvilles und neuen Wohnblocks – die Industrieviertel Djebel Djelloud, Megrine und Ben Arous. Für die Besichtigung der Innenstadt – einschließlich Bardo-Museum – müssen Sie mindestens zwei, besser drei Tage veranschlagen. Verkehrsgünstige Übernachtungsmöglichkeiten bieten die Hotels zwischen Porte de France, Av. Habib Bourguiba und Bahnhof.

Geschichte

Tunis zählt zu den ältesten ununterbrochen besiedelten Orten am Mittelmeer. Eine numidische Niederlassung ist bereits für die Zeit vor dem Eintreffen der ersten phönizischen Kolonisten – also spätestens für das 9. Jh. v. Chr. – nachgewiesen, diese stand allerdings fast eineinhalb Jahrtausende im Schatten Karthagos. Als integraler Bestandteil des karthagischen Kernlandes teilte der Ort denn auch das Schicksal der übermächtigen Nachbarstadt und ging 146 v. Chr. mit Karthago unter, ehe er unter Augustus als *Thuni* zu neuem Leben erwachte und in frühchristlicher Zeit sogar zum Bischofssitz erhoben wurde.

Der eigentliche Aufstieg begann aber erst mit der endgültigen Zerstörung Karthagos durch die Araber Ende des 7. Jh. *Tunes*, nun Zufluchtsort für die Bewohner der alten Hauptstadt, wurde im Laufe des 8. Jh. als ›Speerspitze‹ gegen Italien befestigt und entwickelte sich zu einer betriebsamen Hafenstadt, die vor allem nach der Eroberung Siziliens (ab 824) zu überregionaler Bedeutung gelangte und ab 894 sogar kurzzeitig den Aghlabiden als Residenz diente. Plünderungen durch Abu Yazid-Rebellen brachten 944 zwar einen Rückschlag, aus den Wirren des 11. Jh. ging die Stadt aber gestärkt hervor. Während Kairouan, die bisherige islamische Metropole, von den Beni Hilal zerstört wurde, konnte die

Der Souk des Étoffes in der Medina von Tunis, 19. Jh.

lokale Herrscherdynastie von Tunis (Chorassaniden) unter dem Schutz der algerischen Hammaditen einen faktisch unabhängigen Kleinstaat bilden, der erst 1159 in das Großreich der Almohaden eingegliedert wurde. Als sich deren Statthalter Abu Zakkaria 1229 von der Zentralregierung in Marrakesch lossagte und damit die Dynastie der Hafsiden begründete, brach die größte Blütezeit der Stadt an, die drei Jahrhunderte währen sollte: Tunis, nun unumstrittene Metropole des Landes, erhielt neue, gewaltige Befestigungsanlagen und seine ausgedehnten überdachten Souks. Die Zitouna-Moschee wurde zu einer Hochschule erweitert, die bald zu den bedeutendsten geistigen Zentren des Islam zählte, neue Stadtviertel entstanden. Der Eroberungsversuch des französischen Königs Ludwig IX. scheiterte 1270, sein Bruder Karl von Anjou konnte jedoch Handelsfreiheit für die in Tunis ansässigen Christen durchsetzen. Dies hatte einen florierenden Warenaustausch mit Europa zur Folge, der die Stadt zu einem der größten Häfen des Mittelmeeres machte. Zahlreiche spanische, italienische, französische und jüdische Händler zog es nun hierher, zumal religiöse und kulturelle Toleranz herrschten. Die Blütezeit von Tunis endete im 16. Jh. durch den Machtkampf zwischen Osmanen und abendländischem Kaisertum, wobei die Stadt mehrfach den Besitzer wechselte. 1535 wurde sie von Truppen Karls V. erobert, wobei angeblich 30 000 Moslems den Tod fanden, und unterstand danach spanischem Protektorat, 1574 fiel sie jedoch endgültig in die Hand der Türken. Da der Mittelmeerhandel zwischen Moslems und Christen praktisch zum Erliegen gekommen war, sank Tunis in den Rang einer bloßen Provinzmetropole ab.

Das 17. Jh. brachte dann eine gewisse Erholung: Ab 1609 siedelten sich zahlreiche Flüchtlinge aus Andalusien an – vor allem in den neuen Vorstädten Bab el Djazira und Bab Souika –, und die türkischen Herrscher ließen verschiedene Moscheen, Paläste und Souks errichten. Die Einkünfte der Stadt stammten hauptsächlich aus der gegen christliche Schiffe gerichteten Piraterie, auch wenn sich allmählich wieder europäische Händler niederlassen durften. Die Husseiniten entfalteten im 18. und frühen 19. Jh. noch einmal eine rege Bautätigkeit, doch bewirkte das Ende der Seeräuberei die Verarmung von Tunis. Mitte des 19. Jh. dominierte bereits europäischer Einfluß. Die Franzosen beherrschten den Außenhandel, die von ihnen protegierten Juden den Einzelhandel; am Stadtrand und im Umland siedelten zahlreiche Malteser und Süditaliener.

1881 wurde Tunis Sitz der französischen Protektoratsverwaltung. Innerhalb weniger Jahre wuchs zwischen der Altstadt, deren Mauer größtenteils eingerissen wurde, und dem Meer eine regelmäßig angelegte als Verwaltungs- und Geschäftszentrum fungierende Neustadt mit breiten Straßen und großen Repräsentationsbauten (Kathedrale, Theater, Generalresidenz, Bahnhof, Post, Großmarkthalle u. a.). 1888–93 wurde vom Stadthafen ein Schiffahrtskanal durch die Bucht von La Goulette gegraben, wo ein Vorhafen entstand. Ab 1920 folgte der Bau verschiedener Wohnviertel für Europäer (Belvédère, Montfleury u. a.), während die Medina fast ausschließlich Tunesiern vorbehalten blieb. Die Einwohnerzahl der Stadt, die sich seit dem Mittelalter um 100 000 bewegt hatte, wuchs durch den Zuzug von Europäern und Landbewohnern rasch an: 1921 lebten hier 170 000 Menschen (davon 22 000 Franzosen, 42 000 Italiener und 19 000 Juden), 1956 schon 410 000, mit Vororten sogar über 760 000 (darunter über 180 000 Europäer). Ausgedehnte Bidonvilles (Kanisterstädte; Slums) am Stadtrand, hohe Arbeitslosigkeit und eine berüchtigte Kriminalität waren die Folgen.

Nach der Unabhängigkeit im Jahre 1956 veränderte Tunis sein Gesicht erneut: die Bidonvilles wurden abgerissen und Sozialwohnungssiedlungen entstanden, wohlhabende Tunesier zogen aus der Medina in die ehemaligen Europäerviertel. Seit den 70er Jahren prägen verschiedene moderne Großbauten das Stadtbild entscheidend; daneben wird aber auch der historische Baubestand gepflegt. Weitere ehrgeizige Projekte waren der Ausbau der Metro, der Bau verschiedener Luxushotels und die Neugestaltung des Seeufers östlich der Av. Mohammed V. Die Hauptstadt ist in jeder Beziehung nach wie vor die unumstrittene Metropole Tunesiens. In dem hiesigen Ballungsgebiet lebt fast ein Viertel der Landesbewohner, hier befinden sich der Sitz der Regierung sowie die Verwaltungszentralen fast aller staatlichen Behörden, großen Firmen und sonstiger Organisationen, 50 % aller Industriebetriebe, 33 % aller Handels- und 60 % aller Transportunternehmen des Landes. Der Hafen Tunis Stadt, der inzwischen wichtigere Vorhafen La

Goulette und der neue Containerhafen im See von Radés wickeln den größten Teil des tunesischen Außenhandels ab, der internationale Flughafen Tunis-Carthage zählt zu den Knotenpunkten des arabischen Luftverkehrs. In den 80er Jahren hat darüber hinaus die internationale Bedeutung von Tunis enorm zugenommen: Die Arabische Liga verlegte ihren Sitz nach dem Bruch mit dem ägyptischen Präsidenten Sadat im Jahre 1979 von Kairo hierher (bis 1990), gleichzeitig verursachte der libanesische Bürgerkrieg den Niedergang der einstigen ›Ost-West-Drehscheibe‹ Beirut. Seither ist Tunis auf dem Weg, zum neuen Banken- und Vergnügungszentrum der arabischen Ölstaaten zu avancieren, was sich vor allem in umfangreichen Investitionen aus Saudi-Arabien und den Golfstaaten dokumentiert.

Die überragende wirtschaftliche Bedeutung, die vielfältigen Bildungsmöglichkeiten und das nicht nur für tunesische Verhältnisse große Unterhaltungsangebot, z. B. Kinos, Theater, Sport- und Kulturveranstaltungen, zahllose Restaurants, Cafés und Bars, machen die Stadt zum glanzvollen Traumbild insbesondere der jugendlichen Landbewohner, was einen starken Zuzug und entsprechende soziale Probleme wie Arbeitslosigkeit und erneute Slumbildung zur Folge hat. Dem flüchtigen Besucher bleiben diese allerdings weitgehend verborgen, da sich Tunis in seinem modernen Zentrum als weltoffene Metropole mit französischem Flair präsentiert, im Kernbereich der Medina als traditioneller Orient mit ehrwürdigen Baudenkmälern und lebhaften Souks, in dem für Fremde attraktiven Vorortbereich als mediterrane Traumkulisse. Wer jedoch in die Randgebiete der Altstadt oder in die ›Sozialsiedlungen‹ und Slums der Außenbezirke vorstößt, wird mit dem ›anderen‹ Tunis konfrontiert, dem der überfüllten Massenquartiere, der bitteren Armut und des alltäglichen Existenzkampfes.

Das Neustadtzentrum

Hauptachse der ›Ville Nouvelle‹ ist die zwischen Medina und Meer verlaufende, über 1,5 km lange und bis 60 m breite Prachtstraße **Av. Habib Bourguiba**, ein streckenweise eleganter, durch den starken Autoverkehr allerdings überlasteter Geschäfts- und Flanierboulevard, der tagsüber wie abends stets sehr belebt ist. Beginnen wir seine Besichtigung im Osten, an der dem Meer zugewandten Seite. Hier befindet sich der Bahnhof der TGM (Tunis-Goulette-Marsa), einer elektrischen Schnellbahn, die die Verbindung mit den nordöstlichen Vororten La Goulette, Carthage, Sidi Bou Said und La Marsa herstellt. Die Bahnstrecke verläuft parallel zur Autostraße auf dem Damm, der beim Aushub des Kanals durch die Bucht von Tunis aufgeschüttet wurde. Schräg gegenüber liegt die neue Metrostation ›Tunis Marine‹ (Straßenbahn nach Place de Barcelone/Ben Arous), daneben der gleichnamige Busbahnhof für den Stadtverkehr. Der an den TGM-Bahnhof südlich anschließende, 12 ha große Hafen (nicht zugänglich) wurde kürzlich für den Containerumschlag ausgebaut und entlastet damit den Vorhafen von La Goulette. Vor dem Hafen, zwischen Av. de la République und Rue du Turquie, erstreckt sich ein wegen seiner einst überwiegend italienischen Bewohner ›Petite Sicile‹ genanntes Werkstätten- und Lagerhallenviertel mit dem Güterbahnhof.

Folgen wir der Av. Habib Bourguiba stadteinwärts, sehen wir auf der rechten Seite das wie eine umgedrehte Pyramide wirkende ›Hotel du Lac‹ und gelangen zum Verkehrskreisel **Place du 7 Novembre 1987** (früher Place d'Afrique) mit seinem einfachen Uhrturm. Rechter Hand, vor dem Hotel du Lac, befindet sich das **Fremdenverkehrsbüro**. Daneben, in der Av. Mohammed V., haben die große staatliche Verkaufsausstellung ONAT/SOCOPA-Artisanat (Organisation National de l' Artisanat Tunisien/Sociéte de Commercialisation des Produits de l'Artisanat) und das Kongreßzentrum mit dem benachbarten alten Kongreßpalast ihren Platz. Die Av. Mohammed V. führt weiter an neuen Hotels und der Cité des Jeunes vorbei zum gepflegten Vorort Belvédère (s. u.).

Wir folgen von der Place du 7 Novembre aus jedoch zunächst weiter der Av. Habib Bourguiba, die sich von nun an als ansprechende Promenade mit einem breiten, den Fußgängern vorbehaltenen Mittelstreifen mit schattigen Baumreihen, Bänken, Blumenständen und Kiosken präsentiert. Beiderseits gesäumt wird die Straße in diesem Abschnitt von Hotels, Straßencafés, Bars, Restaurants, eleganten Geschäften und Reisebüros.

Linker Hand dominiert das 21stöckige Hochhaus des 1970 eröffneten Hotels ›Africa Méridien‹. Dahinter zweigt nach links die Rue Ibn Khaldoun ab, mit ihren Seitenstraßen ein belebtes Gebiet einfacher Restaurants und kleinerer Geschäfte. In der Straße befinden sich auch ein **Maison de la Culture** und das Rathaus. Kurz darauf folgt die wichtigste Kreuzung der Neustadt. Nach links führt die Av. de Carthage, in der sich einige einfache Bars befinden, zum SNCFT-(Eisenbahn-)Bahnhof und der davorliegenden Place de Barcelone, der Drehscheibe des Straßenbahnverkehrs bzw. der Metro; ein Stück weiter liegt der Busbahnhof Tunis-Süd (Bab Alleoua). Rechts bildet die zum Belvédère führende Av. de Paris den Beginn des elegantesten Neustadtviertels mit teu-

Die Av. Habib Bourguiba in Tunis

ren Geschäften, Luxusrestaurants und vielen Banken, in dem vor allem der hübsche **Park Habib Thameur** Beachtung verdient. An der Kreuzung liegen auch die beliebtesten Treffpunkte von Ausländern und wohlhabenden Tunesiern, das ältere ›Café de Paris‹, Ecke Av. Habib Bourguiba/Av. de Carthage, und das ›Café de Tunis‹ genau gegenüber.

Gleich hinter der Kreuzung erblicken Sie linker Hand die originelle Jugendstilfassade des **Théâtre de la Ville de Tunis** (Anf. 20. Jh.). Kurz darauf mündet die Av. Habib Bourguiba in die kleine Place d'Indépendance mit der Statue von Ibn Khaldoun (1332–1406), einem der bedeutendsten Gelehrten des Islam. Die rechte Seite des Platzes wird beherrscht von der imposanten, neoromanischen katholischen **Kathedrale** (1882), dem mächtigsten Bau aus der Kolonialzeit. Dahinter, zugänglich über die Av. Habib Thameur, steht die bescheidenere griechisch-orthodoxe Kirche. Gegenüber sehen Sie das ebenfalls recht eindrucksvolle Gebäude des französischen Konsulats (1862), den einstigen Sitz des Generalresidenten der Kolonialmacht. Die Fortsetzung der Av. Habib Bourguiba bildet die schmalere, baumbestandene Av. de France, die an der Porte de France endet, dem Eingangstor zur Medina. Bevor Sie diese besichtigen, empfiehlt sich noch ein kurzer Gang in das linker Hand gelegene Neustadtviertel mit seinen zahlreichen interessanten Kolonialgebäuden, kleinen Geschäften, Restaurants und preiswerten Hotels. Die Rue Charles de Gaulle, eine stets belebte, einfache Einkaufsstraße, führt uns zum **Fondouk el Ghalla**, der zentralen Markthalle aus der frühen Kolonialzeit, in der vormittags der unbedingt sehenswerte Lebensmittelmarkt stattfindet. Einige Schritte entfernt hat an der gleichen Straße der gewaltige Kolonialbau der **Hauptpost** seinen Platz mit dem kleinen, durchaus besuchenswerten **Musée des Timbres**.

Die Medina

Die Medina von Tunis ist mit einer Ausdehnung von ca. 1500 m × 800 m die größte und zugleich neben der von Kairouan auch die besterhaltene Altstadt des Landes. Sie wurde im 9./10. Jh. von den Aghlabiden angelegt und von den Hafsiden ab dem 13. Jh. gründlich umgestaltet; u. a. zogen sie einen inneren Mauergürtel um die eigentliche Medina und einen äußeren um die Vorstädte Bab Souika und Bab el Djazira. Unter den Türken entstanden zahlreiche Neubauten, vor allem im 17. und 18. Jh. Die Franzosen ließen die Mauern bis auf einige Stadttore abreißen, beeinträchtigten die Bausubstanz ansonsten aber kaum. Nach der Unabhängigkeit wurden die Kasbah und einige verfallende Viertel, z. B. das der Juden, geschleift. Heute ist die Medina überwiegend das Wohngebiet ärmerer Leute, auch wenn umfangreiche Restaurierungsarbeiten, besonders seit 1974/75, ihr etwas von ihrem alten Glanz zurückgegeben haben. Es soll hier insgesamt ca. 700 historisch bedeutsame Bauten – darunter repräsentative Stadtpaläis – geben, von denen die meisten allerdings von außen unscheinbar wirken und nicht zugänglich sind.

Obwohl das Gassengewirr der Medina zunächst völlig unübersichtlich erscheint – breite, gerade Straßen und größere Plätze fehlen –, zeigt es doch den üblichen Aufbau arabischer Altstädte (s. S. 84f.) und damit ein bestimmtes Ordnungsprinzip. Wir beginnen unsere Besichtigung bei der **Porte de France** [1], auch **Bab el Bhar** (Meerestor) genannt. Das 1848 errichtete,

Porte de France (Bab el Bhar) – das Tor zur Medina

ehemalige Haupttor der Altstadt beherrscht die gepflegte kleine Place de la Victoire mit ihren abends stark frequentierten Cafés. Hier nehmen – erkennbar an den Souvenirgeschäften – die Hauptachsen der Medina ihren Ausgang: Rue de la Kasbah und Rue Djama ez Zitouna/Souk el Attarine, die beide zur Kasbah hin ansteigen. Überdies beginnt links vom Tor die Rue de la Commission mit Gewürzhändlern und rechts die Rue des Glaciers, die zur Rue Zarkoun (Flohmarkt) führt. Die Orientierung in der Medina ist anhand des Plans relativ leicht, zumal fast alle wichtigen Straßen Namensschilder tragen. Falls Sie sich verlaufen sollten, fragen Sie sich zum nächsten Stadttor *(Bab)* durch; dort finden Sie jeweils Taxis und Busse, da in der Medina selbst der motorisierte Verkehr nicht zugelassen ist. (Die Buslinien 1 und 2 befahren die anstelle der ehemaligen Stadtmauer verlaufende Ringstraße um die Altstadt.) Cafés und Restaurants gibt es in der Medina nur an wenigen Stellen, einige im Umkreis der Großen Moschee, viele dagegen um die Stadttore, besonders um Bab Souika und Bab el Djazira.

**Die Zitouna
und das zentrale Souk-Gebiet**
Biegen Sie zunächst links in die Rue Djama ez Zitouna ein, eine enge Straße, die von zahllosen stark auf Touristen eingestellten Geschäften gesäumt wird. In dieser Gegend ließen sich die ersten Europäer in Tunis nieder. So verbirgt sich hinter der Fassade des Hauses Nr. 14 die ehemalige französische **Kirche** [2] von 1662. Bei den mächtigen Mauern, die sie streckenweise säumen, handelt es sich um türkische Kasernenbauten aus dem frühen 19. Jh. Kurz darauf beginnen die gedeckten Souks, links der Souk el Belat (Lebensmittelhändler) und eine auf das 10. Jh. zurückgehenden Moschee, rechts die Fassade der Natio-

Blick von einer Dachterasse auf das Minarett der Djama ez Zitouna

nalbibliothek, deren Haupteingang sich an der Parallelstraße Souk el Attarine befindet (s. S. 81). Einige Schritte weiter locken rechter Hand die Tische eines empfehlenswerten, von einer resoluten Inhaberin geführten Restaurants (›Mahdaoui‹), das mittags von Büroangestellten frequentiert wird. Unmittelbar dahinter tritt man auf den Vorplatz der **Djama ez Zitouna** 3, der ›Ölbaummoschee‹. Dieser auch als ›Große Moschee‹ bekannte Bau – der ehrwürdigste der Stadt – ist das bedeutendste Heiligtum Tunesiens nach der Sidi Oqba von Kairouan. Bereits 732 entstand hier ein bescheidenes Gotteshaus, ab 864 dann eine größere Freitagsmoschee, die unter den Hafsiden zwischen dem 13. und 15. Jh. zu einem Hochschulkomplex mit zahlreichen Nebenbauten erweitert wurde. In dieser Zeit entwickelte sich die Zitouna zur angesehensten Lehrstätte des Islam neben der Al Azhar von Kairo und der Kairaouine von Fès; für alle damals bekannten Disziplinen – weit mehr als im zeitgenössischen Europa – gab es Fakultäten, einige ihrer Schüler gelangten zu Weltruhm, vor allem Ibn Khaldoun. Ihre Bedeutung nahm nach der Gründung der neuen Universität (1960)

Medina von Tunis 1 *Porte de France*
2 *Ehem. franz. Kirche* 3 *Djama ez Zitouna*
4 *Nationalbibliothek* 5 *Café ›M'rabet‹*
6 *Sidi Youssef-Moschee* 7 *Sarkophag des Sidi Bou Abdallah* 8 *Dar el Hussein*
9 *Medersa es Slimaniya* 10 *Fondouk*
11 *Mausoleum der Aziza Othmana*
12 *Hammouda Pascha-Moschee* 13 *Dar el Bey* 14 *Place de la Kasbah* 15 *Kasbah-Moschee* 16 *Place Bab Menara*
17 *Haus des Sidi Bou Krissan* 18 *Moschee el Ksar* 19 *Dar Othman* 20 *Djama el Djedid* 21 *Dar Ben Abdallah* 22 *Tourbet el Bey* 23 *Bab Djedid* 24 *Place Bab el Djazira* 25 *Place Bab Souika* 26 *Sidi Mahrez-Moschee* 27 *Medersa Achouriya*
28 *Zaouia Sidi Brahim* 29 *Dar Lasram*
30 *Medersa Bachiya* 31 *Bibliothek*

Im Souk el Attarine (Parfümhändler) in der Medina von Tunis

zwar ab, als theologische Hochschule hat sie aber bis heute erheblichen Einfluß. Teile der Außenmauern und des Gebetssaals gehen noch auf das 9. und 10. Jh. zurück, der größte Teil des Baubestands datiert jedoch aus dem 17.–19. Jh. Der Besuch der an drei Seiten von überdachten Souks umgebenen Moschee, die dem Grundriß der Sidi Oqba in Kairouan (s. S. 235f.) folgt, beschränkt sich auf den Hof und einen Blick auf das fayencegeschmückte, 44 m hohe Minarett (1653, Spitze von 1834). Der 15schiffige, durch 184 größtenteils antike Säulen gegliederte Gebetssaal bleibt Nichtmoslems verschlossen. Einen schönen Blick hat man jedoch von den mit Fliesendekor reich geschmückten Dachterrassen einiger Souvenirgeschäfte, z. B. ›Palais d'Orient‹ und ›Palais de Turcs‹ im Souk El Laffa, oder vom Musée de Bonheur am Vorplatz der Moschee. Der Zugang durch die Läden ist frei, auch wenn die Verkäufer natürlich auf ein Geschäft hoffen.

In der unmittelbaren Umgebung der Moschee befinden sich die verschiedenen Nebenbauten der Hochschule, darunter in der Rue des Libraires und dem Souk de la Leine einige Medersas aus dem 17. und 18. Jh. Besondere Beachtung verdient die **Nationalbibliothek** 4 (Eingang Souk el Attarine, von der Zitouna aus gesehen links und gleich wieder rechts). Ihre historischen Räume der türkischen Kaserne von 1813 enthalten etwa 500 000 Bücher, darunter ca. 100 000 mittelalterliche Handschriften; auch gibt es hier einen Katalog aller den Maghreb betreffenden Publikationen.

Um die Zitouna erstreckt sich das Gebiet der **gedeckten Souks**, das heute stark auf Tourismus eingestellte zentrale Marktviertel, das im wesentlichen auf die hafsidische und frühe türkische Zeit zurückgeht. Der im folgenden beschriebene Rundgang soll nur als Vorschlag verstanden werden (in der angegebenen Richtung ist die Orientierung leichter), sinnvoller dürfte es aber sein, sich einfach durch das Gewirr treiben zu lassen und sich mit dem Plan sowie der Zitouna-Moschee als Fixpunkt zu orientieren. Die meisten Läden sind an Sonn- und Feiertagen geschlossen. An der Nordfassade der Großen Moschee führt der bereits erwähnte Souk el Attarine (Parfüm- und Hennahändler) vorbei, einer der ältesten und angesehensten der Stadt, dem wir in ansteigender (südwestlicher) Richtung folgen. Nach rechts zweigen von ihm der Souk el Blaghija (Schuhhändler) und die Rue Sidi Ben Arous (zur Moschee Hammouda Pascha, s. S. 82) ab, nach links verläuft entlang der Westfassade der Moschee der Souk des Étoffes (Stoffmarkt). Geradeaus setzt sich der Souk el Attarine im Souk el Trouk fort, dem 1630 angelegten Markt der einstigen Türkenkolonie, der heute von Händlern aus Djerba beherrscht wird. Das hiesige **Café M'rabet** 5 ist als ›typisch tunesisches Restaurant‹ mit Folkloreshows und traditionellen Speisen eine beliebte, allerdings teure Touristenattraktion; von der Terrasse hat man eine schöne Aussicht auf die Medina. Das Café im Erdgeschoß ist hingegen beliebter Treffpunkt tunesischer Jugendlicher. Der Souk el Trouk stößt auf die **Sidi Youssef-Moschee** 6 (1616) mit ihrem hohen achteckigen Minarett, dem ersten Vertreter des ›syrischen‹ Typus (s. S. 56) in Tunesien. Daneben steht die gleichnamige Medersa mit dem Grab des Dey Youssef von 1622. Vor der Sidi Youssef-Moschee zweigt rechts der Souk el Bey ab, über den man zum Souk des Chechias gelangt (dritte Gasse rechts), der Straße der Mützenmacher, die einst die einflußreichste Zunft der Stadt bildeten – es waren die andalusischen Einwanderer, die diese Kopfbedeckung und Herstellungstechnik einführten. Heute gibt es nur noch wenige Werkstätten, da die *Chechia*, ehemals ein Statussymbol der Reichen, nur noch selten getragen wird. In Tunis erfolgt übrigens nur die Endverarbeitung der Chechias, die Wollherstellung dagegen in Ariana, die Aufbereitung in Tebourba, das Färben in Zaghouan. Folgen Sie dem Souk el Bey weiter, können Sie links zum Dar el Bey abbiegen. Gehen Sie aber zunächst zurück zur Moschee Sidi Youssef und geradeaus weiter in den Souk el Berka, wo Sie den ehemaligen Sklavenmarkt finden, einen kleinen Platz mit rot-grünen Säulen, an denen einst die zum Verkauf angebotenen Sklaven angekettet wurden. Heute ist der Platz von Juwelierläden gesäumt. Hält man sich am Souk el Leffa rechts, gelangt man zum Souk Sekkajine, wo mitten auf dem Weg ein **Sarkophag** 7 an Sidi Bou Abdallah erinnert, und weiter zum westlichen Medina-Tor Bab Menara (s. S. 83). Links führt der Souk el Leffa (Decken- und Teppichhändler) zurück zur Zitouna.

Wollen Sie den Souk-Bummel ausdehnen, biegen Sie vom Souk el Leffa gleich rechts in den Souk el Kouafi, der rechter Hand den verwinkelten Souk des Orfèvres (Gold- und Silberschmiede) liegenläßt. Wählen Sie rechts den Souk Kechachine, der einen Bogen beschreibt (links halten), um in die Rue du Dey zu münden. Folgen Sie dieser nach rechts, gelangen Sie über einen nach links abzweigenden Bogengang zum innen reich geschmückten **Dar el Hussein** 8 (1876), ursprünglich Sitz der Stadtverwaltung, dann bis 1956 Hauptquartier des französischen Militärkommandanten, bis 1975 Museum für islamische Kunst und heute Sitz des Nationalinstituts für Archäologie und Kunst. Von hier aus sehen Sie die Moschee El Ksar und den Durchgang zum Bab Menara (s. S. 83). Gehen Sie die Rue du Dey/Souk Kechachine wieder zurück, treffen Sie auf den nach links abzweigenden überdachten Souk des Femmes (Textilien für Frauen). In seiner nach rechts abzweigenden Verlängerung Rue Tourbet el Bey steht das ehemalige Wohnhaus von Ibn Khaldoun. Der Souk des Femmes kreuzt den Souk de Coton (Baumwollmarkt) und stößt beim Souk de la Laine (Wollmarkt) auf die Südwestfassade der Zitouna. In seiner Verlängerung, die entlang der Moscheemauer nach Nordwesten verläuft, trägt er nun den Namen Souk des Étoffes (Stoffmarkt). In der aus dem 17. Jh. stammenden Medersa el Mouradia (Nr. 37) ist heute eine Kunsthandwerkerschule untergebracht. Nicht versäumen sollten Sie von hier aus den kurzen Gang zur Rue des Libraires (Buchhändler), die rechts gegenüber dem Haupteingang der Moschee abzweigt, an deren Ende rechts die herrliche **Medersa es Slimaniya** 9 von 1754 liegt.

Von der Rue de la Kasbah zum Bab Menara

Die zweite Hauptachse der Medina bildet die Rue de la Kasbah, die man von der Porte de France über den rechten, schmaleren Altstadtzugang betritt. Sie wird anfangs von Textilgeschäften gesäumt; in der gleich rechts abzweigenden Rue de l'Ancienne Douane liegt der ehemalige **Fondouk der Franzosen** 10 von 1660. Folgen Sie der sanft ansteigenden Straße. Rechts zweigt der Souk el Grana (Waren für den Alltagsbedarf) ab, der mit seinen Verlängerungen zum Bab Souika (s. S. 87) führt, an den sich gleich dahinter ebenfalls rechts der Souk du Cuivre (Kupferwaren) anschließt. Etwa in Höhe der Zitouna geht links die Rue Djeloud ab, in der Sie rechter Hand eine schmale Sackgasse finden, die auf einen kleinen Hof mündet. Die unscheinbare Tür hinten rechts bildet den Zugang zum **Mausoleum der Aziza Othmana** 11, der 1646 gestorbenen Tochter von Bey Othman, die für ihre Wohltätigkeit bekannt war und deshalb bis heute vor allem bei ärmeren Leuten Verehrung genießt (Aziza = die Vielgeliebte). Außer ihr sind hier noch ca. 30 weitere Mitglieder der Bey-Familie bestattet. Gehen Sie auf der Rue de la Kasbah weiter, passieren Sie links die **Hammouda Pascha-Moschee** 12 (um 1655) mit ihrem weithin sichtbaren, überaus eleganten Achtkantminarett. Der Zugang zu dem von einem Pyramidendach bekrönten Mausoleum ihres Stifters befindet sich gleich um die Ecke in der Rue Sidi Ben Arous. Die Moschee ist nach dem 1463 verstorbenen, in einer hiesigen Zaouia bestatteten Begründer der puritanischen Arousia-Bruderschaft benannt, die im Tunis des späten 15. Jh. zu großem Einfluß gelangte. Die Straße mit zahlreichen Chechia-Läden endet bei der Zitouna. Die Rue de la Kasbah mündet, nachdem sie den Souk el Bey (s. S. 81) passiert hat, auf die begrünte Place du Gouvernement, an der sich links das **Dar el Bey** 13 erhebt, das um 1800 entstandene einstige Stadtpalais der türkischen Herrscher, heute Sitz des Premier- und des Außenministers. Der Bau rechts beherbergt das Industrie- und Handelsministerium, der gegenüber das Finanzministerium.

Vor der Place du Gouvernement öffnet sich die weiträumige **Place de la Kasbah** 14, beherrscht von dem Denkmal des Freiheitshelden Ferhat Hached und dem modernen Gebäude der Regierungspartei RCD. Früher lag hier die türkische Kasbah, die – da von den Franzosen durch Kasernen erweitert – 1956 als ›Symbol des Kolonialismus‹ bis auf wenige Mauerreste abgerissen wurde. Erhalten geblieben ist nur die Kasbah- oder **Almohaden-Moschee** 15 (1231–

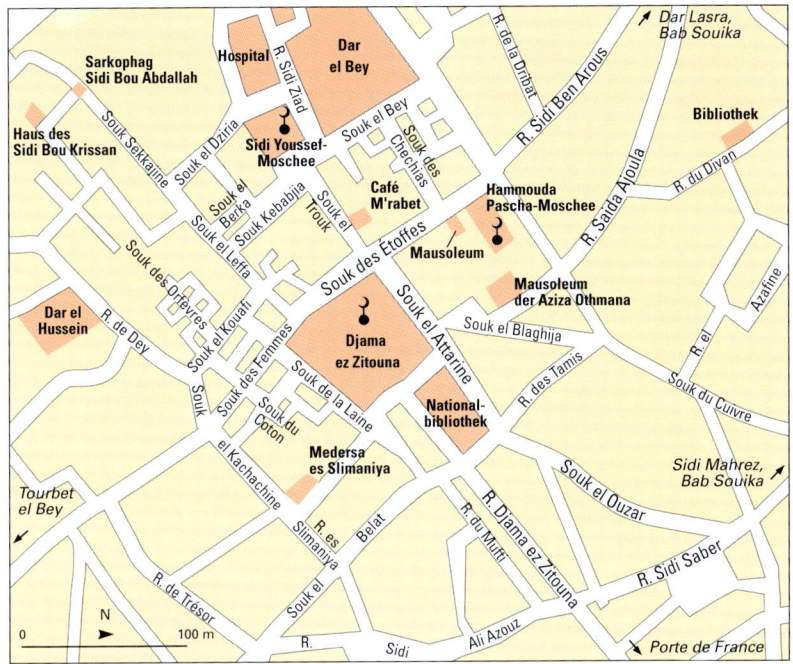

Die Souks von Tunis

35), die höchstrangige Freitagsmoschee von Tunis nach der Zitouna (nicht zugänglich). Rechts sehen Sie das in einer ehemaligen Moschee untergebrachte **Collège Sadiki**, die berühmteste neuere Schule des Landes.

Wenden Sie sich von der Place du Gouvernement nach rechts, Richtung Norden, so gelangen Sie über den Boul. Bab Benat, vorbei an dem Justizpalast von 1901 auf der linken Seite, zum Bab Souika (s. S. 87). Gehen Sie dagegen nach links, treffen Sie nach einer Weile auf die **Place Bab Menara** 16 mit verschiedenen kleinen Hotels und Cafés. Wenden Sie sich gleich am Beginn des Platzes, an dem kleinen Kuppelbau, scharf nach links in den lebhaften, unbedingt sehenswerten Souk Sekkajine (ehemaliger Markt der Sattler); seine Verlängerung, der Souk el Leffa, stößt wieder auf die Zitouna. In der ersten Gasse rechts, in der Rue Ben Mahmoud, steht rechts das **Haus Sidi Bou Krissan** 17 mit dem 1093 errichteten Mausoleum der Chorassaniden. Im Garten verstreut befinden sich zahlreiche Grabstelen aus dem 9.–15. Jh. Gegen ein kleines Trinkgeld kann man die heute als Wohnhaus genutzte Anlage besichtigen.

Zurück auf dem Platz, sehen Sie ein kleines Stück weiter linker Hand das **Bab Menara** und die **Moschee el Ksar** 18 (1106, Minarett von 1647), hinter dem die Rue du Château geradewegs zum Dar el Hussein (s. S. 81) führt und von dort weiter über die Rue du Dey zur Zitouna. Der Boul. Bab Menara, die Medina-Umgehungsstraße, trifft schließlich auf das Bab Djedid (s. S. 86).

Medina
Das Labyrinth der Altstadt

Kaum ein größerer Gegensatz ist denkbar, als der zwischen einer planmäßig angelegten römischen Militärstadt mit ihrem rechtwinkelig sich schneidenden Straßennetz und einer arabischen Altstadt, in der sich ein Fremder nur schwerlich zurechtfindet. Dies war nicht immer so. Die ersten islamischen Städte, die wir allerdings nur aus Beschreibungen oder Abbildungen kennen, waren, alten kosmologischen Traditionen folgend, kreisrunde Anlagen mit einem speichenförmig auf die zentrale Moschee zulaufenden Straßennetz. Jerusalem und Bagdad sind Beispiele für diese fremdartige Stadtplanung, die später zum Teil aus strategischen Erwägungen aufgegeben wurde.

Die strenge hierarchische Struktur der islamischen Gesellschaftsordnung fand innerhalb der Stadt ihren Ausdruck in der Ghetto-Bildung und der konzentrischen Anordnung der Souks um die Moschee (s. S. 56). Ihre unmittelbare Umgebung war den Händlern edler Produkte vorbehalten, die häufig in Beziehung zur religiösen Kultausübung standen. Buchhändler, Wachshersteller und Parfümverkäufer hatten hier ihre kleinen Boutiquen, die jeweils in einem gemeinsamen, nachts durch Tore versperrten *Souk* (Markt, Marktstraße) vereint waren; eine Zusammenfassung von Geschäfts- und Wohnhaus, wie bei uns alltäglich, ist in der islamischen Gesellschaft auch heute noch nicht üblich, da hierdurch die strenge Geschlechtertrennung nicht gewährleistet wäre. Als zweiter Ring zog sich um diese ruhige Zone wirtschaftlicher Aktivität das geschäftige Viertel der Kleinhandwerker wie Schuster, Schneider und Juweliere. Den dritten Kreis bildeten schließlich größere Betriebe wie Tischlerwerkstätten, Schmiede und Färbereien. Ergänzt wurden die Geschäfte, Stände und Werkstätten durch die Lagerhallen (*Fondouk*), die Herbergen für reisende Kaufleute (*Karawanserei*) und die Unterkünfte für alleinstehende Händler aus der Fremde (*Ouakla*). Diese durch große Tore zu betretenden Komplexe, die häufig über reich ausgestattete Innenhöfe verfügten, waren die Zentren der Wirtschaft, wo die Geschäfte getätigt wurden und sich die Männer zum geselligen Beisammensein einfanden. In unseren Tagen hat sich das Gefüge etwas gelockert, viele Geschäfte des gehobenen Bedarfs sind in die Neustadt abgewandert, während Andenkenläden nunmehr den engeren Kreis um die Moschee besetzt haben.

Außerhalb des Geschäftsbereichs schließen sich die nur schwer voneinander abzugrenzenden Wohnbezirke (*Homa*) an, zu deren Entstehung Sippen-, Familien- und religiöse Bande beigetragen haben. Die Anwohner stehen zumeist in engen familiären Beziehungen zueinander und schließen sich nach außen hin auch durch die Anlage der Häuser und Gassen ab. Der verworrene Grundriß einer Medina hat zum Teil seine Ursache auch darin, daß einzelne Großfamilien (*Arj*) mit gemeinsamer Herkunft in einem Viertel zusammenlebten und den Zugang zu ihren aneinandergrenzenden Häusern durch nur von den Bewohnern benutzte Sackgassen gestalteten, wodurch es Fremden noch weniger möglich war, einen Blick in das Haus zu werfen. Die Wohnviertel scheinen auf den ersten Blick eine große Einheitlichkeit im Hausbau aufzuweisen. Das eigentliche Wohnhaus jedoch liegt hinter hohen Mauern vor den Blicken Fremder verborgen, und allenfalls die Art der Dekoration der Eingangstür läßt erkennen, ob sich dahinter ein herrschaftliches Palais, ein Bürgerhaus oder ein einfaches Stadthaus verbirgt. Die Anordnung der Räume spiegelt ebenfalls die Struktur der Familie wider. Die Regel ist ein Patio-Haus nach antikem Vorbild, wobei jedoch der Innenhof bei kleineren Häusern zuweilen überdeckt ist. Hier liegt der Mittelpunkt, die Kontakt- und Kommunikationszone der Hausbewohner. Rings um diesen Hof sind die einzelnen Räume angeordnet, die untereinander jedoch keine Verbindung haben. Kritischer Punkt eines jeden Hauses ist sein Eingangsbereich, der durch zwischengeschaltete Zimmer mit versetzten Türen so gestaltet ist, daß selbst bei geöffneter Haustür kein Blick ins Innere möglich ist. Häuser von Geschäftsleuten verfügen häufig über zusätzliche Räume, die nur von der Straße her betreten werden können, um den Kontakt mit der Familie, insbesondere den Frauen, zu vermeiden. Eingestreut in das Wohnviertel sind kleine Märkte für den täglichen Bedarf (*Souayka*), die Schulen (*Kouttab*), das Bad (*Hammam*) und oft eine Moschee. Überdies hat hier auch die lokale Verwaltung des Stadtviertels (*Moharrik*) ihren Sitz. Im Rahmen der zunehmenden Verstädterung haben sich die alten Medinen ausgeweitet und wurden während der Kolonialherrschaft durch eine Neustadt nach europäischem Muster ergänzt. Dennoch sind in den großen Städten Tunesiens, insbesondere in Tunis, Kairouan, Sousse und Sfax, die Medinen weitgehend erhalten geblieben und nach wie vor Zentren reger Handelstätigkeit, die nunmehr auch dem wachsenden Tourismus Rechnung trägt.

Die südlichen Randgebiete der Medina
Wer über genügend Zeit verfügt, sollte nicht versäumen, die vom Tourismus bislang kaum überfluteten Randbezirke der Medina zu besuchen, insbesondere den Südteil zwischen Zitouna und Bab Djedid/Bab el Djazira sowie den Nordteil um das Bab Souika.

Der erste Besuch sollte dem Südteil der Medina gelten. Wir biegen von der Medina-Hauptachse Rue Djama ez Zitouna unmittelbar vor Beginn der gedeckten Souks links in den Souk el Belat (Alltagsbedarf, Lebensmittel), der – nach einem überwölbten Abschnitt – in die Rue des Teinturiers übergeht (ehemalige Färberstraße, heute Lebensmittelmarkt), der vor allem abends einer der schönsten Souks der Stadt ist. Von dieser Straße zweigt kurz vor der auffälligen Moschee (s. u.) links die Rue el M'bazdaa ab, an der sich gleich rechts das **Dar Othman** 19 befindet, das um 1600 entstandene Stadtpalais von Bey Othman, mit einem prächtigen Portal und reichem Innenschmuck. Zurück auf der ehemaligen Färberstraße folgt rechts sogleich die anmutige **Djama el Djedid** 20, auch ›Färbermoschee‹ genannt, mit ihrem hohen Achtkantminarett; die Moschee und die angrenzende Medersa wurden 1716/17 errichtet. Unmittelbar dahinter biegt rechts die Rue Sidi Kassem ab, weiter der Färberstraße folgend, gelangen Sie zur Place Bab el Djazira (s. S. 87). Dort führt links eine Gasse zum **Dar Ben Abdallah** 21, einem prächtigen Palast aus dem 18. Jh., in dem seit 1975 ein sehenswertes regionales Volkskundemuseum alte Trachten und Möbel sowie u. a. eine traditionelle Küche, einen Hammam sowie Szenen aus dem Alltagsleben der damaligen Epoche zeigt. Geht man die Rue Sidi Kassem weiter geradeaus, so folgen an deren Ende rechter Hand die grü-

nen Kuppeln des **Tourbet el Bey** 22 (1758–82), des Mausoleums der Husseiniten-Beys, das deutliche Einflüsse der italienischen Renaissance verrät. Vom Mausoleum kann man über die Rue Tourbet el Bey entweder nach rechts zur Zitouna oder nach links zur Av. Bab Djedid, der Medina-Umgehungsstraße, gelangen. Es empfiehlt sich aber der kleine Umweg zur Rue des Forgerons (Eisenschmiede): vom Tourbet-Eingang aus links, dann rechts, dann die zweite rechts und gleich wieder links. Die Rue des Forgerons endet am **Bab Djedid** 23, einer mächtigen Torburg mit abgeknicktem Durchgang. Sie entstand 1276 und ist der älteste erhaltene Teil der Stadtmauer. Gegenüber, jenseits der Medina-Umgehungsstraße, erstreckt sich um den Straßenzug Souk el Aassab/Souk des Armes/Rue el Marr ein lebhaftes, einfaches Marktviertel, die Hauptachse des Bab el Djazira-Viertels. Wie sein Gegenstück jenseits des Bab Souika ist es eine hafsidisch-türkische Erweiterung der Medina, deren ›besserer‹ südlicher Teil später als ›Montfleury‹ bevorzugtes Wohnviertel der Europäer war.

Über die Medina-Umgehungsstraße gelangt man, vom Bab Djedid aus gesehen nach links, zur verkehrsreichen **Place Bab el Djazira** 24. Neben Cafés, Restaurants, Geschäften und Hotels steht hier die Moschee el Barani aus dem 17. Jh. Das einstige ›Algier-Tor‹ existiert nicht mehr. Von dem Platz führt scharf links die Rue el Djazira zur Porte de France, geradeaus die Rue d'Algérie zum modernen SNCFT-Bahnhof und rechts, an der Moschee vorbei, die breite Rue Sidi el Bechir zum Busbahnhof Süd. Von letzterem aus erblicken Sie jenseits des Gewirrs von Schnellstraßen und Bahntrassen den 88 m hohen Sidi Bel Hassen-Hügel mit der Ruine des gleichnamigen Forts auf der Spitze; das gleichnamige Marabout auf dem am Hang angelegten, von der Straße nach Sousse aus zugänglichen Djellaz-Friedhof ist ein populäres Wallfahrtsziel. Von dem markanten Felsen vor dem Fort und von dem Weg um den Hügel hat man prächtige Ausblicke auf die Stadt und die Bucht von Tunis. Dahinter schließt die bis Radès reichende Industriezone an.

Die nördlichen Randgebiete der Medina
Zum Bab Souika-Viertel im Norden der Medina kann man auf verschiedenen Wegen quer durch die Medina gelangen, z. B. von der Rue de la Kasbah über den Souk el Grana und seine Verlängerungen, am leichtesten zu finden ist aber die Zufahrt über die Medina-Umgehungsstraße. Wir wenden uns von der Porte de France aus nach rechts, also Richtung Norden, in die Rue Mongi Slim; hier befinden sich einfache Läden, Cafés und Restaurants. In der gleich links abzweigenden Rue Zarkoun findet ein ständiger ›Flohmarkt‹ statt. Wir halten uns weiter geradeaus auf der Medina-Umgehungsstraße. Bald darauf führt rechts die Rue Bab el Khadra durch das ehemalige Malteserviertel und zum gleichnamigen Tor (s. S. 89). Weiter entlang der Rue Mongi Slim öffnet sich nach einer Weile links die weite Place Bab Carthajna mit einem belebten großen Markt für den Alltagsbedarf. Dahinter erstreckt sich ein Neubauviertel, das die Stelle des nach 1956 abgerissenen Judenviertels Hara einnimmt. Wir halten uns immer noch auf der Umgehungsstraße, die nun Rue Bab Souika heißt. Rechts zweigt die Rue des Potiers ab, die ehemalige Töpferstraße mit dem gleichnamigen südeuropäisch anmutenden Platz, an dem sich einige Cafés befinden. Schließlich erreichen wir die **Place Bab Souika** 25, die einstige Hinrichtungsstätte von Tunis, die bis vor kurzem mit ihren zahlreichen Cafés und Restaurants eine Art ›Vergnügungszentrum‹ für die ärmeren Bewohner der Hauptstadt darstellte, nunmehr aber zum Zentrum eines ausgedehnten Neubaugebiets umgestaltet wurde. Wir wenden uns nun durch den linker Hand gelegenen kleinen Torbogen, Richtung Medina, in die enge Rue Sidi Mahrez mit ihrem Markt für Alltagsbedarf und stehen vor dem Eingang der imposanten weißen **Moschee Sidi Mahrez** 26. Dieser einzige große sakrale Kuppelbau von Tunis mit insgesamt neun Kuppeln entstand zwischen 1675 und 1692 nach osmanischem Vorbild; die überreiche Innenausstattung stammt von 1860. Die Moschee ehrt den in der gegenüberliegenden Zaouia (1862) bestatteten Asketen und Korangelehrten Sidi Mahrez es Sadiki, der im 10. Jh. als orthodoxer Malekit Kampfschriften gegen die Kharedjiten des Abu Yazid (s. S. 41) verfaßte. Da er als Schutzpatron von Tunis gilt – er

Traditionelle Marionettenfiguren

gab auch dem Collège Sadiki seinen Namen –, gehören seine Moschee und Zaouia zu den populärsten Pilgerzielen des Landes, woraus sich die zahlreichen Devotionalienläden in der Umgebung erklären. Betreten werden darf nur der Innenhof.

Als zweite Querstraße hinter der Moschee zweigt von der Rue Sidi Mahrez nach rechts die Rue el Monastiri ab; das gleichnamige Palais aus dem frühen 18. Jh. wird derzeit restauriert. Ein Stück weiter führt in einem leichten Linksknick die Rue Achour auf die Rue Sidi Brahim. Einige Meter links steht die **Medersa Achouriya** 27, erkennbar an dem Vierkantminarett, und weiter rechts, hinter einem Messingtor, liegt die hübsche **Zaouia Sidi Brahim** 28. In der unmittelbar davor links abzweigenden Rue du Tribunal treffen wir schließlich auf das **Dar Lasram** 29, das wie die beiden vorher genannten Bauten aus dem 18. Jh. stammt. Im Dar Lasram ist heute das Amt für die Restaurierung der Medina untergebracht *(Association Sauvegarde de la Médina)*. Die Rue Sidi Brahim mündet auf die Rue du Pascha, in der frühen Türkenzeit Sitz des Paschas und Hauptader des ›feinsten‹ Medina-Viertels mit verschiedenen Palais wohlhabender Bürger, der **Medersa Bachiya** 30 (1756) und einem Frauenhammam aus dem 17. Jh. Wir folgen dieser Straße nach links bis zu dem zweiten Platz – rechts hinter dem Torbogen eine prächtige Fassade – und wenden uns dort links in die Rue de l'Agha, von der als erste Straße rechts, hinter dem ersten Tordurchgang, die Rue du Divan abzweigt. In dieser Straße befand sich in türkischer Zeit der Sitz der Stadtverwaltung. Heute ist hier, in Haus Nr. 3, eine **Bibliothek** 31 mit sehenswerten restaurierten Innenräumen. Die Straße stößt auf die Rue de la Kasbah, rechts geht es zum Dar el Bey, links zur Porte de France, und geradeaus kommt man über die Rue Sidi Ben Arous zur Zitouna

Wollen Sie den Gang durch den nördlichen Teil der Medina ausdehnen, sollten Sie von der Place Bab Souika nicht gleich zur Sidi Mahrez-Moschee gehen, sondern sich zunächst halbrechts in die Rue Halfaouine wenden. Diese führt zum gleichnamigen Platz –

der Name rührt vom früheren Halfagras-Markt her – mit seinen Cafés, dem regen Marktleben, den schattigen Bäumen und der Moschee Sahib at Tabaa von 1812; ihr Minarett wurde erst 1971 vollendet. Die Place Halfaouine bildet das Zentrum des **Bab Souika-Viertels**, das unter Hafsiden und Türken als nördliche Erweiterung der Medina angelegt wurde; in der Protektoratszeit fanden hier zahlreiche Protestkundgebungen statt. Die Marktstraße Rue Souki Bel Khir führt von hier in östlicher Richtung zum Doppeltor **Bab el Khadra** (1812), dem einstigen Ostzugang der Medina. Von dort erreicht man über die Av. Taieb-Mehiri den Belvédère-Park (s. u.) und über die Av. de Madrid das Neustadtzentrum.

Das Bardo-Museum

Etwa 3 km westlich des Stadtzentrums von Tunis liegt der elegante Villenvorort Bardo, der um einen 1420 von den Hafsiden gegründeten und von den türkischen Beys vor allem im 19. Jh. ausgebauten Palastbezirk entstand. Der ehemalige Harem der Bey-Residenz beherbergt heute das Bardo-Museum, das vor allem wegen seiner einzigartigen Sammlung **römischer Mosaiken** neben dem Nationalmuseum von Kairo das bedeutendste Museum Nordafrikas ist und damit zweifellos eine Sehenswürdigkeit von Weltrang. Es bietet einen hervorragenden Überblick über tunesische Geschichte und Kultur und sollte deshalb von jedem Tunesienreisenden besucht werden.

Das 1888 eröffnete Museum, erreichbar mit der Metro-Linie 4, liegt rechts der Av. du 20 Mars in einem ausgedehnten Park. Zusammen mit dem nicht zugänglichen Parlament, dessen Eingang von acht Steinlöwen flankiert und von Gardesoldaten bewacht wird, nimmt es einen Teil des zwischen 1855 und 1882 errichteten, in einigen Räumen pracht-

Bardo-Museum, Tunis: Blick von der Galerie in den Karthago-Saal

Bardo-Museum, Tunis: »Odysseus und die Sirenen« (3. Jh, aus Dougga) und ...

voll ausgeschmückten Palastes ein. Gegenüber befindet sich eine kleine Moschee. Von den übrigen, einst zur Residenz gehörenden ausgedehnten Anlagen, z. B. Kasernen, Hofbeamtenpalais, Stallungen, Verteidigungsanlagen, haben sich nur geringe Reste erhalten, da die Franzosen den größten Teil abreißen ließen.

Die Bestände sind übersichtlich gegliedert, z. T. aber nur französisch beschriftet. Da das Museum vorwiegend von Gruppen besucht wird, kann man als Individualtourist, von den oftmals sehr sachkundigen Erläuterungen der Fremdenführer profitieren, zumal man den Gruppen kaum entgehen kann. (Achtung: Die Nummern an den Türen verweisen immer auf den folgenden Saal!). Beim Rundgang sollten Sie zunächst den durchnumerierten Räumen der antiken Abteilungen folgen (Säle I–XXXV, die auf drei Geschosse verteilt sind), bevor sie sich der zweigeschossigen Islamischen Abteilung *(Departement musulman)* zuwenden. Bitte beachten Sie auch, daß infolge neuerer, noch nicht abgeschlossener Umstellungen und Baumaßnahmen die nachstehende Beschreibung der Sammlung möglicherweise in einzelnen Fällen nicht mehr den Gegebenheiten entsprechen könnte.

Antike Abteilungen (Untergeschoß)
Hauptgang (beginnt am Eingang, knickt ein Stück dahinter nach links und dann wieder nach rechts ab): Sarkophage mit Mumienresten, dann verschiedene Statuen und Stelen, darunter griechische und ägyptische Objekte; im Knick nach links neopunische Ghorfa-Stelen aus dem 2. und 3. Jh. n. Chr.; im rechts anschließenden Stück u. a. ein berühmter Sarkophag mit Darstellung der vier Jahreszeiten. Am Ende befinden sich die Toiletten, ein weiterer Zugang

...»Triumph des Neptun« (Ende 2. Jh, aus Hadrumetum/Sousse)

und der Buchladen. Sehr empfehlenswert ist der dort erhältliche großformatige Führer »Le Musée du Bardo« von Mohamad Yacoub (1993).
Saal I (rechts vom Hauptgang): Der Saal wird derzeit (1995) zur prähistorischen Abteilung umgebaut.
Saal II–IV: Punische Abteilung. In Saal II Funde vom Tophet in Karthago, vor allem im Glaskasten die Stele eines Opferpriesters; in Saal III Goldschmuck (hinter Gittertür); in Saal IV Funde aus dem Tophet von Sousse, darunter griechische und etruskische Keramiken.
Saal V (links vom Hauptgang): Frühchristlicher Saal. Beachtenswert ist das herrliche Taufbecken aus Kelibia (s. S. 38), daneben Mosaiken und Sarkophage.

In Saal V befinden sich die Zugänge zu Saal VI und Saal VII sowie der Aufgang zum Obergeschoß mit weiteren frühchristlichen Mosaiken.
Saal VI: Bulla Regia-Saal. U. a. Perseus-Mosaik, Statuen von Ceres, Apollo und Minerva.
Saal VII: Porträt-Saal. Köpfe verschiedener römischer Herrscher, darunter Augustus, Vespasian, Trajan und Hadrian.

An den Saal grenzt die neue frühchristliche Abteilung, die der Öffentlichkeit noch nicht zugänglich ist. Interessenten können sich um eine Sondererlaubnis bei der Museumsverwaltung bemühen. Gezeigt werden vor allem Mosaiken, Sarkophage, Tonlampen und Keramiken.
Saal VIII (Zugang von letztem Stück des Hauptganges): Thuburbo Majus-Saal. Mosaiken und Statuen, derzeit (1995) im Umbau.

Vom Hauptgang gibt es zwei Zugänge zu zwei Komplexen der Arabischen Abteilung (s. u.).

Antike Abteilungen (Obergeschoß)
Saal IX: Karthago-Saal. Ehemaliger Zentralraum des Harems mit prachtvol-

ler Stuckdecke. Funde aus dem römischen Karthago, z. B. Kaiser- und Götterstatuen sowie Mosaiken. Prunkstücke sind ein der Gens Augusta geweihter Altar sowie ein großes Bodenmosaik aus einer Villa in Oudna mit Darstellungen aus dem Landleben.

Saal X: Ehemaliger Festsaal des Harems. Funde aus Hadrumetum/Sousse, u. a. »Triumph des Neptun«, mit 10 m × 13,5 m das größte Mosaik des Museums, und Teile der Jupiter-Kolossalstatue aus Thuburbo Majus.

Vor Saal X befindet sich der Aufgang zum zweiten Obergeschoß; vom Saal selbst Zugang zu XI und XII.

Saal XI: Dougga-Saal. Modelle von Tempel und Theater, Mosaik der drei Zyklopen Brontes, Steropes und Pyracmon, die den Blitzstrahl des Jupiter schmieden und Triumphzug des Neptun.

Saal XII: Thysdrus-(El Djem-)Saal. Besonders beachtenswert die Mosaiken »Der Triumph des Bacchus« und »Die neun Musen«.

Saal XIII: Ehemaliges Musikzimmer. Reich bemalte Decke, Funde aus Althiburos, z. B. Mosaik mit den verschiedenen Schiffstypen der damaligen Zeit.

In Saal XIII befinden sich die Aufgänge zu Saal XXXIV und Saal XXXV.

Saal XIV: Ehemaliger Speisesaal. Kunstvoll bemalte Decke, Funde aus Uthina/Oudna, z. B. Tiermosaike, Statuetten aus Bronze und Terrakotta.

Saal XV: Salle de Virgile, ehemaliger Aufenthaltsraum der Frauen. Prachtvolle Stuckkuppel und Fayencenschmuck; jeder der vier Hauptfrauen des Beys war eine eigene Nische zugeordnet. An der Wand das aus Sousse stammende Mosaik des Vergil, flankiert von zwei Musen, eines der schönsten Stücke des Museums. Auf der Pergamentrolle Vers 8 und die ersten Worte von Vers 9 seines Epos Äneis. Bemerkenswert auch das Kalendermosaik mit den Sternzeichen im Zentrum.

Saal XVI: Schmuckbeigaben, insbesondere aus den Gräbern von Karthago und Utica.

Säle XVII–XXII: Funde vom Mahdia-Schiff (s. S. 206f.), eines 81 v. Chr. gesunkenen Frachtschiffs, mit griechischen Beutestücken aus dem geplünderten Athen.

Saal XXIII: Meeresmosaiken. Großmosaiken aus Karthago und Utica.

Saal XXIV: Mausoleum. Rekonstruktion eines römischen Mausoleums aus Karthago (2. Jh.).

Säle XXV–XXVIII (Zugang von Saal IX, links neben Saal X, oder direkt von Saal X): Weitere Mosaiken.

**Antike Abteilungen
(Zweites Obergeschoß)**

Saal XXIX (Galerie oberhalb von Saal IX): Römische Kleinkunst), z. B. Keramik, Gläser, Bronzen.

Säle XXX–XXXV: Saal XXXII (Treppenhaus), weitere Mosaiken in Saal XXXIII (Acholla-Saal) und in den Sälen XXXIV und XXXV (von letzterem Blick hinunter auf Saal XIII).

Islamische Abteilung

Die islamischen Exponate sind auf drei (nicht numerierte) Raumfolgen verteilt. Die beiden im Untergeschoß bergen vor allem Objekte von der Frühzeit bis zum 16. Jh. Besuchen Sie zunächst den **an den Hauptgang anschließenden Teil** (Eingang gegenüber den Ghorfa-Stelen, rechts vom Gang). Der erste Raum – der ehemalige Empfangsraum des Harems (1831) mit prachtvoller Kuppel – zeigt ein Modell des Ribat von Sousse, in den folgenden Räumen sehen Sie Textilien aus Ägypten (vor allem aus der Fatimiden-Dynastie), alte Grabstelen mit Kufi-

Inschriften, Fayencen und verschiedene Kleinkunst (u. a. frühe Münzen und Kairouaner Bucheinbände). Die Treppe führt zum weiter unten beschriebenen Abschnitt im Obergeschoß.

Im **zweiten Teil links vom Hauptgang** (fast ganz am Ende, unmittelbar vor Zugang zu Saal VIII) befinden sich in einer um einen Patio angeordneten Raumfolge andalusische und osmanische Fayencen, alte Keramik, Stuckornamente u. a.

Die jüngeren islamischen Exponate (meist 19. Jh.) sind im **Obergeschoß** untergebracht (Eingang rechts von der Treppe, die von Saal V zu Saal IX führt; auch Zugang von der islamischen Abteilung im Untergeschoß). Sie betreten zunächst einen Raum mit prachtvoller Stuckkuppel und dann – geradeaus weiter – einen Hof mit Brunnen. Gegenüber schließt die ›Salle traditionelle‹ an, ein rekonstruierter tunesischer Empfangsraum vom Ende des 19. Jh. (schon starker europäischer Einfluß!). In den beiden kleinen Räumen links und rechts des Hofes sehen Sie europäische Stiche aus dem 16. und 17. Jh., u. a. solche, die die Expedition Karls V. darstellen; im linken Raum auch zwei Lehnstühle, Geschenke von Napoleon III. an den Bey. Hinter dem rechten Raum (Treppe hinuntergehen) Keramik und Kairouaner Glas aus dem 11. Jh. Gehen Sie nun zum Eingangsraum (Stuckkuppel) zurück und wenden Sie sich nach rechts . Die hiesigen Räume zeigen Kupferwaren, Einlegearbeiten, Musikinstrumente, Waffen, Schmuck, Kleidung und weitere Keramik (hier auch Treppe zum Untergeschoß).

Belvédère

Nördlich von Medina und Neustadtzentrum erstreckt sich um den gleichnamigen, 82 m hohen Hügel das Villen- und Botschaftsviertel Belvédère, das vor allem wegen seines ausgedehnten Parks einen Besuch lohnt; hier befindet sich auch die Botschaft der Bundesrepublik Deutschland. Die Hauptzufahrtsstraßen – ab dem Zentrum die Av. de Paris (verschiedene Buslinien) bzw. deren Verlängerung, die Av. de la Liberté, oder die Av. Mohammed V. und ab dem Bab el Khadra die Av. Taieb Mehiri oder die Av. Hedi Chaker – treffen auf den Verkehrsknotenpunkt Place Pasteur. An der Westseite dieses Platzes befindet sich neben Postamt und öffentlichem Schwimmbad der Zugang zum ca. 100 ha großen Belvédère-Park, der von verschiedenen Fußwegen und Autostraßen durchzogen wird. Neben dem Zugang steht das **Maison des Arts** mit Werken zeitgenössischer Künstler.

Gleich am Anfang des **Parks** trifft man auf einen kleinen See mit hübsch gelegenem Café und den Eingang zu dem 1968 von einem Kölner Architekten geplanten, durchaus besuchenswerten **Zoologischen Garten**. Beachten Sie im Zoo die *Midha*, die vom Souk et Trouk hierher transferierte Waschungsvorhalle einer Moschee von 1630. Ein Stück weiter oberhalb liegt eine Koubba, ein in maurischem Stil reich verzierter, offener Marmorpavillon (um 1700) aus La Menouba. Von hier und von dem folgenden Weg zur Hügelkuppe (rechts halten) eröffnen sich prachtvolle Ausblicke auf die Stadt.

Jenseits des Belvédère-Hügels, in nordwestlicher Richtung, befindet sich das ›Tunis-Hilton‹, ein beliebter Treffpunkt wohlhabender Tunesier; westlich davon, hinter der Umgehungsstraße Route X, erstreckt sich der ausgedehnte Komplex der Universität mit den dazugehörigen Studentenwohnheimen *(Cité Universitaire Ras Tabia)*.

In der Heimat Hannibals – Die nordöstlichen Vororte von Tunis

Nordöstlich von Tunis erstreckt sich von La Goulette bis nach Gammarth über ca. 20 km eine fast ununterbrochene Kette von Vororten, die sich – vom Hafen La Goulette abgesehen – fast ausschließlich aus Villen- und Sommerhaussiedlungen der wohlhabenden Hauptstadtbewohner zusammensetzen – auch der Präsident und die meisten Botschaften unterhalten hier Sommersitze. Die herrliche mediterrane Landschaft, die kulturellen Sehenswürdigkeiten, besonders die Ruinen von Karthago und der maurische Ortskern von Sidi Bou Said, sowie die Strände, u. a. La Marsa, Gammarth und Raouad, machen einen Ausflug hierher zu einem ›Muß‹ für jeden Besucher der tunesischen Hauptstadt.

La Goulette

1 La Goulette hatte bis in die Neuzeit hinein vor allem militärische Bedeutung, da es die Einfahrt in die Bucht von Tunis beherrscht. Der Name ist eine Verstümmelung des arabischen *Halk el Oued* (Flußmündung) und bezieht sich auf die schon in der Antike durchstochene Verbindung zwischen dem Meer und dem See von Tunis.

1535 nahm Karl V. die Siedlung ein und ließ sie als Hauptstützpunkt der Spanier in Tunesien befestigen, ab 1574 bauten die Türken sie zu einer der größten Festungen der damaligen Welt aus. Bemerkenswerterweise lebten in La Goulette vom 18. Jh. bis zur Unabhängigkeit mehr Andersgläubige, meist Christen und Juden, als Muslime. Von der damals hier herrschenden religiösen Toleranz zeugt der einzige Friedhof des Landes, den die verschiedenen Religionen gemeinsam benutzten, und noch heute beherbergt die Stadt eine relativ starke nichtmuslimische Minderheit.

In der Kolonialzeit erfolgte dann der Aufstieg zur Hafenstadt, ausgelöst durch den Bau des 10 km langen und 45 m breiten Kanals (1888–93) durch den immer mehr verlandenden See von Tunis und die Anlage eines 1905 erweiterten Vorhafens, der zunächst nur dem Güterverkehr diente. Nach erneuter Hafenerweiterung (1964–71) wird von hier aus auch der Fährverkehr mit Europa abgewickelt. Daneben ist La Goulette ein beliebtes Ausflugsziel für die weniger begüterten Bewohner der Hauptstadt, die sich vom Strand und den Fischrestaurants angezogen fühlen.

Auf der Fahrt über den von Tunis kommenden, beim Aushub des Kanals aufgeschütteten Damm passiert man zunächst die ehemalige Gefängnisinsel Chikli und dann das Industrie- und Hafengelände mit den Schloten des Kraftwerks. Bei der TGM-Station ›Le Bac‹ versieht die Autofähre einen kostenlosen Pendelverkehr über den Zufahrtskanal zum Vorort Radès, bei der TGM-Station ›La Goulette Vieille‹ liegt die gut beschilderte Zufahrtsstraße zur ›Gare Maritime‹, der Anlegestelle für die Europafähren, wo sich sommers lange vor Abfahrt der Schiffe Warteschlangen bilden.

Von hier aus erblickt man schon die mächtigen Mauern der von den Spaniern gegründeten und von den Türken erweiterten **Festung** mit dem heute isolierten Tor. Nun befinden sich im Obergeschoß eine Bibliothek und ein Sufi-Grab. Bis zur Absetzung durch Abdine

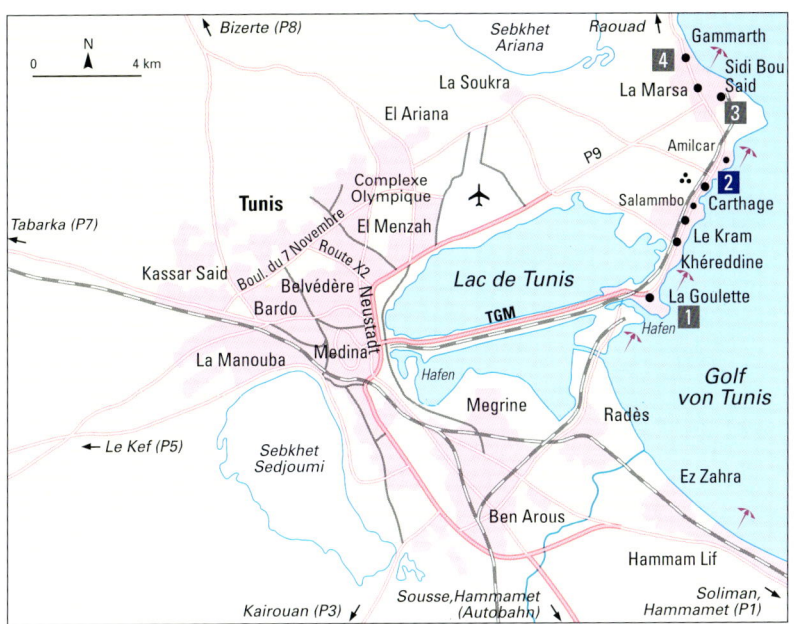

Großraum Tunis

Ben Ali, 1987, hatte sich Präsident Bourguiba auf dem Platz davor mit einem großen Denkmal verewigt. Dieses Sinnbild uneingeschränkter Macht wurde inzwischen beseitigt, und der Verkehrskreisel in Erinnerung an den Tag des Machtwechsels in Place de 7 Novembre umbenannt. An der durch Goulette nach Carthage führenden Straße reihen sich viele, bei Einheimischen beliebte Fischrestaurants auf, deren Kellner lautstark um die Gunst der Passanten buhlen, vor allem bei Touristen. Weitere Bistros findet man an der parallel verlaufenden Av. Habib Bourguiba. Am Meer beginnt – unmittelbar jenseits des Fischereihafens – ein langer und breiter **Sandstrand**, der vor allem in den Sommermonaten mit erholungssuchenden Städtern dicht bevölkert ist.

Nach Norden hin schließt sich nahtlos der neue Ortsteil an (TGM-Stationen ›La Goulette Neue‹ und ›Casino‹), mit dem die Kette der hier noch relativ bescheidenen Villensiedlungen beginnt. Dann folgen ohne Übergang die Orte **Le Kram** und **Khéreddine** (jeweils eigene TGM-Stationen) mit mehreren kleinen, tangverschmutzten, aber im Sommer doch überfüllten Badebuchten, und – erkenntlich an dem festungsartigen Vorbau am Meer – das Villenviertel von Salammbo - bereits zu Carthage gehörig.

Karthago (Carthage)

2 (S. 331) Der Villenvorort von Tunis liegt an der Stelle der einstigen Hauptstadt des karthagischen Großreiches und beherbergt zahlreiche kulturhistorisch bedeutende, optisch zumeist aber weniger beeindruckende Baureste vor allem aus römischer Zeit. Obwohl der Ort stark von Touristen frequentiert

Punischer Hafen in Karthago

wird, sollte er dennoch jedem Besucher der Hauptstadt einen halb- oder besser ganztägigen Ausflug wert sein.

Geschichte
Die Legende berichtet, daß Karthago 814 v. Chr. von phönizischen Siedlern unter Führung der Prinzessin Elissa (römisch: Dido) gegründet wurde. Den einheimischen Fürsten Hiarbas, der angeboten hatte, so viel Land abzutreten, wie eine Ochsenhaut umspannen könne, soll Elissa dadurch überlistet haben, daß sie die Haut in feine Streifen zerschnitt und damit das gesamte Gebiet der damaligen Halbinsel umgrenzte. Die Sage erzählt weiter, Elissa habe hernach Selbstmord begangen, um einer Heiratsforderung des Hiarbas zu entgehen. Sehr wahrscheinlich jedoch bestand hier schon viel früher ein phönizischer Handelsposten. Archäologisch ist das Alter der Stadt immerhin bis 750 v. Chr. nachgewiesen, wobei einige tiefgelegene Siedlungsschichten noch nicht erforscht werden konnten. *Karth Hadasht* (Neue Hauptstadt; die Bezeichnung ›Karthago‹ stammt von den Römern) brachte bald das numidische Hinterland unter seine Kontrolle, gründete Kolonien im gesamten westlichen Mittelmeerraum und überflügelte schließlich spätestens ab dem 5./4. Jh. v. Chr. die phönizischen Mutterstädte.

Zu Beginn des 3. Jh. v. Chr. erreichte Karthago – damals Königin des Mittelmeeres genannt – den Höhepunkt seiner Macht. Das auf einer Halbinsel gelegene Territorium – die Sebkha Ariana war damals noch eine offene Meeresbucht – wurde durch eine fast 40 km lange, bis über 13 m hohe und 10 m dicke Wehrmauer mit Hunderten mächtiger Türme und verschiedenen vorgelagerten Graben- und Erdwallsystemen geschützt. Die Mauer verlief wahrscheinlich von der Tunis-Bucht entlang der Küste bis zum Cap Gammarth und dann landeinwärts entlang der heutigen Sebkha Ariana. 20 000 Fußsoldaten, 4000 Reiter und 300 Elefanten sollen zu ihrer Verteidigung bereitgestanden haben. Der größte Teil des so umgrenzten Areals diente als landwirtschaftliche Nutzfläche *(Megara)*, deren Kern die eigentliche Stadt einnahm. Diese wurde beherrscht von dem Byrsa-Hügel mit der Zitadelle und dem Eshmun-Tempel; unterhalb davon erstreckte sich das Zentrum mit Marktplatz, öffentlichen Gebäuden und regelmäßig angelegten Gassen, an denen sich zahlreiche Tempel – wahrscheinlich nur einfache Umwallungen ohne feste Innenbauten – und bis zu sechsstöckige Häuser reihten. Sie entsprachen wohl dem üblichen mediterranen Typus und nahmen im Lauf der Zeit immer mehr hellenistische Einflüsse auf. Beim Zentrum lag der Hafen, der in einen äußeren Bereich für den Handel und einen inneren für Kriegsschiffe unterteilt war. Nach Norden hin schloß sich eine neuere Vorstadt an. Die Einwohnerzahl Karthagos betrug um 400 000, daneben lebten ca. 100 000 Bauern in der Megara.

Die Kriege gegen Rom brachten einen allmählichen Niedergang der Großmacht Karthago, bis die Stadt 146 v. Chr. – am Ende des Dritten Punischen Krieges – in einem dramatischen Endkampf unterging (s. S.102). Obwohl nach langer Belagerung und durch Hungersnot geschwächt, wehrten sich die Bewohner sieben Tage lang in verbissenem Häuserkampf gegen die überwältigende römische Übermacht; die letzten Verteidiger unter Hasdrubal überantworteten sich auf der Zitadelle selbst dem Feuertod. Die Rache der Römer war grausam: Nach einem zehntägigen Brand ließ Scipio die Stadt plündern, die Mauern schleifen, das Stadtareal umpflügen und damit hier nie mehr etwas wachse – mit Salz bestreuen; die Überlebenden wurden in die Sklaverei verkauft.

Das punische Karthago war damit ausgelöscht, numidische Stämme nutzten sein Gebiet nun als Weidefläche; ein erster römischer Wiederbesiedlungsversuch – 122 v. Chr. durch Gracchus – blieb wegen des Widerstands des Senats kurzlebig. Erst unter Augustus wurde nach Cäsars Plänen 27 v. Chr. die *Colonia Julia Carthago* als Veteranen- und Landarbeitersiedlung gegründet und bald zum Sitz der Provinzregierung erkoren. Damit begann ein rascher Aufstieg: Bereits im frühen 2. Jh. war Karthago mit 300 000 Einwohnern die drittgrößte Stadt des Imperiums (nach Rom und Antiochia) und damit wieder eine der überragenden Metropolen am Mittelmeer; zahllose Prachtbauten, die denen der Hauptstadt kaum nachstanden, wurden hauptsächlich in diesem und nächsten Jahrhundert errichtet. Die neue Stadtanlage richtete sich weitgehend nach der punischen Gliederung. Forum und Kapitol lagen auf dem Byrsa-Hügel, der nun größere Hafen im Gebiet des Kothon, das Zentrum zeigte eine schachbrettartige Anordnung der Straßen. Das 4. Jh., in dem die Stadt durch großzügige Villenviertel und einen neuen Hafen nach Norden hin erweitert wurde, sah die Umwandlung zur christlichen Metropole; zahlreiche große Kirchenbauten entstanden, bedeutende Kirchenlehrer, u. a. Augustinus, wirkten hier. 425 wurde eine neue Stadtmauer errichtet, die allerdings den Vandalensturm einige Jahre später nicht aufhalten konnte, deren Herrschaft jedoch kaum Spuren im Stadtbild hinterließ. Unter den Byzantinern erlebte Karthago dann die letzte Phase seiner kosmopolitischen Bedeutung, bis die Araber zwischen 692 und 698 diese letzte spätantike Bastion in Afrika auslöschten. Das nun unbedeutende Dorf, in dem allerdings noch bis 1073 ein Bischof nachgewiesen ist, wurde nur 1270 noch einmal kurz Schauplatz der Weltgeschichte, als Ludwig IX. hier auf dem siebten Kreuzzug an der Pest starb.

Neue Bedeutung erlangte Karthago erst wieder mit dem französischen Protektorat, als die katholische Mission in Anknüpfung an die frühchristlichen Traditionen hier ihren Hauptsitz für Afrika etablierte. Nach 1945 entstand dann eine Villensiedlung, die sich bis heute immer mehr ausdehnt und inzwischen zum Kern des Vorortbogens zwischen La Goulette und Gammarth geworden ist.

Besichtigung
Da die Ruinen der antiken Metropole jahrhundertelang als Steinbruch für das nahe Tunis dienten und weite Teile des einstigen Stadtareals neuzeitlich überbaut sind, wirkt das heutige Karthago im Vergleich zu Dougga, Sbeitla und den anderen bedeutenden tunesischen Römerstädten auf viele Besucher eher enttäuschend. Dennoch haben sich einige bemerkenswerte Baureste erhalten, und seitdem die UNESCO 1974 eine internationale Rettungsaktion »für eine der bedeutsamsten Stätten der Menschheitsgeschichte« gestartet hat, erweitert sich das Ausgrabungsgelände stetig. Ein Nationalpark ›Carthage – Sidi Bou Said‹, besteht seit kurzem.

Von La Goulette kommend, erreicht man zunächst den südlichen Ortsteil Salammbo, den Platz der ersten phönizischen Siedlung und des einstigen Hafens. Gehen Sie schräg gegenüber der gleichnamigen TGM-Station ein Stück in Richtung Meer und wenden Sie sich dann links in die Rue Hannibal (dem Schild ›Résidence Carthage‹ folgen), so gelangen Sie gleich hinter dem Hotel ›Résidence Carthage‹ zum **Tophet** (Sanctuaire Punique), dem Begräbnisplatz und heiligsten Ort Karthagos, wo der Sage nach Elissa gelandet sein soll. Wie diese Stätte einst aussah, ist nicht genau zu rekonstruieren, da im Laufe der Zeit immer wieder alte Gräber – anfangs Schachtgräber, dann Urnen, später Sarkophage – zugeschüttet und durch neue überbaut wurden, so daß allmählich ein kleiner Hügel entstand. Die 1922 begonnenen und bis heute nicht abgeschlossenen Ausgrabungen haben bislang zwölf Gräberschichten entdeckt, die vom 8. Jh. v. Chr. bis in die frühchristliche Zeit reichen; dabei fand man über 1500 beschriftete und mit Reliefs verzierte Stelen sowie ca. 200 Urnen, die sich heute ausnahmslos im Bardo-Museum befinden. Zunächst

Thopet in Karthago: Grabstele mit dem Symbol der Thanit

diente der Tophet der Verehrung von Baal Ammon, dessen Kult aber ab dem 5. Jh. v. Chr. zunehmend von dem der Stadtgöttin Thanit verdrängt wurde. Mit dieser kamen auch die berüchtigten Kinderopfer auf, die besonders in Zeiten von wirtschaftlicher Not und Kriegsgefahr dargebracht wurden, um die Gunst der Götter zu erlangen. Die Thanit-Priester legten dabei männliche Kinder – bevorzugt wohl Erstgeborene aus den führenden Familien – in die Arme einer bronzenen Molochstatue, die mechanisch nach unten geklappt wurden, so daß die Opfer in das darunter lodernde Feuer fielen. Flauberts diesbezügliche Beschreibung in dem Roman ›Salammbo‹, die einen zeitgenössischen griechischen Bericht verarbeitet, dürfte weitgehend die damalige Realität widerspiegeln. Die Zahl der Opfer ging, wie Skelettfunde beweisen, in die Tausende, doch wurden wahrscheinlich im Lauf der Zeit als Ersatz zunehmend Tieropfer dargebracht. Mit der römischen Eroberung endeten die Menschenopfer ganz, der Kult der Thanit lebte aber weiter in der Verehrung der Juno Caelestis, deren Tempel erst 421 zerstört wurde. Vom heute weitgehend überbauten Gelände des Tophet konnte nur ein kleiner Teil freigelegt werden, ein verwirrendes Durcheinander von Grabungsschächten und mächtigen Fundamentresten. Beachtenswert sind auch die auf dem Gelände aufgestellten Grabstelen und der unterirdische Raum im Nordteil.

Gehen Sie nach Verlassen des Tophet nach rechts, stoßen Sie sogleich auf den **Kothon**, die alte punische Hafenanlage, deren beide Becken heute noch als schilfbestandene, verschmutzte Teiche zu erkennen sind. Der südliche, rechts liegende Teil ist der frühere Handelshafen, einst ein 456 m × 356 m großes Rechteck, von dem ein 20 m breiter, durch eine Eisenkette verschließbarer Kanal zum offenen Meer führte. Ein zweiter, heute von einer Straße überbrückter Kanal stellte die Verbindung zum nördlichen Kriegshafen dar, einem damals kreisrunden Becken mit Platz für 200 Kriegsschiffe, in dessen Zentrum eine künstliche Insel mit dem Gebäude des Flottenadmirals lag. Die direkte Verbindung vom Kriegshafen zum Meer entstand erst während der römischen Belagerung im Dritten Punischen Krieg. Nach Norden hin schlossen sich Magazine und Arsenale an. Das kleine Gebäude auf dem archäologischen Gelände beherbergt u.a. zwei interessante Modelle der alten Hafenanlage. Auf der Halbinsel zwischen beiden Hafenbecken befindet sich heute das **Museum für Ozeanographie** (mit sehenswerten Seewasseraquarien). Wir gehen nun vom Kothon wieder zurück zur Av. Habib Bourguiba und folgen dieser in nördlicher Richtung (nach rechts). Nach einer Weile sehen Sie linker Hand den Eingang zu einem neuen Ausgrabungsgelände mit dem **Römischen und Frühchristlichen Museum** (*Musée Romain et Palaeochrétien*), das neben Funden aus der Zeit zwischen 400 und 700 n. Chr. äußerst interessante Ausführungen über die derzeitige Forschungstätigkeit in Karthago präsentiert.

In Höhe der TGM-Station verlassen wir die Hauptstraße und wenden uns erneut dem Meer zu, um nach wenigen hundert Metern auf das **Quartier Magon** zu stoßen, Reste einer punischen Siedlung aus dem 3. Jh. v. Chr., die von den Römern geschleift und später überbaut wurde. Erhalten sind nur noch Relikte der am Ufer entlang laufenden ehemaligen Befestigungsmauer.

Wir folgen nun der nach Norden verlaufenden Straße und stoßen kurz darauf auf den Archäologischen Park mit den **Antoninus Pius-Thermen** *(Thermes de Antonine Pius)*, eine der Hauptsehenswürdigkeiten Karthagos. Die in Ruinen liegende Anlage erstreckt sich über ca. 200 m entlang des Meeres. Sie entstand zwischen 146 und 162 im Gebiet eines durch Feuer zerstörten Villenviertels nach dem Vorbild der Trajans-Thermen als größte Thermenanlage außerhalb Roms (17 850 m²) und wurde ihrerseits richtungsweisend für die Bäder in der Provinz. Der äußerst aufwendig mit kostbaren Materialien ausgestattete, völlig symmetrisch um einen 20 m × 50 m großen Zentralraum angeordnete Komplex – wie überall im Imperium beliebter Treffpunkt der ›feinen Kreise‹ – überstand die arabische Eroberung beinahe unversehrt und wurde erst durch den Beni Hilal-Einfall im 11. Jh. zerstört. Erhalten blieben große Teile des Erdgeschosses, das vor allem Heiz- und Leitungssysteme sowie Personal- und Ruheräume enthielt, wohingegen das Obergeschoß mit den eigentlichen Baderäumen und der zum Meer hinunterführenden Freitreppe nicht mehr existiert. Eine wieder aufgestellte Säule, die einst das Frigidarium trug, vermittelt mit ihrer imposanten Höhe von 20 m noch ein wenig von der einstigen Großartigkeit des in der Antike weltberühmten Bauwerks.

Antoninus Pius-Thermen und ...

Wir werfen nun einen Blick in den ab 1953 angelegten schattigen **Archäologischen Park**, der unmittelbar an die Thermen grenzt und dessen Wege dem Straßennetz des antiken Villenviertels folgen. Hier wurden zahlreiche punische Grabstelen sowie römische Skulpturen und Säulen aufgestellt. Außerdem trifft man hier auf die Fundamente einer großen Latrinenanlage (gleich gegenüber den Thermen) und von Zisternen (von den Thermen aus halbrechts, zwischen den Cardos XVII und XVI) sowie die geringen Reste einer unterirdischen Kapelle aus dem 7. Jh., einer Schola aus dem 4. Jh., einer Basilika aus dem 6. Jh. und punische Felsgräber aus dem 5. Jh. v. Chr. (alle – von den Thermen aus gesehen – im linken hinteren Teil des Parks: Gebiet zwischen Cardo XV und Hauptstraße). Im Norden grenzt an Park und Thermen das ausgedehnte Gelände eines Bey-Palastes aus dem 19. Jh., der heute als Residenz des Präsidenten dient. Man sollte nicht in diese Richtung fotografieren!

Wir kehren nun vom Eingang der Thermen zurück zu Av. Bourguiba, überqueren sie und folgen der unter der Bahnbrücke hindurch verlaufenden, leicht ansteigenden Umgehungsstraße (Av. 7 Novembre). Nach nur wenigen Metern biegen wir rechts ein und treffen auf das **Viertel der Römischen Villen** *(Parc de Villas Romaines)*, das früher einmal bis zu den Thermen reichte. Der schön an einem Hang gelegene Wohn-

...Quartier Punique in Karthago

bezirk begüterter Römer entstand auf dem Gelände einer punischen Nekropole. Erhalten geblieben ist allerdings wenig; nur ein Gebäude, die ›Villa des Volières‹, ist rekonstruiert. Lohnend ist vor allem der Ausblick über das Meer hinüber nach Cap Bon. Folgen wir nun der Av. 7 Novembre, stoßen wir rechter Hand auf das stark restaurierte **Römische Theater**, in dem heute alljährlich die Festspiele von Karthago stattfinden. Ein Stück weiter liegen auf der gegenüberliegenden Straßenseite die bescheidenen Überreste der **Gallienus-Thermen** (*Édifice des Colonnes*), in denen 411 das Konzil von Karthago abgehalten wurde.

Um der weiteren bedeutenden Sehenswürdigkeit Karthagos, dem **Byrsa-Hügel**, einen Besuch abzustatten, benutzt man am besten ein Taxi, da der westliche, kürzere Zugang neben dem Hotel ›Reine Didon‹ geschlossen wurde. Die höchste Erhebung Karthagos krönt heute die imposante, weithin sichtbare, in einem undefinierbaren Mischstil erbaute **Kathedrale St. Louis**; sie wurde 1890 vollendet und nach dem 1270 hier verstorbenen Ludwig IX. benannt. Diese größte Kirche Nordafrikas war bis zur Auflösung des Bistums 1965 Sitz des Erzbischofs von Karthago, der zugleich den Titel ›Primas von Afrika‹ trug. Nach ihrer Restaurierung dient die Kirche nunmehr als Kulturzentrum. Sehenswert ist ihre bemalte Kassettendecke. Das ehemalige Kloster neben der Kathedrale gehörte einst den ›Pères Blancs‹ (Weiße Väter). Dieser von Kardinal Lavigerie, einem glühenden Verfechter des Kolonialismus, gegründete Missionsorden etablierte sich mit dem Beginn des französischen Protektorats 1881 auf dem Byrsa-Hügel und gründete von hier aus zahlreiche Niederlassungen in ganz Nordafrika und bis weit hinein in die Sahara, u. a. auch das Landwirtschaftsgut von Thibar (s. S. 166f.). Heute beher-

Karthagos Untergang

Cartaginem esse delendam – »Karthago muß zerstört werden«, mit diesem Aufruf pflegte Cato vor dem römischen Senat nach jeder Rede die Politiker zur endgültigen Zerstörung des nordafrikanischen Erzfeindes anzustacheln. Der Sieg allein genügte dem von der Weltherrschaft Roms besessenen Konsul nicht.

Das wehrlose Karthago bot die Kapitulation an und lieferte sogar alle Waffen aus, weigert sich aber, der römischen Forderung nach Aussiedlung aller Bewohner nachzukommen. Rom schlägt nun gnadenlos zu, hat es aber schwerer als erwartet: Die Karthager wehren sich zäh, die Numider, denen wohl nun langsam klar wird, welche Ziele Rom in Nordafrika verfolgt, verhalten sich neutral. Erst nach monatelanger Belagerung und einem erbitterten Straßenkampf kann Scipio Aemilianus 146 v. Chr. die Stadt nehmen, Karthago wird dem Erdboden gleichgemacht – und Salz über die Ruinen gestreut als Symbol ewiger Unfruchtbarkeit. Diejenigen Überlebenden, die nicht versklavt werden, fliehen in die Küstenstädte, die sich schon frühzeitig Rom unterworfen hatten, oder ins Landesinnere.

Der Historiker Appian hat den Untergang Karthagos in bewegenden Worten festgehalten: »Scipio blickte auf die Stadt, die seit ihrer Gründung über 700 Jahre lang geblüht, so ausgedehnte Gebiete, Inseln und Meere beherrscht hatte und an Waffen, Flotten, Elefanten und Geld so reich gewesen war wie die größten Reiche, sie jedoch übertroffen hatte an Kühnheit und hohem Mut, da sie, obgleich all ihrer Waffen und Schiffe beraubt, drei Jahre lang einer schweren Belagerung und Hungersnot getrotzt hatte, und die nun in völliger Zerstörung ein Ende nahm, und es heißt, er habe geweint und offen das Schicksal des Feindes beklagt. Nachdem er lange darüber nachgedacht hatte, daß nicht nur die einzelnen Menschen, sondern auch Städte, Völker und Reiche unausweichlich untergehen müssen, und auch über das Schicksal Trojas, der ehemals ruhmreichen Stadt, über den Sturz der assyrischen, medischen und persischen Reiche und über die erst kürzlich erfolgte Vernichtung des strahlenden Königreiches der Makedonier, führte er mit Absicht oder unbewußt Hektors Worte aus dem Homer an: ›Kommen wird einst der Tag, da das heilige Ilion hinsinkt, Priamos und das Volk des lanzenkundigen Königs.‹ Und als Polybios, der bei ihm war, ihn fragte, was damit gemeint sei, wandte er sich zu ihm, nahm ihn bei der Hand und sagte: ›Das ist eine ruhmreiche Stunde, Polybios, und dennoch ergreifen mich Furcht und Vorahnung, daß eines Tages das gleiche Schicksal auch mein Vaterland befallen wird‹.« *(Aus der Libyca.)*

»*Scipio zerstört Karthago*«, *Kreidelithographie aus dem 19.Jh.*

Karthago

Die Ruinen von Karthago

bergt das Kloster das **Nationalmuseum** *(Musée National de Carthage)*, das aus den Sammlungen der Mönche hervorgegangen ist und qualitativ herausragende Objekte aus punischer, römischer und frühchristlicher Zeit präsentiert, begleitet von hervorragenden Erläuterungen zu den Forschungen. Der weitere Ausbau des Museums ist im Gange. Im dazugehörigen Park, von dem aus man einen herrlichen Blick über Karthago und das Meer genießt, sind einige römische Statuen, Säulenreste u. ä. aufgestellt. Beachten Sie auch die mächtige Statue von Karl V., die irrtümlich hier steht: Die Mönche hatten nämlich in Frankreich eine Figur von Ludwig IX. bestellt, nach dem äußerst mühsamen Transport hierher aber eine Verwechslung feststellen müssen.

Unterhalb am Hang erstreckt sich das **Quartier Punique**, Reste der ehemaligen punischen Siedlung, die einen bemerkenswert hohen Stand der Bautechnik erkennen lassen. Fast jedes der ehemals mehrstöckigen Häuser verfügte über eine eigene Zisterne und Badebecken. Die Ausgrabungen sind noch immer nicht abgeschlossen; erst kürzlich entdeckten die Archäologen in 6 m Tiefe die Überreste eines großen Tempels, der griechische Züge trägt. Die gewaltigen Pfeiler, die sich aus dem Häusergewirr erheben, stammen von den Römern, die die Hügelkuppe planierten, um Platz für eigene Bauten zu schaffen. Sie sollten den aufgeschütteten Hang vor dem Abrutschen sichern. Gehen oder fahren Sie nun die Straße, die von der Kathedrale bergab führt, hinunter, wenden Sie sich an deren Ende nach links und biegen Sie beim folgenden Verkehrskreisel in die Straße Richtung Tunis. Dort sehen Sie bald linker Hand, zwischen den Bäumen ein bißchen versteckt, die Überreste des gewaltigen **Amphitheaters**, das einst 50 000 Zuschauern Platz bot. Erhalten sind die mächtigen Fundamente sowie Teile der unterirdischen Zwinger und Verliese; der Eindruck wird leider durch eine neue Betonumfassungsmauer beeinträchtigt. Die von den ›Pères Blancs‹ aufgestellte Marmorsäule erinnert an die hl. Perpetua, die 203 während der damaligen Christenverfolgungen hier mit ihren Gefährten als Märtyrerin starb – sie wurde von einer wilden Kuh zertrampelt.

Unmittelbar gegenüber dem Amphitheater führt ein Pfad zu den römischen **Zisternen von La Malga**. Sie liegen beim gleichnamigen Weiler, der auch über die Straße Carthage – La Marsa erreichbar ist. Von den einst 24 mächtigen Ziegelsteingewölben, die das aus Zaghouan hergeleitete Wasser speicherten (s. S. 119•) und über Verteilerkanäle in das Stadtgebiet leiteten, sind noch 15 z. T. gut erhalten. Wenn Sie genügend Zeit haben, können Sie die Besichtigung von Karthago noch ein wenig ausdehnen. Folgen Sie der Hauptstraße Richtung Sidi Bou Said, vorbei an der TGM-Station ›Présidence‹. Kurz dahinter zweigt nach links ein Weg (Rue Ali Balhaouane) ab zu den ca. 500 m entfernten, spärlich erhaltenen Grundmauern des **Damous el Karita**, der größten frühchristlichen Basilika Tunesiens. Es handelt sich um einen neunschiffigen, 65 m × 45 m messenden Hauptbau aus dem 5. Jh. mit verschiedenen späteren Annexbauten; angeschlossen ist ein Friedhof der ›Pères Blancs‹ mit französischen und italienischen Gräbern. An der Straße nach Sidi Bou Said folgen rechts das 1886 gegründete **Karmeliterkloster St. Monique**, das heute von der Universität Tunis genutzt wird und benachbart die Fundamente der siebenschiffigen byzantinischen **Basilika St. Cyprien**. Dahinter passiert man linker Hand die TGM-Station ›Amilcar‹. Rechts führt eine Straße steil bergab zum Strand von Amilcar mit dem gleichnamigen Hotel. Ein Stück weiter erreicht man den Yachthafen von Sidi Bou Said.

Sidi Bou Said

3 (S.343) Das malerische andalusische Dorf auf dem über 100 m hohen, zum Meer hin steil abfallenden Cap Carthage zählt zu den meistbesuchten Touristenzielen des Landes und gilt als teuerste Wohngegend ganz Tunesiens.

Gegründet wurde der Ort im 9. Jh. als Ribat (Wehrkloster), der im 13. Jh. vom Sufi-Orden des Sidi Bou Said beherrscht wurde. Nach dem Intermezzo der spanischen Herrschaft (1535–74) erfolgte die

Richtig Reisen
Thema

Im Farbenrausch
Die Reise der Maler

Malerei 106

Es war nur ein kurzer Ausflug aufs afrikanische Festland, den die drei Malerfreunde Paul Klee, August Macke und Louis René Moillet zu Ostern 1914 unternahmen, und doch sollte diese Exkursion als »Tunisreise«» in die Geschichte der Malerei eingehen.

Der Aufenthalt umfaßte zwar nur wenige Stationen – Tunis, St. Germain, Sidi Bou Said, Hammamet und Kairouan – löste jedoch vor allem bei Macke und Klee eine rauschhafte Euphorie aus, die ihren Niederschlag in meisterhaften Bildern fand. Allein Macke schuf 38 Aquarelle und Hunderte von Skizzen. »Es geht wie der Teufel, und ich bin in einer Arbeitsfreude, wie ich sie nie gekannt habe«, schrieb er nach Hause. Aus technischen Gründen beschränkten sich die Maler auf Aquarelle, die unter der heißen Sonne Afrikas ein Höchstmaß an Sicherheit und Virtuosität abverlangten.

Sowohl Macke wie Klee hatten sich bereits zuvor mit dem Thema Orient beschäftigt, während Moillet Tunesien sogar kannte. Aber auch sie waren dem damals schwärmerisch-kitschigen Orientbild jener Zeit erlegen, in dem höfische Prachtentfaltung, Grausamkeit, Abenteuer und Sinnlichkeit vorherrschten, ganz so, wie sie etwa Eugène Delacroix zu Beginn des 19. Jh. festgehalten hatte. Nun aber tauchten die Expressionisten ein in das wahre Afrika. Neben der exotischen Umgebung, die sich ihnen in Tausenden von Motiven darbot, begeisterten sie sich vor allem an Licht und Farbe. In seinem berühmt gewordenen Tagebucheintrag hat Paul Klee die Erfüllung seiner Träume zu Papier gebracht: »Das ist der glücklichen Stunden Sinn: ich und die Farbe sind eins. Ich bin Maler«.

Mackes Bild mit dem Café des Nattes in Sidi Bou Said ist wohl nur deshalb das bekannteste, weil sich hier eindeutig das Motiv zu erkennen gibt, obwohl das Werk nur den Titel »Blick auf eine Moschee« trägt. Alle anderen Aquarelle sind eher aus dem Alltag gegriffene Impressionen intensiver Farbigkeit, bei denen die Darstellung des Motivs in den Hintergrund tritt.

Für Macke und Klee wirkte die Reise wie ein Katalysator, der die bereits verinnerlichten, vor allem vom Orphismus Robert Delaunays beeinflußten farbtheoretischen Vorstellungen – Vorrang der Farbigkeit vor dem Motiv in Verbindung mit kubistischen Elementen – in unvergängliche expressionistische Kunstwerke transformierte.

Bemerkenswert ist auch die gegenseitige Beeinflussung der beiden Malerfreunde. Während in einigen Werken Mackes die für Klee typische geometrische Formenordnung unverkennbar ist, wagte sich Klee, wohl nicht zuletzt unter Mackes Einfluß, erstmals an die spontane Gestaltung von Farbflächen ohne das bei ihm bis dahin übliche aufwendige Gerüst zeichnerischer Hilfslinien und findet damit zu einem neuen, zur Abstraktion führenden Stil.

Die »Tunisreise«, am Vorabend des Ersten Weltkriegs darf als letztes ›Feuerwerk‹ expressionistischer Lebensfreude gesehen werden, als Abschluß einer Epoche, die zu den fruchtbarsten der Kunstgeschichte zählt. Bereits wenige Monate nach seiner Rückkehr wird Macke zum Kriegsdienst eingezogen und fällt am 26. September 1914 in der Champagne. Auf den Schlachtfeldern des Ersten Weltkriegs wird auch der Expressionismus zu Grabe getragen und im Dritten Reich sogar mit dem Kainsmal der entarteten Kunst versehen.

*»Blick auf eine Moschee«,
August Macke, 1914*

Malerei

Das berühmte ›Café des Nattes‹ in Sidi Bou Said

Neubesiedlung durch Andalusienflüchtlinge, die sich als Korsaren betätigten und den Ordensgründer als *Rais el Bhar* (Herr des Meeres) zum Schutzheiligen erwählten. Ab dem 18. Jh. errichteten Angehörige der Husseiniten-Dynastie hier zahlreiche Villen und Paläste, was den Zuzug vieler Künstler zur Folge hatte. Ab der letzten Jahrhundertwende wurde Sidi Bou Said dann als internationaler Künstlertreff bekannt – u. a. weilten August Macke und Paul Klee hier – und zog zahlreiche Europäer an. Der britische Bankier und Musikförderer Baron Rudolphe d'Erlanger setzte 1915 einen umfassenden Denkmalschutz durch, dem Sidi Bou Said die Erhaltung seines ursprünglichen andalusischen Charakters verdankt.

Die blendend weißen kubischen Häuser mit ihren verzierten blauen Türen und Fenstergittern, die engen, winkligen Gassen, durchbrochen von Treppen, die üppigen Gärten, die herrliche landschaftliche Lage und nicht zuletzt der Ruf einer ›Künstlerkolonie‹ haben Sidi Bou Said inzwischen zur beliebtesten Touristenattraktion in der Umgebung von Tunis gemacht; der Ort wird in der Saison tagsüber von Fremden geradezu überflutet. Sidi Bou Said gilt weiter als tunesischer Hort der klassischen maurischen Musik *(Maalouf)* und ist Herkunftsort der bekannten blau-weißen Vogelkäfige aus Draht und Holz. Die von Carthage kommende, ab dem Verkehrskreisel bei der TGM-Station ›Sidi Bou Said‹ (in der Umgebung kleines Geschäftszentrum) steil ansteigende Straße passiert zunächst rechter Hand (Torbogen) den Markt, hinter dem der Parkplatz liegt, und das kleine Kulturzentrum (vor allem moderne Malerei), um dann auf den zentralen, von Souvenirgeschäften gesäumten Hauptplatz des Ortes zu münden. Über diesem erhebt sich das berühmte **Café des Nattes**, das Macke unvergänglich festgehalten hat, ein zwar

Weiß gekalkte Häuser mit blauen Tür- und Fensterläden sind typisch für Sidi Bou Said

auf Touristen ausgerichtetes, mit seiner originalen Einrichtung gleichwohl einzigartiges klassisches maurisches Kaffeehaus, das in der Vorhalle einer alten Zaouia untergebracht ist. An der rechten Seite des Platzes befindet sich der Zugang zu einem zweiten Café-Restaurant, in der Gasse unmittelbar dahinter links das **Hotel Dar Zarrouk**, ein prächtiges altes Palais, von dessen Terrassen man einen grandiosen Ausblick auf die Bucht von Tunis hat (derzeit im Umbau).

Wir folgen nun den ansteigenden Gassen, die uns zum höchsten Punkt des Städtchens führen. Gleich unterhalb des **Leuchtturms** liegt – neben einem ausgedehnten Friedhof – die **Koubba Sidi Djebel** (Wallfahrtsort mit Volksfest im Sommer). Von hier oben genießt man eine unvergleichliche Rundumsicht über die Bucht bis zum Cap Bon, zum Djebel Zaghouan, nach Karthago, La Goulette und hinüber nach Tunis. Folgt man dem Hauptweg vom Café des Nattes, gelangt man zu einem Steilabfall mit weitem Blick über den Yachthafen und die Bucht.

La Marsa und Gammarth

4 Die an einer weiten, von Hügeln begrenzten Bucht gelegenen Villen- und Badevororte weisen den besten Sandstrand im Großraum von Tunis auf und erfreuen sich großer Beliebtheit bei den Einheimischen, kaum jedoch bei ausländischen Urlaubern.

Etwas von der Küste entfernt, erstrecken sich die bereits im Mittelalter entstandenen Dörfer La Marsa und Gammarth. La Marsa hieß früher *Marsa Roum* (Hafen der Christen), weil hier viele Kopten aus Ägypten siedelten, und genoß einen gewissen Ruf als Wirkungsstätte zahlreicher Sufis. Im 19. Jh. ließen dann die Beys und in ihrem Gefolge auch Hofbeamte und Adlige in Küstennähe verschiedene Sommerpalais

anlegen, um die in der Kolonialzeit die Badeorte La Marsa Plage und Gammarth Plage heranwuchsen. Beide Strandorte sind heute weitaus bedeutender als die benachbarten alten Dörfer; im Sommer stellen sie – wie die zahlreichen Prachtvillen und die verschiedenen Luxushotels zeigen – die beliebtesten Ausflugsziele reicher Hauptstadtbewohner dar.

Von Sidi Bou Said nach **La Marsa** führen zwei Straßen: einmal die am Verkehrskreisel unterhalb von Sidi Bou Said abzweigende Route durch das Landesinnere, die zunächst das alte Dorf La Marsa durchquert, wo sie mit der von Carthage/Salammbo kommenden Umgehungsstraße zusammentrifft und dort nach rechts abknickt, zum anderen die ebenfalls nahe des Kreisels nach rechts abzweigende Küstenstraße, die die Hotels ›Sidi Bou Said‹ und ›La Corniche‹ (in der Nähe gleichnamige TGM-Station) passiert, um dahinter bei der TGM-Station ›La Marsa‹ (Endstation der Linie) direkt auf das Zentrum von La Marsa zu stoßen. Kurz hinter der TGM-Endstation liegt der hübsche Marktplatz mit Souvenirläden und Cafés. An seinem rechten Ende befindet sich der Zugang zum Café ›Saf-Saf‹, der bemerkenswertesten und von Touristen auch häufig besuchten Sehenswürdigkeit des Ortes: Im Zentrum eines geschlossenen Komplexes von zahlreichen Essensständen und Cafés liegt als Attraktion ein historischer Schöpfbrunnen, der zusammen mit der benachbarten Moschee einst Teil des Palastes von Ahmed Bey (19. Jh.) war. Zur Erbauung der Touristen bewegt hier gelegentlich noch ein Dromedar das Schöpfrad.

Etwas unterhalb führt die palmenbestandene Uferpromenade direkt nach **Gammarth**. Eine andere Straße macht einen kleinen Umweg über den Djebel Khaoui, der seinen Namen ›hohler Berg‹ heute verfallenen jüdischen Katakomben aus der frührömischen Epoche verdankt. Die Kuppe überzieht ein gepflegter französischer Soldatenfriedhof mit terrassenförmig abfallenden Gräberreihen, von denen aus man einen weiten Blick über das Land hat. Unterhalb liegt Gammarth mit ausgedehntem Villenviertel und zahlreichen Strandhotels und Restaurants. Der Ort bemüht sich um ein deutlich exklusiveres Flair als La Marsa, das auch weniger zahlungskräftige Tunesier anzieht. Mit dem neuen ›Complex Touristique‹, der Hotels, Restaurants, Boutiquen und Ferienappartements umfassen soll, will man diesen Küstenstreifen weiter erschließen und auch für ausländische Touristen attraktiv machen.

Nordwestlich des Cap Gammarth schließt der fast endlose, durch hohe Dünen von der Sebkhet Ariana getrennte und von Mimosenhainen gesäumte **Sandstrand von Raouad** an, der bis vor wenigen Jahren noch weitgehend einsam war, sich neuerdings aber ebenfalls in Umgestaltung zu einem gewaltigen Touristenzentrum befindet.

Zwischen Meer und Bergen – Das Becken von Tunis

Die Metropole Tunis profitiert nicht allein von ihrer Lage an einem hervorragenden natürlichen Hafen und vom Erbe der Antike, ihre überragende Stellung im Lande gründet sich auch auf das äußerst produktive Hinterland. Zwischen den bedeutenden Agrarregionen der unteren Medjerda (s. S. 141f.) und des Cap Bon (s. S. 120f.), die in weiterem Sinne ebenfalls zum Hinterland der Hauptstadt zählen, erstreckt sich nämlich bis zu den Bergketten der zentralen Dorsale, eine von sanften Hügelketten durchzogene, vom Oued Miliane und der Medjerda gut bewässerte Ebene, deren hohe landwirtschaftliche Erträge die Versorgung der Millionenstadt weitgehend gewährleisten, ja teilweise sogar Exporte zulassen. Um den Ballungsraum Tunis zieht sich zunächst ein

Das Becken von Tunis

Blick über Hammam Lif

Gürtel von Obst- und Gemüsekulturen, es folgen Gebiete mit intensivem Getreide- und Weinbau.

Das Becken von Tunis zählte in der Protektoratszeit zu den bevorzugten Kolonisationsgebieten und wurde von der tunesischen Verwaltung nicht zuletzt als Gegengewicht zu den italienischen Siedlern auf dem Cap Bon gefördert; der Anteil der französischen Colons am Landbesitz erreichte bis zu 80 %. Entsprechend kraß war der bis heute spürbare Gegensatz zwischen reichen Großgrundbesitzern und armen Kleinpächtern und Tagelöhnern. Die einst hier dominierenden Nomaden wurden durch die Kolonisation schon früh in die unwirtlicheren Berggebiete abgedrängt.

Die touristische Attraktion des Tunis-Beckens stellt die römische Ruinenstätte von Thuburbo Majus dar; daneben verdienen auch die Palastruinen von La Mohammedia und der Hadrians-Aquädukt Beachtung. Aus ›reisetechnischen‹ Gründen ist im folgenden auch das wegen der Landschaft und seinem römischen Nymphäum unbedingt sehenswerte Zaghouan beschrieben, obgleich es rein geographisch bereits zu den Ausläufern der Dorsale zählt. Südöstlich der Bucht von Tunis erstreckt sich eine dichtbesiedelte Zone von Vororten, die z. T. stark industrialisiert sind, sich z. T. aber auch in der jüngeren Vergangenheit zu beliebten ›Siedlungen im Grünen‹ für wohlhabendere Hauptstadtbewohner entwickelt haben, weil der traditionelle Villengürtel nordöstlich der Metropole für viele zu teuer geworden ist und gute Verkehrsverbindungen in die Hauptstadt bestehen.

Hammam Lif

1 Auf direktem Weg über die P 1 von Tunis aus oder mit der kostenlosen Fähre von La Goulette über den Industrievorort Radès mit seinen Raffinerien gelangt man zum recht beliebten Wohn- und Badeort Hammam Lif.

Die hiesigen Thermalquellen hatten bereits die Römer zu schätzen gewußt – sie nannten den Ort *Naro*, später *Aquae Persianae*. Ab dem 18. Jh. verlegten die türkischen Beys ihre Winterresidenz hierher, dann bauten die Kolonialherren ein elegantes Strandbad. 1943 war der Ort beim Rückzug der Deutschen heftig umkämpft, 1985 bombardierten israelische Kampfflugzeuge das hiesige PLO-Hauptquartier. In dem regelmäßig angelegten modernen Ort vor der steilen Bergkulisse des Djebel Bou Kornine erinnert noch das ehemalige Badehaus der Beys und heutige Kurhaus (*Hôtel des Thermes*) an vergangene Glanzzeiten. Der ausgedehnte und breite, aber stark verschmutzte Sandstrand, **Cedria Plage**, gewährt einen Blick bis hinüber nach Sidi Bou Said, verlockt den verwöhnten Europäer aber ansonsten kaum zum Aufenthalt. Etliche Restaurants sorgen für das leibliche Wohl der zahlreichen Besucher aus der nahen Hauptstadt, die vor allem in den heißen Sommermonaten den Strand bevölkern.

Von Hammam Lif führt eine 6 km lange Piste zum Djebel Bou Kornine, dem ›Hörnerberg‹, dessen zwei Gipfel (576 m und 493 m) den Südosten der Bucht von Tunis beherrschen. Bis zum Restaurant ›Chalet Vert‹, das eine schöne Aussicht bietet, kann man mit dem Auto fahren und von dort aus auf markierten Wanderwegen das bewaldete Massiv durchstreifen; eine Übersichtskarte erhält man am Eingang. Oberhalb des Restaurants wurde kürzlich ein kleines ökologisches Museum (*Ecomusée*) eröffnet.

Nachdenklich und betroffen stimmt hingegen der Besuch des deutschen Soldatenfriedhofs von **Bordj Cedria**, zu dem am Ortsende von Hammam Lif, etwa 300 m hinter der Schnellbahnstation ›Bordj Cedria‹, eine schmale beschilderte Stichstraße nach rechts abzweigt. Die an einem Hang gelegene Gedenkstätte wurde 1977 an jener geschichtsträchtigen Stelle eröffnet, an der die Alliierten am 13. Mai 1943 die Kapitulation der Deutschen entgegennahmen. Bestattet sind hier die 8562 Soldaten des Deutschen Afrikacorps, die im Zweiten Weltkrieg in Tunesien ihr Leben lassen mußten. Statt weißer Kreuze begegnen uns große, düstere Steinquader mit polierten Fronten, in die die Namen der Gefallenen eingraviert sind. Jeder Quader verkörpert einen Kriegsschauplatz.

Auf der Hauptstraße (P 1) weiter Richtung Osten fahrend, erreichen wir kurz hinter der Abzweigung zum Soldatenfriedhof eine Gabelung. Die nach links abzweigende Straße führt über Soliman nach Korbous (s. S. 123), die Hauptstraße hingegen weiter nach Grombalia und Hammamet (s. S. 133).

Abstecher: Südlich von Hammamet erstreckt sich zwischen dem Djebel Bou Kornine, dem isolierten Kalkdom des Djebel Bou Ressas (795 m) und dem Beginn des Cap Bon die seit der Kolonialzeit landwirtschaftlich intensiv genutzte **Mornag-Ebene** [2], in der vor allem Weinbau betrieben wird. Hier liegen über ein Drittel der gesamten tunesischen Rebfläche. Daneben gibt es Oliven- und Getreidepflanzungen. Die Hauptorte sind Mornag (La Cebala du Mornag), Crétéville und La Laverie, eine ehemalige Zinkmine.

La Mohammedia und der Hadrians-Aquädukt

Das kleine Straßendorf **La Mohammedia** an der P 3, ca. 15 km südlich von Tunis, weist recht bemerkenswerte Pa-

Der Hadrians-Aquädukt bei La Mohammedia

last- und Kasernenruinen auf, die sich gleich an der Ortseinfahrt aus Richtung Tunis rechts befinden. Eine erste Sommerresidenz der Beys von Tunis entstand hier 1756–59 unter Mohammed Bey, der größte Teil des gewaltigen Komplexes geht aber auf Ahmed Bey zurück, der hier zwischen 1842 und 1846, nach seinem Frankreichaufenthalt, eine monumentale Palastanlage nach dem Vorbild von Versailles schaffen wollte. Nach seinem Tod wurde La Mohammedia verlassen und geplündert. Einen Großteil der Dekorationen verbauten seine Nachfolger in neuen Schlössern, u. a. auch im Bardo, seither sind die Anlagen stark verfallen. Den einstigen Glanz kann man zwar nur noch erahnen, die z. T. als Wohnungen und Stallungen genutzten Mauern wirken aber immer noch recht beeindruckend.

Südlich von La Mohammedia wird die P 3 über mehrere Kilometer von den mächtigen Resten des ursprünglich römischen, wegen geländebedingter Umwege insgesamt 90 km langen **Hadrians-Aquädukts** 3 begleitet, welcher jahrhundertelang das Wasser vom Djebel Zaghouan nach Karthago transportierte. Das gewaltige Bauwerk entstand zwischen 120 und 131 unter Hadrian, wurde allerdings später mehrfach erneuert, so unter den Severern im 3., den Byzantinern im 6., den Fatimiden im 10. und vor allem unter den Hafsiden im 13. Jh., die auch einen Abzweig über Bardo nach Tunis bauten. Beim hiesigen Teilstück handelt es sich um den eindrucksvollsten Aquäduktrest in ganz Nordafrika, denn hier, im Tal des Oued Miliane, wurde die ca. 2 m durchmessende, meist ebenerdig und z. T. sogar unterirdisch verlaufende Leitung auf einer Strecke von ca. 17 km über bis zu 21 m hohe Bögen geleitet, von denen sich eine ganze Reihe hervorragend erhalten hat, vor allem an der Abzweigung

Die römischen Ruinen von Thuburbo Majus

nach Oudna Gare. Fast 32 Mio. l Wasser sollen hier täglich durchgeflossen sein.

Kurz vor den weithin sichtbaren Getreidesilos bei der Bahnstation ›Cheylus‹ zweigt von der P 3 nach Süden die C 133 ab zu den modernen Kuranlagen von **Hammam Oust**, deren 58 ° heißes Mineralwasser bereits von den Römern genutzt wurde. Die Reste der antiken, 1862 entdeckten Thermenanlage mit Mosaiken, Badebecken und Wandelgängen liegen heute im Park und sind frei zugänglich. Am etwas südlich gelegenen Djebel Oust brachen die Römer die Steine für das Thermalbad, heute hat hier ein modernes Amphitheater seinen Platz.

Thuburbo Majus

[4] Eine der bedeutendsten römischen Ruinenstätten Tunesiens nach Dougga und Sbeitla liegt isoliert oberhalb der Oued Miliane-Ebene an einem Berghang. Ab El Fahs erreichbar über die P 3 Richtung Tunis, dann einbiegen in die C 28 nach Medjez el Bab, von dort führt ein Fahrweg nach rechts. Von Tunis kommend gibt es die direkte Zufahrt über die P 3.

Geschichte

Nahe einer ab dem 5. Jh. v. Chr. belegten punischen, später numidischen Siedlung, die wohl noch lange weiterbestand, legten die Römer 27 v. Chr. eine Kolonie für verdiente Veteranen an, die gleichzeitig die Kontrolle des angrenzenden Berglandes gewährleisten sollte. Die Lage an der wichtigen Straße von Karthago nach *Hadrumetum* (Sousse) und ins Bergland sowie Weizen- und Weinanbau führten zu einem raschen Aufschwung. Im Jahre 128 wurde sie in den Rang einer Civitas erhoben, 60 Jahre später erhielt sie den Status einer Colonia mit dem Namen *Julia Aurelia Commoda*, die zahlreiche Satelliten-

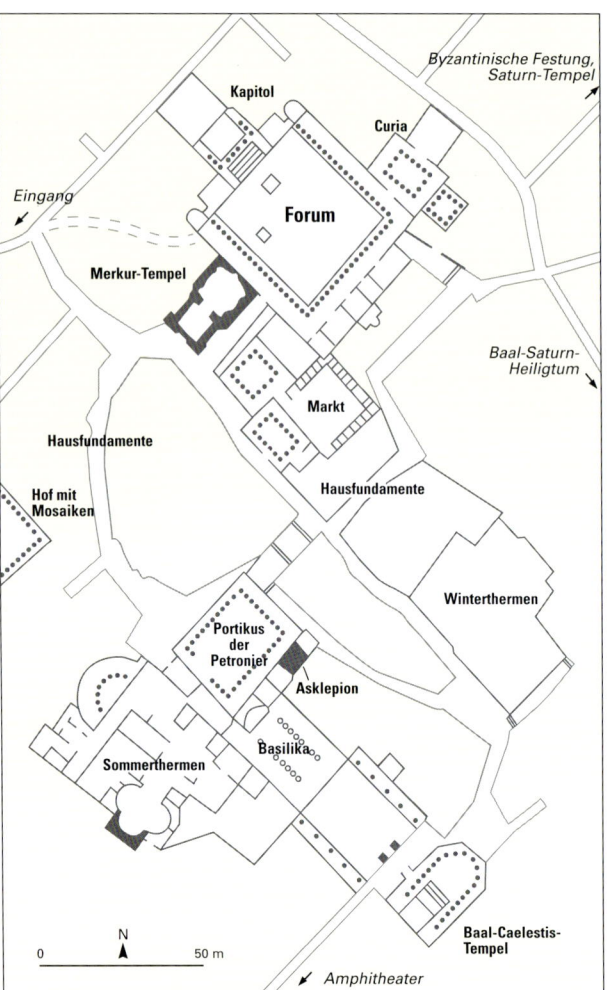

Die Ruinen von Thuburbo Majus

städte an sich band; in ihrer Blütezeit zählte die Provinzstadt ca. 8000 Einwohner. Nach dem Vandaleneinfall setzte der Niedergang ein, und auch unter den Byzantinern blieb sie unbedeutend. Nach der arabischen Eroberung wurde der Ort ganz verlassen und erst 1875 wiederentdeckt. Die Ausgrabungen begannen 1912, wobei ab 1914 auch deutsche Kriegsgefangene zum Einsatz kamen.

Freigelegt wurde bislang nur etwa ein Fünftel der einst etwa 40 ha umfassenden Stadt, deren frühere Ausdehnung noch an den drei weit auseinanderliegenden Stadttoren erkennbar ist. Bemerkenswert sind in Thuburbo Majus die Bautechnik des ›Opus africanum‹, bei der große Steinblöcke mit Bruchsteinen, Kiesel u. ä. als Füllmaterial verbaut wurden, sowie das Fehlen einer Stadtmauer und großer öffentlicher Bauten, woraus sich auf eine bloß lokale Bedeutung der Stadt schließen läßt. Wie auch in anderen tunesischen Römersiedlungen ist die Straßenanlage sehr unregelmäßig und verwinkelt, basiert also auf vorrömischem Grundriß. Beachtung verdient vor allem der zentrale Ruinenbereich zwischen Forum und Portikus der Petronier, wo sich zahlreiche Mosaikfußböden erhalten haben.

Besichtigung

Man betritt das Ruinengelände vom Parkplatz an der Nordseite und geht sogleich auf seinen beherrschenden Baukomplex zu, das relativ ausgedehnte, nach griechischem Vorbild quadratische **Forum**. Flankiert wird es an der Nordwestseite vom **Kapitol** (168 n. Chr.), das zu den eindrucksvollsten römischen Tempeln in Nordafrika zählt. Seine Reste erheben sich auf einem massigen Unterbau mit breiten Treppen; Teile der Säulenvorhalle und des Untergeschosses der Cella, wo die Kolossalstatue von Jupiter gefunden wurde, deren Reste sich heute im Bardo-Museum befinden (s. S. 89ff.), sind noch recht gut erhalten. Die Nordostseite des Forums nehmen die Reste der **Curia** ein, südwestlich schließt sich der im Jahre 211 entstandene **Merkur-Tempel** an, südöstlich der wohl im 3. Jh. vom Forum hierher verlegte Marktplatz.

Wendet man sich vom Markt in Richtung Südosten (vom Kapitol aus gesehen geradeaus), gelangt man, vorbei an Resten von Häusern mit Mosaikfußböden, zu den mächtigen Mauern der **Winterthermen**. Die ca. 1600 m² große, aus 20 Räumen bestehende Anlage wurde im späten 2. Jh. errichtet und um 400 erneuert. Reste der einst reichen Mosaikdekoration blieben erhalten. Gehen wir statt dessen in südwestlicher Richtung (vom Kapitol aus gesehen weiter nach rechts), stoßen wir auf den Portikus der Petronier von 225, einen nach seiner Stifterfamilie benannten, reich dekorierten und in Teilen noch gut erhaltenen Säulengang, dem Rest der einstigen **Palästra der Petronier**, dem Sport- und Spielezentrum für junge Männer. An der Südwestecke ist das ›Spiel der 36 Buchstaben‹ in den Boden eingeritzt, ein beliebter Zeitvertreib der Römer, bei dem es darum ging, aus der Kombination einzelner Buchstaben Wörter zu bilden. Das Palästra-Gelände, früher ganz von Portiken gesäumt, wird umgeben von dem dazugehörigen **Asklepion** (Äskulap-Heiligtum), den Grundmauern einer **Basilika** (6. Jh.) und den Trümmern der einst 2800 m² umfassenden **Sommerthermen** mit Mosaikresten. Am Südrand des zentralen Ruinenkomplexes, hinter dem kleinen Tor, finden sich schließlich die Grundmauern des **Baal-Caelestis-Tempels** (auch Baal-Thanit-Tempel), der später als Kirche diente.

Vom zentralen Ruinenbereich blickt man auf drei am Hang im Südosten gelegene Bauten. Rechts die durchaus eindrucksvollen Mauern des **Amphitheaters**, in der Mitte ein **Baal-Saturn-Heiligtum**, und links, auf der kleinen Anhöhe, ein durch einen byzantinischen Festungsbau weitgehend zerstörter **Saturn-Tempel**. Beachten sollte man auf dem Rückweg zwischen Sommerthermen und Eingang den Hof, der von einem fast komplett erhaltenen Mosaikfußboden umgeben wird.

Zaghouan

5 (S. 348) Der bedeutende Landwirtschafts- und Marktort – mit Weizen-, Obst- und Gemüseanbau sowie einem Freitagsmarkt – liegt am Fuße des gleichnamigen Berges, mit 1295 m der höchste Gipfel der nördlichen Dorsale,

Zriba Ancien

Man folgt von Zaghouan der C 133 Richtung Enfida(ville) und biegt nach etwa 8 km rechts ab nach Hammam Zriba. Nach Durchfahren der modernen Ortschaft Zriba hält man sich links und biegt nach etwa 2 km, kurz vor Erreichen der neuen Kuranlagen, an denen die Straße endet, links in eine breite Piste, die zunächst mitten durch eine Fluoritmine führt und dann allmählich ansteigt. Nach etwa 2 km (bei Abzweigungen immer links halten) erreichen wir eine kleine Brücke, hinter der die Piste steil in Kehren bergauf führt und nur noch mühsam mit dem Geländewagen befahren werden kann. Der Ortskern der alten Berbersiedlung Zriba Ancien 6 liegt etwa 1,5 km oberhalb, ist also von der Brücke aus auch zu Fuß erreichbar. Viele der mit Tonnendächern überwölbten Häuser sind heute verlassen, dennoch ist man auch hier bald von Neugierigen umgeben, die allerdings weit weniger aufdringlich sind als in der touristisch vermarkteten Berbersiedlung Takrouna (s. S. 186). Der weite Blick über das Bergmassiv und die Ebene lohnt aber durchaus den etwas mühsamen Weg.

und ist wegen des malerischen Ortsbildes, des römischen Nymphäums und der großartigen Landschaft unbedingt einen Besuch wert.

Die kleine Neustadt von Zaghouan erstreckt sich längs der Durchgangsstraße C 133 (Enfida – Cheylus), von der eine ansteigende Zufahrt in die oberhalb auf einem Bergrücken gelegene, besonders von Südosten (Enfida) her eindrucksvolle Altstadt führt. Gleich an deren Beginn erhebt sich der restaurierte Triumphbogen der römischen Siedlung *Ziqua*, dahinter verläuft die ansteigende Hauptstraße des alten Ortsteils mit seinen vielen winkligen Nebengassen. Wir folgen der Straße zu Fuß oder fahren mit dem Auto über die rechts davon parallel verlaufende, bei der kleinen Place Bourguiba abzweigenden Straße. Am höchsten Punkt der Altstadt versteckt sich hinter einem Torbogen das sehenswerte, mit grünen Ziegeln gedeckte **Marabout des Sidi Ali Azouz**, des Schutzpatrons der Stadt.

Zu Fuß gelangt man von hier durch das obere Stadttor auf den Fahrweg zum Nymphäum. Wer mit dem Auto unterwegs ist, muß von der Hauptstraße aus beim STEG-Gebäude in die bergaufführende Rue Kherredine einbiegen, der Beschilderung ›Temple des Eaux‹ folgen und sich an der Gabelung beim ›Club de Chasse‹ rechts halten. Die Straße endet an einem Parkplatz mit Restaurant, unmittelbar vor dem **Römischen Nymphäum** (um 130 n. Chr.), das sich an eine steile Felswand des Djebel Zaghouan schmiegt. Es handelt sich um eine halbkreisförmige, von einem noch weitgehend erhaltenen Umgang gerahmte Tempelterrasse mit zentraler Cella und zwei Freitreppen, zwischen denen ein ›restauriertes‹ Wasserbecken in Gestalt einer Acht liegt. Dieses Neptun und den Nereiden geweihte Heiligtum – ihre Statuen standen einst in den Nischen – diente als Sammelbecken des Quellwassers vom Djebel Zaghouan, das von hier aus über einen 90 km langen Aquädukt (s. S. 114f.) nach Karthago floß. Bis in die 50er Jahre blieb Zaghouan die Hauptwasserquelle für Tunis und ist bis heute für sein wohlschmeckendes Mineralwasser bekannt. Der Wasserreichtum hat Zaghouan übrigens nicht nur Segen gebracht. 1982 forderte eine verheerende Überschwemmung mehr als 20 Tote! Folgt man der bergauf führenden, kurvigen Straße, die unmittelbar unterhalb des Parkplatzes beginnt, wird man mit großartigen Fernblicken belohnt, während sich linker Hand die Felswände des Djebl Zaghouan auftürmen. Man sollte aber nicht bis zum Endpunkt fahren, da der sogenannte ›poste optique‹ als militärisches Sperrgebiet gilt und Besucher nicht gerade freundlich empfangen werden. Die ganze Gegend – Wälder, dichte Macchia, zahlreiche Bäche – wirkt überaus reizvoll. Der preußische Reisende Fürst Pückler-Muskau bezeichnete das Massiv 1835 sogar als ›tunesische Schweiz‹.

Das Römische Nymphäum in Zaghouan

Cap Bon – Der Garten Tunesiens

Den äußersten Nordosten Tunesiens nimmt das Cap Bon ein, eine ca. 90 km lange und bis zu 40 km breite Halbinsel, die als geologische Fortsetzung der Dorsale den Europa am nächsten gelegenen Teil des Landes bildet. Die Entfernung nach Sizilien beträgt nur ca. 120 km. Das Cap Bon beginnt im Südwesten mit der fruchtbaren Grombalia-Ebene und setzt sich als überwiegend sanftes Hügelland fort. Höchster Bergzug ist der bis zu 637 m hohe Djebel Sidi Abd Er Rahmane. Im Norden und Nordosten fallen die Berge jählings zum Meer hin ab und bilden viele kleine felsige Buchten. Im Osten und Südosten dagegen wird die Halbinsel von ausgedehnten Sandstränden gesäumt. Die relativ hohen Niederschläge, besonders an der Nordwest- und Nordküste, lassen eine üppige mediterrane Vegetation gedeihen und machen das Cap Bon zu einem der wichtigsten Landwirtschaftsgebiete Tunesiens; entsprechend findet sich hier eine vergleichsweise hohe Bevölkerungsdichte – vor allem an der Ostküste und am westlichen Grenzsaum. Wegen seiner reizvollen Landschaft, den herrlichen Stränden und seinen malerischen Orten zählt das Cap Bon zu den sehenswertesten Regionen Tunesiens, der Tourismus konzentriert sich bislang allerdings überwiegend auf den Südwestteil um Hammamet und Nabeul, wo das zweitgrößte Badezentrum des Landes entstanden ist.

Der Name der Halbinsel stammt vom italienischen *Cap Bona* oder spanischen *Cap Bueno* (Gutes Kap) und bezog sich ursprünglich nur auf die felsige Landspitze an der äußersten Nordseite; der arabische Name *Ras Adrar* (Fuß-Kap) ist kaum gebräuchlich, die Bewohner sprechen hingegen oft von der *Djezira* (Insel).

Schon im 7. Jh. v. Chr. begann die karthagische Kolonisation der im Inneren noch bewaldeten Halbinsel. In römischer Zeit wurden zunächst Obst und Wein angebaut, später Getreide, in der Spätzeit des Imperiums dann überwiegend Oliven. Im frühen Mittelalter brachten Nomadeneinfälle und Angriffe von Normannen eine Verödung der Halbinsel. Die größte Blütezeit des Cap Bon begann im 16./17. Jh., als sich hier Flüchtlinge aus Andalusien niederließen und ihre hochentwickelten Anbau- und Bewässerungstechniken anwendeten; bald gediehen alle im Mittelmeerraum bekannten Obst- und Gemüsearten und

Erdnußernte

darüber hinaus Pflanzen, die die Spanier aus Amerika mitgebracht hatten, z. B. Tabak, Mais, Pfeffer, Tomaten. Das Cap Bon erhielt sein bis heute spürbares andalusisches Gepräge und wurde zum ›Garten Tunesiens‹.

Auch in der Kolonialzeit blieb die fruchtbare Halbinsel eines der bevorzugten Anbaugebiete, allerdings dominierten hier nicht französische Colons, sondern mehr als in jedem anderen Teil des Landes italienische Klein- und Mittelbauern, die neben Wein vor allem Zitrusfrüchte und Gemüse kultivierten. Heute zählt das Cap Bon nach wie vor zu den ertragreichsten Agrarregionen Tunesiens. Über 80 % der Bevölkerung leben von der Landwirtschaft, weitaus mehr als im Landesdurchschnitt. Gemüse- und Weinbau konzentrieren sich auf die Grombalia-Ebene im Südwesten, die Obstkulturen auf die Küstengebiete, während das kargere, dünner besiedelte Innere der Halbinsel überwiegend als Getreide-, Oliven- und Weideland dient. Im Norden gibt es einige Viehfarmen, an der Küste wird, vor allem von Kelibia und Sidi Daoud aus, reger Fischfang betrieben; auch das Handwerk, insbesondere Weberei und Stickerei, aber auch Töpferei, floriert.

Die blühende Landwirtschaft und der relative Wohlstand des Cap Bon dürfen allerdings nicht über die Probleme der Region hinwegtäuschen: Der stetige starke Nordwestwind erschwert den Fruchtbaumanbau, der Ackerbau hat mit den dicken Kalkkrusten zu kämpfen, die an vielen Stellen über dem fruchtbaren Boden liegen, besonders an der intensiv kultivierten und dicht besiedelten Küste ist kaum noch Raum für eine Erweiterung der Anbauflächen. Noch größere Probleme wirft jedoch der Wassermangel auf: Die hohe Konzentration von Gemüse- und Obstkulturen, die viel Wasser benötigen, hat die Bohrung zahlreicher Tiefbrunnen erforderlich gemacht, was wiederum zu einem starken Absinken des Grundwasserspiegels führte. Heute muß schon ein Großteil des benötigten Wassers aus den nordtunesischen Gebirgsregionen hergepumpt werden.

Von Tunis aus kommend, erfolgt die Anreise entweder über die P 1 oder über La Goulette und Hammam Lif (s. S. 112f.), das strenggenommen allerdings noch nicht zum Cap Bon zählt.

Von Soliman nach El Haouaria

1 Die Kleinstadt **Soliman** in der Nähe von Hammam Lif ist ein bedeutendes Landwirtschaftszentrum (Kartoffeln, Tomaten, Oliven, Obst) am Nordwestrand der Grombalia-Ebene. Sie wurde Anfang des 17. Jh. auf Anordnung des os-

Zum Trocknen ausgelegte Pfefferschoten

manischen Sultans Suleiman (Soliman) des Prächtigen als Zufluchtsstätte für Andalusienflüchtlinge gegründet, im 19. Jh. durch Seuchen entvölkert und erst unter den Franzosen wiederbesiedelt. 1943 hatte der Ort unter den Kämpfen zwischen Alliierten und Deutschen zu leiden, konnte sich aber dennoch sein malerisches Ortsbild, das noch teilweise türkisches Flair zeigt, erhalten. Sehenswert sind die andalusische Moschee aus dem 17. Jh. mit ihrem für Tunesien seltenen Ziegeldach und der hübsche Marktplatz. Ca. 5 km nordwestlich liegt am Meer der Badestrand **Soliman Plage**, ein beliebtes Ausflugsziel der arrivierten Bewohner von Tunis mit Ferienhäusern und Hotels, das europäischen

Die Halbinsel Cap Bon

Touristen allerdings wenig zu bieten vermag.

Wichtigstes Landwirtschaftsgebiet des Cap Bon ist die **Grombalia-Ebene** 2. Gestützt auf ein gewaltiges Bewässerungssystem hat sich diese Landschaft in einen fruchtbaren Garten verwandelt, in dem vor allem Zitrusfrüchte, Gemüse und Trauben gedeihen und zur Erntezeit auch am Straßenrand feilgeboten werden, wie es überall in Tunesien üblich ist. Im 16. Jh. wurde die Region von Andalusiern erschlossen, im 19. Jh. dann durch die Einwanderung italienischer Kleinbauern geprägt. Um deren Majorität unter den europäischen Siedlern zu brechen, wurde schließlich die Ansiedlung französischer Colons gefördert, so daß bald etwa 500 europäische Farmen mit 40 000 ha Land den größten Teil der Anbaufläche für sich beanspruchten. Seit der Verstaatlichung des Colon-Landes wanderten die Ausländer allerdings bis auf einige Italiener ab. Die Ortschaft **Grombalia** trägt trotz ihrer überwiegend tunesischen Bewohner und zahlreicher Neubauten nach wie vor deutlich koloniale Züge. Sonstige wichtige Orte in der Grombalia-Ebene sind **Menzel Bouzelfa** (Oliven- und Orangenanbauzentrum mit Donnerstagsmarkt, im April Orangenfest) und **Bou Argoub** (Mittwochsmarkt; einige wenige Ruinen des römischen *Siagu*).

Die zerklüftete Nordwestküste der Halbinsel zwischen Djebel Bou Korbous (419 m) und Djebel Sidi Abiod (393 m) beim Cap Bon ist landschaftlich grandios und mit vielen kleinen Badebuchten durchsetzt, bereits die Anfahrt nach Korbous ist ein Erlebnis. Wir folgen der kurvenreichen C 26, auf die wir kurz hinter Hammam Lif von der P 1 nach links Richtung Soliman abgebogen sind (s. S. 113). Hinter dem Dorf Mraissa biegen wir erneut nach links in die Küstenstraße (C 128). Kurz darauf bietet sich hier die Möglichkeit zu einem Abstecher nach **Sidi Rais**, einem kleinen, etwa 500 m von der Straße entfernt gelegenen Fischerort an der Stelle des einstigen Hafens des römischen *Carpi*. Der tangverschmutzte Strand mit seinen ziemlich heruntergekommenen Fischerhütten und vernachlässigten Ferienhäusern verlockt allerdings kaum zum Verweilen.

Die C 128 schlängelt sich nun in den Felsen gehauen hoch über dem Meer und erfordert beim regen Gegenverkehr am Sonntagnachmittag erhöhte Aufmerksamkeit. Sie passiert den Fuß des Djebel Bou Korbous, einige zumindest an Wochentagen recht einsame Strände und erreicht schließlich **Korbous** 3, Tunesiens bedeutendstes Thermalbad in herrlicher Lage an einem schluchtartigen Einschnitt in der Steilküste. Die sieben, 44–60 °C heißen Quellen sind schwefelhaltig und radioaktiv. Sie waren schon den Römern als *Aquae calidae Carpitanae* bekannt und wurden von der karthagischen Oberschicht viel besucht, gerieten dann aber in Vergessenheit, bis Ahmed Bey 1801 hier erneut ein Bad einrichten ließ. Die Franzosen bauten Korbous dann zum Kurort aus. Kuriert werden hier Hautkrankheiten, Erkrankungen der Atemwege, aber auch Darmleiden, Arthritis und Rheuma. Bislang wird es trotz aller Bemühungen überwiegend von wohlhabenden Tunesiern besucht, weniger von ausländischen Gästen. Korbous ist ein reiner Kurort; das kleine Dorf oberhalb der Meeresbucht führt nur ein Schattendasein. Die Bauten gruppieren sich um die Durchgangsstraße C 128, die von Süden (Tunis) her zum Meer hinabsteigt. Entlang der Küste konzentrieren sich die ›klassischen‹ **Kuranlagen**: zunächst links, in einem unscheinbaren Bau gleich hinter den Souvenirläden, das Hammam Arraga, ein Türkisches Bad, in dem noch römische Bauteile erhalten sind (Eintritt für Frauen nachmittags, für Männer vormittags), dann gleich dahinter (ebenfalls links) das Ain Sebia-Bad, ein einfaches Heißwasserbadebecken, und schließlich geradeaus, dort wo die Straße nach rechts abknickt, das Bad Ain Chafih. In den ehemaligen Bey-Palast aus dem 19. Jh., erkennbar an dem Minarett, ist heute eine moderne medizinische Einrichtung mit Unterwassermassage, Bewegungsbädern u. v. m. untergebracht. Oberhalb am Hang liegt mit großartiger Sicht auf das Meer der Palast des Präsidenten. Zur Attraktion des Kurortes gehört der *Zerziha*-Stein gegenüber dem Eingang des Hotels ›Les Sources‹. Frauen rutschten diese glatte Felsplatte hinunter in der Hoffnung, dadurch Fruchtbarkeit zu erlangen – die Rutschspuren sind deutlich erkennbar.

Falkner mit Falke

Heute haben die Kinder das volkstümliche Heiligtum als Spielplatz entdeckt.

Nahe dem nördlichen Ortsende ergießen sich unterhalb der Straße die 50 °C heißen, frei zugänglichen Quellen von **Ain el Atrous** in einer kleinen Kaskade unmittelbar ins Meer. Etwa 3 km südlich von Korbous (Richtung Sidi Rais) liegt auf einem steilen Felsen oberhalb der Küste die Thermalquelle von **Ain Oktor** (Ain Akteur) mit dem gleichnamigen

Wandmalerei in El Haouaria, dem Zentrum der tunesischen Falkenjagd

Auf den Gipfel des Djebel Sidi Abiod

Einen besonders schönen Blick hat man vom Gipfel des 393 m hohen Djebel Sidi Abiod, der von einer Signalstation gekrönt wird. Die Zufahrt erfolgt über die Straße gegenüber der TOTAL-Tankstelle. Nach etwa 4 km erreicht man einen Bergsattel mit schöner Sicht auf das Meer und die Felseninseln Zembra und Zembretta. Der Weg führt noch weiter bergauf, durchquert einen Steinbruch und erreicht schließlich den Gipfel. Da dieser aber üblicherweise in Tunesien militärisch genutzt wird, sollte man nicht ganz hinaufsteigen. Geht man vom Weg bis zur Steilkante, hat man einen weiten Blick über das Cap und den tief unterhalb liegenden Leuchtturm.

Hotel und einer Mineralwasserabfüllanlage.

Die Straße überquert von Korbous aus den Paß Col de Douala mit schönem Fernblick bis nach Sidi Bou Said und Hammam Lif und stößt im Weiler Bir Maroua wieder auf die C 26, der wir nach Norden folgen. Zwei Kilometer vor der Ortschaft bietet sich beim Wegweiser El Bekacha Gelegenheit zu einem Abstecher nach Port Prince (4 km Asphalt, 4 km Piste). Beherrscht wird der Küstenabschnitt von einer verlassenen, im Stil einer mittelalterlichen Festung errichteten Villa aus der Kolonialzeit.

Zur Hauptstraße zurückgekehrt, erreichen wir nach Durchfahren etlicher Dörfer und gewellter, intensiv genutzter Agrarlandschaft die Abzweigung nach **Sidi Daoud** 4, einem kleinen, unansehnlichen Fischerhafen, der jedoch als Zentrum des tunesischen Thunfischfangs von überregionaler Bedeutung ist. Ca. 50 % der jährlichen Fangmenge von 600 t werden hier angelandet und verarbeitet. Berühmt berüchtigt ist der Ort durch die jährliche *Matanza,* einer blutrünstigen Treibjagd auf die Thunfischschwärme, die hier im Sommer vorbeiziehen. Während der Jagdsaison haben Touristen keinen Zutritt.

Etwa 6 km hinter Sidi Daoud erreicht die Straße den unmittelbar am Cap gelegenen Ort **El Haouaria** 5 (S. 334), der selbst keine Sehenswürdigkeiten bietet, als Zentrum der tunesischen Falkenjagd jedoch Berühmtheit genießt. Im März werden die Raubvögel, nicht nur Falken, sondern überwiegend Sperber, mit Netzen gefangen und dann zur Jagd auf Wachteln abgerichtet. Höhepunkt ist das im Mai oder Juni stattfindende ›Festival de l'Epervier‹, ein dreitägiges buntes Fest mit Falkenwettkämpfen und Folkloredarbietungen. Nach Abschluß werden die Sperber wieder in die Freiheit entlassen, nicht aber die wertvollen Falken.

Folgt man der Hauptstraße durch den Ort, erreicht man nach ca. 2 km einen am Meer gelegenen Parkplatz mit dem

Die Grotten (Ghar el Kebir) bei El Haouaria

kleinen Restaurant ›La Dourade‹. Hier befindet sich der Zugang zu den **Ghar el Kebir** (auch *Grande Caverne* oder *Grottes Romaines* genannt), eine Kette von Mergel-, Kalk- und Sandsteingrotten, die in punischer und römischer Zeit als Steinbrüche für Karthago, aber auch entferntere Orte wie El Djem (s. S. 210ff.) dienten. Spuren der von Sklaven durchgeführten Arbeiten sind noch deutlich erkennbar. Die herausgeschlagenen Steine wurden mit Flaschenzügen durch Schächte nach oben gezogen. Weitere Höhlen in der Nähe des Ortes sind als ›Fledermausgrotten‹ bekannt, sollten aber nur von ernsthaft Interessierten mit einem Führer besucht werden, um die seltenen Höhlenbewohner nicht unnötig zu stören.

Etwas südlich des Cap Bon liegt **Haouaria Plage,** der ausgedehnte Sandstrand von **Ras el Drek**, mit Ferienhäusern und einfachen Bungalows. Man erreicht den Strand, wenn man von der TOTAL-Tankstelle zunächst der gegenüber einmündenden Ali Belhouane folgt und nach etwa 150 m rechts in die Av. République einbiegt (Strecke ca. 5 km).

Dem Cap Bon vorgelagert sind die beiden schroffen, waldreichen Felseninseln **Zembra** und **Zembretta** 6, die in der Antike als *Aegimuren* bekannt waren. Das größere Zembra (5 km², bis 432 m hoch) diente früher als Quarantänestation für zurückkehrende Mekkapilger und beherbergte später ein Tauchsportzentrum. Während die kleine, unbewohnte Insel Zembretta schon lange unter Naturschutz steht, ist Zembra erst 1977 zum Naturpark erklärt und damit glücklicherweise der weiteren touristischen Vermarktung entzogen worden. Die Inseln sind heute Refugium der selten gewordenen Mönchsrobbe und im Sommer Nistplatz von Sturmtauchern.

Von El Haouaria nach Nabeul

Die entlang der Ostküste führende Straße ist landschaftlich zwar weniger reizvoll als die zuvor beschriebene Route, bietet dafür aber etliche interessante kulturelle Sehenswürdigkeiten. Nach Verlassen El Haouarias passieren wir zunächst die linker Hand liegende gewaltige Pumpstation für die Erdgaspipeline Algerien–Sizilien, die ab hier

untermeerisch verläuft. Ca.10 km weiter trifft man auf eine beschilderte Abzweigung zu den **Ruinen von Kerkouane** 7 . Das punische Ausgrabungsgelände zählt zu den archäologisch bedeutendsten Stätten Tunesiens, wurde hier doch die einzige bislang entdeckte rein punische Stadtanlage freigelegt. Kerkouane – der punische Name ist unbekannt – wurde wohl schon von den Phöniziern als Ankerplatz genutzt und entwickelte sich, wie Grabfunde belegen, spätestens im 6. Jh. v. Chr. zu einer festen Ansiedlung, die wohl vom Fischfang und einer Purpurmanufaktur lebte, ehe sie im Dritten Punischen Krieg von den Römern zerstört und danach nie wieder aufgebaut wurde. Über die Ruinen legte sich also – anders als bei den übrigen bislang bekannten karthagischen Orten – keine neue Siedlungsschicht, so daß der ursprüngliche punische Grundriß völlig erhalten blieb. Ausgrabungen in dem erst 1952 wiederentdeckten Kerkouane finden seit 1966 statt und sind noch im Gange; ein kleines, interessantes Museum wurde kürzlich eröffnet. Freigelegt haben die Archäologen bislang ein ca.

500 m langes, hufeisenförmiges Areal entlang des Meeres mit ausgezeichnet erkennbarem Straßennetz, zahlreichen Hausfundamenten mit bis zu 2 m dicken Mauerstümpfen, sowie Marmorfußböden mit rot-weißen Mosaiken und hervorragend erhaltene Badebecken. Verschiedene Abwasserkanäle sind zu sehen, die auf ein hochentwickeltes Kanalisationssystem schließen lassen, Reste einer Purpurmanufaktur und – in ca. 1 km Entfernung – ein Nekropole. Die Stadtanlage geht im wesentlichen auf das 5. Jh. zurück. Die Häuser, einst wohl mehrstöckig, zeigen den typischen mediterranen Grundriß und verraten in einigen Details starken hellenistischen Einfluß. Zahlreiche Funde griechischer Keramik bezeugen den engen Kontakt Kerkouanes zu Griechenland. Bemerkenswert ist überdies die Tatsache, daß bislang weder größere öffentliche Bauten noch ein Heiligtum entdeckt wurden.

Wenige Kilometer landeinwärts von Kerkouane liegt der **Forêt dar Chichou,** ein von Feldern durchsetztes Waldgebiet, in dem ein Teil als Schutzzone für Büffel ausgewiesen wurde.

Etwa 10 km südlich von Kerkouane kündigt eine gewaltige, auf einem Berg gelegene Festungsanlage die bedeutende Stadt **Kelibia** 8 (S. 337) an, Zentrum von Landwirtschaft und Fischerei im nördlichen Cap Bon. Hervorgegangen ist der Ort aus dem punischen Hafen *Aspis,* der 309 v. Chr. durch Agathokles von Syrakus besetzt wurde. 255 v. Chr. waren hier die römischen Truppen unter Konsul Regulus lange eingeschlossen, 146 v. Chr. zerstörten die Römer die Stadt und gründeten sie kurz darauf unter dem Namen *Clupea* neu. Im 2. und 3. Jh. erlebte die Siedlung ihre Blütezeit, später errichteten die Byzantiner und Hafsiden eine Festung. Zwischen 1535 und 1547 wurde Kelibia dreimal von den Spaniern verwüstet. Das unscheinbare Ortszentrum liegt etwas vom Meer entfernt. Eine 2,7 km lange, beschilderte Straße führt in östlicher Richtung zu der ausgedehnten Strandzone mit einem schönen, aber stark tangverschmutzten Sandstrand, an dem sich einige Hotels, Restaurants und Cafés reihen. Etwas nördlich davon liegt der moderne Fischereihafen. Kurz davor, auf der gegenüberliegenden Straßenseite, trifft man auf die bescheidenen Reste der römischen Siedlung Clupea. Kurz hinter dem Hafen (Richtung El Mansoura, dann links) windet sich eine Straße empor zu der mächtigen, ca. 150 m über dem Meer gelegenen Festung einer auf byzantinischen Fundamenten errichteten hafsidischen Burg, die von den Spaniern und Türken weiter verstärkt wurde. Im Innern der restaurierten Anlage befindet sich ein kleines Mauergeviert aus groben Quadern, der Rest der punischen Burg mit darunterliegenden Zisternen. Offiziell herrscht in der Festung Fotoverbot. Lohnend ist vor allem die großartige Aussicht über Kelibia und weite Teile der Küste.

Hält man sich nach Verlassen der Festung nach links in Richtung Norden, gelangt man nach etwa 3 km zum **Strand von Menzourah,** in dessen Nähe sich Reste einer punischen Nekropole mit unterirdischen Grabkammern erhalten haben (kleines Hinweisschild). Weitaus eindrucksvoller ist die punische Begräbnisstätte am südlichen Ortsausgang, die man nach Abbiegen an der Esso-Tankstelle rechts in Richtung Oued el Khaft erreicht. Die Gräber liegen etwas abseits der Straße, etwa 4,5 km von der Abzweigung entfernt an einer Rechtskurve.

Die Region zwischen Kelibia und Nabeul, die wir nun durchfahren, ist ein intensiv genutztes, sehr fruchtbares

Agrargebiet. Die Küste wird von einer fast lückenlosen Reihe kleiner künstlich bewässerter Gärten und einer davorliegenden, fast ununterbrochenen Kette von Sandstränden begleitet. Im Großdorf **Menzel Temime** 9 kann man eine weitere punische Nekropole besuchen, wenn man beim Kreisverkehr am Ortseingang zum Strand hin abbiegt. Die eingezäunten Gräber liegen zu Füßen des auf einem Hügel thronenden Marabout Sidi Salem.

Als nächster Ort liegt das Städtchen **Korba** 10 am Wege, eine unscheinbare Siedlung, die vor allem von der Wollverarbeitung lebt. In **Dar Chaabane**, nur wenige Kilometer entfernt, haben wir bereits die Stadtgrenze Nabeuls erreicht. Der kleine Vorort ist die Heimat der bekanntesten Steinmetze des Landes – Sandsteinbrüche gibt es in den nahen Hügeln. Daneben ist Dar Chaabane auch für seine Tonaufbereitung und Töpferei bekannt: Werkstätten bzw. Läden mit den ausgestellten Produkten säumen die Durchgangsstraße.

Nabeul

11 (S. 340) Der in der Antike als *Neapolis* bekannte Ort wurde gegen Ende des 5. Jh. v. Chr. von den Karthagern als Hafen gegründet, gelangte im Verlauf des 4. Jh. zu großer wirtschaftlicher Blüte und fiel bereits 148 v. Chr. in römische Hand. Im 16./17. Jh. siedelten sich zahlreiche Andalusienflüchtlinge an. Seinen raschen wirtschaftlichen Aufschwung in jüngster Vergangenheit verdankt Nabeul vor allem der Verlegung der Provinzverwaltung von Grombalia hierher und dem Ausbau zu einem der beliebtesten Touristenzentren des Landes.

Das heutige Nabeul, ein lebhafter, aber überwiegend moderner Ort ohne besondere Sehenswürdigkeiten, fungiert als Handelsmittelpunkt einer der ertragreichsten tunesischen Agrarregio-

Markttag in Nabeul

nen und zählt zu den wichtigsten Handwerkszentren des Landes, in dem vor allem Töpfereien, Webereien, Mattenflechtereien, Stickereien sowie Steinmetz- und Kunstschmiedebetriebe beheimatet sind; jeden Freitag findet ein großer Markt statt. Daneben werden Parfüme hergestellt aus Orangen-, Rosen- und Jasminblüten. Obgleich Teil des zweitgrößten tunesischen Badezentrums, zeigt Nabeul außerhalb der Hotelzone und des Souk-Zentrums weniger touristisches Ambiente als das benachbarte Hammamet, zumal es in den letzten Jahren von der hektischen Bautätigkeit verschont blieb, die andere Badeorte kennzeichnet; es eignet sich also mehr für Urlauber, die Ruhe und Erholung suchen. Zudem bietet Nabeul bessere individuelle Ausflugsmöglichkeiten als Hammamet.

Das Zentrum von Nabeul liegt etwa 2 km vom Meer und der dortigen Hotelzone entfernt. Hauptstraßenzug ist die Achse Av. Habib Thameur/Av. Ferhat Hached. An ersterer befindet sich das neue Einkaufszentrum **Nabeul Centre**, an letzterer die von zahlreichen Souvenirläden und Cafés gesäumte Place Ferhat Hached, die zu den sehenswerten gedeckten **Souks** mit der Großen Moschee überleitet und am Markttag (Freitag) für den Autoverkehr gesperrt ist. Dann wälzen sich Heerscharen von Touristen durch den von Andenkenläden gesäumten Straßenabschnitt. In Nabeul werden neben den üblichen, mehr oder minder typischen Andenken vor allem Produkte der Töpferei angeboten, die schon in der Antike Berühmtheit genoß, später von den eingewanderten Andalusiern verfeinert wurde und heute zusammen mit der von Djerba die bekannteste des Landes ist. Der z. T. in der Umgebung abgebaute, z. T. aus der Kroumirie importierte Ton wird in über 100 Werkstätten und in der Nationalen Keramikfabrik zu verschiedensten Waren verarbeitet: unglasierte braune sowie gelb, blau und grün glasierte Stücke, z. T. bemalt. Die früher überwiegende Herstellung von Gebrauchskeramik, vor allem Bodenfliesen, ist allerdings aufgrund ausländischer Konkurrenz zurückgegangen und weitgehend einer auf die Bedürfnisse der Touristen orientierten Produktion gewichen. Jenseits der Großen Moschee (Richtung Grombalia) beginnt der weniger touristisch geprägte Teil der Souks, wo in erster Linie Gebrauchsartikel, besonders Flechtarbeiten, verkauft werden.

Vom Zentrum führt die ca. 2 km lange, sehr breite, palmenbestandene Av. Habib Bourguiba vorbei am Bahnhof (rechts), dem gegenüberliegenden kleinen **Museum,** der ONAT-Keramikmanufaktur und dem modernen, aber kaum genutzten Messegelände zur Hotelzone, die sich parallel zu dem breiten und feinen Sandstrand bis nach Maamoura im Nordosten erstreckt und im Südosten in die Hotelzone von Hammamet übergeht. Etwa ein Dutzend größtenteils im Bungalowstil erbaute Hotelanlagen und mehrere Pensionen bieten hier Platz für knapp 6000 Touristen. Der belebtere Abschnitt ist der in Richtung Hammamet. Gegenüber dem Hotel ›Fakir‹ wurden geringe Reste der **Römischen Siedlung Neapolis** freigelegt – die Grabungen dauern an. Der Zugang erfolgt durch eine Straße, die neben dem Hotel ›Jasmins‹ von der Av. Habib Thameur abzweigt (ausgeschildert mit ›Sité archéologique Neapolis‹). Zu sehen sind die Reste einer luxuriösen Villa mit schönen Mosaikböden, Bädern und Brunnen. Am westlichen Ende findet

Bunte Keramik in einem Laden in Nabeul

man mit Terrakotta ausgekleidete Gruben, in denen die Römer das aus Thunfischpaste bestehende Würzmittel Garum produzierten.

Nordöstlich des Zentrums, an der Straße nach Kelibia, wird der freitägliche Wochenmarkt abgehalten, der – obgleich hier vor allem landwirtschaftliche Erzeugnisse angeboten werden – als **Kamelmarkt** bekannt ist und zahlreiche Touristen anzieht, die seinen Charakter inzwischen auch weitgehend bestimmen. Günstigste Zeit für einen Marktbesuch ist der frühe Morgen, bevor die Scharen der Busreisenden einfallen. Der Tiermarkt (Eintritt!) mit den Kamelen,

Nabeul

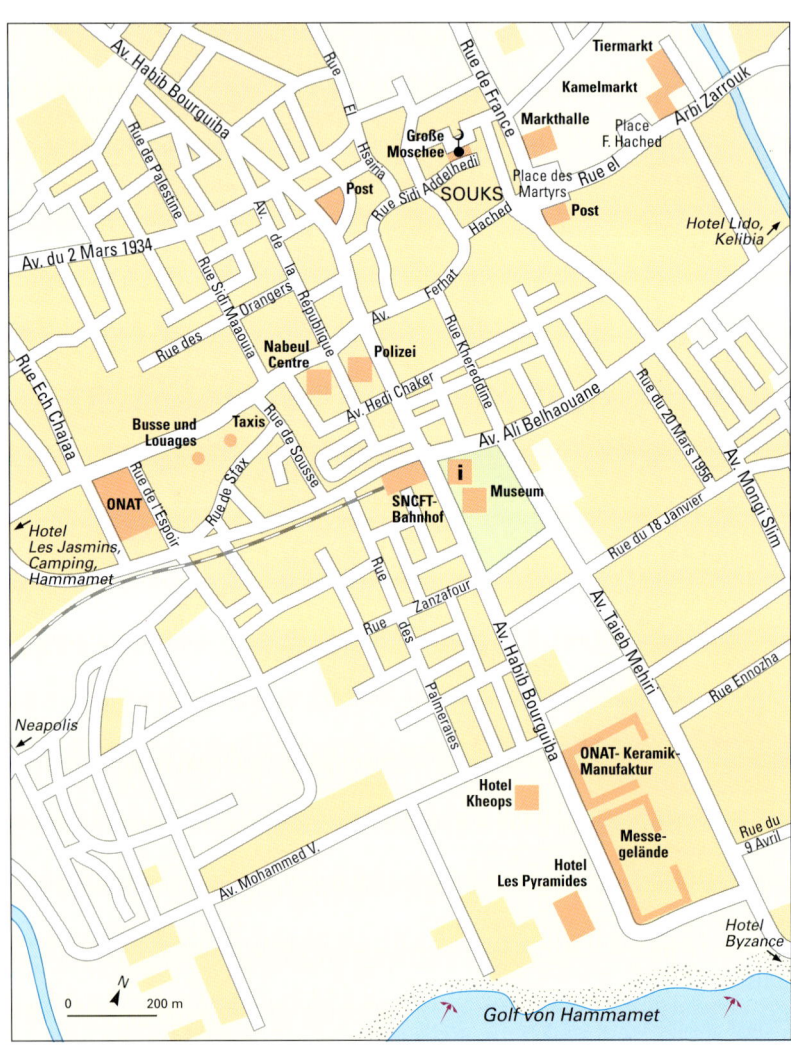

Hotel am Strand von Hammamet

die heute wohl nur noch eine Alibifunktion erfüllen, nimmt den letzten Abschnitt (in Richtung Kelibia) ein.

Hammamet

12 (S. 335) Der kleine Fischerhafen, einer der beliebtesten Badeorte Tunesiens, liegt im Schatten einer malerischen Medina an einer weitgeschwungenen, landschaftlich überaus reizvollen, von zwei kilometerlangen Sandstränden gesäumten Bucht des gleichnamigen Golfes. Günstige Ausflugsmöglichkeiten (Tunis, Sousse, Kairouan) und ein vielfältiges Unterhaltungsangebot (Restaurants, Diskotheken, Nachtclubs, umfassende Sportmöglichkeiten) machen das Städtchen zum idealen Urlaubsziel für denjenigen, der touristischen ›Rummel‹ nicht scheut. Wer allerdings Ruhe und Abgeschiedenheit bevorzugt und in Massen auftretenden Landsleuten im Ausland lieber aus dem Weg geht, wird das ›Mallorca Tunesiens‹ wohl besser meiden.

Geschichte
In der Antike bestand hier die bescheidene Römersiedlung *Pupput*, von der nur geringe Reste erhalten sind. Bis zum 13. Jh., als eine Festung gegründet wurde, liegt dann die weitere Geschichte des Ortes im dunkeln. Das Städtchen selbst entstand wohl erst im 15. Jh., diente zeitweise als Seeräuberstützpunkt und geriet auch kurzfristig in spanische Hand, erreichte aber nie eine größere Bedeutung. In der Protektoratszeit lag hier eine kleine Garnison der französischen Fremdenlegion, dennoch blieb Hammamet von den Kämpfen des Zweiten Weltkriegs fast völlig verschont.

Der Aufstieg zum Touristenziel begann schon um die Jahrhundertwende, als französische und andere ausländische Künstler den malerischen Ort für

Blick über die Medina von Hammamet auf den gleichnamigen Golf

sich entdeckten. Im Laufe der Zeit statteten u. a. Paul Klee, August Macke, Gustave Flaubert, Guy de Maupassant, André Gide und Oscar Wilde dem Hafenort einen Besuch ab. Nach dem Ersten Weltkrieg ließen sich hier wohlhabende Ausländer – überwiegend Engländer, Amerikaner und Franzosen – stattliche Villen errichten, von denen einige erhalten geblieben sind. Lange Zeit war Hammamet eine Art Geheimtip, bis ab Ende der 60er Jahre der nun auch auf Tunesien übergreifende Massentourismus einen wahren Bauboom über das Städtchen hereinbrechen ließ, der bis heute anhält. Mehr als in anderen tunesischen Orten wurde dabei allerdings auf aufgelockerte, traditionellen Vorbildern folgende und in die Landschaft integrierte Bauweise Wert gelegt, so daß Hammamet weitgehend von monströsen Betonkästen verschont blieb. Heute verfügt Hammamet über knapp 50 Touristenhotels mit über 17 000 Betten, der Bau weiterer Hotels (Richtung Sousse) und eines modernen Yachthafens ist vorgesehen.

Besichtigung
Kern von Hammamet ist die auf einem Landvorsprung gelegene und vollständig von Mauern eingefaßte **Medina,** die die Strandzone in einen nordöstlichen und einen südwestlichen Abschnitt teilt, der bedeutendere westliche beginnt unmittelbar bei der Medina, der östliche ca. 500 m entfernt. Die Südseite der Medina grenzt direkt ans Meer, ihre Nord- und Westseite an einen weiten Platz, der den Verkehrsmittelpunkt der Stadt bildet. Die kleine, übersichtliche Medina geht im wesentlichen auf das 15. Jh. zurück – einige Fundamente wie die der Kasbah auch auf das 13. Jh. – und hat ihr malerisches Aussehen bis heute bewahren können, auch wenn jüngste Restaurierungsarbeiten manche Straßenzüge fast zu pittoresk wirken lassen.

Durch das Haupttor der Medina (am zentralen Platz) oder zwei kleine Pforten neben der Kasbah gelangt man gleich zu den **Souks,** die – wie nicht anders zu erwarten – vollständig auf Tourismus eingestellt sind, obgleich die hiesigen Stickereigewerbe durchaus Tradition besitzen. Aufdringlichen Jugendlichen,

die darauf bestehen, die Medina dürfte man nur mit einem Führer betreten, sollte man keine Beachtung schenken. Deplaziert wirkende Reklametafeln in den verschiedensten Sprachen preisen die üblichen tunesischen Souvenirs an, z. B. Teppiche, Keramik, Lederwaren, für die meist stark überhöhte Preise gefordert und auch bezahlt werden. Besonderer Anziehungspunkt für die Urlauber ist die in der Südwestecke der Medina gelegene **Kasbah.** Von den Bastionen und dem Terrassencafé hat man einen schönen Blick über die Bucht und die Stadt.

Etwas weniger Getümmel herrscht in den kleinen Seitengäßchen der Medina mit ihren beiden **Moscheen,** der Großen Moschee aus dem 15. Jh. und der Sidi Gailani-Moschee von 1798. Lohnend ist auch ein Gang zur Ostseite der Medina (vom Hauptplatz aus links), wo man unmittelbar außerhalb der Mauer alte französische und italienische Gräber findet. Den herrlich gelegenen moslemischen Friedhof gegenüber dürfen ›Ungläubige‹ nicht betreten, ein angesichts der Touristenströme in Hammamet sicherlich verständliches Verbot.

Der weite Platz, der die Nord- und die Westseite der Medina umgibt, bildet den Mittelpunkt des modernen Hammamet: Hier fahren Busse, Taxis und die kleinen Touristenbahnen zu den Hotelzonen ab, hier befindet sich der kleine Fischerhafen – die Boote werden einfach auf den Strand gezogen –, hier erstreckt sich (Richtung Westen) die hübsche Uferpromenade mit einigen Cafés und hier beginnen die beiden Hauptgeschäftsstraßen des Städtchens, die nach Norden (in Richtung Sousse) verlaufende Av. Habib Bourguiba und die Av. de la République nach Osten (Richtung Nabeul). Ein Monument in Form des Eiffelturms erinnert an die Märtyrer des Unabhängigkeitskampfes. Die Platzseite gegenüber der Medina nimmt das 1979 eröffnete ›Centre Commercial‹ ein, ein modernes Einkaufszentrum mit verschiedenen Boutiquen, Restaurants, Rei-

Hammamet

sebüros, und – etwas dahinter – der Post.

Wendet man sich am zentralen Platz nach links (von der Medina aus gesehen), gelangt man zur Av. Habib Bourguiba, dem Beginn der Hauptachse der südwestlichen, größeren, ›feineren‹ und wegen der Bergkulisse landschaftlich reizvolleren Touristenzone von Hammamet. Sie passiert zunächst einige zentrumsnahe Hotels und Restaurants und knickt dann landeinwärts ab zum Bahnhof Bir Bou Rekba. An dieser Kreuzung wendet sich die nun Av. du Kouwait genannte Straße nach links, um auf die Av. des Nations Unies zu treffen, die wieder parallel zum Strand mit seinen Hotel- und Bungalowanlagen verläuft. Hinter dem Hotel ›Continental‹ liegt links der Straße in einem weitläufigen, herrlichen Park das **Centre Culturel.** Es nimmt das Gelände der Villa des Rumänen Georges Sebastian aus den 20er Jahren ein und ist im Sommer Schauplatz des Internationalen Festivals von Hammamet, welches Folklore-, Musik- und Theatervorstellungen in dem 1964 nach antikem Vorbild erbauten Theater anbietet – das Gelände ist nur dann öffentlich zugänglich. Im weiteren Verlauf der nunmehr locker bebauten Straße folgen verstreut noble Restaurants, Diskotheken und Nachtclubs, etliche Autovermietungen sowie Abzweigungen zu den beiden Strandstraßen, die die abgelegeneren Hotels miteinander verbinden. Beachten Sie das kleine, aber durchaus interessante Ausgrabungsgelände des antiken **Pupput** zwischen den Hotels ›Samira‹ und ›Tanfous‹ in der südlichen Hotelzone. Die Av. des Nations Unies mündet schließlich auf die P 1 Richtung Sousse und die Autobahn Tunis-Sousse.

Geht man vom Hauptplatz Hammamets nach rechts (von der Medina aus gesehen), gelangt man in die Av. de la

République, die sich zunehmend zur zweiten Geschäftsstraße der Stadt entwickelt hat und ebenfalls von Souvenirgeschäften gesäumt wird.

Ausflüge: Sofern man nicht über einen Mietwagen verfügt oder sich einer organisierten Fahrt anschließt, sind die Ausflugsmöglichkeiten in die nähere Umgebung recht bescheiden. Beliebtestes Ziel ist der Freitagsmarkt von Nabeul (s. S. 132), der sich recht preiswert mit einem Taxi oder mit dem Touristenbähnchen besuchen läßt. Nicht weit entfernt liegen auch die Berbersiedlung Takrouna (s. S. 186) und der Marktort **Sidi Djedid** (Markt am Dienstag). Man erreicht ihn, wenn man die Autobahn Tunis-Sousse überquert und auf der C 28 in Richtung Zaghouan fährt.

Tunesiens Norden – Badebuchten und Korkeichen

Der Nordwesten Tunesiens, mehr als ein Viertel des Staatsgebietes, wird von einem ausgedehnten, mit dem Oberbegriff ›Tell‹ bezeichneten Bergland eingenommen, dem östlichen Ausläufer des Atlas, der sich über ca. 2500 km quer durch den gesamten Maghreb zieht. Der tunesische Teil dieses gewaltigen Gebirgssystems, das die geologische Fortsetzung der südeuropäischen Faltengebirge und damit die eigentliche Grenze zwischen Europa und Afrika darstellt, erreicht allerdings bei weitem nicht die Höhen des westlichen Abschnitts – der Djebel Toubkal in Marokko übertrifft mit 4165 m fast alle Alpengipfel – und zeigt auch keineswegs den Charakter eines geschlossenen Hochgebirgsmassivs. In Tunesien präsentiert sich der Atlas vielmehr in Gestalt von drei verschiedenen Mittelgebirgsketten. Die nördlichste dieser Hügelketten ist das Küstengebirge, das seinerseits wiederum in zwei Massive geteilt ist, in die westliche, steilere **Kroumirie** (bis 1203 m) und das östliche, nicht so schroffe **Mogod** (bis 523 m), dem wiederum das Becken von Bizerte vorgelagert ist. Als zweites System schließt sich südlich das **Medjerda-Bergland** an, eine überwiegend sanfte Hügellandschaft beiderseits der Medjerda, Tunesiens größtem Fluß. Die dritte und höchste, gleichzeitig aber am wenigsten einheitliche Bergkette ist die **Dorsale**, die sich über 200 km vom algerischen Souk Ahras bis nach Zaghouan zieht.

Die natürliche Vegetation des Nordtunesischen Berglandes zeigt im Küstengebirge und dort vor allem im regenreicheren Westteil (Kroumirie) typisch mediterranen Charakter, nach Süden hin wird sie mit abnehmenden Niederschlägen immer karger, bis sie am Südrand der Dorsale in eine kärgliche Steppenvegetation übergeht. Entsprechend nehmen die landwirtschaftlichen Erträge von Nord nach Süd ab. Der Norden weist deshalb traditionell eine relativ dichte Besiedlung durch seßhafte Kleinbauern auf, nach Süden zu gewinnt dagegen der Halbnomadismus immer mehr an Bedeutung, um schließlich in der südlichen Dorsale zu dominieren. Eine Ausnahme von dieser strengen Nord-Süd-Gliederung bildet allerdings das intensiv bewirtschaftete Medjerda-Tal. Sehen wir vom Medjerda-Tal und dem Becken von Bizerte ab, zählt das Nordtunesische Bergland bis heute zu den Stiefkindern der tunesischen Entwicklung. Die modernen ›Industrien‹ beschränken sich im Küstengebiet auf Korkgewinnung und -verarbeitung (um Tabarka), einige mäßig produktive Bergwerke mit abnehmenden Erträgen (vor allem Eisen in Tamera/Sedjenane und Douaria) und eine vergleichsweise florierende Landwirtschaft im Sedjenane-Tal. In den übrigen Landstrichen gewinnt der Getreidebau an Bedeutung, während der Bergbau (Eisen bei Djerissa und Kalaat Khasba) auch hier rückläufig ist. Im größten Teil des Berglandes können die oft von den wenigen Großgrundbesitzern abhängigen Kleinbauern selbst bei härtester Arbeit kaum das Existenzminimum für ihre Familien erwirtschaften. Im fruchtbaren Medjerda-Tal dagegen konzentrieren sich seit der Kolonialzeit Projekte für Bewässerung, Intensivierung der Agrarproduktion und Neulandgewinnung, entsprechend finden wir dort heute – wie schon in der Antike – eines der wichtigsten Landwirtschaftsgebiete Tunesiens. Große ökonomische Bedeutung hat auch die Industrie in der Hafenstadt Bizerte und im nahen Menzel Bourguiba.

◁ *Der alte Hafen in Bizerte*

Touristisch führt das Bergland bislang ebenfalls eher ein Schattendasein, da die meisten Tunesienbesucher neben Badefreuden vor allem die ›Exotik‹ des tunesischen Südens suchen. Dabei hat der Norden eine Fülle von Attraktionen zu bieten: Hier finden sich mit den römischen Ruinenstätten von Dougga – einer archäologischen Stätte von Weltrang –, Bulla Regia, Maktar, Chemtou, Musti u. a. herausragende Zeugnisse der Antike, hier gibt es mit der grandiosen Steilküste und ihren zahllosen abgeschiedenen Sandstränden sowie imposanten Gebirgsszenarien, vor allem in der Kroumirie und der zentralen Dorsale, einige der schönsten tunesischen Landschaften. Tabarka und Bizerte bemühen sich gerade darum, zu internationalen Badeorten aufzusteigen, Ain Draham ist eine beliebte Sommerfrische wohlhabender Tunesier und deutscher Jäger, nach Dougga, Maktar und Bulla Regia gibt es Kurzausflüge von den Touristenzentren. ›Massenunterkünfte‹ fehlen aber bislang noch, und so stellt der Norden das ideale Zielgebiet für denjenigen dar, der Tunesien ohne Touristenströme erleben will. Die Infrastruktur des Nordtunesischen Berglandes ist befriedigend. Fast alle für Reisende wichtigen Straßen befinden sich in gutem Zustand, es gibt zahlreiche Busverbindungen auf den Hauptrouten (von West nach Ost auf der P 5, P 6 und P 7 sowie auf den großen Nord-Süd-Strecken P 12 und P 17). Tankstellen werden entlang der P-Straßen und in den größeren Orten in ausreichender Zahl betrieben, gute Versorgungsmöglichkeiten sowie Unterkunft bieten praktisch alle größeren Städte. Autofahrer sollten beachten, daß Flußfurten (gibt es häufiger als Brücken!) nach starken Regenfällen, besonders im Herbst, aber auch im Frühjahr, unpassierbar sein können.

Von der Medjerda-Mündung nach Bizerte

Das Gebiet zwischen den Salzseen, die das Becken von Tunis im Norden begrenzen, und den Mogod-Ausläufern bei Bizerte zeigt kein einheitliches Bild. Von Tunis kommend durchquert man zunächst die Mündungsebene der Medjerda, ein flaches, seit der Antike durch Sedimentablagerungen beständig vorgeschobenes und chronisch von Überflutungen bedrohtes Schwemmland, in dem sich der Flußlauf häufig verlagert hat. Zur Entwässerung wurde 1939 südlich von Kalaat el Andalous ein Kanal gegraben. In der landwirtschaftlich intensiv genutzten Zone, deren ökonomische Struktur im wesentlichen der des Beckens von Tunis (s. S. 111f.) entspricht, lohnen Besuche der punisch-römischen Ruinenstätte von Utica sowie des Strandabschnitts zwischen Ghar el Melh und Sidi Ali el Mekki. Nördlich der Flußmündung verläuft dann entlang der Küste die Satfoura – auch ›Sahel von Bizerte‹ genannt –, ein Hügelland mit stark parzellierten, künstlich bewässerten Gartenkulturen, die bereits von den andalusischen Einwanderern angelegt wurden. Die zum Meer hin steil abfallende Küste weist eine Reihe herrlicher Felsenbuchten mit feinen Sandstränden auf. Südwestlich von Bizerte öffnet sich um den ca. 130 km^2 großen gleichnamigen See und den anschließenden Ichkeul-See (Garaet Ichkeul) schließlich das

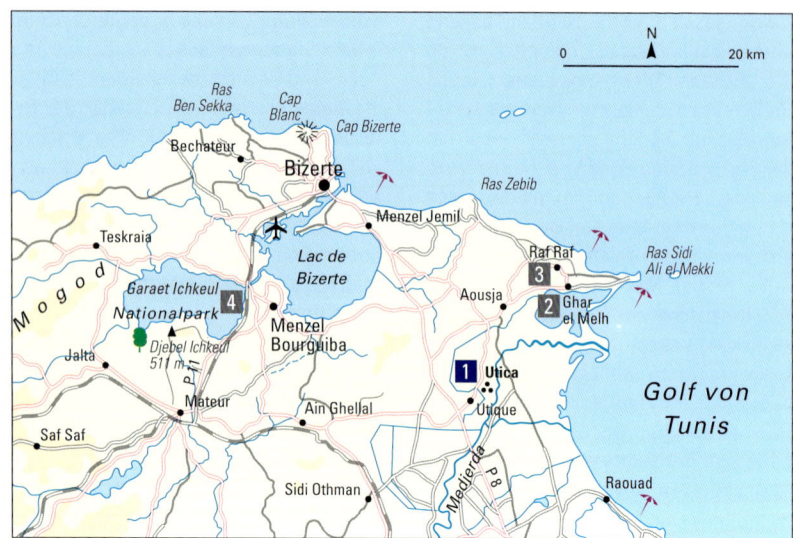

Von der Medjerda-Mündung nach Bizerte

Becken von Bizerte, eine ebene bis leicht hügelige Landschaft mit extensivem Getreidebau, der auf die Kolonialzeit zurückgeht, als hier viele Colons lebten.

Utica

1 Die punisch-römische Ruinenstätte im Mündungsgebiet der Medjerda (ca. 2,5 km nordöstlich der P 8 Tunis – Bizerte, mit »Utique Ruines« ausgeschilderte Abzweigung beim Ort Utique), zählt zu den historisch bedeutendsten Orten des antiken Tunesien; die erhaltenen Überreste sind zwar weniger imposant als die von Dougga oder Sbeitla, lohnen einen Umweg aber allemal.

Geschichte

Utica ist wahrscheinlich die erste phönizische Siedlung Tunesiens, sicherlich aber älter als Karthago. Ihr legendäres Gründungsdatum (1101 v. Chr.) dürfte wohl zu früh angesetzt sein, die ältesten der bislang gemachten Funde (Gräber) datieren aber immerhin vom Anfang des 8. Jh. v. Chr. Allgemein wird angenommen, daß aus einem Ankerplatz des 9. Jh. allmählich eine feste Siedlung hervorging, die sich zunächst auf eine Insel vor der Medjerda-Mündung beschränkte und sich später auf eine Festlandshalbinsel ausdehnte. In der Folgezeit wuchs die Stadt zum bedeutenden, meist mit Karthago verbündeten Hafen heran, war diesem zeitweise sogar gleichrangig, zumindest aber wichtigster seiner Vasallen. Nach dem Ersten Punischen Krieg allerdings wurde Utica durch die Karthager zerstört, da es den rebellierenden Söldnern Zuflucht geboten hatte. Während des Zweiten Punischen Kriegs wurde die Stadt im Jahre 204 v. Chr. von den Truppen Scipios eingenommen.

Im Dritten Punischen Krieg scheint sich Utica frühzeitig von Karthago losgesagt und mit Rom arrangiert zu haben, denn es wurde nicht zerstört und avancierte nach Karthagos Untergang sogar zur Hauptstadt der Provinz Africa (bis 14 v. Chr.). In der frühen Phase der römischen Herrschaft lag hier als Bastion der Pompejus-Anhänger einer der Hauptschauplätze des Bürgerkrieges zwischen Cäsar und dem Senat; 49 v. Chr. beging Cato hier Selbstmord. 36 v. Chr. wurde Utica in den Rang einer ›Civitas Libera‹ erhoben, unter Hadrian erhielt die Siedlung den Status einer Colonia und entfaltete sich zu einem blühenden Handelszentrum (Ausfuhr von Getreide und Holz aus dem Norden und von Salz aus der Sahara) und zur zweitgrößten Stadt Africas. Ab Ende des 3. Jh. setzte aber eine zunehmende Verlandung des Hafens durch Schlammablagerungen der Medjerda ein, die ihre Mündung seit der Antike über 10 km ins Meer vorgeschoben hat, wodurch auch die einstige Utica-Insel verschwand. Deshalb wurde die Stadt nach den Zerstörungen durch Vandalen und Araber nicht wieder aufgebaut, ein christlicher Bischof ist allerdings noch bis 703 nachgewiesen.

Ausgrabungen fanden seit dem frühen 19. Jh. statt, hauptsächlich aber 1948–1958. Da der größte Teil der Ruinen unter einer 5 m dicken Sedimentschicht begraben und außerdem unterhalb des seit der Antike angestiegenen Grundwasserspiegels liegt, konnte bislang nur ein kleiner Teil der ›Oberstadt‹ freigelegt werden, nicht aber die ›Unterstadt‹ mit dem Hafen. Die überwiegend römischen Überreste mögen deshalb im Vergleich zu den ›großen‹ tunesischen Ruinenstätten etwas enttäuschen, sind aber für archäologisch Interessierte unbedingt besuchenswert.

Besichtigung
Zunächst erreicht man das links an der Straße liegende, von Bäumen umgebene, sehr sehenswerte kleine **Museum,** das in drei Abteilungen – phönizisch, karthagisch, römisch – eine Reihe interessanter Objekte ausstellt, darunter Urnen, Stelen sowie Importwaren aus Ägypten und Griechenland. Im Garten verdient vor allem das aus einem Wasserbecken stammende Bodenmosaik mit einem Neptunkopf Beachtung.

Etwa 600 m weiter liegt ebenfalls links der Straße der Zugang zu dem relativ kleinen Ruinenfeld, das durch seine landschaftliche Lage beeindruckt. Den Eingang bildet das wiedererrichtete **Tor der Thermen,** dahinter die Fundamente der Thermen und einer christlichen Basilika. Wichtigste Sehenswürdigkeit ist die römische Villa **Maison de la Cascade** mit hervorragenden Mosaiken, die zu den ältesten figürlichen Darstellungen im römischen Africa zählen. Sie sind meist durch Bretter abgedeckt, werden aber vom eilig herbeieilenden Wächter gegen ein kleines Trinkgeld gern aufgedeckt und zum besseren Fotografieren sogar mit Wasser besprützt. Unmittelbar anschließend, aber etwas tiefer gelegen, erblickt man dann die mit massiven Steinplatten verschlossenen **punischen Sarkophage** (wahrscheinlich 6. Jh. v. Chr.), neben den angrenzenden spärlichen Wohnhausmauern die einzigen bislang entdeckten Reste der punischen Stadt. Einige weitere bescheidene Fundamente finden sich etwas weiter in Richtung Küste beim Dorf Nouvelle Utique (bei den beiden Marabouts), lohnen aber den Besuch kaum.

Ghar el Melh, Ras Sidi Ali el Mekki und Raf Raf

Die Kleinstadt **Ghar el Melh** [2], Landwirtschaftszentrum und Fischerhafen, liegt recht malerisch zwischen der

Der Strand von Ras Sidi Ali el Mekki

gleichnamigen Lagune und dem Djebel Nadour. Schon die Punier hatten hier eine Faktorei namens *Rusucmona,* dann bauten die Römer den Ort zum Vorhafen von Utica aus. 1535 landeten hier die Truppen von Karl V. auf ihrem Weg nach Tunis, aber erst im 17. Jh. erfolgte die Gründung des heutigen Ortes – dessen Name übrigens ›Salzloch‹ bedeutet – durch andalusische Einwanderer. Kurz darauf machten die Türken Ghar el Melh zum Piratenhafen und errichteten mächtige Festungsanlagen. 1654 beschossen britische Schiffe den Ort, um die Herausgabe englischer Gefangener zu erzwingen, hatten jedoch keinen Erfolg. Im 18./19. Jh. entstanden weitere Festungen, dann aber nahm die Bedeutung des Hafens wegen der immer weiter fortschreitenden Verlandung ab. Heute lebt Ghar el Melh vom Obst- und Kartoffelanbau, der in Form von Spezialkulturen auf kleinen, künstlich angelegten Inseln in der Lagune betrieben wird. Die türkischen Festungsanlagen bestimmen nach wie vor das Bild des durchaus sehenswerten, wenn auch etwas düster wirkenden Ortes: ein mächtiges, bis auf wenige Behausungen verlassenes Fort mit Befestigungsgraben befindet sich am Ortseingang, ein weiteres im Zentrum; unterhalb am Hafen stehen Ruinen von Arkaden aus dem 19. Jh. Überragt wird der Ort im Norden vom 325 m hohen Djebel Nadour, auf dem sich eine Signalstation befindet.

Die nach Osten verlaufende Straße entlang der tropisch anmutenden, seichten Lagune führt zum 5 km entfernten, neuen Fischereihafen. 2 km davor zweigt eine Piste nach links zum 3 km entfernten, breiten feinsandigen **Strand von Ras Sidi Ali el Mekki** ab, zweifellos einem der schönsten des Landes. Die Infrastruktur ist bescheiden, einige Ferienhäuser, zwei, drei nur im Sommer geöffnete Strandrestaurants, mehr darf der Badegast nicht erwarten. Glücklicherweise hat sich das geplante Großprojekt mit Hotelneubauten, Vergnügungszentren und Einkaufsstraßen zerschlagen. In der Ferne locken auf der Spitze einer Landzunge zwei weißleuchtende Marabouts zu einer Wanderung über die Klippen, die den Strand im Norden abschließen.

Von Ghar el Melh gesehen auf der Rückseite des Djebel Nadour liegt die langgestreckte Ortschaft **Raf Raf** 3 (S. 342), umschlossen von Zitrusplantagen, Gemüsekulturen und Weinbergen (Muskateller). Man erreicht den bei Tunesiern beliebten Badeort, wenn man von Ghar el Melh die Hauptstraße zurück bis zum Ort Aousja fährt, dort rechts abbiegt und sich nach etwa 6 km bei einer Gabelung erneut rechts hält. Die etwa 4 km lange, kurvenreiche Zufahrt führt hinab zu einer herrlichen Bucht mit steilen Bergen und der vorgelagerten Felseninsel Pilau (gut zum Tauchen). Man kann jedoch nicht mit dem Wagen bis zum Meer fahren, sondern muß ihn auf einem bewachten Parkplatz abstellen.

Garaet Ichkeul (Ichkeul-See)

4 Der 110 km^2 große, fischreiche, allerdings sehr flache See wird von verschiedenen Bergbächen gespeist und ist mit dem See von Bizerte über den Oued Tindja verbunden. 1960 wurde der See mit seinen sumpfigen Uferstreifen zusammen mit dem 511 m hohen Djebel Ichkeul zum **Nationalpark** erklärt, in dem vor allem Zugvögel aus Europa ein geschütztes Winterrevier finden. Bekannt aber sind vor allem die schwarzen Wasserbüffel, von denen etwa 20 Exemplare den Park bevölkern. Die ersten Tiere gelangten bereits Mitte des 18. Jh. als Geschenk an den Bey von Tunis hierher. Um das sehr empfindliche Ökosystem zu schützen, wurde der Fischfang eingeschränkt, dennoch droht Gefahr durch zunehmende Wasserentnahme, die zum Absinken des Wasserspiegels führt und damit zum Zufluß von Salzwasser aus dem See von Bizerte. Die Zufahrt erfolgt von der Ortschaft Menzel Bourguiba aus über die P 11 in Richtung Mateur, die man etwa 8 km nach dem Ort verläßt, um auf einer ca. 10 km langen, etwas holperigen Stichstraße bis zum Parkeingang am Fuß des Djebel Ichkeul zu fahren. Der Weg endet an bereits von den Römern genutzten Thermalquellen, die noch heute als Hammam dienen. Etwas erhöht liegt ein kleines **Museum,** das über die Aufgaben des Parks sowie die heimische Flora und Fauna informiert. Der Park läßt sich auf recht reizvollen Wegen zu Fuß durchstreifen, wobei sich vor allem im Winter immer wieder Gelegenheiten zur Tierbeobachtung ergeben.

Bizerte – Der verlockende Hafen

■ (S. 330) Die viertgrößte Stadt Tunesiens, bedeutendster Hafen und Industriestandort des Nordens, liegt vor den Ausläufern der Mogod-Berge an der Mündung eines Kanals, der den See von Bizerte mit dem Meer verbindet. Aufgrund der schönen Strände rückt die Stadt zunehmend ins Blickfeld des internationalen Fremdenverkehrs.

Geschichte

Eine unter dem griechischen Namen *Hippo Diarrythus* bekannte phönizische Siedlung bestand hier möglicherweise schon vor der Gründung Karthagos, auch wenn die gelegentlich vorgenommene Datierung in das 11. Jh. v. Chr. sicher zu früh angesetzt ist; damals existierte bereits der Durchstich der Landenge zwischen See und Meer. 310 v. Chr. fiel Agathokles, der Tyrann von Syrakus, über die Stadt her; später war sie Rivale und zeitweise sogar Widersacher von Karthago. Im Dritten Punischen Krieg wurde die Stadt, nachdem ihre Einwohner sich den Römern widersetzt hatten, zerstört und zur unbedeutenden Garnison degradiert. Nachdem auch noch Vandalen und 661 n. Chr. Araber den Ort heimgesucht hatten, blieb er lange Zeit verlassen. Erst Mitte des 13. Jh. erfolgte eine Neugründung als hafsidische Sommerresidenz und im 15./16. Jh. der Aufstieg zum Handelszentrum der Nordostküste durch Ansiedlung andalusischer Flüchtlinge. 1535 war die Stadt kurz in spanischer Hand, danach berüchtigter Stützpunkt türkischer Korsaren gegen christliche Schiffe und eine mächtige Festung. 1770 und 1785 beschossen französische bzw. venezianische Schiffe die Stadt als Vergeltung für die fortgesetzte Seeräuberei.

Herausragende überregionale Bedeutung erlangte Bizerte erst mit Beginn der Kolonialzeit. Die zentrale strategische Lage an einer Schlüsselstelle zwischen dem östlichen und westlichen Mittelmeer und der vorzügliche natürliche Hafen im See – der beste in Nordafrika – bildeten entscheidende Gründe für die Besetzung Tunesiens durch Frankreich. Schon 1882 begann die Erneuerung der Hafenanlagen, 1891 der Bau eines neuen Kanals, und vier Jahre später entstand an dem ›Goulet‹ genannten Seeausläufer südwestlich der Stadt eine ausgedehnte Flottenbasis mit gewaltigen Bunkern und Kasernen sowie Docks und Arsenalen beim nahen Ferryville (heute Menzel Bourguiba). Bald avancierte Bizerte zum wichtigsten französischen Kriegshafen im Mittelmeer und diente im Ersten Weltkrieg als zentrale Nachschubbasis. Im November 1942 besetzte das deutsche Afrikacorps die Stadt; es folgten über 250 alliierte Luftangriffe innerhalb eines halben Jahres, die bis zur Rückeroberung im Mai 1943 durch amerikanische und französische Truppen schwerste Schäden anrichteten. Bizerte verlor auch nach dem Kriege nicht an militärischer Bedeutung; westlich des Kriegshafens entstand eine große NATO-Luftbasis. Im Unabhängigkeitsvertrag von 1956 mußte Tunesien den Franzosen die weitere militärische Nutzung von Bizerte – das damals fast 25 % europäische Bewohner zählte – zugestehen, was dem jungen arabischen Nationalismus natürlich ein Dorn im Auge war. Die antifranzösischen Ressentiments entluden sich schließlich

Bizerte 1 Square 2 Alter Hafen (Vieux Port) 3 Kasbah 4 Ozeanographisches Museum 5 Fort d'Espagne 6 Souks 7 Kongreßpalast

vom 19.–22. Juli 1961 in einem Angriff auf die französische Garnison, der über 700 Tunesiern das Leben kostete. Wachsender politischer Druck und sicherlich auch strategische Überlegungen aufgrund der Verlagerung der Hauptschiffahrtsrouten und der abnehmenden Bedeutung von Flottenbasen, veranlaßten die Franzosen zwei Jahre später (15. 10. 1963) aber zur endgültigen Räumung ihres Stützpunkts – dieses Datum ist heute ein Nationalfeiertag. Sie hinterließen ein Vakuum, das bis jetzt nicht gefüllt werden konnte: Gezielte Wirtschafts- und Infrastrukturförderungsprogramme erschlossen der Stadt zwar neue Erwerbszweige, da aber das Hinterland für einen überregional wichtigen Handelshafen wegen der übermächtigen Konkurrenz des nahen Tunis fehlt,

konnte Bizerte nie an seine alte Bedeutung anknüpfen.

Heute ist Bizerte vor allem Industriestandort für die Erdölraffinerie, Aluminiumfabrikation, Zement- und Textilherstellung, darüber hinaus regionaler Umschlaghafen, neuerdings auch wieder wichtiger Fischereihafen sowie Garnisonsstadt. Daneben verfügt die Stadt über ein modernes Kongreßzentrum, eine Hotelfachschule und mehrere Strandhotels, rangiert als Badeort aber weit hinter anderen tunesischen Regionen. Bizerte zeigt überwiegend das Gepräge einer provinziellen, modernen Industriestadt, besitzt aber mit seiner malerischen Altstadt, dem kilometerlangen feinen Sandstrand und der reizvollen Umgebung durchaus eine Reihe von Attraktionen.

Besichtigung

Die Stadt besteht aus der im wesentlichen nach dem Kriege entstandenen Neustadt zwischen Kanal, Vorhafen und

Abendstimmung in Bizerte:
Blick auf den Alten Hafen

Luftstützpunktes. Hauptachse von Bizerte ist die von Geschäften, Banken und Cafés gesäumte Av. Habib Bourguiba, die an der parallel zum Vorhafen verlaufenden Uferpromenade Av. Habib Bougatfa beginnt. Von der Av. Habib Bourguiba führen hinter der Place des Martyrs verschiedene Straßen (vom Vorhafen aus gesehen nach links) zum Neustadtzentrum mit dem zentralen **Square** 1, einer hübschen Gartenanlage mit dem Rathaus und der ehemaligen französischen Kathedrale, die heute ein Kulturzentrum von seltener Häßlichkeit beherbergt, und der Großmarkthalle. Südlich davon verläuft der ab 1891 von den Franzosen angelegte 1500 m lange, 110 m breite und 10 m tiefe Kanal, den seit einigen Jahren eine hochklappbare Brücke überspannt.

Interessanter ist die Besichtigung der älteren Stadtteile nördlich der Av. Habib Bourguiba. Dorthin gelangt man über den Straßenzug Rue el Bahri Ben Sassi/Place Slahedine Bouchoucha mit zahlreichen Marktständen, einer Markthalle und der Moschee Rebaa. Weiter links sieht man einen verzierten Brunnen (1642), dessen Inschrift in Türkisch und Arabisch die Qualität seines Wassers preist. Die Straße mündet nun am **Alten Hafen** 2, *Vieux Port* genannt, dem malerischsten Teil von Bizerte. Sein von alten Gebäuden – deren Silhouette leider durch zwei Neubauten stark beeinträchtigt wird – gesäumtes Becken dient heute nur noch als Fischereihafen, war aber früher über einen inzwischen verlandeten und überbauten Kanal mit dem See von Bizerte verbunden. Die Nordseite des Hafens bewachen die mächtigen Mauern der **Kasbah** 3 aus

der Av. Habib Bourguiba, sowie den nördlich daran anschließenden älteren Stadtteilen und dem südwestlich angrenzenden Handelshafen- und Industriegebiet. Nördlich der Stadt erstreckt sich parallel zum ca. 5 km langen Strand die Badezone Corniche, auf der südlichen Kanalseite liegt der Industrievorort Zarzouna, östlich der Stadt der neue Fischereihafen, und entlang des Seeausläufers Goulet reihen sich die Anlagen der ehemaligen französischen Flottenbasis (Gebiet von ›La Pêcherie‹) und des dem 16. Jh. Durch ein kleines Tor neben dem Kasbah-Portal kann man auf die Mauern steigen und die Aussicht über den Hafen genießen. Die einstige Festungsanlage ist heute ein reines Wohnviertel mit engen, winkligen Gassen und einer hanefitischen Moschee aus dem 17. Jh. Bei den dem Hafen zugewandten Eisentoren handelt es sich um Zugänge zu alten Verliesen.

Einen ähnlich schönen Blick wie von den Mauern der Kasbah hat man von der Terrasse des gegenüberliegenden **Ozeanographischen Museums** 4, dessen Exponate allerdings weniger zu beeindrucken vermögen. Auf dem Hügel nördlich der Kasbah, oberhalb eines alten Friedhofes, thront das restaurierte **Fort d'Espagne** 5, das der Pirat Eudj Ali 1570 als Bastion gegen die Spanier errichten ließ und in dem während des Sommers Theater- und Folkloredarbietungen stattfinden. Folgt man der zweiten, nördlich der Kasbah in Richtung Meer verlaufenden Straße (Rue de l'Abbatoire), passiert man linker Hand das ehemalige Andalusierviertel, das von Neubauten immer mehr bedrängt wird, aber noch einige hübsche Gassen bewahrt hat.

Von der Kasbah bzw. vom alten Hafen kann man durch die **Souks** 6 zur Av. Habib Bourguiba zurückkehren. Man betritt sie von der direkt gegenüber dem Eingang der Kasbah gelegenen Place du Marché und gelangt durch die Rue des Forgerons (Schmiede) zu ihrer Hauptachse Rue des Armuriers (Waffenschmiede)/Rue des Menuisiers (Tischler)/Rue des Bouchers (Fleischer); diese verläuft parallel zur Place Slahedine Bouchoucha/Rue el Bahri Ben Sassi, auf die man durch mehrere kleine Durchgänge gelangen kann. Die Souks von Bizerte sind vor allem wegen des Schmiedehandwerks bekannt, ein Erbe der hier

von den Hafsiden angesiedelten Andalusier. Aufmerksamkeit verdienen auch die Große Moschee aus dem 17. Jh. mit einem Achteckminarett und etliche alte Hausportale.

Wer genügend Zeit hat und sich für die neuere Geschichte der Stadt interessiert, dem bieten sich einige weitere Sehenswürdigkeiten. Deren eindrucksvollste ist sicherlich das **Märtyrerdenkmal** (erreichbar über den Boul. Ferhat Hached, die Ausfallstraße nach Bechateur/Cap Blanc), eine schlichte, schlanke Betonsäule mit Reliefs, die Kolonialisierung und Befreiung von Bizerte darstellen. Davor die über 700 Gräber der beim Angriff auf die französische Garnison umgekommenen Tunesier. Auf dem Hügel oberhalb der Av. Habib Bourguiba (Abzweig vom Zentrum aus gesehen hinter der neuen Moschee rechts) erhebt sich der weithin sichtbare Komplex der tunesischen Militärakademie, das Lycée Militaire, mit seinem imposanten Hauptbau in einer Mischung aus traditionellem und kolonialem Stil. Dahinter – etwas oberhalb – der alte Europäerfriedhof mit verfallenen, aber nach wie vor eindrucksvollen französischen und italienischen Mausoleen – auch einige serbische Gefallene aus dem Ersten Weltkrieg liegen hier. Erwähnt sei schließlich der 1964 erbaute, etwas oberhalb des Fort d'Espagne (Zufahrt über Boul. Hassen En Nouri) gelegene **Kongreßpalast** 7, der 1000 Personen Platz bietet. Jenseits von Altem Hafen und Kasbah verläuft als Verlängerung der Uferpromenade (Av. Habib Bougatfa) parallel zum Strand die Uferstraße Corniche.

Ausflüge: Nach Verlassen des Innenstadtgebiets passiert die Uferstraße **Corniche** die großen Touristenhotels, eine Reihe von guten Restaurants, zahl-

Blick auf das Cap Blanc

reiche Villen und Ferienhäuser, bevor sie nach ca. 6 km das Cap Bizerte erreicht (Militärgebiet mit strengem Fotoverbot). Es folgen einige Zufahrten zu kleinen Stränden, dann rechts ein ca. 1 km langer, nur zum Teil befahrbarer Weg zum **Cap Blanc,** einem felsigen Doppelkap, das den nördlichsten Punkt Afrikas bildet und sich mit der herrlichen Steilküste gut zum Tauchen eignet. Etwa 1 km weiter biegt von der Hauptstraße rechts eine ca. 2 km lange, steile und im letzten Stück holprige Piste auf den 260 m hohen **Djebel Nadour** ab, den eine Wetter- und Signalstation und Reste militärischer Anlagen krönen. Die Aussicht auf das darunterliegende Cap Blanc hinüber nach Bizerte lohnt die etwas mühsame Anfahrt. Nordwestlich des Cap Blanc folgen bis zum Ras ben Sekka und zur Bucht von Sidi Abd el Ouahed eine Reihe von einsamen Felsbuchten mit schönen Stränden, die sich gut zum Tauchen eignen.

Interessant ist auch ein Ausflug an die östlich von Bizerte gelegene **Plage du Remel**, ein von dichten Kiefernwäldern und Dünen gesäumter, ausgedehnter Sandstrand mit schönem Blick auf Bizerte. Die Wracks zweier Frachter künden davon, daß auch dieser so lieblich anmutende Küstenstrich durchaus seine tödlichen Gefahren birgt. Die ca. 4 km lange Zufahrt zweigt hinter dem neuen Fischereihafen, etwa 3,5 km nach Überquerung der Kanalbrücke, von der P 8 Richtung Tunis nach links ab und endet auf einem Parkplatz an den Dünen.

Einsame Buchten und steile Felsen

Zwischen Cap Blanc und Tabarka

Von der algerischen Grenze bis nach Bizerte verläuft die Küstengebirgskette von Kroumirie und Mogod. Die Steilküste zwischen dem nördlich von Bizerte gelegenen Cap Blanc und dem Gebiet um Tabarka ist zweifellos der landschaftlich eindrucksvollste Abschnitt der tunesischen Küste, vor allem im westlichen Teil, wo die dicht bewaldeten Berge der Kroumirie bis unmittelbar an das Meer herantreten und zahlreiche kleine, einsame Sandbuchten umschließen. Diese eignen sich hervorragend zum Tauchen, sind allerdings nicht immer mit dem Auto erreichbar.

Von Bizerte kommend, bietet sich zunächst die Möglichkeit zu einem Abstecher zum **Cap Serrat** 1. Die Zufahrt, eine 12 km lange Stichstraße durch waldreiches Hügelland, zweigt etwa 70 km westlich von Bizerte von der C 51 ab. Die kleine Fischersiedlung liegt an einem weitgeschwungenen Sandstrand, der auf der einen Seite von Dünen, auf der anderen von einem Vorgebirge gesäumt wird, dem eigentlichen Kap. In eine Nehrung mündet daß schilfbestandene kleine Flüßchen Ziatine, an dem Reiher ihr Jagdrevier haben. Der bis an den Strand reichende Eukalyptushain ist ein beliebter Platz für Reisende mit Zelt oder Campingwagen, aber auch für Tagesausflügler aus Bizerte und Tabarka. Leider hat die Verbesserung der Infrastruktur – die Strecke ist inzwischen asphaltiert, und es gibt bereits kleine Restaurants und Duschen – zu einer erheblichen Verschmutzung des ansonsten idyllischen Platzes beigetragen. Es ist wohl nur noch eine Frage der Zeit, bis hier auch ein Hotel seine Pforten eröffnet. In der Ferne kann man die Umrisse der 35 km vor der Küste liegenden **La Galite-Inseln** ausmachen, wo eine der letzten Kolonien der selten gewordenen Mönchsrobben lebt.

Bei Sedjane trifft die C 51 dann wieder auf die abseits der Küste verlaufende P 7 nach Tabarka. Bereits nach etwa 9 km verlockt eine weitere zum Meer führende Piste zu einem kleinen Abstecher. Durch Eukalyptus- und Korkeichenbestände, die mit Feldern wechseln, errei-

Zwischen Cap Blanc und Tabarka

chen wir auf einer Piste nach etwa 18 km den **Strand von Sidi Mechrig** 2 mit einer kleinen Siedlung und einem neuen Fischereihafen. Ins Auge fallen die Reste einer römischen Befestigung auf einer felsigen Landzunge unmittelbar am Meer. Landschaftlich reicht Sidi Mechrig zwar nicht an Cap Serrat heran, erfreut sich aber bei Unterwassersportlern großer Beliebtheit (etliche Unterkünfte!).

Zur P 7 zurückgekehrt, bietet sich bereits nach wenigen Kilometern erneut die Möglichkeit zum Abstecher Richtung Küste. Ein Schild weist zum 20 km entfernten **Cap Negro** 3, einer kleinen, von Felsen umrahmten Sandbucht, an der die Franzosen früher einmal Korallen sammelten. Lohnend ist der nur via schlechter Piste erreichbare Platz vor allem für Taucher und wegen der Aussicht über das Kap.

Wir kehren zurück zur P 7 und durchfahren nun die für den Obst- und Gemüseanbau bedeutsame Ebene von Nefza, die die Bergländer von Kroumerie und Mogod trennt. Am Ortsanfang von Ochtata können ›Strandhungrige‹ erneut das Meer ansteuern. Vorbei am neuen Staudammprojekt des Oued Melah führt der Weg direkt zum dünengesäumten **Strand von Zouara** 4. Noch ist die Infrastruktur sehr primitiv und auf Camper eingestellt. Längst aber haben die Hotelkonzerne einen begehrlichen Blick auf diesen noch unverbauten Strandabschnitt geworfen, zumal er nicht weit vom neuen Flughafen von Tabarka entfernt liegt. Die kurvenreiche und schmale P 7 wird von der Flughafenzufahrt an zu einer breiten Einfallschneise, die zu der sich noch im Ausbau befindenden Hotelzone von Tabarka führt.

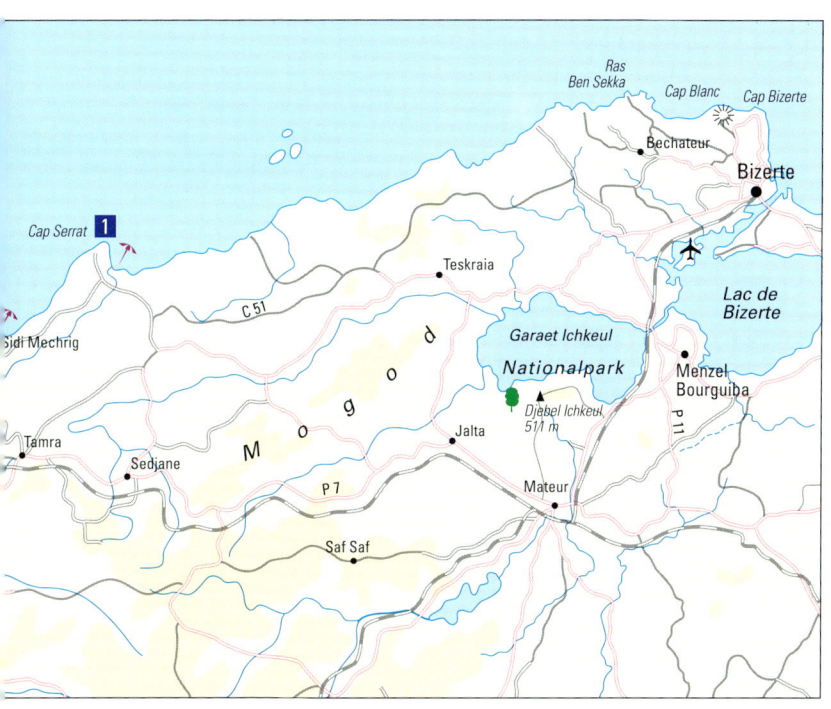

Tabarka

5 (S. 344) Obwohl der kleine Hafenort Tabarka landschaftlich überaus reizvoll an der Mündung des Oued el Kebir in einer weiten Bucht der Kroumirie-Küste liegt und herrliche Sandstrände vorzuweisen hat, ist er touristisch bislang nur mäßig erschlossen; der Ausbau zum Badezentrum hat allerdings bereits begonnen.

Das punische (ab dem 5. Jh. v. Chr.) und später römische *Thabracae* war bereits ein wichtiger Ausfuhrhafen für Holz, Marmor (aus Chemtou), Eisenerz und Landwirtschaftsprodukte, dessen anhaltende Bedeutung zahlreiche frühchristliche Funde belegen. Die vorgelagerte kleine Insel wurde zu Beginn des 16. Jh. zu einem Stützpunkt türkischer Korsaren, fiel aber 1540 an die genuesische Handelsfamilie der Grafen von Lomellini – als ›Lösegeld‹ für die Freilassung des von ihnen gefangengenommenen Piraten Dragut. Die zur Festung ausgebaute Insel entfaltete sich zu einer der zentralen genuesischen Handelsniederlassungen (bedeutende Korallenfischerei), bis sie 1741 von den tunesischen Beys eingenommen wurde. In der Folgezeit hatte eine türkische Garnison hier ihren Stützpunkt, um 1770 lag sie im Feuer der französischen Flotte und 1881 setzte hier die französische Invasionsarmee ihren Fuß auf tunesischen Boden.

Heute ist Tabarka ein kleiner Fischerhafen mit Korkausfuhr und Marktzentrum für das umliegende neue Kulturland der Flußmündungsebene, in der besonders Oliven- und Feigenanbau betrieben wird. Der Tourismus spielt noch eine untergeordnete Rolle, obwohl bereits einiges vom ehrgeizigen Projekt ›Montazah Tabarka‹ verwirklicht worden ist.

Abgesehen von der genuesischen Festungsruine auf der Insel bietet der Ort selbst keine besonderen Sehenswürdigkeiten, sein Reiz besteht vor allem in seiner Lage an einer weiten, von steilen und üppig bewachsenen Berghängen umrahmten Bucht, die hervorragende Bademöglichkeiten an ausgedehnten Sandstränden bietet; hinzu kommt das ausgesprochen reizvolle Hinterland mit seinen schattigen Korkeichenwäldern.

Die Hauptstraße von Tabarka, die Av. Habib Bourguiba, beginnt im Osten der Stadt als Verlängerung der von Tunis und Ain Draham herkommenden Landstraßen. Sie verläuft, gesäumt von Geschäften, Cafés und Restaurants, durch das regelmäßig angelegte, überwiegend moderne Stadtgebiet mit dem zentralen Platz, den eine hübsche Gartenanlage ziert. Ein Stück weiter sehen Sie linker Hand das kleine ›Hotel de France‹, wo 1952 Habib Bourguiba, Hedi Chaker, Mongi Slim und Habib Achour für kurze Zeit interniert waren. Die dahinter kreuzende Av. Hedi Chaker führt nach links zu ein paar römischen Fundamenten und zur **Basilique,** einer Kirche, die Ende des letzten Jahrhunderts in den Mauern einer römischen Zisterne eingerichtet wurde. Auf dem Hügel oberhalb thront die Ruine des 1741 erbauten und 30 Jahre später zerstörten Bordj Messaoud, an den Hügelhängen verstreut liegen Häuser aus der Kolonialzeit.

Folgen Sie der Av. Hedi Chaker nach rechts (an der Post vorbei), so stoßen Sie auf die Uferstraße. Rechts liegt der Fischereihafen und die neue Marina mit Yachthafen, Restaurants, Souvenirläden und Appartements. An ihr vorbei führt ein 400 m langer, seit der Antike bestehender und 1952 verbreiterter Damm hinüber zu der ca. 400 m × 600 m großen Felseninsel, auf der sich die mächtige **Genueser Festung** der Lomellini

Der Fischereihafen von Tabarka

(16. Jh.) erhebt. Da die Türken den Bau zerstörten, stehen nur noch die Außenmauern und ein später hinzugefügter Leuchtturm. Ein Teil der Anlage wird militärisch genutzt, in einem anderen ist ein kleines Museum untergebracht. Schon allein wegen der schönen Aussicht über die Bucht lohnt sich der Spaziergang.

Westlich des Damms erstreckt sich eine zweite, größere Bucht, deren Westrand die **Aiguilles** markieren, bis 25 m hohe, schlanke Felsnadeln, von denen man einen hübschen Blick auf die Festung hat. Noch schöner ist der Ausblick von der oberhalb Richtung Algerien verlaufenden Straße, die am Bordj Djedid (Fotoverbot) vorbeiführt.

Die Hotelzone ›Montazah Tabarka‹ liegt östlich der Stadt an einem kilometerlangen **Sandstrand,** der bis zum Nordostende der Bucht reicht und sich in den Stränden von Berkoukech (9 km, Abzweig bei Ras Rajel) und Djebbara (Abzweig vor Ain Sebaa) fortsetzt.

Die Aiguilles-Felsen bei Tabarka ▷

Durch die zentralen Bergländer

Das Hinterland von Tabarka wird von der etwa bis zur Nefza-Ebene reichenden **Kroumirie** beherrscht, dem westlichen Abschnitt des Küstengebirges. Höchste Erhebung des stark gefalteten, zum Meer hin steil abfallenden Gebirges ist mit 1203 m der Djebel Rorra nördlich von Ghardimaou. Aufgrund der relativ hohen Niederschläge gedeiht hier üppige, eher südeuropäisch als afrikanisch anmutende Vegetation mit den größten zusammenhängenden ursprünglichen Waldgebieten des Landes, darunter ca. 100 000 ha Korkeichen – 8 % des Weltbestandes –, die einen nicht unbedeutenden Wirtschaftsfaktor darstellen.

Als zweite Landschaftsform schließen südlich die Erhebungen beiderseits der Medjerda, des größten tunesischen Flusses, an. Die **Monts de Medjerda** (nördlich des Flusses, bis 903 m) und die **Monts de Teboursouk** (südlich des Flusses, bis 963 m) sind überwiegend sanfte, seit der Antike landwirtschaftlich intensiv genutzte und entsprechend relativ dicht besiedelte Hügellandschaften, die zusammen mit dem Stromtal, das sie rahmen, und der vorgelagerten Medjerda-Mündungsebene einen der historischen und ökonomischen Kernräume des Landes bilden. Das dicht besiedelte **Medjerda-Tal** mit den umliegenden Hügeln war bereits in punischer und besonders in römischer Zeit das landwirtschaftliche Rückgrat Tunesiens. Aus dem anfänglichen Olivenanbau ging im Laufe der Zeit die ›Kornkammer Roms‹ hervor. Nach dem Beni Hilal-Einfall verödete es und diente jahrhundertelang Halbnomaden als Weidegebiet, bis die Franzosen hier einen der Schwerpunkte ihrer Kolonisation setzten. In dem wasserreichen und fruchtbaren Gebiet siedelten sich zahlreiche Colons an, und schließlich befand sich der größte Teil des Landes in der Hand französischer Großgrundbesitzer. Sie betrieben – vor allem im Westteil zwischen Bou Salem und Ghardimaou, um Munchar östlich von Béja sowie um das Kloster von Thibar – bevorzugt extensiven Getreideanbau, daneben auch Oliven-, Gemüse- und Weinkulturen. Die tunesischen Halbnomaden und Kleinbauern wurden in die kargen Randgebiete abgedrängt, extreme soziale Gegensätze waren die Folge. Nach der Unabhängigkeit übernahm das 1958 gegründete staatliche ›Office du Misé en Valeur de la Vallée du Medjerda‹ (OMVVM) die Leitung der bereits von den Franzosen begonnenen Bewässerungs- und Landwirtschaftsvorhaben und bauten diese im ehrgeizigen Medjerda-Projekt weiter aus. Staudämme wurden errichtet, Sümpfe trockengelegt, Bewässerungskanäle gezogen und eine Bodenreform durchgeführt. Die angestrengten Bemühungen des tunesischen Staates waren bislang großteils erfolgreich, obwohl die sommerliche Trockenheit nach wie vor ein Problem darstellt. Über 50 000 ha Kulturland wurden bislang für den Anbau von Obst, Gemüse, Futterpflanzen, Getreide, Baumwolle und Reis erschlossen, wobei man relativ hohe Hektarerträge erzielt. Das Medjerda-Tal mit den angrenzenden Hügelketten bietet dem Besucher nicht nur landschaftliche Reize, sondern mit Dougga, dem tunesischen Pompeji, und Bulla Regia auch Relikte der Römerzeit, die zu den bedeutendsten Kulturdenkmälern Nordafrikas zählen.

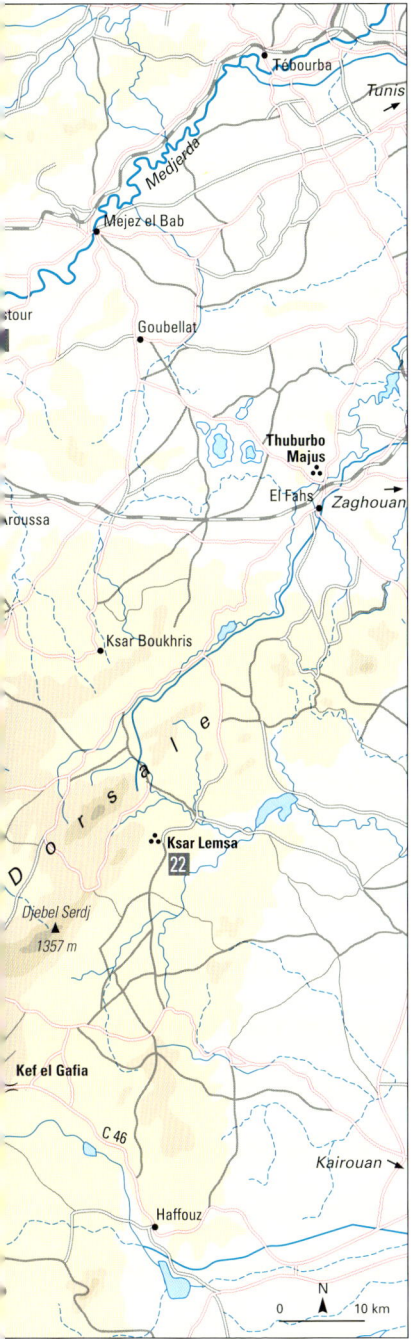

Die dritte und höchste, gleichzeitig aber am wenigsten einheitliche Bergkette ist die **Dorsale,** die sich über ca. 200 km vom algerischen Souk Ahras bis nach Zaghouan zieht, im weiteren Sinne sogar bis zum Cap Bon (s. S. 120 ff.). Sie stellt gewissermaßen das geographische Rückgrat Tunesiens dar, verläuft doch entlang dieses Gebirges – wenn auch mit weiten Übergängen – in etwa die Klimagrenze zwischen mediterranem Norden und saharischem Süden. Allerdings zeigt die Dorsale lediglich im Zentralteil wirklichen Gebirgscharakter mit imposanten, steilen Schichtkämmen. Im Süden dagegen setzt sie sich in isolierten, das ca. 1000 m hohe Umland nur um wenige 100 m überragenden Kalksteinmassiven fort. Dennoch finden sich gerade hier die höchsten Gipfel des Landes: Djebel Chambi 1544 m, Djebel Azhered 1412 m und Djebel Mrilha 1378 m.

Zwischen dem Medjerda-Bergland, der Bergkette der Dorsale und dem Becken von Siliana erstrecken sich die weiten Hochflächen des **Hohen Tell,** einer bereits steppenartigen, von vereinzelten Hügelketten und Tafelbergen unterbrochenen Landschaft, die im Ostteil (zwischen Le Kef und Maktar) eine Höhe von ca. 600–800 m erreicht und im Westen (zur algerischen Grenze hin) auf 800–1000 m ansteigt. Früher lebten hier überwiegend Halbnomaden, heute wird vor allem Getreideanbau mit etwas Viehzucht betrieben, daneben gibt es eine Reihe kleinerer Bergbauorte mit meist nur wenig ertragreichen Minen, deren Produktion abnimmt; viele sind heute geschlossen. Sehenswert in diesem Raum sind vor allem die am Rand der zentralen Dorsale gelegenen römi-

Zentrale Bergländer

Die zentralen Bergländer

Am Stausee Sidi Salem

schen Ruinen von Maktar, daneben aber auch der Ort Le Kef (El Kef), der ›Table de Jugurtha‹ mit seiner Festung und das Ruinengelände von Haidra.

Ain Draham und Umgebung

Kurvenreich führt eine Bergstraße von Tabarka durch dichte Wälder der Kroumirie zum kleinen in 823 m Höhe gelegenen Erholungsort **Ain Draham** 1 (S. 330) am Fuß des Djebel Bir.

Das von den Franzosen zunächst als Forstbezirksverwaltung und Militärposten gegründete und wegen seines gesunden Klimas später zur Sommerfrische ausgebaute Ain Draham ähnelt mit seinen ziegelgedeckten Häusern, den vielen Cafés, Restaurants und Souvenirläden, in denen man Kroumirie-Teppiche, Eichenholzschnitzereien und Keramik erstehen kann, fast einem südeuropäischen Bergort; vor allem das kleine Zentrum mutet überaus französisch an. Ain Draham wird vorwiegend von wohlhabenden Tunesiern und Algeriern als Sommerfrische aufgesucht, zunehmend aber auch von deutschen Jägern, die der Wildreichtum anlockt. Mit dem Bau neuer Hotels und eines großen Tourismuskomplexes auf dem Col des Ruines möchte man auch diesen landschaftlich besonders reizvollen Gebirgsort weiter für den Fremdenverkehr ausbauen. Ob allerdings gerade die mit heimischen Gebirgslandschaften verwöhnten Deutschen an diesem Urlaubsziel Geschmack finden, darf doch sehr bezweifelt werden. Immerhin lassen sich auf beschilderten Wegen schöne Wanderungen in die umliegenden Korkeichen- und Kiefernwälder unternehmen.

Für Autofahrer leicht erreichbare Ziele sind der südöstlich gelegene 78 m hohe und 483 m lange **Beni Mtir-Damm** 2 an dem gleichnamigen Stausee sowie das 15 km westlich an einem See gelegene, moderne **Thermalbad Hammam Bourguiba** 3, das aus einem Feriendomizil des Präsidenten hervorgegangen ist.

Bulla Regia

4 Diese zu den sehenswertesten römischen Ruinenstätten Tunesiens zählende Ausgrabungsstätte liegt in dem zum Medjerda-Tal hin sanft abfallenden

Gelände am Fuß des 627 m hohen Djebel Rebia, 6 km nördlich von Jendouba (dort auch nächste Unterkunft) an der C 59 und 2 km entfernt von der vielbefahrenen P 17.

Geschichte
Die Stadt geht auf eine phönizische Gründung aus dem 3. Jh. v. Chr. zurück, möglicherweise sogar auf eine noch länger zurückreichende numidische Siedlung. Um 150 v. Chr. wurde sie von Massinissa erobert, geriet ab 46 v. Chr. unter den wachsenden römischen Einfluß, behielt aber als Teil des numidischen *Regnums* weitgehende Selbständigkeit. Die römische Kolonisierung führte ab dem frühen 1. Jh. zum raschen Aufstieg als Getreide- und Olivenanbauzentrum. Unter Flavian oder Vespasian wurde der Ort Municipium, 128 n. Chr. Colonia. In jener Zeit zählte Bulla Regia sicherlich zu den wohlhabendsten Städten der Provinz Africa. Im 3. Jh. setzte jedoch auch hier der Niedergang ein, auch wenn die Stadt spätestens seit 380 Bischofssitz war (bis 703 bezeugt). Nach der arabischen Eroberung sank Bulla Regia zur

Die Ruinen von Bulla Regia

Bedeutungslosigkeit herab und wurde im 12. Jh. endgültig aufgegeben.

Das um die Jahrhundertwende entdeckte Ruinenfeld wurde bislang nur partiell ausgegraben. Im Unterschied zu den anderen ›großen‹ Römerstädten Tunesiens fehlen in Bulla Regia guterhaltene Großbauten. Was auf den ersten Blick als bloßer Trümmerwirrwarr erscheint, birgt gleichwohl einzigartige Kostbarkeiten: Als Schutz vor der im Sommer extremen Hitze des Medjerda-Tales bauten die Römer die Untergeschosse ihrer Villen vertikal in die Erde, eine Bauweise, die sich in Tunesien nur bei den (jüngeren) Wohnschächten von Matmata (s. S. 266ff.) wiederfindet. Die Häuser folgten ansonsten dem üblichen römischen Muster. Einige dieser unterirdischen Geschosse mit ihren Mosaiken sind so gut erhalten, daß sie noch heute einen hervorragenden Eindruck von der Wohnkultur der Römer vermitteln, auch wenn die Obergeschosse gänzlich zerstört sind. Ein Besuch von Bulla Regia ergänzt das Bild von Dougga oder Sbeitla und sollte deshalb nicht versäumt werden. Es empfiehlt sich, einen der Führer zu nehmen, da man ohne Ortskenntnis die unterirdischen Räume kaum findet oder vor verschlossenen Gittertüren steht. Fotografen dürfen sogar ein Blitzlicht verwenden, und der Wächter bzw. Führer besprenkelt die Mosaiken mit Wasser, um den Kontrast zu verstärken.

Besichtigung
Das Ruinenfeld beginnt unmittelbar an der C 59. Von Jendouba kommend, passiert man zunächst links restaurierte Zisternen mit den dahinterliegenden Resten einer byzantinischen Festung, dann folgt ein ebenfalls restauriertes Gebäude unbekannter Bestimmung aus dem 1. Jh., wahrscheinlich das älteste der Stadt, und schließlich weitere Zisternenreste, bevor man zum Eingang gegenüber dem Museum und Parkplatz gelangt. Rechter Hand fallen die imposanten Reste der **Julia Memmia-Thermen** ins Auge, die 186 von einer reichen Bürgerin gestiftet wurden und sich teilweise noch bis zu einer Höhe von 15 m erheben. Wir gehen hinter den Thermen geradeaus weiter auf den Berg zu und erreichen zunächst das **Schatzhaus** *(Maison du Trésor)*, das seinen Namen hier gefundenen Münzen aus byzantinischer Zeit verdankt und einige geometrische Mosaike in verschiedenen Räumen aufweist. Ein Stück links davon liegen auf dem kleinen Hügel die unscheinbaren Reste einer Basilika aus dem 6. Jh.

Der Weg geht nun in eine sanft ansteigende Pflasterstraße über und trifft auf ein ausgedehntes Ausgrabungsgelände mit zahlreichen Hausfundamenten. An den rötlichen Marmorsäulen erkennen Sie den besonders sehenswerten **Großen Jagdpalast** *(Palais de la Chasse)* mit einem herrlichen Patio und recht gut erhaltenen geometrischen Mosaiken in den Nebenräumen (falls verschlossen, Schlüssel beim Wächter erbitten). Unmittelbar oberhalb schließt der **Neue Jagdpalast** mit eigenartigem Röhrengewölbe an, links jenseits des gepflasterten Weges finden Sie ein kleineres Untergeschoß mit Tonnengewölbe, den **Pfauenpalast**. Gehen Sie hinter dem Jagdpalast auf dem gepflasterten Weg rechts und wieder rechts, stoßen Sie auf den **Fischerpalast** *(Maison de la Pêche)*, in dessen Patio ein halbkreisförmiges, mit Mosaiken ausgelegtes Wasserbecken eingelassen ist. Die Funde und Nischen deuten hier nicht auf ein Wohnhaus, sondern eher auf eine Kultstätte.

Folgt man von dem Fischerpalast dem gepflasterten Weg wieder in Richtung Berg, stößt man auf den rechter Hand gelegenen **Palast der Amphitrite**, eine weitläufige Anlage mit dem wohl schönsten Mosaik von Bulla Regia. Es zeigt Neptun mit der auf einem Kentaur reitenden Venus marina (nicht wie ursprünglich angenommen mit der griechischen Göttin Amphitrite), umgeben von Genien. Auch die Nebenräume sind mit Mosaiken dekoriert. Bei dem Bau, der gleichfalls vom Wächter aufgeschlossen werden muß, handelte es sich wahrscheinlich um einen Neptun-Tempel. Gegenüber, jenseits des gepflasterten Weges, liegt ein mit Fischmosaiken verziertes Wasserbecken.

Wir kehren nun zum Jagdpalast zurück und wenden uns dort nach Osten (vom Eingang aus nach rechts). Ein gepflasterter Weg führt zum unübersichtlichen, wenig beeindruckenden Komplex von Kapitol, Forum und Markt sowie dem angrenzenden, gleichfalls schlecht erhaltenen Apollon-Tempel. Gleich unterhalb davon erheben sich die Außenmauern des restaurierten **Theaters** aus dem frühen 2. Jh. mit dem schönen Mosaik eines Bären im Boden der Orchestra. Die Tiere waren in römischer Zeit in den damals noch bewaldeten Bergregionen der Umgebung durchaus heimisch. Der Weg führt uns nun wieder zurück zum Eingang, von wo aus sich noch Gelegenheit zu einem Abstecher zu den Zisternen und den anderen Bauten entlang der von Jendouba kommenden Straße bietet. Die jenseits der

Im Ruinenfeld von Bulla Regia

Straße gelegenen Fundamente der Südthermen und der Alexander-Basilika lohnen sich nur für archäologisch besonders Interessierte, desgleichen die verschiedenen Reste von Wasserreservoirs und -leitungen, die sich allenthalben finden und darauf hindeuten, daß Bulla Regia – offensichtlich wegen des heißen Klimas – ein besonders ausgeklügeltes Bewässerungssystem besessen haben muß.

Zum Abschluß der Besichtigung kann man einen Blick in das kleine archäologische Museum gegenüber dem Eingang werfen.

Chemtou (Simitthus)

5 Das bislang noch wenig bekannte, für Archäologieliebhaber aber überaus sehenswerte römische Ruinenfeld liegt in zauberhafter Landschaft, am Rande eines von Norden zum Medjerda-Tal hin vorgeschobenen Felsrückens, ca. 25 km westlich von Jendouba (S. 336). Die Zufahrt über die C 59 erfolgt von der Kreuzung an der P 17, von der auch die Straße nach Bulla Regia abzweigt (s. o.). Die 15 km lange Strecke ist teilweise recht holperig.

Geschichte
In den Felsen bei dem strategisch bedeutenden, hochwassersicheren Platz an einer Medjerda-Furt wurde bereits im 2. Jh. v. Chr. von den Numidern Marmor abgebaut. 27 v. Chr. entstand hier dann die römische Siedlung *Simitthus*, die sich bald zum bedeutendsten Marmorsteinbruch Nordafrikas entwickelte. Der hier abgebaute und über Tabarka verschiffte gelblich-rötliche ›Marmor numidicum‹ zählte zu den kostbarsten Baumaterialien der Antike und konkurrierte mit den Steinen aus Carrara und Naxos, sein Abbau war kaiserliches Monopol. Erdbebenschäden Ende des 3. Jh. führten zu einem starken Produktionsrückgang, bis zur arabischen Eroberung wurde in den Brüchen aber noch gear-

beitet. Die Grabungen in Chemtou begannen 1970 unter Leitung des Deutschen Archäologischen Instituts Rom und sind noch längst nicht abgeschlossen. Den Laien mögen die bis dato freigelegten Reste im einzelnen nicht besonders beeindrucken, doch haben sie der Archäologie wesentliche Erkenntnisse vermitteln können: Bei den übrigen bekannten römischen Stätten in Tunesien handelt es sich um Provinzstädte oder um Militärgarnisonen, hier jedoch haben wir – in der Antike einzigartig – ein reines Arbeitslager vor uns. Außerhalb der um den Bergsporn angelegten ›normalen‹ Stadt gab es in Simitthus eine eigene, völlig regelmäßig geplante Siedlung für die in den Marmorbrüchen unter unmenschlichen Bedingungen schuftenden Sklaven und Strafgefangenen, von denen viele Christen waren. Das heute ca. 4 ha messende, vor allem um die Mitte des 2. Jh. entstandene und im späten 3. Jh. nochmals erweiterte Areal war durch eine Mauer strikt abgeriegelt und umfaßte neben den Wohnbaracken auch Heiligtümer, u.a. verschiedene christliche, Thermen und Werkstätten, darunter die größte bekannte Marmormanufaktur des Altertums, in der Gefäße, Mörser, Reliefs, Statuen u. a. hergestellt wurden.

Besichtigung
Kürzlich hat das mit deutscher Hilfe erbaute **Museum** eröffnet, das Funde, Fotos und Modelle in ansprechender Form präsentiert (detaillierte Erläuterungen auch in Deutsch). Beim Bau wurde sogar ein römischer Münzschatz aus dem 3.–5. Jh. entdeckt. Ein Stück unterhalb liegen unübersehbar die Reste der **Trajansbrücke**, die im Jahre 112 einen durch Hochwasser zerstörten Übergang ersetzte. Aber auch die Römerbrücke fiel im 4. Jh. den Wassermassen der hier zwischen steilen Ufern eingezwängten Medjerda zum Opfer. Besonderes Interesse verdienen die Überreste einer mit Wasserkraft betriebenen **Getreidemühle**. Erkennbar sind noch die Zuleitungskanäle für das Wasser, das in einen Schacht geleitet wurde und dort hölzerne Turbinenräder antrieb. Wenden wir uns nun in Richtung des niedrigen Bergrückens, gelangen wir zu den Überbleibseln des Forums, eines Nymphäums und einer byzantinischen Basilika. Auf der rechter Hand emporragenden Hügelspitze dominierte einstmals ein numidisches Siegesdenkmal aus dem 2. Jh. v. Chr., das nach einem Sieg Massinissas gegen die Karthager errichtet worden war. Die rekonstruierte Front ist heute Prunkstück des Museums. Im 2. Jh. wurde es zu einem Saturn-Heiligtum umgestaltet, im 4. Jh. von den Byzantinern zerstört. In der Umgebung fand man über 200, teils stark verwitterte Reliefs aus der Römerzeit. Die rekonstruierte Tempelfassade hat heute ihren Platz im Hof des Museums gefunden. Von der Spitze des Hügels erkennt man bereits die Fundamente der Arbeiterstadt am Rande der Steinbrüche. Man erreicht sie, wenn man wieder zum Fluß hinabsteigt, das freistehende Amphitheater passiert und um den Berg herumgeht. Durch einen schluchtartigen Einschnitt gelangt man in die Steinbrüche, die noch überall Spuren der Bearbeitung erkennen lassen.

Über seine archäologische Bedeutung hinaus verdient Chemtou auch Beachtung wegen seiner landschaftlichen Lage und der Möglichkeit, die fortdauernden Grabungsarbeiten beobachten zu können (im Hochsommer ruhen die Arbeiten allerdings wegen der großen Hitze).

Die Kirche in Béja dient heute als Kulturzentrum

Zwischen Béja und Dougga

Béja 6 (S. 330), Provinzhauptstadt und wichtigstes Landwirtschaftszentrum des Medjerda-Gebiets, liegt am gleichnamigen Oued im Hügelland nördlich der Medjerda. Als *Vacca* war der Ort schon in römischer Zeit Mittelpunkt des Medjerda-Kolonisationsgebiets und konnte sich diese Position nach Zerstörung durch die Vandalen unter byzantinischer Oberhoheit erneut erkämpfen. Erst die Verwüstung durch die Beni Hilal und die damit verbundene Versteppung der Umgebung ließen den Ort bis zum Beginn der Kolonialzeit zur Bedeutungslosigkeit verkümmern. Dann entwickelte er sich zum wichtigsten Markt- und Verkehrszentrum des Medjerda-Gebiets. Das betriebsame Béja besitzt eine malerische, am Hügelhang gelegene ummauerte Altstadt, die wegen der ununterbrochenen Besiedlung jedoch keine Reste aus der antiken Blütezeit bewahren konnte. Lohnend ist der Gang zur Kasbah, die den Platz der byzantinischen Zitadelle am höchsten Punkt der Stadt einnimmt und heute vom Militär belegt ist. Besonders zu empfehlen ist der Besuch Béjas am Markttag (Dienstag).

12 km südlich von Béja überspannt die 70 m lange, dreibogige **Pont de Trajan** 7 den Oued Béja (Zufahrt über die C 76, ein Stück westlich der Bahnstation Mastouta). Die Brücke entstand wahrscheinlich bereits 29 n. Chr. als Teilstück der Straße Karthago – Bulla Regia unter Kaiser Tiberius und trägt daher ihren Namen zu Unrecht. Zuweilen ist die Brücke heute durch den Stausee Sidi Salem überflutet.

Auch wer von Béja direkt nach Dougga fahren möchte, der wohl bedeutendsten Römersiedlung Tunesiens, sollte dennoch nicht den Besuch der am Wege liegenden **Domaine de Thibar** 8 versäumen. Das auf einer Hügelkuppe inmitten der herrlichen Berglandschaft der Monts de Teboursouk angelegte große Mustergut erreicht man, wenn man von Béja aus zunächst der P 6 in Richtung Jendouba folgt und nach 12 km Richtung Süden auf die C 75 abbiegt. 1895 gründeten die französischen Mönche der ›Pères Blancs‹ hier ihr Kloster St. Joseph de Thibar und begannen das seit der Antike brachliegende Umland zu kultivieren. Es entstand eine 1900 ha große Domäne mit Oliven-, Getreide- und Weinanbau, dazu Rinder-, Schweine- und Schafzucht, deren Ruf sich vor allem auf die Herstellung vorzüglicher Weine und Likör *(Thibarine)* gründete. Eine Niederlassung des Frauenordens ›Sœurs Blanches‹ mit Haushalts- und Teppichknüpferschule kam später hinzu. Nach der Unabhängigkeit wurde das 2900 ha umfassende Gut ver-

Blick auf das moderne Dougga

staatlicht – bis 1974 hatten die letzten Mönche Thibar verlassen – und seither als Weinkellerei, Versuchsgut und Landwirtschaftsschule in staatlicher Regie weitergeführt. Der ausgedehnte Komplex mit dem alten Kloster, Stallungen, Lager- und Wirtschaftsgebäuden, Weinkeller und Gärten kann besichtigt werden.

Die C 75 zieht sich nun, mit weitem Panoramablick zurück auf die fruchtbare Ebene, in Serpentinen zum 963 m hohen **Djebel Ghorra** empor bis sie schließlich das Landstädtchen **Teboursouk** 9 (S. 345) erreicht, das ansprechend an einen Hang über dem Oued Khalled geschmiegt, dem Wanderer und Reisenden allerdings vor allem als Ausgangspunkt für den Besuch der nahegelegenen Ruinen von Dougga dient. Die Gründung der Ortschaft geht auf die Römersiedlung *Thubursicum* zurück, deren Geschichte eng mit der von Dougga verbunden ist. Vom 16. Jh. an siedelten hier Andalusier und begannen mit der Olivenkultivierung, einem bis heute wichtigen Wirtschaftszweig. Herausragende Sehenswürdigkeiten darf man allerdings nicht erwarten. Jenseits der Durchgangsstraße klettert eine ziemlich malerische Altstadt mit ausgedehnten Souks am Hang empor, und an der Durchgangsstraße sind die in eine byzantinische Festungsmauer integrierten Reste eines römischen Tors erhalten.

Dougga (Thugga)

10 (S. 333) Die besterhaltene und bedeutendste römische Ruinenstätte Tunesiens liegt höchst eindrucksvoll am Rand der Monts de Teboursouk auf einem 570 m hohen Plateau oberhalb der Oued Khalled-Ebene, ca. 6 km von Teboursouk.

Die Ruinen von Dougga (Thugga)

Geschichte

Eine Numidersiedlung *Thugga* (Steiler Fels) wurde schon 310 v. Chr. erwähnt, gehörte aber wohl nie zum Einflußbereich Karthagos. Später war sie aufgrund der natürlichen Schutzlage, des guten Ackerlandes und der vielen Quellen eine der bedeutendsten Städte des Massinissa-Reiches (ab 146 v. Chr.) und bot nach der Zerstörung Karthagos zahlreichen punischen Flüchtlingen eine neue Heimat. 46 v. Chr. wurde Thugga als Teil von *Africa nova* römisch, wobei zunächst nur eine kleine Veteranensiedlung außerhalb des numidischen Ortes entstand. Erst unter Tiberius (14–37 n. Chr.) wurden beide Ortsteile durch Anlage eines Forums verbunden. Die eigentliche Romanisierung setzte mit der Errichtung von Großbauten im frühen 2. Jh. ein, die von reichen Landbesitzern gestiftet wurden. Die völlige Verschmelzung von Numider- und Römerstadt erfolgte dann unter den Severern im Jahr 205, als beide Orte zu einem Municipium wurden. Nun begann Thuggas Blüte, die schließlich in der Regierungszeit des Licinius (reg. 260–268) mit dem

Aufstieg zum Zentrum des Landwirtschaftsgebiets der Medjerda, der Anlage zahlloser Prachtbauten und der Ernennung zur Colonia im Jahre 261 ihren Höhepunkt fand. Ab Ende des 3. Jh. hörte die Bautätigkeit auf, gefolgt vom Verfall, der durch die heftigen Auseinandersetzungen zwischen Donatisten und Katholiken noch beschleunigt wurde. Die Stadt entging zwar der Zerstörung durch die Vandalen, mußte jedoch einen starken Bevölkerungsrückgang verzeichnen. Unter den Byzantinern bestand hier eine kleine Festung. Danach ließen sich Berber in der weitgehend verfallenen Stadt nieder, gaben diese aber irgendwann auf. Belebt wurde die Umgebung, nicht allerdings die antike Siedlung, erst wieder durch andalusische Flüchtlinge zu Beginn des 17. Jh.

Nachrichten über die Ruinen von Thugga drangen schon 1631 nach Europa, die ersten Ausgrabungen begannen 1899 und sind noch nicht abgeschlossen. Freigelegt wurde eine komplette, ca. 25 ha große, z. T. noch mit der numidischen Mauer umgebene Provinzstadt für ca. 8000 Einwohner, die – da später weder überbaut noch in größerem Umfang als Steinbruch genutzt – einen ungewöhnlich guten Erhaltungszustand zeigt und mit zu den großen archäologischen Stätten der Welt gezählt werden darf; die Tourismuswerbung gebraucht häufig den nicht ganz unberechtigten Begriff ›tunesisches Pompeji‹. Neben dem für Römerstädte in Tunesien typischen unregelmäßigen Straßenverlauf, der auf den Grundriß der Numidersiedlung zurückgeht, ist bemerkenswert, daß viele der in den Hang hineingebauten Wohnhäuser zum Schutz vor der im Sommer extremen Hitze unterirdische Geschosse besitzen, wie wir sie in anderer Form auch aus Bulla Regia kennen (s. S. 160ff.).

Besichtigung
Der Eingang zum Ruinenfeld liegt an der Ostseite, wo die Straße nach Teboursouk verläuft; hier gibt es auch einen Parkplatz und ein Café. Gleich dahinter betritt man das zwischen 160 und 169 n. Chr. entstandene **Theater**. Es besteht aus einem ca. 120 m durchmessenden, von einer 15 m hohen Mauer umschlossenen Halbkreis mit drei Rängen – aufgeteilt in 19 Sitzreihen für ca. 3000–3500 Zuschauer – und oben abschließender Galerie, dem die Bühne mit anschließender Säulenhalle vorgelagert ist. Einst erhob sich hier eine Bühnenrückwand, die das Theater zum allseits geschlossenen Bau machte. Im Theater fanden keine Gladiatorenkämpfe statt, sondern vor allem Aufführungen von Lustspielen, Pantomimen, Akrobatik u. ä. Der Erhaltungszustand des Theaters ist so gut, daß es noch heute seinem ursprünglichen Zweck dient.

Vor dem Theater führt ein gepflasterter Weg vorbei an den Resten des Fortuna-Tempels, einer kleinen Moschee und des Pieta Augusta-Tempels auf das Kapitol zu. Unmittelbar davor liegt der **Platz der Windrose**, eine um 190 entstandene Forumserweiterung mit in den Boden eingemeißelter Windrose, die Namen und Richtungen der zwölf Winde zeigt. Den Platz säumen rechter Hand (nördlich) der kleine Merkur-Tempel (180–192) und linker Hand (südlich) der noch teilweise marmorgepflasterte Marktplatz. Geradeaus erhebt sich auf einem Podest mit zehnstufiger Treppe das **Kapitol**, der beherrschende Bau von Dougga und der wohl eindrucksvollste römische Tempel des Maghreb. Er wurde zwischen 166 und 169 nach dem Vorbild Roms als Hauptheiligtum der Göttertrias Jupiter, Juno und Minerva errichtet, wobei jeder Gottheit eine Nische in der Cella geweiht war

und nicht wie in Sbeitla (s. S. 224ff.) jeweils ein eigener Tempel. Die herrliche Vorderfront mit dem Giebelrelief stellt die Vergöttlichung des Kaisers Augustus dar. Westlich an das Kapitol schließt sich das **Forum** an. Einst auf drei Seiten von Portiken flankiert, wurde es in byzantinischer Zeit mit einer Festungsmauer umgeben, die auch das Kapitol und den gegenüberliegenden kleinen Saturn-Tempel einbezog.

Gehen Sie nun um das Forum herum und dann – mit dem Kapitol im Rücken – geradeaus auf dem durch den Olivenhain verlaufenden Weg. Sie treffen auf den **Tempel der Juno Caelestis**, die der punischen Thanit gleichgesetzt wurde, einen um 224 entstandenen halbkreisförmigen Säulengang, der das eigentliche Heiligtum umschließt. Rechts oberhalb davon am Hang ragt der **Triumphbogen des Alexander Severus** (228) empor. Daneben liegen die Ain el Hammam-Zisternen, fünf je 34 m lange und 5 m hohe Gewölbe für ca. 6000 m^3 Wasser, das über einen Aquädukt von einer 12 km westlich gelegenen Quelle hergeleitet wurde.

Wir gehen nun zum Forum zurück und besichtigen das unterhalb in Rich-

Das Ruinenfeld von Dougga

tung Südosten (Tal) gelegene **Wohngebiet**, ein Gewirr von breiten Marmorstraßen und zahllosen Mauerresten, das einen hervorragenden Eindruck von der antiken Stadt vermittelt. Bei den Wohnhäusern handelt es sich um einst prachtvoll geschmückte Villen, die im allgemeinen nach den hier gefundenen Mosaiken – die schönsten befinden sich heute im Bardo-Museum – benannt wurden, z. B. Haus des Mundschenks, des Dionysos, der Jahreszeiten, des Odysseus oder der drei Masken.

Gleich unterhalb des Forums finden sich außerdem die Reste des Tellus-Tempels von 261, geweiht der ›Mutter der Erde‹, und ein Stück weiter am Hang, erkennbar an dem auffälligen Portal, die Reste des Dar el Acheb von 165, dessen einstige Funktion unbekannt ist. Von hier fällt der Blick auf die mächtigen Mauern der **Licinius-Thermen**, entstanden um 260 und um 360 umgebaut. Eingangshalle, zentrales Frigidarium und die daran anschließende Palästra sind noch in ausgezeichnetem Zustand.

Gleich neben den Thermen liegen die ausgedehnten, aber schlecht erhaltenen Ruinen des **Concordia-Liber-Tempels** (128–138), einst zentraler Tempelkomplex der Stadt mit dem zur Ebene hin anschließenden, noch gut erkennbaren Odeon, dem kleinen, überdachten Theater. Von Thermen und Odeon blickt man hinunter auf die Fundamente des außerordentlich großen **Hauses des Trifolium** mit den angrenzenden **Thermen der Zyklopen**, wo man noch eine Gemeinschaftslatrine in Form einer halbkreisförmigen Sitzbank mit zwölf Löchern sehen kann, die wahrscheinlich Teil des städtischen Bordells war. Wendet man sich dahinter nach links, gelangt man zum stark zerstörten **Triumphbogen des Septimius Severus** aus dem Jahre 205.

Lohnender ist es, hinunter ins Tal zu steigen und das bereits weithin sichtbare **Libysch-punische Mausoleum** zu besichtigen, das einzige fast vollständig erhaltene punische Bauwerk Tunesiens; es wurde 1908–10 restauriert. Der 21 m hohe, in drei sich nach oben verjüngende Abschnitte mit aufgesetztem Pyramidendach gegliederte und reliefgeschmückte Bau entstand um 200 v. Chr. als Grabmal des numidischen Fürsten Ataban, eines Zeitgenossen König Mas-

Landschaft bei Musti

sinissas. Karthagische Baumeister errichteten ihn nach hellenistischen Vorbildern, verarbeiteten aber auch ägyptische Einflüsse, z. B. Sphinxdarstellungen im Mittelteil. Eine hier angebrachte Widmungstafel für den Verstorbenen, die der britische Konsul 1842 abbrechen und ins British Museum in London bringen ließ, lieferte den Schlüssel zur Entzifferung der numidischen (altlibyschen) Schrift, da die Gedenkschrift in punisch und numidisch abgefaßt war und Punisch bereits entziffert war. Dabei stellte sich unter anderem heraus, daß Numidisch die Wurzel für die Sprache der Tuareg bildete. In der Umgebung des Mausoleums trifft man noch auf Reste numidischer Gräber.

Wer über ausreichend Zeit verfügt, kann noch **weitere Bauten am Rande des Ruinengeländes** besichtigen. Nördlich des Theaters (vom Eingang aus rechts) liegt inmitten ausgedehnter, aber stark zerstörter Mauerreste aus der frühchristlichen Zeit der von der Zufahrtsstraße aus bereits sichtbare Saturn-Tempel, der 195 auf den Fundamenten eines Baal-Tempels erbaut wurde. Die Fundamente aus christlicher Zeit gehören zur Victoria-Kirche aus dem Jahre 400 und einem Friedhof. Nordwestlich des Stadtareals finden sich am Hang die Ain Mizeb-Zisternen, die spärlichen Überreste des Minerva-Tempels und – nur noch schwer erkennbar – des Circus mit 180 m langer Rennstrecke. Das Gebiet im Südwesten der Stadt wurde erst vor kurzem freigelegt, u. a. die Thermen von Ain Doura mit schönem Fischfangmosaik. Unterhalb von Dougga (unweit der P 5) können noch bescheidene Reste der einstigen Tochterstadt Agbia besichtigt werden.

Abstecher: In der näheren Umgebung liegen noch weitere Städte aus römischer Zeit, die sich zwar nicht mit Dougga messen können, dem historisch und archäologisch interessierten Besucher aber dennoch als Abstecher empfohlen werden können. Folgt man der P 5 nach Südwesten trifft man kurz vor der Ortschaft Le Krib auf das Ruinenfeld von **Musti** 11, das von der Straße durchschnitten wird. Der Ort entstand nach dem jugurthinischen Krieg als Veteranensiedlung und entwickelte sich später zu einer wichtigen Festung. Den Besucher erwarten recht gut erhaltene Reste verschiedener Tempel, eines Triumphbogens, von Marktständen und einer byzantinischen Festung mit Zisternen. Im Dorf Le Krib wird am Dienstag Markt abgehalten.

Ebenfalls an der P 5, jedoch etwa 14 km nordöstlich liegen am Ortsrand von **Ain Tounga** 12 die Ruinen des römischen *Thignica*, das allerdings von einer später errichteten fünftürmigen byzantinischen Festung beherrscht wird; von der am Hang gelegenen Römersiedlung sind nur noch bescheidene Reste von Triumphbögen, Tempeln, Thermen, Nymphäum, Zisterne und Theater erhalten.

Etwa 6 km nordöstlich von Ain Tounga und 20 km von Teboursouk entfernt, erreicht die P 5 die interessante, am Medjerda gelegene Kleinstadt **Testour** 13 (Freitagsmarkt). Sie wurde Ende des 16. Jh. von andalusischen Einwanderern gegründet und konnte bis heute ihr maurisches Ortsbild mit dem untypischen regelmäßigen Straßennetz teilweise bewahren. Sehenswert sind die Große Moschee (oder Andalusische Moschee) aus dem 16./17. Jh. mit der in Tunesien seltenen Ziegelbedeckung, die Abdul Latif-Moschee mit einem Minarett aus dem 17. Jh. mit ›saharischem‹ Backsteindekor sowie die aus dem Jahre 1733 stammende Zaouia Sidi Naceur el Karouahi.

Nordwestlich des Ortes liegt der Stausee Sidi Salem, einer der größten des Landes. Eingebettet in eine großartige Landschaft, bietet er an seinen Ufern zahlreiche Rastmöglichkeiten.

Le Kef (El Kef)

14 (S. 338) Die Provinzhauptstadt, die auch Verkehrs- und Marktzentrum (Donnerstagsmarkt) des westlichen Berglandes mit Schwerpunkt Getreideanbau ist, erstreckt sich in landschaftlich reizvoller Lage zwischen 700 m und 850 m Höhe über den steilen Südwesthang des Dir el Kef.

Geschichte

In die Numidersiedlung *Chikka Banara* schob Karthago nach dem Ersten Punischen Krieg die nicht ausgezahlten Söldner ab, weswegen hier 241 v. Chr. der Söldneraufstand ausbrach. Unter den Karthagern erfolgte auch die Ansiedlung von Elymern aus dem sizilianischen *Eryx*, die den Kult ihrer Göttin Sicca Veneria und die damit verbundene Tempelprostitution einführten. Die Göttin, die der punischen Astarte, der griechischen Aphrodite und der römischen Venus entspricht, ist in Afrika nur hier nachgewiesen. Der Ort entwickelte sich zu einem berühmten Heiligtum und erhielt den Namen *Sicca Veneria*, den auch die Römer beibehielten, unter denen die Stadt aufblühte und den Rang einer Colonia erhielt. Später war der Ort, in dem bereits ab 255 Bischöfe bezeugt sind, bedeutendes Zentrum des frühen Christentums, wurde dann aber nach den Zerstörungen durch Vandalen und Araber verlassen. Erst im 16. Jh. erfolgte die Neugründung als Festung ›El Kef‹ (Felsenkamm), die lange Zeit zwischen algerischen und tunesischen Herrschern umkämpft war. 1679 entstand die mächtige Kasbah des Deys von Algier, die erst im 18. Jh. endgültig an den Bey von Tunis gelangte. Im Zweiten Weltkrieg – nach der deutschen Eroberung von Tunis – hatte die französische Protektoratsverwaltung vorübergehend ihren Sitz hierher verlegt.

Besichtigung

El Kef – heute Le Kef – besteht aus der an dem Berghang emporkletternden, von der Kasbah bekrönten Altstadt und der an ihrem Fuß im Tal gelegenen Neustadt oder ›Unterstadt‹. Hauptachse ist die von der P 5 abzweigende Durchgangsstraße Av. Habib Bourguiba/Rue Ali Belhaouane. Von Richtung Tunis kommend, passiert man zunächst den Lebensmittelmarkt, dann einen schattigen Park und stößt schließlich auf die zentrale, von kleinen Hotels und Cafés gesäumte Place de l'Indépendance mit einem hübschen Brunnen. Hier knickt die Av. Habib Bourguiba nach links ab. Ihre Fortsetzung, die Rue Ali Belhaouane, durchquert die gesichtslose Neustadt und führt schließlich wieder auf die P 5 zurück. Gehen Sie an diesem Knick geradeaus in die Rue de la Source, passieren Sie linker Hand die Quelle Ras El Ain, die früher der Wasserversorgung diente, sowie die Sidi Hamed Moschee, und Sie gelangen zu einem **Ruinengelände** des antiken Sicca Veneria mit den wuchtigen Mauerresten römischer Thermen, u. a. Mosaikfußböden, unterirdischen Zisternen und den Fundamenten einer frühchristlichen Kirche.

Die Besichtigung der Altstadt, die im wesentlichen aus dem 18. Jh. stammt und in ihrem Nordteil noch von der Stadtmauer aus dieser Zeit gesäumt wird, läßt sich ebenfalls am besten von dem zentralen Platz aus unternehmen. Folgen Sie den Treppen neben dem Hotel l'Auberge und dann den von dort nach links aufsteigenden Gassen, die zur Kasbah führen. Unterhalb der Festung steht inmitten eines kleinen archäologischen Parks eine restaurierte frühchristliche **Basilika**, die lange Zeit als Große Moschee genutzt wurde; im Inneren befinden sich christliche Stelen. Vor der Basilika führt eine Gasse mit Treppenstufen zur **Moschee Sidi Bou Makhlouf** (16. Jh.) mit dem charakteristischen achteckigen Minarett und einer überaus prachtvollen Innenausstattung; im Juli findet hier ein Fest zu Ehren des Heiligen statt. Gehen Sie nun hinauf zur mächtigen, 1679 erbauten und 1740 erweiterten **Kasbah**, die den höchsten Punkt der Altstadt einnimmt. Im Rahmen des derzeit größten Kulturprojekts Tunesiens soll die Festung völlig umgestaltet werden. Ein beachtenswerter Fortschritt ist in den letzten Jahren jedoch nicht zu verzeichnen. Das Innere wird teilweise noch vom Militär genutzt und darf nicht fotografiert werden. Lohnend allein ist der Blick von den Bastionen über die Stadt.

Der direkte, teilweise über Treppen geführte Weg hinunter zur Hauptstraße führt vorbei am Mausoleum des Ali Turki, des Vaters von Hussein Ibn Ali, dem Begründer der Husseiniten-Dynastie, und der zu einem Museum umfunktionierten ehemaligen Synagoge und endet am lebhaften Markt an der Av. Bourguiba. Folgt man hingegen der Straße, die vor der Kasbah nach Osten zieht, um dann in mehreren Bögen hinunter zur Straße nach Tunis zu führen, erblickt man bald rechts die **Zaouia Sidi Ali Ben Aissa** (1784), die heute ein interessantes Volkskunstmuseum beherbergt. Blickfang ist ein Nomadenzelt im Hauptraum, das zusammen mit Arbeits- und Haushaltsgeräten sowie Karten und Statistiken einen Einblick in das Leben der Tell-Nomaden gibt. In anderen Räumen werden Hochzeitstrachten und Reitzubehör gezeigt.

Die Moschee Sidi Bou Mahlouf in Le Kef

In unmittelbarer Nähe liegt in einem Park versteckt ein Präsidentenpalast – in Le Kef wurde Bourguibas Gattin geboren – und diesem gegenüber die hübsche Zaouia des Sidi Mizouni (oder Qadriya) von 1834.

Ein kurzer Gang lohnt sich schließlich von der Av. Habib Bourguiba in die Gasse, die beim Café de Tunis einbiegt. Dort sehen Sie gleich rechter Hand das **Dar el Kous**, die noch recht gut erhaltene Ruine einer frühchristlichen, dem hl. Petrus geweihten Basilika.

Ausflüge: Die abwechslungsreiche Umgebung bietet zahlreiche Ausflugsmöglichkeiten, etwa zur **Barrage Mellègue** [15], einem ca. 20 km langen,

116 km² messenden, landschaftlich schön gelegenen Stausee des Oued Mellègue, des größten und sehr wasserreichen Medjerda-Zuflusses. Reizvoll ist auch der 18 km lange Abstecher nach **Hammam Mellègue** 16, einem seit Römerzeiten geschätzten Thermalbad am Ufer des Oued Mellègue. Nahe der südlich von Le Kef gelegenen Ortschaft Dahmani zweigt eine Stichstraße zur Ausgrabungsstätte **Medeina** 17 ab, dem römischen *Althiburos*. Die Geschichte ist weitgehend unbekannt, der berberische Name läßt aber vermuten, daß hier bereits vor punischer Zeit eine Niederlassung bestand. Die archäologischen Ausgrabungen beschränkten sich bisher auf die Bergung der wertvollen Mosaiken, denen im Bardo-Museum von Tunis ein eigener Saal gewidmet ist. Recht gut erhalten sind das Hadrians-Tor und einige Bögen des Theaters.

Table de Jugurtha und Haidra

Setzen wir von Le Kef aus die Reise entlang der P 17 in südliche Richtung fort, erscheint bald rechts voraus in der Ferne die markante Silhouette des **Table de Jugurtha** 18, eines 1271 m hohen Tafelbergs mit den Resten einer Festung, die im 7. Jh. von dem Berberfürsten Senam nach byzantinischem Vorbild gegen die Araber angelegt wurde und später Karawanenräubern als Unterschlupf diente. Um den Berg zu erreichen, biegen wir 4 km südlich der Ortschaft Tadjerouine von der P 17 auf die 25 km lange Zufahrtsstraße P 18 zum Dorf **Kalaat es Senam** ab. Von dort führt hinter der Moschee links eine ca. 8 km lange mit ›Ain Senan‹ ausgeschilderte Straße bis zum Fuß des steil emporragenden Berges. Die letzten 3 km sind allerdings nur mit dem Geländewagen zu bewältigen. Durch einen schmalen Felsspalt führt eine 150stufige Treppe auf das ca. 80 ha große, nach allen Seiten hin jäh abfallende Felsplateau, von dem sich ein herrlicher Ausblick bis weit nach Algerien hinein bietet. Neben allerlei Mauerresten von der Festungsanlage und einer späteren Moschee findet man hier ein Marabout des Sidi Abd el Jouad und in den Fels gehauene Zisternen.

Die in südlicher Richtung führende Piste nach Haidra/Thala ist nur für Geländewagen passierbar. Überdies muß aufgrund der Nähe zu Algerien mit Militärkontrollen gerechnet werden, so daß es sich empfiehlt, wieder zur P 17 zurückzukehren und auf ihr weiter nach Süden bis zur Ortschaft Kalaat Khasba zu fahren und dort rechts auf die zur algerischen Grenze abzweigende P 4 abzubiegen. Nach 12 km recht einsamer Fahrt erreichen wir den Grenzort **Haidra** 19. Die abgelegene Ortschaft beherbergt die durchaus sehenswerten Ruinen des römischen *Amaedara*, das im frühen 1. Jh. unter Augustus als Winterlager der Legio III Augusta gegründet wurde und später als wichtigster Militärstützpunkt an der Südwestgrenze der Provinz den Rang einer Colonia erhielt. Die Verlegung der Legion nach Tebessa (Algerien) ließ seine Bedeutung zurückgehen, und es geriet schließlich unter numidische Kontrolle. Von den Byzantinern nochmals befestigt und von den Arabern zerstört, wird es ab dem 9. Jh. nicht mehr erwähnt. Die Ausgrabungen sind seit 1883 im Gange. Das heutige Dorf entstand erst kurz vor dem Kriege.

Die von Kalaat Khasba kommende Straße passiert zunächst linker Hand den 195 erbauten und noch gut erhaltenen Triumphbogen des Septimius Severus mit Resten der alten Römerstraße. Ein Stück entfernt, aber weithin sichtbar,

Blick auf das ›Haus der Tröge‹ in Haidra

erhebt sich das zweistöckige, sechseckige Mausoleum. Auf der anderen Straßenseite trifft man auf die spärlichen Überbleibsel des Theaters. Etwas oberhalb in Richtung Bahnlinie liegt das ›Haus der Tröge‹, dessen Bedeutung wie bei anderen derartigen Bauten in Tunesien, z. B. in Bulla Regia, unklar ist. Futtertröge und Befestigungsmöglichkeiten für Tiere deuten darauf hin, daß hier eine Kirche in einen Stall oder eine Poststation umgewandelt worden ist. Ein Stück weiter folgen rechts der Straße die unübersichtlichen Mauerreste des einstigen Stadtzentrums mit Forum, Kapitol und einer außergewöhnlich großen christlichen Basilika mit wiederaufgerichteten Säulen. Gegenüber erhebt sich die imposante, 200 m × 110 m messende, zehntürmige byzantinische Zitadelle aus dem 6. Jh. Die Nordmauer wurde 1840 als Grenzbefestigung gegen das damals schon französische Algerien errichtet. Unterhalb liegt eine bis heute benutzte Wasserstelle am Ufer des Oued Haidra.

Maktar (Mactaris)

[20] (S. 338) Kehrt man von Haidra zur P 17 zurück und überquert diese, gelangt man auf der P 4 direkt nach Mactaris, einer weiteren bedeutenden Ausgrabungsstätte im Tell-Atlas. Das Ruinengelände liegt am Ortseingang der modernen Kleinstadt Maktar.

Geschichte

Mactaris entstand im 3. Jh. v. Chr. als Festung eines numidischen Fürsten und wuchs, da an einem wichtigen Durchgang vom Bergland zur Steppe gelegen, rasch zu einer größeren Siedlung heran, die sich unter Massinissa zu einem der Zentren Numidiens entwikkelte. Nach dem Fall Karthagos strömten zahlreiche punische Flüchtlinge, vor allem Handwerker, hierher, die der Stadt bis lange

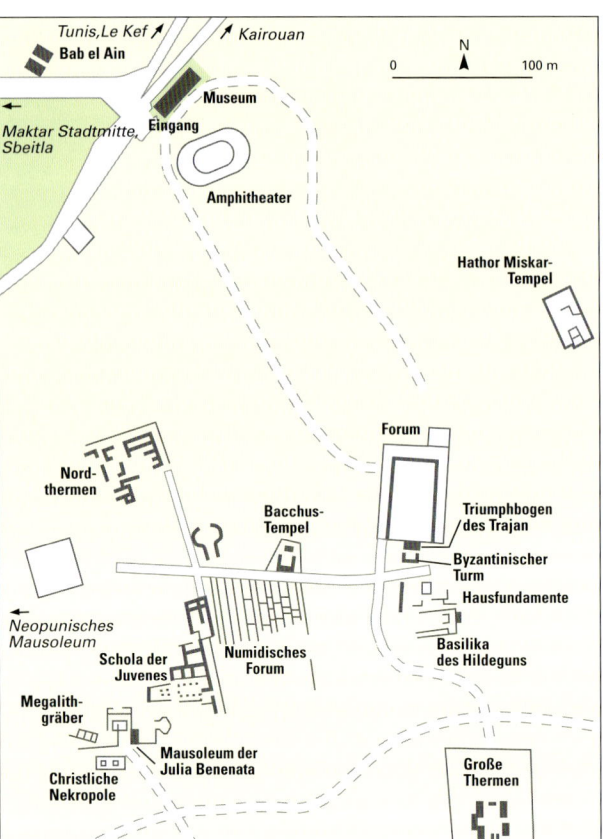

Die Ruinen von Maktar (Mactaris)

nach der römischen Inbesitznahme (46 v. Chr.) in Bauten, Verwaltungssystem und Sprache karthagisches Gepräge verliehen. Die Romanisierung von Mactaris ging entsprechend langsamer vor sich als in anderen Teilen Tunesiens; punische Kulte sind noch bis zum Ende des 2. Jh. belegt. Die unter Augustus gegründete Römersiedlung, die unter Trajan Municipium wurde, erlebte ihre Blütezeit nach ihrer Erhebung zur Colonia im Jahre 180. Als Umschlagplatz für Getreide, Olivenöl, Vieh und Textilien sowie als Verkehrszentrum zwischen Karthago, Sufetula, Thugga und Tebessa wuchs Mactaris zu einer der reichsten Städte der Provinz heran. Einer Phase des Niedergangs im frühen 3. Jh. – u. a. Bestrafung wegen Teilnahme am Gordianus-Aufstand von 238 – folgte um die Wende des 3./4. Jh., die auch den Beginn der Christianisierung markiert, neuer Wohlstand. Mactaris überstand den Vandaleneinfall und wurde zu einer wichtigen byzantinischen Festung, verlor aber nach der arabischen Eroberung an Bedeutung. Im 9. Jh. zählte es nur noch wenige Bewohner, die letzten flohen 1052 vor den Beni Hilal.

1887 gründeten die Franzosen am gegenüberliegenden Oued-Hang das neue Maktar als Verwaltungs- und Marktzentrum. Archäologische Grabungen begannen 1914, u. a. mit deutschen Kriegsgefangenen, und wurden ab 1944 in größerem Maße durchgeführt. Freigelegt ist bislang ein weitläufiges Gelände, das etwa ein Drittel des antiken Stadtgebietes umfaßt. Es wirkt nicht so imposant wie das von Dougga oder das von Sbeitla, zählt aber insbesondere wegen seiner Thermen und der Schola der Juvenes zu den sehenswertesten Ruinenstätten Tunesiens. Der moderne, bescheidene Ort bietet allerdings keinerlei Sehenswürdigkeiten, besitzt aber als Handelszentrum zwischen Bergland und Steppe einen äußerst regen Montagsmarkt.

Besichtigung
Das Ruinengelände beginnt unmittelbar an der südöstlichen Ausfallstraße (zur P 12 Kairouan – Le Kef). Vom Ort kommend, sehen Sie zunächst linker Hand den heute **Bab el Ain** genannten Triumphbogen, der die Stelle des einstigen punischen Tophet einnimmt. Jenseits der Straße liegt direkt am Eingang das **Museum** mit einzigartigen, teilweise im Garten aufgestellten neopunischen Grabfunden aus dem 1. und 2. Jh. Direkt hinter dem Museum passiert man die Reste des **Amphitheaters** und stößt ca. 200 m weiter auf das Zentrum des antiken *Mactaris*, das marmorgepflasterte **Forum**. An seinem Südende befindet sich der weithin sichtbare, hervorragend erhaltene **Triumphbogen des Trajan**, den die Bürger dem Kaiser im Jahre 116 anläßlich der Erhebung ihrer Stadt zum Municipium stifteten. Nordöstlich des Forums, etwas höher gelegen, finden Interessierte die kärglichen Reste des punischen Hathor Miskar-Tempels, der auf das 1. Jh. v. Chr. zurückgeht, um 200 n. Chr. erneuert und später zur Kirche umgebaut wurde. Hinter dem Triumphbogen liegen die Fundamente eines byzantinischen Turms, südlich anschließend, auf der anderen Seite des gepflasterten Weges, erblicken Sie neben verschiedenen Hausfundamenten die Grundmauern der **Basilika des Hildeguns** (Vandalenfürst) aus dem 5. Jh. Das hiesige Trümmergelände ist wegen des späteren Baus einer byzantinischen Festung ausgesprochen unübersichtlich.

Unterhalb des Triumphbogens erheben sich die mächtigen Mauern der um 200 entstandenen **Großen Thermen** (Südostthermen), der besterhaltenen Anlage ihrer Art in Afrika. Die Wände des Mitteltraktes *(Cella Media)* erheben sich bis zu einer Höhe von 12–15 m und zeigen teilweise noch die Ansätze der einstigen Kuppel; hier und im angrenzenden Frigidarium haben sich herrliche Fußbodenmosaiken erhalten.

Wir nehmen nun den vor den Thermen verlaufenden Weg nach Westen und biegen kurz vor der Hecke rechts ein, um auf die weitläufige Anlage der **Schola der Juvenes** zu treffen, des neben den Thermen sehenswertesten Baus von Mactaris. Bei der Institution einer solchen Schola – in Mactaris erstmals 88 erwähnt – handelte es sich um eine Art Miliz aus jungen Männern *(Juvenes)*, die, dem Magistrat unterstellt, in allen grenznahen Städten gebildet wurde, da die kleine römische Garnison in der Provinz Africa alleine nicht zum Schutz nach außen (vor den Steppennomaden) und zur Machtdurchsetzung nach innen (Steuereintreibung) ausreichte. Über ihre rein militärische bzw. polizeiliche Funktion hinaus bildeten die Scholae eng verbundene ›Bruderschaften‹ (in Mactaris ca. 70 Mitglieder), die gemeinsam Sport, politische Studien, kulturelle Veranstaltungen etc. betrieben. Im Lauf der Zeit erhielten sie immer

Der Bergkamm Kef el Gafia

mehr politisches Gewicht, da sich die reichen Bürger der Provinzstädte mit ihrer Hilfe gegen die Machtansprüche der römischen Zentralverwaltung zu wehren begannen. Ihre Teilnahme am Gordianus-Aufstand von 238 führte zur Auflösung der Organisation und Zerstörung der Schola, die jedoch später unter Diokletian wieder aufgebaut wurde. Besondere Beachtung verdienen die zentrale Palästra (Sporthof) mit Teilen eines prachtvollen Säulenumgangs, der angrenzende kleine, von schattigen Bäumen bestandene Vorlesungsraum und die schon um 88 begründete Versammlungshalle – die einstige Basilika wurde später als christliche Kirche genutzt – mit verschiedenen Grabstelen, vor allem die reliefgeschmückte des reichen Bürgers Pison und seiner Tochter. Auch eine kleine Thermenanlage gehört dazu. Südlich schließen an die Schola die spärlichen Reste des frühchristlichen Mausoleums der Julia Benenata (4. Jh.) und weiterer christlicher Gräber an sowie – etwas nach Westen – Spuren numidischer Megalithgräber.

Wenden wir uns nun von der Schola auf dem gepflasterten Weg nach links (Norden), treffen wir auf das ausgedehnte alte Forum der Numiderstadt, hinter dem der Triumphbogen des Forums aufragt. In entgegengesetzter Richtung stehen die Mauern und Bögen der recht gut erhaltenen Nordthermen (Mosaiken). Von dort fällt der Blick auf das außerhalb des eigentlichen Ruinengeländes im Westen hinter dem Marabout gelegene, eindrucksvolle **Neopunische Mausoleum**, das dem von Dougga ähnelt, aber aus römischer Zeit stammt; am Unterbau erkennt man ein Saturnrelief. Auf dem Weg von den Nordthermen bzw. dem Numiderforum zurück zum Eingang passiert man weitere ausgedehnte Mauerreste.

Der Triumphbogen des Trajan in Maktar

Abstecher: Zwischen dem Bergland um Maktar und dem südlich von El Fahs verläuft der zentrale Abschnitt der Dorsale, der einzige geschlossene Teil dieses größten tunesischen Gebirgsmassivs, der mit maximal 1357 m (Djebel Serdj) allerdings nicht die Höhen der Südwestausläufer erreicht. Das dicht bewaldete Gebirgsland bietet große landschaftliche Reize, wird aber von Touristen kaum besucht, da es abseits der großen Durchgangsrouten liegt und nur dünn besiedelt ist. Lohnend ist vor allem ein Abstecher auf das 1100 m hoch gelegene, teilweise mit dichten Wäldern aus Aleppokiefern und Steineichen überzogene Plateau Hammada Kesra, zu dem sich die nach Kairouan führende P 12 hinaufwindet und von dem aus sich herrliche Fernblicke ergeben. Zentrum ist die Ortschaft **La Kesra** 21, die vom Mittelalter bis zur Neugründung Maktars (1887) bedeutendster Marktort der Umgebung war, bewohnt von zahlreichen Andalusienflüchtlingen, zu denen auch viele Juden zählten.

Östlich von La Kesra durchquert die P 12 in einem Tunnel den unvermittelt steil aus der Ebene aufragenden Bergkamm Kef el Gafia, hinter dem endgültig die Zentraltunesische Steppe beginnt. Kurz hinter dem Tunnel zweigt nach links die C 46 ab, eine wenig befahrene, landschaftlich jedoch sehr schöne Straße, auf der man nach **Ksar Lemsa** 22 gelangt, einem bemerkenswert gut erhaltenen, teilrestaurierten byzantinischen Kastell (ca. 30m x 30m) mit imposanten Ecktürmen; in unmittelbarer Nähe der Festung liegen die geringen Reste des römischen *Limisa*. Durch waldiges Bergland führt die Straße nun weiter nach El Fahs und Thuburbo Majus(s. S. 115ff.).

Zwischen Meer und Steppe

Grundlage des Wohlstands im Sahel war von jeher der Olivenanbau

Sahel

Zwischen dem Golf von Hammamet, dem Golf von Gabès und der Zentraltunesischen Steppe erstreckt sich längs der tunesischen Ostküste eine intensiv genutzte Landschaftszone, die heute unter dem Oberbegriff **Sahel** (Küste, Ufer) zusammengefaßt wird – denselben Namen trägt die südlich an die Sahara angrenzende Steppenzone. Die flache, von sanftgewellten Hügelzügen und einer Reihe von Sebkhas (Salztonsenken) kaum merklich unterbrochene Ebene des Sahel umfaßt drei Teile. Zunächst den von Hergla bis etwa Ksour Essaf reichenden, schon seit der Antike kultivierten ›eigentlichen‹ Sahel von Sousse, dann die kargere, steppenartige Übergangszone um El Djem und schließlich den erst seit dem letzten Jahrhundert stärker genutzten Sahel von Sfax, dem die Kerkennah-Inseln

Kairouan: Blick über den Friedhof auf die ◁ *Große Moschee*

vorgelagert sind. Als Randlandschaft schließt im Norden die von den Dorsale-Ausläufern begrenzte, kolonial geprägte Agrarregion um Enfida(ville) an, im Westen erfolgt ein allmählicher Übergang zur Zentraltunesischen Steppe (Kairouaner Becken und Souassi-Land), im Süden zur Littoralzone von Gabès (Grenze etwa bei Maharès). Der Sahel ist also mehr als kulturell-ökonomische Landschaft aufzufassen denn als geographische. Als natürlicher Landschaftsraum bildet er nämlich die Fortsetzung der Zentraltunesischen Steppe, in die er durch verschiedene landschaftliche Erschließungsprojekte, vor allem im Raum El Djem, immer mehr vordringt.

Der Sahel – insbesondere der Nordteil um Sousse – zählt wegen seiner verkehrsgünstigen Lage und dem relativ großen Wasserreichtum (bis 375 mm Niederschläge, viel Grundwasser, hohe Luftfeuchtigkeit) zu den ältesten und bedeutendsten Kulturlandschaften des

Maghreb. Der hiesige Oliven- und Getreideanbau geht z. T. schon auf Phönizier und Karthager zurück und wurde von den Römern, die hier besonders viele Siedlungen gründeten, erweitert. Zwar stellten immer wiederkehrende Dürreperioden, Erosion und häufige Überfälle der Steppennomaden eine stetige Bedrohung dar, die die Ausdehnung der Kulturlandschaft zeitweise stark zurückgehen ließen, doch die blühenden Sahel-Städte konnten sich trotz aller Rückschläge behaupten und ihre Agrargebiete immer wieder in die Steppe hinein vorschieben.

Grundlage des Wohlstands im Sahel war von jeher der Olivenanbau (s. S. 217f.). Die Ölbaumbestände im Sahel von Sousse gehen z. T. noch auf das Mittelalter zurück und sind entsprechend überaltert, die im heute ertragreicheren Sahel von Sfax stammen dagegen aus der Kolonialzeit. In der unmittelbaren Umgebung der Küstenstädte finden sich Gartenkulturen mit Obstanbau, in den Randgebieten Getreide.

Im ›alten‹ Sahel dominiert dabei weiterhin Privatbesitz, in den einst kolonial (Sfax, Enfida) oder durch Habouz- und Stammesland (Steppe) geprägten Gebieten hingegen genossenschaftlicher und staatlicher Besitz. Die divergierende historische Entwicklung der verschiedenen Regionen spiegelt sich auch im heutigen Siedlungsbild wider: Der ›alte‹ Sahel von Sousse besitzt neben seiner Hauptstadt die Städte Monastir und Mahdia und eine Reihe von Großdörfern, also einen relativ hohen ›Urbanisierungsgrad‹, der Sahel von Sfax dagegen ist völlig auf seine Metropole konzentriert.

Heute stellt der Sahel die ökonomisch wichtigste Region Tunesiens nach dem Großraum Tunis dar: Hier leben auf ca. 7,5 % der Landesfläche ca. 20 % der Bewohner; hier dehnt sich das größte zusammenhängende Olivenanbaugebiet des Maghreb aus, wo ca. 6,5 % der tunesischen Ölbaumbestände gedeihen; hier finden sich mit Sfax und Sousse die zweit- und die drittgrößte Stadt des Landes, die beide zu den bedeutendsten Industrie- und Hafenstandorten zählen; hier haben sich einige der wichtigsten traditionellen Handwerkszentren erhalten, und mit der Touristenzone Sousse/Monastir ist eines der größten Badeurlaubsziele Tunesiens entstanden.

Landschaftlich bietet der Sahel, abgesehen von seiner Küste – lange Sandstrände, von steinigen Abschnitten unterbrochen –, zwar kaum Reize, mit den großen islamischen Bauten und den malerischen Medinas von Sousse, Monastir, Mahdia und Sfax sowie dem grandiosen römischen Amphitheater von El Djem verfügt er jedoch über einige der bedeutsamsten Kulturdenkmäler des Landes.

Vom Berberdorf zum Yachthafen

Statt auf der nunmehr gebührenpflichtigen Autobahn von Monastir nach Süden zu fahren, sollte man die Landstraße P 1 wählen, obwohl diese zu Beginn recht verkehrsreich ist, denn bereits nach etwa 30 km bietet sich die erste Möglichkeit zu einem lohnenden Abstecher.

Takrouna und Enfida(ville)

Schon von weitem erblickt man rechter Hand das malerische Dorf **Takrouna** 1 in landschaftlich herrlicher Lage auf einem ca. 200 m hohen Felsrücken. Früher sehr wohlhabend, widerstand die an die Bergdörfer im Dahar (s. S. 253ff.) erinnernde Siedlung den Beni Hilal-Einfällen, wodurch sich hier sehr lange eine berbersprachige Bevölkerung behaupten konnte. Wegen des außerordentlich gut erhaltenen Ortsbildes – lange Häuser mit Tonnengewölbe –, des herrlichen Blicks auf die umliegende Ebene und der Nähe zu den Touristenzentren von Hammamet/Nabeul und Sousse/Monastir ist Takrouna zu einem beliebten Ausflugsziel für Pauschaltouristen geworden. Die Bewohner sind entsprechend stark auf Tourismus eingestellt und verleiden den Besuchern oft den Aufenthalt durch ihre aggressive Aufdringlichkeit.

Zu Füßen des Bergnestes kann man, gewissermaßen als Kontrast zu mehr oder weniger traditionellen Lebensweisen, einen Blick auf **Enfida(ville)** 2 werfen. Die etwa 7000 Einwohner zählende Ortschaft dient vor allem als Wohnsiedlung für die Arbeiter der gleichnamigen großen staatlichen Domäne, die sich bis nach Bou Ficha erstreckt, aber auch als Verwaltungs- und Marktzentrum (Sonntags- und Montagsmarkt). Das hiesige Land gelangte 1850 nach einem Aufstand des ansässigen Stammes der Ouled Said in den Besitz des Beys, der es später dem Minister Khereddine in Erbpacht überließ. Dieser wiederum verkaufte es nach seiner Absetzung 1880 an die französische ›Société Marseillaise du Crédit‹, die die hier lebenden Bauern vertrieb und damit – noch vor dem Beginn der Protektoratsverwaltung – die erste französische Kolonisation in Tunesien einleitete. Die daraufhin ausbrechenden Unruhen lieferten den Franzosen einen der Vorwände für ihren Einmarsch im folgenden Jahr. Das anfangs 17 000 ha große Gebiet wurde unter Einsatz modernster Technik und Anbaumethoden rasch zu einem bedeutenden Landwirtschaftsgebiet und geradezu ein Symbol für europäische Agrarkolonisation. Hier entstanden riesige, künstlich bewässerte Olivenhaine, Getreide- und Gemüsefelder, die hohe Erträge lieferten. Die Domäne wuchs schließlich bis auf 96 000 ha an, darunter weite Flächen in den Randgebieten, wo tunesische Kleinpächter lebten. 1950 verkaufte die Enfida-Gesellschaft 30 000 ha an den Staat, bis zur Unabhängigkeit weitere Teile, und nach 1956 ging die gesamte Domäne in Staatsbesitz über. Heute umfaßt die Domäne von Enfida noch ca. 50 000 ha, der Rest wurde an ansässige Kleinpächter verkauft. Die Ölbäume nehmen nur noch ca. 2500 ha ein, da man sich inzwischen mehr auf Getreide-, Gemüse- und Fruchtbaumfelder konzentriert, u. a. auch Spargelanbau; daneben spielt die

Berberfrau

Viehzucht eine große Rolle, es gibt ca. 6000 Schafe. Der ganze Betrieb ist stark mechanisiert.

Die Stadt Enfida präsentiert sich als typische Kolonialsiedlung mit völlig regelmäßiger Anlage und einigen kolonialen Repräsentationsbauten. Beachtung verdient eigentlich nur die französische Kirche im Ortszentrum, die heute als Museum dient. Neben einer Sammlung frühchristlicher Mosaiken aus den Basiliken von Upenna und Sidi Abiche, wird auch römische und byzantinische Keramik gezeigt.

Einige Kilometer nördlich von Enfida liegt das neue Dorf **Sgarnia** mit den spärlichen Resten der byzantinischen Festung Henchir Fraga, die aus römischen Quadern errichtet wurde. Ca. 200 m westlich davon stehen die Grundmauern der dreischiffigen Basilika von Upenna mit Doppelapsis und achtsitzigem Taufbecken, errichtet wurde sie einst im 4. Jh., im 6. Jh erneuert und vergrößert. Von der benachbarten Basilika von Sidi Abiche sind nur noch geringe Spuren auszumachen.

Die Küste entlang nach Sousse

Etwa 17 km südlich von Enfida verlassen wir die P 1 und folgen dem Schild nach Hergla. Über die Autobahn verläuft die wenig befahrene Straße in Richtung Meer und erreicht nach 8 km **Hergla** 3, eine kleine, verschlafen wirkende Stadt mit ansprechendem Ortsbild. Der an einem felsigen Abschnitt der Sahel-Küste gelegene Hafen ist bekannt für die Herstellung von Halfagrasmatten und von *Shouami* oder *Scourtins* (runde Olivenölpreßtaschen und -filtereinsätze aus Halfa), die hier für den ganzen Sahel

Zwischen Takrouna und Sousse

Moderne Architektur in Port el Kantaoui

fabriziert werden. Die Ortschaft galt bislang unter ansässigen Ausländern als ›Geheimtip‹ im Großraum Sousse, gerät jedoch zunehmend in den Sog des nicht weit entfernten El Kantaoui. Sehenswert ist die Moschee des Sidi Bou Mendil (18. Jh.) oberhalb des Fischerhafens mit dem angrenzenden Friedhof. Der hier verehrte Heilige, der im 10. Jh. lebte, soll bei seiner Rückkehr von der Mekka-Pilgerfahrt auf seinem Mantel über das Meer geflogen sein. In der Umgebung von Hergla wechseln felsige Klippen mit flachen Sandbuchten, die zahlreiche Bademöglichkeiten eröffnen, stellenweise jedoch stark verschmutzt sind.

Folgt man der Küste auf schmaler Straße, gelangt man schon sehr bald in die Randzone des aufstrebenden Badezentrums **Port el Kantaoui** 4 (S. 341). Dieser, ca. 10 km nördlich von Sousse an der Küste gelegene, hypermoderne Touristenkomplex entstand ab 1974 unter Beteiligung verschiedener internationaler Hotelgesellschaften nach völlig neuem Konzept als bisher größtes einheitlich geplantes Tourismusprojekt Tunesiens. Die in der Fremdenverkehrswerbung als ›Erster Gartenhafen des Mittelmeeres‹ gepriesene Anlage besteht im Kern aus einem modernen Yachthafen mit 320 Liegeplätzen, der sich als Winterquartier deutscher Segler großer Beliebtheit erfreut. Umschlossen wird das Hafenbecken von den ›Maisons de la Mer‹, verschachtelten Appartementhäusern, Geschäften und Restaurants nach maurischem Vorbild mit einem etwas kitschig wirkenden Stadttor als Eingang. Die Anlage kann als Vorbild einer gelungenen Freizeitarchitektur gelten, an der sich mancher Tourismusplaner in europäischen Badeorten ein Beispiel nehmen sollte. Es bietet sämtliche touristischen Einrichtungen: Touristeninformation, Einkaufszentrum, Boutiquen, Bank, Klinik, Reisebüros, Post, Autovermietung, etwa 15 Restaurants, Bars, Cafés und Diskotheken, Segelschule, Wasserski, Tauchschule. In der Umgebung dieses ›maurischen Dorfes‹ erstrecken sich die Anlagen von einem knappen Dutzend Luxushotels und Feriendörfern mit zusammen an die 12 000 Betten und ein 17-Loch-Golfplatz. Der weitere Ausbau der Region ›Sousse Nord‹ in Richtung Hergla ist geplant. Nach Süden zu geht Port el Kantaoui fast nahtlos in die Großstadt Sousse über.

Sousse – Königin des Sahel

■ (S. 343) Die über 100 000 Einwohner zählende Provinzhauptstadt, nach Tunis und Sfax die drittgrößte Stadt des Landes überhaupt, ist nicht nur der bedeutendste Hafen und Industriestandort des nördlichen, ›alten‹ Sahel, sondern auch Mittelpunkt der größten tunesischen Touristenregion, die sich zwischen Port el Kantaoui und Monastir erstreckt.

Geschichte

Sousse wurde möglicherweise bereits im 9. Jh. v. Chr. von den Phöniziern als *Hadrumetum* gegründet und gehörte bald zu den wichtigsten karthagischen Häfen. Im Zweiten Punischen Krieg diente der Ort u. a. als Operationsbasis Hannibals gegen die Römer. Nach dem Dritten Punischen Krieg entging Hadrumetum der Zerstörung, weil es sich rechtzeitig von Karthago lossagte. Der zunächst gewährte Status einer ›Civitas libera‹ wurde der Stadt allerdings unter Cäsar wieder entzogen, weil sie sich mit dessen Gegner Pompejus verbündet hatte. Die Blütezeit des römischen Hadrumetum begann ab dem 2. Jh. n. Chr. als Hauptausfuhrhafen für Olivenöl; im 3. Jh. wurde es sogar Hauptstadt der neugeschaffenen Provinz Byzacena. Repressionen wegen der Teilnahme an dem Gordianus-Aufstand von 238 führten dann zum allmählichen Niedergang, auch wenn Hadrumetum eine gewisse Bedeutung bewahren konnte, u. a. als Bischofssitz. Unter den Vandalen erfolgte die Umbenennung in *Hunéricopolis* (nach König Hunerich), dann unter den Byzantinern in *Justinianopolis* (nach Kaiser Justinian), die hier einen ihrer wichtigsten Stützpunkte in Nordafrika errichteten. Den ersten arabischen Angriff erlitt die Stadt 647, dann wurde sie von Oqba Ibn Nafi nach zweimonatiger Belagerung geplündert und zerstört, so daß kaum antike Baureste erhalten sind.

Die Neugründung als Sousse durch die Aghlabiden erfolgte um 800 und hatte einen raschen Aufstieg als Hafen von Kairouan und Festung zur Folge. Ab 827 wurde Sousse zum Ausgangspunkt für die Eroberungszüge nach Sizilien und nach dessen Einnahme Zentrum des Handels mit der Insel. Die Konkurrenz von Mahdia und eine normannische Besetzung zwischen 1148 und 1159 brachten Rückschläge, bis unter den Hafsiden eine neue Blüte folgte. Nach einer verheerenden Pestepidemie um 1500, die Sousse fast ganz entvölkerte, errichteten türkische Korsaren hier einen ihrer Haupthäfen, wodurch die Stadt im 16. und frühen 17. Jh. mehrfach spanischen Angriffen ausgesetzt war. Im 18. Jh. begann der Niedergang: 1740 wurde Sousse von Ali Pascha beschossen und als Strafe für die Unterstützung seines Rivalen Hussein mit Sanktionen belegt; fortgesetzte Piraterie hatten 1770 einen französischen und 1784–86 mehrere venezianische Angriffe zur Folge, die den allmählichen Niedergang auslösten. Der Wiederaufstieg erfolgte erst in der Kolonialzeit mit dem Bau der Neustadt und des Hafens, der vor allem der Ausfuhr von Phosphat diente. Zwischen Dezember 1942 und April 1943 wurde Sousse in die Auseinandersetzungen zwischen den Deutschen und den Alliierten hineingezogen und durch Luftangriffe schwer zerstört.

Wie schon in der Antike und im Mittelalter gründet sich auch die heutige Be-

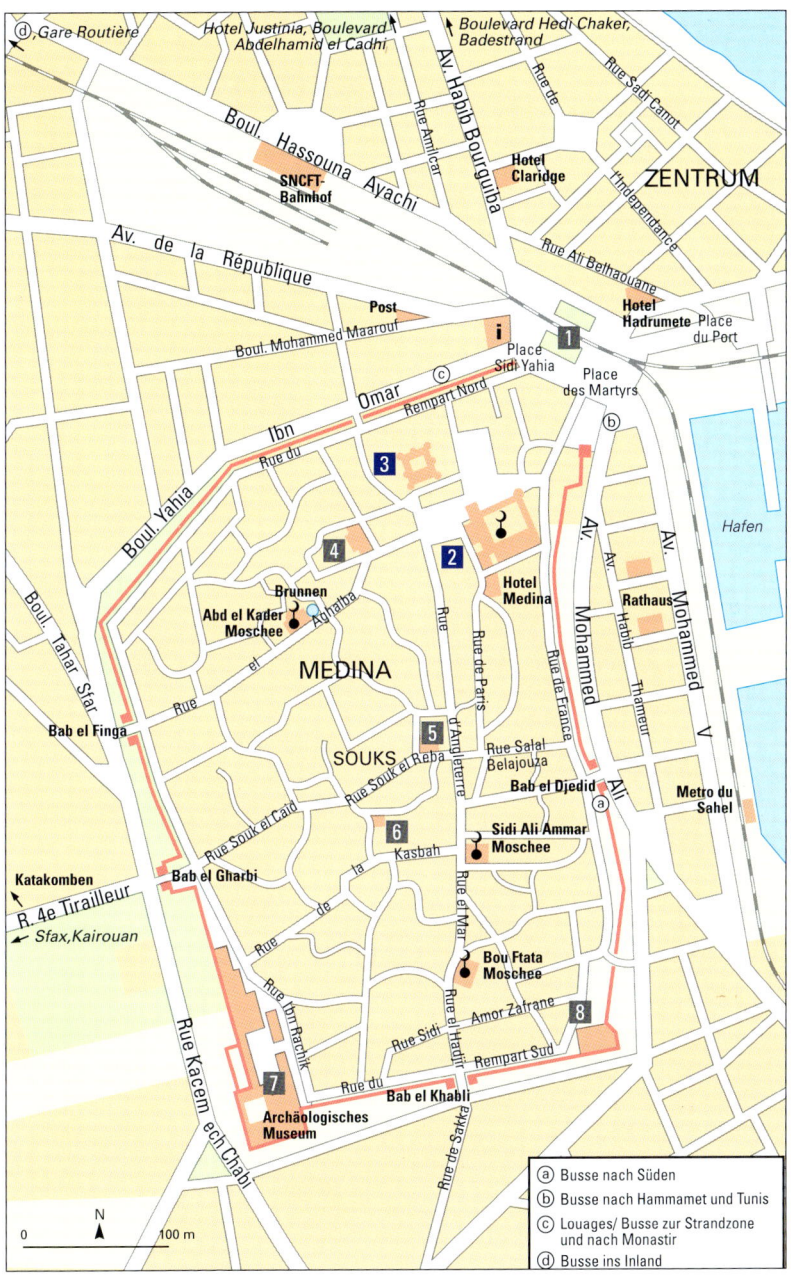

Sousse 1 Place Ferhat Hached 2 Große Moschee 3 Ribat 4 Zaouia Zakkak
5 Kalaout el Koubba 6 Zisterne La Sofra 7 Kasbah 8 Place Djebenet el Ghorba

deutung von Sousse auf seine Rolle als Haupthafen eines dichtbesiedelten, landwirtschaftlich intensiv genutzten Hinterlandes. Zur traditionell dominierenden Ausfuhr von Agrarprodukten, vor allem Olivenöl, sind die Verschiffung von Salz aus den nahen Salinen, Halfagras aus der Steppe, Zellulose und Papier aus Kasserine sowie eine bedeutende Fischerei getreten; Phosphat wird heute allerdings nur noch in Sfax und Gabès verladen, wodurch Sousse seinen einstigen Rang als zweitwichtigster Hafen des Landes an Sfax abtreten mußte. Daneben lebt Sousse heute von der Industrie – es gibt Textil- und Konservenfabriken, Ölmühlen und ein Montagewerk für Peugeot-Pick –, von traditionellem Handel und Handwerk, denn die Souks gehören zu den größten des Landes, sowie neuerdings vom Tourismus: Die großen Hotelkomplexe nördlich der Stadt, und die Touristenzonen in Port el Kantaoui sowie im nahen Monastir bilden mit ihren über 30 000 Betten die größte Badezone des Landes.

Zwar ist Sousse für tunesische Verhältnisse eine Großstadt, der Einfluß des Fremdenverkehrs macht sich jedoch allenthalben deutlich bemerkbar. Wegen der vollständig erhaltenen und vor allem zwischen 1968 und 1970 vorbildlich restaurierten Medina, den großen Bauten wie Ribat und Große Moschee, dem zweitwichtigsten Museum des Landes und dem ausgedehnten, innenstadtnahen Strand zählt Sousse zu den sehenswertesten Städten Tunesiens. Gleichzeitig stellt es wegen seiner guten Verkehrsverbindungen einen ausgezeichneten Standort für Ausflüge dar, vor allem nach Kairouan, Monastir, Mahdia, El Djem und auch Tunis.

Souvenirhändler in Sousse

Besichtigung

Kern von Sousse ist die ca. 700 m × 500 m große, am Hang gelegene und vollständig ummauerte Medina, an deren Fuß sich der Hafen erstreckt. Nördlich von Medina und Hafen dehnt sich die Neustadt mit der zentralen Place Ferhat Hached und der Hauptstraße Av. Habib Bourguiba aus, die auf die Strandpromenade Boul. Hedi Chaker trifft. Dort beginnt die Hotelzone, die sich über ca. 10 km bis nach Port el Kantaoui zieht. Südlich der Medina schließen sich Industrie- und Lagergebiete mit dem großen Kraftwerk an.

Die Besichtigung von Sousse sollte an der **Place Ferhat Hached** 1 beginnen, dem zentralen Platz zwischen Neustadt und Medina, den verschiedene Cafés, Hotels, Banken und auch ein Pavillon des Fremdenverkehrsamtes säumen. In der Mitte steht eine Reiterstatue, die den Präsidenten zeigt. An der Westseite des Platzes, in Höhe des dem Hafen zugewandten Endes der kleinen Parkanlage, bildet eine breite, durch Souvenirgeschäfte inzwischen weitgehend verdeckte Lücke in der Stadtmauer den Hauptzugang zur Medina. Das einst hier stehende Bab el Bhar wurde im Krieg zerstört. Die heute noch 2,25 km lange steinerne **Stadtmauer** entstand 859 und wurde 874 und 1205 verstärkt; von den sechs Toren sind noch drei erhalten: Bab el Djedid, Bab el Gharbi und Bab el Khabli. Halblinks fällt sogleich die massiv wirkende Fassade der **Großen Moschee** 2 ins Auge, deren Hof betreten werden darf. Sie entstand 851 nach dem Vorbild der Sidi Oqba in Kairouan (s. S. 235) unmittelbar am Hafen, der bis ins 16. Jh. den heutigen Place Ferhat Hached einnahm. Da die Moschee auch der Verteidigung zu dienen hatte, erhielt sie zwei wehrhafte Ecktürme, die man später durch Kuppelabschlüsse in Minarette umwandelte. Im 10. Jh. wurde sie erweitert und später mehrfach umgebaut. So stammt die Front des dreizehnschiffigen Gebetssaals erst aus dem Jahre 1675. Derzeit finden erneut umfangreiche Restaurierungsarbeiten statt.

Hinter der Großen Moschee ragt der auffällige Turm des **Ribat** 3 empor, Wahrzeichen einer der wichtigsten Profanbauten des Islam. Zu Beginn der aghlabidischen Zeit (um 800) entstand entlang der tunesischen Küste eine ganze Kette von Ribats, wuchtigen Festungsbauten, deren Besatzungen keine einfachen Soldaten waren, sondern *Ghazis*, freiwillige, straff organisierte und stark religiös motivierte Elitetruppen, die wegen ihres asketischen und abgeschiedenen Lebens häufig als ›Rittermönche‹ bezeichnet wurden. Die Ribats dienten vor allem dem Schutz der Küste und der Vorbereitung von Kriegszügen gegen Sizilien, daneben aber auch als Pilgerherbergen und im Notfall als Fluchtburgen (nur dann war Frauen der Zutritt erlaubt). Später, im 10. Jh., stellten sie sunnitische Bollwerke gegen die schiitischen Fatimiden dar. Durch Lichtsignale konnten sie miteinander in Verbindung treten. Völlig erhalten haben sich nur die Bauten von Sousse und Monastir, wobei das Ribat von Sousse die weitaus klarere Gliederung zeigt. Bei diesem handelt es sich um einen 38 m × 38 m großen Bau mit 13,5 m hoher Mauer, drei halbrunden Ecktürmen, drei weiteren Türmen in den Seitenmauern und einem schlanken, 27 m hohen Wachturm *(Nador)*. Eine erste Anlage entstand hier auf römischen und byzantinischen Fundamenten schon Ende des 8. Jh., um 821 erhielt der Ribat dann im wesentlichen seine heutige Gestalt, auch wenn zahlreiche spätere Umbauten folgten. Man betritt das Bauwerk, das derzeit renoviert wird, durch das einzige Tor an der Südseite. Achten Sie auf die antiken Bauteile und die Schlitze, durch die heißes Pech auf die Angreifer geschüttet wurde! Nach Durchquerung des Vorraums mit einem sehr frühen Beispiel eines Kreuzgratgewölbes gelangen wir auf den Hof. Die zweistöckigen Gebäude, die ihn umgeben, bergen die Wohnzellen der Rittermönche, Stallungen, Vorratsräume und, im Obergeschoß, den ältesten gänzlich erhaltenen islamischen Gebetssaal Afrikas; der elfschiffige Saal mit Tonnengewölbe erstreckt sich über die gesamte Front. Steigen Sie über eine enge Wendeltreppe auch auf den Wachtturm, um den prachtvollen Rundblick auf die Medina und den Hafen zu genießen.

Wer es eilig hat, sollte sich nunmehr den Souks zuwenden (s. u.). Anderenfalls lohnt ein kurzer Gang in westlicher Richtung. Überqueren Sie das Plateau gegenüber dem Ribat, so gelangen Sie zu der hübschen **Zaouia Zakkak** 4 aus dem 18. Jh., einem Komplex aus Moschee, Medersa und Mausoleum mit achteckigem türkischem Minarett. Etwas südlich davon verläuft als übernächste Parallelstraße die Rue el Aghalba, die von der Großen Moschee hügelaufwärts zum Westrand der Medina führt. Nach einem Stück wird sie von einem geneigten Steinweg überspannt, der zu einer nicht mehr in Betrieb befindlichen, restaurierten Brunnenanlage gehört: Ein Esel, der diesen Weg auf- und abtrottete, förderte über ein Seil Wasser aus einem Brunnen. Gehen Sie nun die Rue el Aghalba wieder hinunter in Richtung Große Moschee. Folgen Sie ihr weiter bergauf, gelangen Sie zu dem Tor der Medina, das einst als Hinrichtungsstätte von Sousse diente; von dort können Sie außerhalb der Stadtmauer hinüber zur Kasbah gehen. An der Mo-

In den Souks von Sousse

scheerückseite (von der Place Ferhat Hached aus gesehen rechts hinter der Moschee, neben dem Hotel ›Medina‹) beginnt die Rue de Paris, die – gesäumt von Souvenirläden und einigen beachtenswerten Bauten, u. a. einem Fondouk aus dem 17. Jh. – ins Herz der sehr betriebsamen und unbedingt sehenswerten Souks führt. Sie können aber auch die parallel verlaufende, am Ribat beginnende Rue d'Angleterre nehmen, an der sich ebenfalls zahlreiche Läden befinden. Mit der nächsten größeren überwölbten Gasse beginnt rechts das relativ weitläufige Gebiet der gedeckten **Souks**, der älteste Teil des Marktviertels, in dem heute vor allem Souvenirläden des ›gehobenen‹ Bedarfs ihren Standort haben. Hauptachse dieses Gebiets ist der Souk el Reba, die nächste rechts von der Rue de Paris abzweigende überwölbte Gasse, in der vor allem Textilien angeboten werden. Wenn Sie sich dort unmittelbar hinter der bald kreuzenden Rue d'Angleterre wieder nach rechts wenden, sehen Sie sogleich links die **Kalaout el Koubba** 5, einen Kuppelbau unbekannter Funktion aus dem 11. Jh., in dem ein maurisches Café eingerichtet ist und ein Volkskundemuseum mit Szenen aus dem historischen Tunesien (u. a. Café, Brautgemach). Wenden Sie sich statt dessen vom Souk el Reba nach links (erster Abzweig hinter der Rue d' Angleterre, gleich gegenüber dem Zugang zur Kalaout), dann treffen Sie nach einigen Biegungen auf einen kleinen Platz mit einer unscheinbaren Mauer. Die dortige Treppe mit dem verschlossenen Gittertor erlaubt einen Blick in die nicht mehr benutzte unterirdische, ca. 3000 m^3 große **Zisterne La Sofra** 6 von 875, die römischen Ursprungs sein soll.

Bevor Sie der Verlängerung des Souk el Reba folgen, der Goldschmiede- und Weberstraße Souk el Caid, die hinauf zur Kasbah führt, sollten Sie noch etwas in den Souks umherspazieren. Besonders interessant, da noch nicht auf Tourismus eingestellt, sind das Gebiet zwischen Souk el Reba und der zum Hafen hin (von der Rue de Paris aus also links) gelegenen Ostmauer (Rue Salal Belajouza, Rue de France) mit dem mächtigen, erst 1864 erbauten Stadttor Bab el Djedid sowie die Verlängerung der Rue d'Angleterre, die Rue el Mar. Hierbei handelt es sich um einfache Einkaufsstraßen für den Alltagsbedarf der Bewohner von Sousse, wo stets reges Treiben herrscht. In der Rue de France, besonders um das Bab el Djedid, gibt es auch eine Reihe von Essensständen, und an ihrem Ende befindet sich über die Treppen rechts der Zugang zum Lebensmittelmarkt. Vor dem Bab el Djedid liegt die Abfahrtsstelle der Louages.

Folgen Sie nun der ansteigenden Rue Souk el Caid und verlassen Sie an deren Ende die Medina durch das Bab el Gharbi (9./13. Jh.). Nach links führt der breite Boul. Tahar Sfar zu der am höchsten Punkt der Altstadt gelegenen **Kasbah** 7, einer imposanten Festungsanlage, die im Zuge des Stadtmauerbaus von 859 an der Stelle der byzantinischen Burg entstand und später mehrfach verstärkt wurde (874, 11. Jh., 1205). Vom ursprünglichen Bau haben sich noch der Haupteingang und vor allem der 30 m hohe, dreistöckige Turm Khalef el Fatah erhalten, einer der ältesten Turmbauten des Islam, der die Silhouette von Sousse beherrscht, allerdings nicht bestiegen werden kann. Herausragende Bedeutung erhält die Kasbah durch das im Erdgeschoß untergebrachte **Museum**, nach dem Bardo das bedeutendste des Landes, mit einer reichen Sammlung punischer, römischer und frühchristlicher Funde, vor allem Mosaiken aus dem 2. und 3. Jh. Man betritt das Museum von der außerhalb der Medina-Westmauer verlaufenden Rue Kacem ech Chabi (Verlängerung des Boul. Tahar Sfar). Durch den kleinen Verkaufsraum gelangt man in einen Hof, an dessen Seiten Mosaiken, Grabstelen und Reliefs zu sehen sind. Um den Hof gruppieren sich verschiedene Räume: Rechts sehen Sie zunächst ein Bodenmosaik der Medusa und diverse Skulpturen, u. a. einen Marmorkopf von Trajan, dahinter dann eine Raumfolge mit römischer Kleinkunst, Funden aus den frühchristlichen Katakomben und einigen punischen Exponaten; an zwei Stellen blickt man in zwei hier freigelegte punische Gräber aus dem 3. Jh. v. Chr. Es folgen ein Raum mit punischen Stelen und einer mit Mosaiken. Von den beiden mittleren Räumen (also schräg gegenüber dem Eingang) öffnen sich

Durchgänge zu einem von hohen Mauern gesäumten Garten mit einigen Statuen und Säulen. Auf der gegenüberliegenden Seite bergen drei weitere Räume über 50 meist großflächige Mosaike.

Einen kurzen Besuch verdient auch der Südostteil der Medina, den man von den Souks über die Rue el Mar (Verlängerung von Rue d'Angleterre und Rue de Paris) erreicht oder von der Kasbah aus, indem man außen an der südlichen Stadtmauer entlang und dann durch das Bab el Khabli geht. Unweit dieses Stadttores steht die Moschee Bou Ftata, ein sehr kleiner, schlichter Bau, der um 840 entstand; das Vierkantminarett ist jünger. Die äußerste Südostecke der Medina nimmt schließlich die eindrucksvolle, von hohen Mauern umgebene **Place Djebenet el Ghorba** 8 ein, die nach Kriegszerstörungen vorbildlich wiederhergestellt wurde und heute einen Spielplatz und ein Kinderzentrum beherbergt. Entlang der östlichen Stadtmauer gelangen Sie von hier zum Bab el Djedid.

Vor dem Ostrand der Medina, und von dieser durch die Louage-Stationen sowie ein Lager- und Werkstättenviertel getrennt, erstreckt sich der ab 1899 angelegte und vor allem nach dem Krieg erweiterte **Hafen** mit der Fischmarkthalle und der Station der ›Metro du Sahel‹. Nördlich davon schließt mit der belebten Place Ferhat Hached (s. o.) das Zentrum der Neustadt an, deren Hauptachse die Av. Habib Bourguiba bildet. Restaurants, Diskotheken, Reisebüros und Hotels haben hier und in der rechter Hand abzweigenden Rue Ali Belhaouane ihren Platz. Wo diese auf das Meer trifft, beginnt die Uferpromenade Boul. Hedi Chaker, die den 7 km langen, im ersten Abschnitt aber nicht sehr breiten **Badestrand von Boujaafar** begleitet.

Entlang der Uferpromenade reihen sich die Touristenhotels. An dem parallel dazu verlaufenden Boul. Abdelhamid el Cadhi (auch Boul. de la Corniche) finden Sie die Einkaufszentren ›Colisée‹ und ›Neima‹, zahlreiche Restaurants, Reisebüros, Souvenirläden und Autovermietungen.

Am westlichen Stadtrand von Sousse, jenseits der Kasbah, haben sich die einzigen nennenswerten Überreste des römischen Hadrumetum erhalten, die frühchristlichen **Katakomben**, die zwar schlichter sind als die in Rom, dafür aber einen besseren Erhaltungszustand zeigen. Man findet sie, wenn man vom Museum zunächst der Straße nach Sfax folgt, den christlichen Friedhof linker Hand passiert und am folgenden Verkehrskreisel bergauf in Richtung Sendemast fährt. Ein Stück dahinter liegt in einem kleinen Park der Zugang. Bei den Katakomben handelt es sich um unterirdische, labyrinthartig verschachtelte, knapp mannshohe Gänge, in denen die Christen der Stadt zwischen dem 2. und 4. Jh. ihre Toten bestatteten. Sie wurden in Tücher gewickelt und in Wand- oder Bodennischen beigesetzt, die man durch Ziegel oder Marmorplatten mit eingemeißelten Inschriften verschloß. Von den 1888 wiederentdeckten vier Stollensystemen, die zusammen 240 Gänge von zusammen 5,5 km Länge mit ca. 15 000 Gräbern umfassen, sind bislang drei freigelegt: die Katakomben des Guten Hirten (6000 Gräber in 105 Gängen, meist spätes 3. Jh.), die Katakomben des Hermes (2500 Gräber, 3. Jh.) und die des Severus (5000 Gräber, frühes 4. Jh.). Derzeit sind die Katakomben wegen Einsturzgefahr für die Öffentlichkeit nur teilweise zugänglich. Nähere Auskunft erhält man im Kasbah-Museum oder im Touristenbüro.

Zwischen Sousse und Sfax – Strände an historischen Ufern

Monastir

1 (S. 340) Die ruhige, 20 km südlich von Sousse auf einem felsigen Kap am Meer gelegene Provinzhauptstadt ist heute eines der beliebtesten Urlaubszentren in Tunesien. Über viele Kilometer ziehen sich die Hotelanlagen nördlich der Stadt entlang der sandigen Küste, liegen leider jedoch teilweise im Lärmpegel des ebenfalls hier angesiedelten Flughafens.

Geschichte

Die punische und später römische Siedlung blieb unbedeutend, nur zur Zeit Cäsars scheint sie eine wichtige Militärgarnison beherbergt zu haben. Die Byzantiner legten ein Kloster *(Monasterium)* an, dem der Ort seinen Namen verdankt. Ende des 8. Jh. begann der Bau des Ribat und damit der Aufstieg Monastirs zu einem wichtigen Posten in der islamischen Festungskette entlang der tunesischen Küste. Im 11. Jh., als Kairouan wegen des Beni Hilal-Einfalls verlassen wurde, lag hier zeitweise sogar das religiöse Zentrum des Landes, von dem sich im 12. Jh. vor allem die tunesischen Sufis (s. S. 291) angezogen fühlten. 1539 und 1549 besetzten die Spanier den Ribat, gefolgt von den Türken, die ihn zur Festung ausbauten. In der Protektoratszeit verfiel Monastir zum unbedeutenden Markt- und Fischerort, erfuhr nach der Unabhängigkeit aber besondere Förderung als Geburtsort des Präsidenten Bourguiba in Form von vielen Neubauten und Restaurierungen, Wirtschaftsprogrammen, Aufbau einer Universität u. ä., begleitet vom Aufschwung des Tourismus.

Heute lebt das Städtchen vor allem vom Fremdenverkehr. Gut zwei Dutzend Touristenhotels mit über 15 000 Betten, zahlreiche Restaurants und Souvenirläden, eine Hotelfachschule und der moderne Flughafen machen die Region Monastir-Skanes zum viertwichtigsten Badezentrum Tunesiens nach Hammamet, Sousse und Djerba. Obwohl das Ortsbild, das sich durch rege Neubautätigkeit übrigens ständig verändert, vom Tourismus entsprechend geprägt ist, lohnt sich ein Besuch Monastirs wegen der landschaftlichen Lage, der weitgehend erhaltenen Medina und vor allem wegen des Ribat.

Besichtigung

Kern von Monastir ist die großenteils ummauerte Medina, an die im Südosten die kleine Neustadt anschließt. Auf dem schmalen Streifen zwischen Medina und Meer erhebt sich das Ribat, es folgt in nordöstlicher Richtung die Uferpromenade am Strand, dem kleine Inseln vorgelagert sind. Westlich des Ribat liegt ein ausgedehnter Friedhof mit dem Bourguiba-Mausoleum, bevor außerhalb (Richtung Sousse) bei Skanes die Haupthotelzone beginnt.

Eine Besichtigung von Monastir sollte bei dem zwischen Uferstraße und Medina gelegenen, ausgezeichnet erhaltenen **Ribat** beginnen, der herausragenden Sehenswürdigkeit der Stadt, die zusammen mit der vergleichbaren Anlage in Sousse (s. S. 194) als wohl bedeutendster Profanbau des islamischen Nordafrika bezeichnet werden kann. Die ›Klosterfestung‹ ist allerdings weniger klar gegliedert als ihre kleinere Schwe-

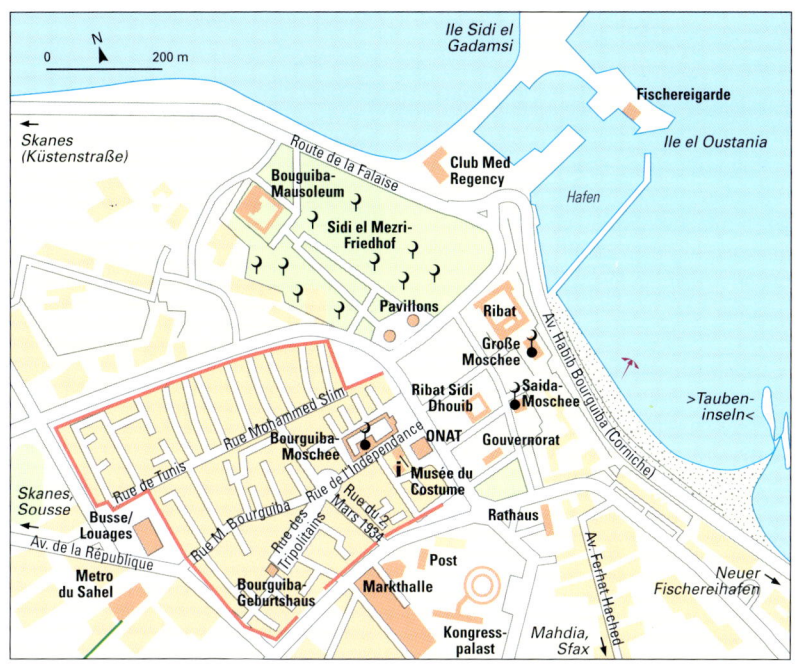

Monastir

ster in Sousse, da der ursprüngliche, relativ bescheidene Bau von 796/97 im 9. Jh. nach Süden sowie im 11. Jh. nach Norden hin stark erweitert wurde und außerdem zwischen dem 16. und dem 19. Jh. einige Anbauten im Norden, Osten und Westen erhielt. Noch die Franzosen nutzten das Ribat als Kaserne, 1917/18 auch als Lager für weißrussische Flüchtlinge. Restaurierungsarbeiten fanden während des Ersten Weltkrieges und sehr gründlich in den 70er Jahren statt. Man betritt den imposanten Bau an der zur Medina hin gelegenen Südwestseite und gelangt in den Innenhof, der von zweistöckigen Gebäuden mit den Wohnzellen der ›Rittermönche‹ umgeben wird. Rechter Hand bei der Treppe befindet sich im Obergeschoß der ehemalige Gebetssaal, der noch vom ursprünglichen Bau stammt. Heute ist hier ein kleines Museum untergebracht. Die sehenswerte Sammlung islamischen Kunsthandwerks zeigt als Attraktionen Münzen aus dem 11. und 12. Jh., herrlich gestaltete Koranhandschriften aus dem 8.–12. Jh. Hinter dem ersten Hof (Tordurchgang) folgt ein zweiter, kleinerer mit dem für Ribats einzigartigen Frauengebetssaal. Über dem Ribat erhebt sich im Osten der dreigeschossige Rundturm (Nador) von 796, der sich besteigen läßt und eine hervorragende Aussicht bietet.

Vor der Klosterfestung steht in Richtung Medina der restaurierte Unterbau des im 9. Jh. als Erweiterungsbau entstandenen kleineren **Ribat Sidi Dhouib**. Unmittelbar neben dem Zugang zum Ribat hat die schlichte, eben-

*Monastir:
Blick über den Friedhof auf das Ribat*

falls aus dem 9. Jh. stammende **Große Moschee** ihren Platz. Einige Schritte entfernt trifft man gegenüber dem Hotel ›L' Esplanade‹ auf die Reste der kleinen **Grabmoschee Saida**, eines dreischiffigen Baus aus dem 11. Jh. Vor dem Hotel befindet sich ein kleines Ausgrabungsgelände mit den Fundamenten eines dritten, frühislamischen **Ribats**.

Unterhalb von Ribat und Großer Moschee liegt das Hafenbecken, heute ein ultramoderner **Yachthafen** mit 500 Liegeplätzen. Darum gruppiert sich das neue Feriendorf ›Cap Monastir‹ mit dem Luxushotel des ›Club Med Regency‹, nach Port el Kantaoui der zweite, allerdings noch etwas nüchtern wirkende ›integrierte Tourismuskomplex‹ des Landes. Im Nordwesten wird das Hafenbecken begrenzt von einem Damm, der zu zwei vorgelagerten Inseln führt. Die größere westliche Ile Sidi el Gadamsi bietet gute Tauchmöglichkeiten, die kleinere östliche Ile el Oustania beherbergt einen Posten der Fischereigarde. Die vom Ribat nach Süden führende Uferstraße Av. Habib Bourguiba (Corniche) verläuft oberhalb eines schmalen, von Felsen gesäumten Sandstrandes; die vorgelagerten beiden kleinen ›Tauberinseln‹ eignen sich ebenfalls zum Tauchen. Die Promenade wird gesäumt von großen Hotel- und Geschäftskomplexen. Am Südostrand der Bucht – hinter den Felsen – stößt sie schließlich auf den alten, fast kreisrunden Fischereihafen mit den Grotten ›El Kahlia‹ und dem ›Zuckerbäckerbau‹ der staatlichen Hotelgesellschaft SHTT.

Kehren wir nun zum Ribat zurück und überqueren die westlich davon zwischen Meer und Medina verlaufende Hauptstraße. Wir passieren einen ausgedehnten Friedhof mit verschiedenen alten Marabouts, von denen der rechts liegende des Sidi el Mezri aus dem 12. Jh. besonders bemerkenswert ist. Mit seiner mächtigen goldenen Kuppel bereits weithin sichtbar, erhebt sich auf dem Friedhof das **Mausoleum der Bourguibas**, 1963 als künftige Grabmoschee des Präsidenten und seiner Angehörigen unter Verwendung kostbarster Materialien errichtet. Mit dem imposanten Äußeren des Komplexes, dem zwei Pavillons vorgelagert sind – der rechte ist den Märtyrern des Unabhängigkeits-

kampfes gewidmet –, korrespondiert eine verschwenderische Innenausstattung, die so gar nicht im Einklang mit den einfachen Gräbern ringsum steht, von denen viele für den Bau des Mausoleums und des breiten Vorplatzes weichen mußten.

Wir wenden uns nun der Medina zu, deren massive, turmbewehrte Mauer im 18. Jh. entstand. Ihr Zentrum, der Straßenzug Rue de l'Indépendance/Rue Mahmoud Bourguiba mit dem links vom Eingang gelegenen Chraga-Viertel und dem zentralen Platz, wirkt wegen umfassender Restaurierungsarbeiten und Neubauten in maurischem Stil ungewöhnlich gepflegt, beinahe schon steril. Es ist mit seinen zahlreichen Souvenirläden vollständig auf Tourismus eingestellt, nur in den Nebenstraßen findet man noch tunesisches Altstadtleben. Beachten Sie die 1963 nach dem Vorbild der Hammouda Pascha in Tunis errichtete und aufwendig ausgeschmückte **Bourguiba-Moschee** mit ihrem achteckigen, 41 m hohen Minarett (an der Rue de l'Indépendance, vom Ribat kommend gleich am Anfang rechts) und das

Zwischen Sousse und Sfax

gegenüberliegende, nach Renovierung neu eröffnete ›Musée de Costumes Traditionels‹ an der Rue des Tripolitains.

Am Ostrand der Medina, jenseits der Rue du 2 Mars 1934 mit dem wuchtigen Bariksha-Tor, liegt das Einkaufszentrum der kleinen Neustadt mit der Halle des Lebensmittelmarktes, der Post und –

etwas dahinter – dem modernen Kongreßpalast, in dem auch Theater- und Nationalbibliothek untergebracht sind.

Verläßt man Monastir auf der in Richtung Sousse verlaufenden Uferstraße (Route de la Falaise), passiert man nach einem felsigen Küstenabschnitt mit verschiedenen kleinen Sandstränden den

Villenvorort Skanes, gefolgt vom Gelände des Präsidentenpalastes mit seinen ausgedehnten Parkanlagen. Einige Kilometer dahinter, in Höhe des Flughafens, beginnt die längs des breiten, feinen **Sandstrandes** verlaufende ›Route touristique de la Dkhila‹ mit einer losen Hotel-Reihe, die zwischen 7 und 13 km vom Zentrum Monastirs entfernt liegen. In ihrem westlichen Abschnitt wird die Straße begleitet von einer kleinen Sebkha, die eine staatliche Gesellschaft als Saline nutzt und die von der Hauptstraße nach Sousse südlich umgangen wird.

Ausflüge: Neben den städtischen Zentren Sousse und Monastir gibt es im ›alten‹ Sahel von Sousse eine Reihe von Großdörfern **(Khnis, Saida, Ksiba el Mediouni)**, die jeweils über 10 000 Einwohner zählen, ohne jedoch städtischen Charakter zu zeigen. Besondere Sehenswürdigkeiten bieten diese modernen Siedlungen nicht, sie alle sind aber bedeutende Handwerkszentren mit jeweils lokalen Spezialitäten. Nicht versäumen sollte man einen Besuch des historischen **Leptis Minor** 2, wo Hannibal 203 v. Chr. nach seinem legendären Feldzug gegen die Römer landete. Sehenswert ist vor allem das Museum mit seiner hervorragenden Präsentation. Beliebt ist auch ein Abstecher zu den ca. 20 km vor der Küste liegenden unbewohnten **Kuriate-Inseln** 3, zu denen Bootsausflüge veranstaltet werden.

In **Ksar Hellal** 4, einem Webereizentrum (Seide und Baumwolle) wurde 1934 die Neo-Destour-Partei gegründet, woran im Zentrum ein Denkmal und ein monumentales Tor erinnern. Mit Ksar Hellal fast zusammengewachsen ist das benachbarte **Moknine**, das für seine Töpferei bekannt ist (Mittwochsmarkt). In einem kleinen Volkskunstmuseum (nur mittwochs geöffnet), das in einer alten Moschee untergebracht ist, werden Textilien, Weberei- und Töpferwaren sowie jüdische Goldschmiedekunst gezeigt.

2 km südöstlich von **Teboulba**, dessen neue Moschee ein 80 m hohes Minarett überragt, zweigt eine 5 km lange Zufahrt zur noch erhaltenen Hafenmole des **römischen Thapsus** 5 ab, wo Cäsar 46 v. Chr. gegen die Pompejaner und Juba siegte und von wo Hannibal nach Antiochia floh.

Mahdia

6 (S. 338) Der größte Fischereihafen Tunesiens, 40 km südlich von Monastir am felsigen Cap Afrique *(Ifriqiya)* gelegen, rückt trotz seines schönen Stadtbildes und der sehenswerten Medina mit ihren bemerkenswerten Bauten erst allmählich ins Blickfeld des organisierten Tourismus.

Geschichte

In der Antike befand sich hier ein punischer, später römischer Hafen, der durch die arabische Eroberung völlig zerstört wurde. Die Neugründung von Mahdia erfolgte ab 916 durch den ersten Fatimiden-Kalifen, Obeid Allah, der sich als *Mahdi* (gottgesandter Glaubenskämpfer) begriff. Die schiitischen Fatimiden wollten dem streng konservativen Kairouan eine neue Hauptstadt entgegenstellen; die Wahl fiel auf das strategisch günstig gelegene Cap Ifriqiya, von dem aus die Kontrolle der Schiffahrtswege möglich war. Dort entstand nun eine weitläufige Residenz mit Hafen, deren einziger Zugang auf der Landseite durch eine 11 m dicke Mauer mit vier Bastionen und nur einem Tor mit sechs Fallgittern sowie eine neuntürmige Vormauer mit Graben geschützt wurde.

Diese uneinnehmbare Festung diente ab 921 als Hauptsitz der Fatimiden und behielt diesen Rang trotz einer achtmonatigen Belagerung (944/45) durch die Abu Yazid-Rebellen bis 948, als sie ihre Würde mit Sabra Mansouriyah bei Kairouan (s. S. 231) teilen mußte. 973 verlegten die Fatimiden ihre Residenz nach Kairo, Mahdia sank zu einer Provinzstadt ab, in der 1016 das Massaker an den letzten verbliebenen Fatimiden stattfand, initiiert von ihren einstigen Statthaltern, den Ziriden.

1057 flohen die Ziriden-Herrscher aus dem von den Beni Hilal bedrängten Kairouan nach Mahdia, das damit noch einmal für knapp 90 Jahre zur – allerdings machtlosen – Hauptstadt wurde und zu den wenigen tunesischen Städten gehörte, die vom Beni Hilal-Sturm verschont blieben. Unruhige Zeiten folgten: 1088 griffen erstmals die sizilianischen Normannen an, ab 1091 erlebte Mahdia einen Zustrom moslemischer Flüchtlinge aus Sizilien, 1148–60 wurde die Stadt sogar von den Normannen besetzt. Im 13. Jh. war der Stadt ein neuer Aufschwung durch Seehandel und Piraterie vergönnt, die allerdings verschiedene Belagerungen durch christliche Flotten provozierten. Um die Mitte des 16. Jh. wählte der berüchtigte türkische Korsar Dragut den Hafen zu seiner Operationsbasis und löste damit eine Belagerung durch Spanien aus, das 1550 die Stadt einnahm und beim Abzug vier Jahre später alle Befestigungsanlagen sprengte. Danach war Mahdia wieder

Mahdia

türkisch, mußte aber weitere Plünderungen durch Spanier (1597) und Johanniter aus Malta (nach 1600) über sich ergehen lassen. Bis in die jüngste Vergangenheit hatte der Hafen dann nur lokale Bedeutung, auch wenn die Stadt 1908 international von sich reden machte, als 5 km nordwestlich des Cap Afrique in 39 m Tiefe das 86 v. Chr. gesunkene römische ›Mahdia-Schiff‹ mit griechischen Kunstgegenständen an Bord gefunden wurde (s. u.).

Heute ist Mahdia das Wirtschaftszentrum des südlichen Sahel von Sousse mit Olivenöl- und Seifenherstellung, Getreide-, Obst- und Gemüseverarbeitung sowie Seiden- und Wollweberei, vor allem aber seit kurzem der größte Fischereihafen des Landes: Etwa 500 Boote landen hier ca. ein Drittel des tunesischen Fangertrages an, der in einem knappen Dutzend Konservenfabriken verarbeitet wird. Nördlich der Stadt entstehen immer neue Ferienhotels – mit etwa 3000 Betten ist der Ort im Vergleich zu den Touristenhochburgen bislang jedoch kaum erschlossen. Von den fatimidischen Bauten sind wegen der häufigen Zerstörungen nur Grundmauern erhalten – die Große Moschee wurde originalgetreu wiederaufgebaut –, die malerische, landschaftlich überaus reizvoll gelegene Medina mit ihren imposanten Festungsbauten und der herrliche, noch nicht überlaufene Sandstrand machen einen Besuch aber sehr lohnend. In der Umgebung von Mahdia haben sich noch relativ viele Bräuche aus türkischer Zeit erhalten.

Besichtigung

Kern von Mahdia ist die auf der schmalen, felsigen Halbinsel Cap Afrique gelegene Medina. Unmittelbar westlich schließt das kleine Neustadtzentrum an, das sich auf seiner Südseite zum Fischereihafen hin öffnet und im Nordwesten in die Strandzone übergeht. Im Westen und Süden folgen neuere Wohnviertel.

Beginnen wir die Besichtigung von Mahdia an der betriebsamen, von einfachen Cafés, Restaurants und Marktständen gesäumten Place Ferhat Hached vor dem modernen Fischereihafen, wo sich auch die Bus- und Louage-Stationen befinden und an der auch der Freitagsmarkt abgehalten wird. Wenden wir uns kurz vor dem Ostrand des Hafens, an der großen neuen Markthalle, nach links, fällt rechter Hand sogleich der monumentale Bau der **Skifa el Kahla** (Dunkler Vorhof) ins Auge, eine gewaltige Torburg, die 1554 bei dem Wiederaufbau Mahdias nach der Zerstörung durch die Spanier auf Fundamenten des 12. Jh. entstand. Als damals einziger Landzugang der Stadt war sie dank ihrer bis 10,8 m starken Mauern und des 44 m langen Torweges uneinnehmbar. Rechts neben dem Tor hat kürzlich das ›Musée de Mahdia‹ sein Pforten geöffnet. Beeindruckend ist die Schmuck- und Münzsammlung im 1. Stock. - Jenseits des Tores beginnt die verwinkelte Medina, die vor allem im folgenden Bereich der Souks recht malerisch wirkt, an den Rändern aber z.T. stark verfallen ist.

Gehen Sie geradeaus weiter in die Rue Obaid Allah el Mehdi, passieren Sie rechter Hand das an der Ecke gelegene Fremdenverkehrsamt. Ein Stück weiter öffnet sich die Gasse zur Place Kadi Noamene. Dort steht rechts die **Große Moschee** (Mosquée Obeidite), der ehrwürdigste Bau der Stadt. Sie entstand 916–21 als erste fatimidische Moschee des Landes nach dem Schema der Kairouaner Sidi Oqba, um dann selbst wiederum als Vorbild für die fatimidischen Moscheen in Kairo zu dienen. Nach mehreren Umbauten wurde sie 1554

Das rätselhafte Schiff von Mahdia

Durch ein Telegramm vom 21. Juni 1907 wurde der aufsehenerregende Fund publik. Alfred Merlin, Direktor der Antikenverwaltung in Tunesien, das damals noch unter französischem Protektorat stand, meldete die Entdeckung eines antiken Wracks vor der Küste der Hafenstadt Mahdia durch griechische Schwammtaucher, die damals fast ein Monopol im gesamten Mittelmeerraum hatten.

Seither ist viel über das Schiff von Mahdia und seine Ladung spekuliert worden. Der etwa 20 m lange Segler war schwer beladen mit Rohlingen von Marmorsäulen, fertiggestellten Kapitellen und Säulenbasen, Prunkbetten und Bronzefiguren – großartige Relikte der Antike, deren Bergung den Weg für die neue Disziplin der Unterwasserarchäologie ebnete.

Durch kriminalistische Kleinarbeit an den Ausrüstungsgegenständen, insbesondere Amphoren und Geschirr der Besatzung, konnte man das Datum der letzten Fahrt auf den Zeitraum zwischen 80 und 70 v. Chr. eingrenzen. Die Analyse der Bleiplatten, mit denen der Rumpf gegen Bohrwürmer beschlagen war, deuten auf eine italienische Werft, die schweren Marmorsäulen und Kapitelle auf attische Steinbrüche und Werkstätten.

Die sehr heterogene Ladung von Kunstwerken, die das Schiff in Piräus an Bord genommen hatte, wird von Historikern in Zusammenhang mit der Plünderung Athens durch Sulla im Jahre 86 v. Chr. gebracht, da die aufgefundenen Weihegeschenke aus dem Tempel von Piräus wohl kaum aus legalen Quellen stammen dürften. Gestützt

Linke Seite: Die Bronzeherme stellt den reifen, bärtigen Dionysos dar. Rechts: Agon, der geflügelte Knabe, gehört zu den relativ selten erhaltenen großplastischen Bronzewerken des klassischen Altertum

wird diese Vermutung durch umfangreiche Statuenfunde in antiken Lagerräumen des Hafens von Piräus, in denen das Raubgut bis zur Verschiffung zwischengelagert wurde.

Sicher ist auch, daß nicht etwa Tunesien Ziel der Reise war, denn nur wenige Jahrzehnte nach dem Sieg über Karthago und der gescheiterten Koloniegründung durch Gracchus (122 v. Chr.) war die Präsenz Roms noch gering, und es bestand kein Bedarf an griechischer Kunst. Ganz anders in Italien, wo sich die Oberschicht aus Prestigegründen mit Werken griechischer Künstler umgab. Das Schiff befand sich wahrscheinlich in Besitz eines privaten Reeders und hatte etwa 10 Mann Besatzung. Da die zahlungskräftige Kundschaft damals vornehmlich in Rom, Latium und Campanien wohnte, dürfte der Zielhafen Puteoli/Pozzuoli (Puteolanum) am Golf von Neapel gewesen sein.

Der Segler nahm zunächst Kurs auf das gefürchtete Cap Mela an der westlichen Spitze des Peloponnes und erreichte das Ionische Meer. Warum das Schiff dann manövrierunfähig bis zur 350 km entfernten Küste Afrikas trieb, bleibt unklar. Möglicherweise hatte es in einem Sturm das Ruder oder die Segel verloren. Nur 5 km vor Mahdia lief es voll und sank langsam. Da das Beiboot fehlt, konnte sich die Besatzung möglicherweise sogar an die nahe Küste retten.

Die unzähligen Einzelstücke wurden zwar sofort nach ihrer Entdeckung in Tunesien konserviert, litten jedoch im Laufe der Zeit schon aufgrund der damals noch unvollkommenen Techniken. 1988 vertraute Tunesien die Bronzen dem Landesmuseum von Bonn an und ließ sie dort in aufwendiger Weise mit modernsten Methoden restaurieren. 1994 konnte die Öffentlichkeit die Fundstücke, darunter als besondere Kostbarkeiten die Bronzen eines geflügelten Knaben und einer Dionysos–Herme, in einer vielbeachteten Ausstellung im Rheinischen Landesmuseum in Bonn bewundern. Nunmehr dürften sie wieder ihren angestammten Platz im Bardo-Museum in Tunis gefunden haben, wo ihnen eine eigene Abteilung gewidmet ist.

Der alte Hafen in Mahdia

beim Abzug der Spanier weitgehend zerstört und erst im 18. Jh. durch einen provisorischen Bau ersetzt. 1960 riß man diesen ab, um zwischen 1961 und 1965 nach Originalplänen die ursprüngliche fatimidische Moschee zu rekonstruieren, die mit ihren strengen und einfachen Formen, dem monumentalen Eingangstor und dem Fehlen von Minaretten eher den Charakter einer Festung hat (nur die Vorhalle ist noch original). Das Resultat kann als durchaus gelungen bezeichnet werden. Außerhalb der Gebetsstunden kann man den 42 m × 50 m Hof betreten, von dem sieben Türen in den neunschiffigen Gebetssaal führen.

Gehen wir nun in östlicher Richtung am Meer entlang, vorbei an einem Ausgrabungsgelände mit fatimidischen Fundamenten zum mächtigen **Bordj el Kebir** (auch Bordj en Ras), das den höchsten Punkt der Halbinsel einnimmt und dessen Besichtigung vor allem wegen des großartigen Blicks von den Mauern lohnt. Die Festung entstand Anfang des 16. Jh. als quadratischer Bau auf den Fundamenten des fatimidischen Thronfolgerpalastes, wurde 1595 von den Türken beträchtlich erweitert und in jüngster Zeit restauriert. Ein unterirdischer, heute verschütteter Gang verband die Anlage einst mit dem Hafen. Unterhalb der Festung erstreckt sich bis zur Spitze der Halbinsel ein ausgedehnter, ausgesprochen schön gelegener Friedhof mit verschiedenen Marabouts und einem Leuchtturm. Hier befanden sich einst der Kalifenpalast und der Hafen der Fatimidenstadt, wovon aber nur noch geringe Spuren zeugen. Ein Stück hinter dem Bordj el Kebir sehen Sie das einst 5450 m² große **Hafenbekken** mit der 15 m breiten Fahrrinne zum Meer, deren Ausfahrt die 1554 zerstörten Wachtürme flankierten; ob das Becken bereits auf die römische oder gar punische Zeit zurückgeht, ist unsicher. An verschiedenen Stellen sind auch noch die Fundamente der einstigen Stadtmauer erhalten und beim Leuchtturm wurden Felsengräber und Überreste von Zisternen entdeckt. Beim Rückweg zur Skifa sollten Sie bei dem in der Rue Mohammed Abdesselem (verläuft hinter dem Bordj zur Großen Moschee) gelegenen Bezirk **Dar Hamza** vorbei-

schauen, wo traditionelle Kunsthandwerker arbeiten.

Die Neustadt von Mahdia ist nicht sonderlich attraktiv. Das kleine Zentrum beschränkt sich auf das westlich an die Skifa anschließende Gebiet (Av. Habib Bourguiba/Place Sidi Mtir) mit Banken, Geschäften, Cafés, Restaurants, der Polizei und der Post. Über die parallel zur Av. Habib Bourguiba am Meer entlangführende Av. Tahar Sfar gelangen Sie nach ca. 1 km zu dem sehr breiten und langen, von niedrigen Büschen und Bäumen gesäumten **Sandstrand**, der sich kilometerweit nach Norden fortsetzt und Standort der neuen Hotelanlagen ist.

Zwischen Mahdia und Sfax

Entlang der nach Süden führenden Küstenstraße P 1 bieten sich etliche Möglichkeiten zu interessanten Abstechern. Etwa 5 km südlich der Ortschaft Ksour Essaf zweigt eine Stichstraße zum Fischereihafen **Salakta** 7 (S. 342) ab, dem römischen *Sullectum*. Direkt am Hafen liegt ein bescheidenes Museum;

In Mahdia: Treffpunkt Café

im Inneren ein großes Wandmosaik, Amphoren und Tonwaren. Etwas südlich davon trifft man auf die spärlichen Reste der alten Römersiedlung. Einen guten halben Kilometer weiter nach Süden verbirgt sich unter den Feldern das recht verzweigte System der frühchristlichen Katakomben von Arch Zara, in das man hinabsteigen kann (nicht bewacht, Taschenlampe erforderlich).

In der Ortschaft Chebba, etwa 25 km nördlich von Sfax, zweigt erneut eine Stichstraße zum Meer ab, die auf der Halbinsel **Ras Kaboudia** 8 an einem hübschen Strandabschnitt endet. Überragt wird er vom Rest eines mittelalterlichen Ribats, der auf den Fundamenten einer byzantinischen Festung ruht. An diesem Kap begann ein Kapitel tunesischer Geschichte, als hier im Jahre 533 der byzantinische Feldherr Belisar landete, um die Vandalenherrschaft zu beenden.

10 km südlich von **Mellouleche** ermöglicht eine 5 km lange, mit ›Boutria‹ ausgeschilderte Zufahrt den Besuch von **Ras Bou Tria** 9 mit den spärlichen Überresten des antiken *Acholla*, in dem etliche großartige Mosaiken entdeckt wurden, die heute ihren Platz in einem eigenen Saal im Bardo-Museum haben.

El Djem

10 (S. 334) Die 50 km südlich zwischen dem Sahel von Sousse, dem Sahel von Sfax und der Steppe von Sousse gelegene Kleinstadt, die von der Teppichweberei und dem Olivenanbau lebt (Montagsmarkt), besitzt mit ihrem außerordentlich gut erhaltenen römischen Amphitheater eines der bedeutendsten Kulturdenkmäler des Landes und sollte deshalb auf einer Rundreise nicht ausgelassen werden.

Geschichte

An der Stelle des heutigen El Djem entstand zur Zeit Cäsars die römische Siedlung *Thysdrus*, die zwischen dem späten 1. und dem frühen 3. Jh. zum Zentrum der Olivenölproduktion des Sahel aufstieg, dadurch zu großem Wohlstand gelangte und schließlich den Rang einer Colonia erhielt; Olivenöl diente in der Antike nicht nur der Ernährung, sondern auch als Brennstoff für Lampen sowie zur Seifen- und Essenzenherstellung. 238 wurde die Handelsstadt zum Ausgangspunkt einer folgenreichen Rebellion: Als der römische Kaiser Maximinus Thrax die von Septimius Severus abgeschaffte Olivenölsteuer wieder einführen wollte, ermordeten die erzürnten Grundbesitzer von Thysdrus – denen die Juvenes (s. S. 179f.) zur Seite standen – seinen Gesandten und riefen den greisen Proconsul (Provinzgouverneur) Gordianus zum Gegenkaiser aus. Dieser Handstreich fand sogar die Unterstützung des römischen Senats, da dieser dem Kaiser feindlich gesonnen war. Die von Maximinus daraufhin entsandte Legio III Augusta konnte jedoch den Aufstand blutig niederschlagen und Thysdrus plündern; Gordianus beging Selbstmord, sein Sohn fiel. Maximinus seinerseits wurde noch im gleichen Jahr ermordet. Unter dem vom Senat eingesetzten Gordianus III., Enkel des gleichnamigen, folgten nunmehr Repressionen gegen die Maximinus-Anhänger. Die Wirren von 238 bewirkten den Niedergang von Thysdrus, wovon vor allem Sufetula (Sbeitla) profitierte (s. S. 224ff.). Zur Zeit des Vandaleneinfalls war Thysdrus nur mehr ein kleines Dorf. 699 soll das Amphitheater der legendären Berberfürstin Kahina (s. S. 39) als Zufluchtsstätte vor den arabischen Eroberern gedient haben. Wegen der Versteppung des Umlandes nach dem Beni Hilal-Einfall wurde der Ort schließlich ganz aufgegeben. Die Neubesiedlung erfolgte erst wieder in der Kolonialzeit.

Besichtigung
Das heutige El Djem – ein nicht besonders attraktiver Ort – wird völlig von der spektakulären, aus allen Richtungen bereits weithin sichtbaren Ruine des römischen **Amphitheaters** (auch Kolosseum genannt) beherrscht. Der gewaltige ovale Bau, der 30 000–40 000 Zuschauern Platz bot, mißt 148 m × 122 m, seine aus drei übereinanderliegenden Bogengänge mit einst je 30 Arkaden und einer krönenden Abschlußumrandung gebildete Außenmauer steht noch etwa zu zwei Dritteln und erreicht eine Höhe bis 36 m, lediglich in der Nordwestseite klafft eine breite Lücke. Verantwortlich dafür ist Mohammed Bey, der diesen Teil 1695 sprengen ließ, weil sich im Amphitheater immer wieder rebellische Berber verschanzt hatten. Der Bau ist der größte seiner Art in Nordafrika und wurde im Römischen Reich nur noch vom Kolosseum in Rom und dem Theater von Pozzuoli übertroffen, ist allerdings besser erhalten, obwohl es zeitweise als Steinbruch genutzt wurde. Begonnen wurde der Bau des Amphitheater wahrscheinlich unter Septimius Severus Anfang des 3. Jh. und von Gordianus fortgeführt, jedoch niemals ganz beendet. Seine gewaltige Größe war wohl in erster Linie eine Machtdemonstration Roms gegen die Steppenbewohner, denn Thysdrus selbst war zwar eine prosperierende Stadt, zählte aber maximal 15 000–20 000 Bewohner. Im Theater fanden vor allem Wagen- und Hunderennen, Gladiatoren- und Tierkämpfe sowie später Hinrichtungen – meist durch wilde Tiere – statt. Seit Beendigung der umfangreichen Restaurierungsarbeiten im Juni 1980 kann die wohl eindrucksvollste Hinterlassenschaft der Römer in Tunesien wieder besichtigt werden. Man betritt den am nördlichen Ortsrand gelegenen Bau an der dem Zentrum zugewandten Südostseite. Zahlreiche Souvenirläden befinden sich in den neuen Kolonnaden. Gut zu erkennen sind im Innern die Fundamente der einst unter der 65 m × 37 m großen Arena gelegenen Zwinger, Verliese, Stallungen und Magazinräume. Von den ursprünglichen Sitzreihen hingegen ist bis auf einen kleinen restaurierten Bereich nichts mehr übrig. Ein großer Teil des Innenraumes wurde in ein Freilichttheater mit erhöhter Bühne und neuen Sitzreihen umgewandelt (teurer Eintritt!).

Die gegenüber dem Eingang beginnende ›Hauptstraße‹ von El Djem trifft auf den Marktplatz, wo sich Bahnhof, Post und Louages befinden. Wendet

Das Amphitheater in El Djem

man sich hier nach rechts in die Straße nach Sfax, erreicht man nach ca. 500 m das schön angelegte **Museum**, das vor allem wegen seiner prachtvollen Mosaiken sehenswert ist. Einige verkörpern den spätrömischen, barock anmutenden Stil der Kaiserzeit, zeigen aber auch die beliebten Tiermotive und mythologische Themen. Unmittelbar dahinter beginnt ein neues Ausgrabungsgelände mit den Fundamenten verschiedener großzügiger Villen, z. T. mit Mosaiken. Auf der gegenüberliegenden Straßenseite (hinter den Bahnschienen) kann man noch die Umrisse eines älteren, kleineren und bislang erst partiell freigelegten Amphitheaters erkennen, das wahrscheinlich vom Anfang des 2. Jh. stammt und wohl ein Vorgänger des großen Theaters war. Weitere, den Besuch allerdings kaum lohnende Ausgrabungen des römischen Thysdrus mit Zisternen und Thermen aus dem 2. Jh. finden sich am Westrand von El Djem, wo ein Kapitell gefunden wurde, das mit 2 m Höhe das größte bekannte aus Nordafrika ist; es befindet sich heute im Bardo-Museum in Tunis. Der über 500 m lange, durch Luftaufnahmen identifizierte Cirkus im Nordosten des Ortes wurde bislang noch nicht freigelegt. Die genaue Lage der einzelnen Ausgrabungsstätten kann man einer Karte im Museum entnehmen.

Das Gebiet um El Djem bildet den Übergang zwischen dem feuchteren ›alten‹ Sahel von Sousse und dem trockeneren Sahel von Sfax. Westlich des Ortes erstreckt sich das von verschiedenen Salzseen begrenzte Souassi-Land, ein früher steppenartiges, heute aber in der landwirtschaftlichen Erschließung begriffenes Gebiet, dessen einst halbnomadische Bewohner inzwischen seßhaft geworden sind oder sich als Saisonarbeiter verdingen.

Sfax – Nahtstelle zwischen Tradition und Moderne

(S. 342) Die mit 250 000 Einwohnern zweitgrößte Stadt und zweitwichtigster Hafen Tunesiens ist das Wirtschaftszentrum des Südens, bedeutender Industriestandort und Provinzhauptstadt. Die überwiegend moderne und geschäftige Stadt mit ihrem europäischen Gepräge umschließt jedoch eine hervorragend erhaltene Medina, die zu den sehenswertesten des Landes zählt.

Geschichte

Gegründet wurde Sfax Anfang des 9. Jh. auf den Fundamenten des unbedeutenden römischen *Taparura*. Es folgte ein rascher Aufschwung als Hafen für Olivenöl, Textilien und Trockenfisch sowie als Webereizentrum. Nach dem Rückschlag durch die Beni Hilal-Invasion war sie für einige Jahrzehnte ein selbständiges Emirat, geriet dann jedoch zwischen 1148 und 1159 unter normannische Herrschaft. Danach teilte Sfax das Schicksal des übrigen Landes, seine überregionale Bedeutung blieb bis zur Kolonialzeit gering. 1881 wurde die damals ca. 25 000 Einwohner zählende Stadt von den Franzosen beschossen und eingenommen. Der Ausbau des Hafens (1895–97) und der Anschluß an die Phosphatbahn von Gafsa-Metlaoui brachten dann den Aufstieg zum wichtigsten Phosphat- und Exporthafen Tunesiens. Es folgten die Anlage der Neustadt, die Erweiterung des Hafens (1924) und die Ansiedlung zahlreicher Franzosen, Italiener und Malteser. Im Krieg – vor allem im Winter 1942/43 – erfuhr die Neustadt schwere Zerstörungen. Am 5. 8. 1947 war Sfax Mittelpunkt eines großen antifranzösischen Aufstandes. Der danach einsetzende Wiederaufbau brachte einen erneuten Aufschwung, zumal nun die Phosphatexporte über den Hafen des Hauptkonkurrenten Sousse gestoppt wurden. Gegen Ende der Protektoratszeit zählte Sfax bereits 66 000 Einwohner.

Heute ist die Stadt Tunesiens größtes Zentrum für die Olivenölverarbeitung (ca. 400 Ölmühlen, Sitz des staatlichen Amtes für Olivenöl und der tunesischen Olivenölbörse) sowie bedeutender Hochsee- und Fischereihafen. Zu den Industrien zählen zwei phosphatverarbeitende Werke, die auch Düngemittel produzieren, Holz-, Leder- und Textilverarbeitung, Möbelwerke sowie Salzgewinnung.

Aufgrund des überwiegend durch Industrieansiedlungen und den Hafen geprägten Charakters wird Sfax von Touristen meist nur als Durchgangsstation besucht. Die gut erhaltene, teilrestaurierte Altstadt und die günstigen Ausflugsmöglichkeiten nach El Djem, den Kerkennah-Inseln und in den Süden machen die Stadt aber dennoch zu einem durchaus besuchenswerten Ort.

Besichtigung

Kern von Sfax ist die von Mauern umgebene Medina, die sich unweit des Meeres nach Westen erstreckt. Südöstlich schließt sich das Zentrum der Neustadt an, die – noch etwas weiter südöstlich – auf den Hafen trifft. Südlich des Hafens reihen sich die Industrievororte, westlich und nordöstlich der Medina neuere Vororte. Die Stadt wird umgeben von einem Obstbaum- und Olivenhaingürtel.

Die nach den Kriegszerstörungen neuentstandene, schachbrettartig angelegte Neustadt von Sfax zeigt ein überwiegend modernes Bild, hat aber auch noch einige alte Kolonialbauten bewahrt. Ihre Hauptachsen mit zahlreichen Geschäften sind die vom Bahnhof nach Südwesten verlaufende Av. Habib Bourguiba mit Post, Banken und verschiedenen Verwaltungsbauten und die rechtwinklig kreuzende Av. Hedi Chaker, die von der Medina (Bab Diwan) zum Hafen führt. Die Kreuzung beider bildet die zentrale **Place de la République** 1 mit Straßencafés, Springbrunnen, Bourguiba-Denkmal und dem in klassischem Stil erbauten Rathaus *(Municipalité)* mit minarettartigem Turm. Dieses beherbergt im Erdgeschoß ein beachtenswertes **Archäologisches Museum**, in dem vor allem römische und frühchristliche Funde – darunter viele Mosaiken – aus El Djem, Thaenae, Tapurura, La Skhirra und Kerkennah zu sehen sind.

***Sfax** 1 Place de la République 2 Place de Marburg 3 Bab Diwan 4 Musée des Arts et Traditions populaires 5 Souk el Omrane 6 Große Moschee 7 Café ›Diwan‹ 8 Kasbah*

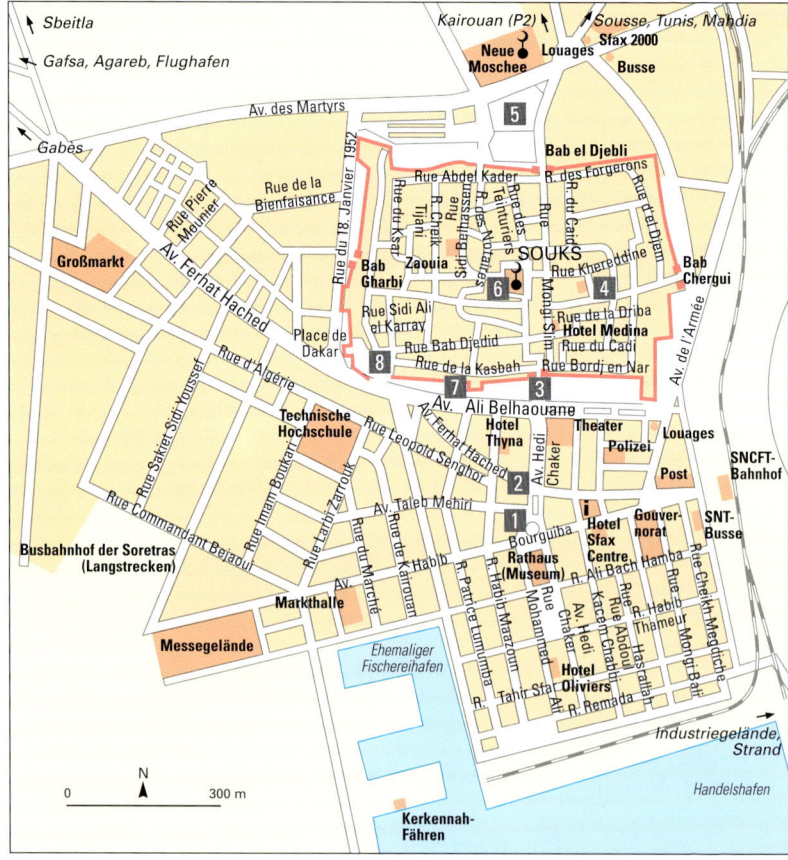

Wenden Sie sich vom Rathaus aus in Richtung Medina (Av. Hedi Chaker), sehen Sie gleich links die schattige, hübsch angelegte **Place de Marburg** 2 – benannt nach der deutschen Partnerstadt von Sfax –, gesäumt von Cafés und verschiedenen Hotels. Wir gehen nun nach rechts (Richtung Bahnhof), passieren die Place de l'Indépendance und erreichen das **Bab Diwan** 3, auch Bab Douane genannt, das mächtige Haupttor der Medina. Sein linker Teil stammt noch vom Originalbau von 1306 – wenn auch später mehrfach erneuert – der Rest ist eine Rekonstruktion der Nachkriegszeit. Die ca. 400 m × 600 m große Medina von Sfax zeigt als einzige des Landes einen rechteckigen, ziemlich regelmäßigen Grundriß, der möglicherweise auf den des römischen Taparura zurückgeht. Die Altstadt ist gänzlich von einer ca. 2 km langen Mauer mit ihren verschiedenen festungsartigen Verstärkungen und den vier alten Stadttoren umschlossen. Sie entstand im 9. Jh. unter den Aghlabiden, wurde später – vor allem von den Türken – mehrfach verstärkt und nach dem Krieg teilrekonstruiert. Im Zuge dessen legten die französischen Städteplaner Blumenrabatten um die Mauern an, so daß in Sfax die Medina deutlicher als in anderen Städten von der Neustadt abgetrennt ist. Angenehm für den Besucher ist die Tatsache, daß man sich völlig ungestört bewegen kann, ohne von Schleppern und Fremdenführern belästigt zu werden. Zu beachten ist jedoch, daß, abweichend von den landesüblichen Öffnungszeiten, die meisten Geschäfte der Medina montags geschlossen sind.

Hinter dem Bab Diwan beginnen die beiden Hauptachsen der Medina, die Rue Mongi Slim und die Rue de la Grande Mosquée. Wir folgen zunächst der von zahlreichen Geschäften für ›modernen‹ Bedarf gesäumten Rue Mongi Slim durch den rechten Torbogen, dann rechts und gleich wieder links. Als dritte Gasse rechts führt hier die von vielen alten Häusern mit schönen Steinportalen gesäumte Rue de la Driba zum **Musée des Arts et Traditions populaires** 4, untergebracht im Dar Jalouli, einem Palast aus dem frühen 18. Jh. Das mit einem schönen Innenhof ausgestattete Museum vermittelt einen hervorragenden Überblick über das Kunsthandwerk der Region. Gezeigt werden traditionelle Wohnungsausstattungen, Kleidung und Schmuck sowie Hinterglasmalerei und Kalligraphie. Die Rue Mongi Slim mündet am Bab el Djebli, an der Nordseite der Medina, wo der im Stil der alten Souks erbaute **Souk el Omrane** 5, ein lebhafter Markt für Lebensmittel und Alltagsbedarf, seinen Platz hat; schräg gegenüber liegen die Abfahrtsstellen der Busse und Louages, begrenzt vom neuen Einkaufszentrum ›Sfax 2000‹, dessen nüchterne Geschäftszeilen nach wie vor auf Kundschaft warten, die offenbar das Treiben des Basars vorzieht.

Parallel zur Rue Mongi Slim verläuft die zweite Hauptgasse der Medina, die Rue de la Grande Mosquée (durch den linken großen Torbogen des Bab Diwan gehen, dann links und gleich wieder rechts). Sie trifft auf die fast genau im Zentrum der Altstadt gelegene **Große Moschee** 6, die 849 gegründet, im 10./11. Jh. umgebaut und 1758/59 in türkischem Stil erweitert wurde; vom Originalbau ist allerdings nur wenig erhalten. In ihrer Umgebung befindet sich das Herz der z. T. überwölbten **Souks**, die noch vieles der traditionellen Atmosphäre bewahrt haben. Schlendern Sie hier einfach umher, Sie können sich kaum verirren, da alle abwärts führenden Gassen in der Nähe des Bab Diwan enden. Besondere Beachtung verdient der in Verlängerung der Rue de la Grande Mosquée zum Bab el Djebli hinführende Straßenzug Souk des Etoffes (Textilien)/Rue des Teinturiers (Färber), weiter das Gassengewirr zwischen Rue de la Grande Mosquée und Rue Mongi Slim sowie das Gebiet westlich der Moschee. Dazu gehören die zur Rue de la Grande Mosquée verlaufenden Gassen Rue des Bijoutiers, Rue des Notaires und Rue Sidi Belhassen mit zahlreichen Schmuckläden; in der letztgenannten Gasse liegt die gleichnamige Zaouia mit herrlicher Fassade.

Sehenswert sind überdies die Rue Bordj en Nar (Marktgasse gleich rechts vom Bab Diwan) und die Rue de la Kasbah (gleich links vom Bab Diwan), die ein Viertel mit schönen alten Häusern durchqueren und an dem reizvollen, in die Stadtmauer eingebauten maurischen **Café Diwan** 7 vorbeiführen, um dann am Platz vor der unscheinbaren **Kasbah** 8 aus dem 17. Jh. zu enden. Der restaurierte Bau beherbergt das kleine Museum für traditionelle Baukunst *(Musée de Architecture traditionelle)* und ein Freilichttheater. Vom Turm hat man einen schönen Blick über die Medina und Teile der Neustadt. Der vom Neustadtzentrum nach Südosten verlaufende Abschnitt der Av. Hedi Chaker trifft auf das Becken des Handelshafens von Sfax, des zweitgrößten des Landes; hier werden u. a. Halfagras und Olivenöl verladen. Über einen kurzen Kanal ist der Hafen mit dem offenen Meer verbunden. Die beiden kleineren Becken rechter Hand dienten bis vor kurzem als Liegeplatz der zweitgrößten Fischereiflotte Tunesiens, sind seit der Einweihung des neuen Fischerhafens ca. 3 km südlich der Stadt jedoch verwaist. An der Nordseite des alten Fischerhafens liegt die große Markthalle, an der Südseite die Abfahrtsstelle der Kerkennah-Fähren.

Im Café Diwan in Sfax

Zwischen Sfax und Gabès

Sfax wird umgeben von einem der wichtigsten Landwirtschaftsgebiete in Tunesien, dem Sahel von Sfax. Dieser teilt sich in drei Zonen, die sich jeweils als Gürtel um die Stadt legen und von den Ausfallstraßen radspeichenartig durchzogen werden. Unmittelbar am Stadtrand beginnt der alte, ca. 10 km durchmessende **Gartengürtel**, noch als Teil der Stadt zu betrachten, in den sich diese immer weiter ausdehnt. Es handelt sich dabei um kleine Obst- und Gemüsegärten, in die in der Art aufgelockerter Vorortssiedlungen zahlreiche Sommerhäuser der Stadtbewohner eingestreut sind. Der Gartengürtel geht über in den seit der Protektoratszeit entstandenen, 4–8 km durchmessenden **Fruchtbaumgürtel** (oder äußeren Gartengürtel) mit nur wenigen Häusern und vorherrschendem Obstanbau, u. a. Mandel-, Feigen-, Pfirsich- und Aprikosenplantagen sowie Rosen- und Jasminfelder. In etwa 20 km Entfernung vom Stadtzentrum folgt schließlich als dritte und wirtschaftlich wichtigste Zone, als eigentlicher Sahel von Sfax, der **Ölbaumgürtel**, der von Djebenania im Norden bis nach Maharès im Süden und nach Westen ca. 60 km in die Steppe hineinreicht. Hier wachsen ca. 8 Mio. Ölbäume, die – etwa dreimal so ertragreich wie die im Sahel von Sousse – den Sahel von Sfax zum produktivsten Olivenanbaugebiet Tunesiens machen. Die Bestände im Inneren dieses Gürtels (ca. 350 000 Bäume) gehen auf das 12. Jh. zurück, die meisten der heutigen Bäume wurden Anfang des 19. Jh. gepflanzt, die weitaus größeren Plantagen

Transport von Palmblättern

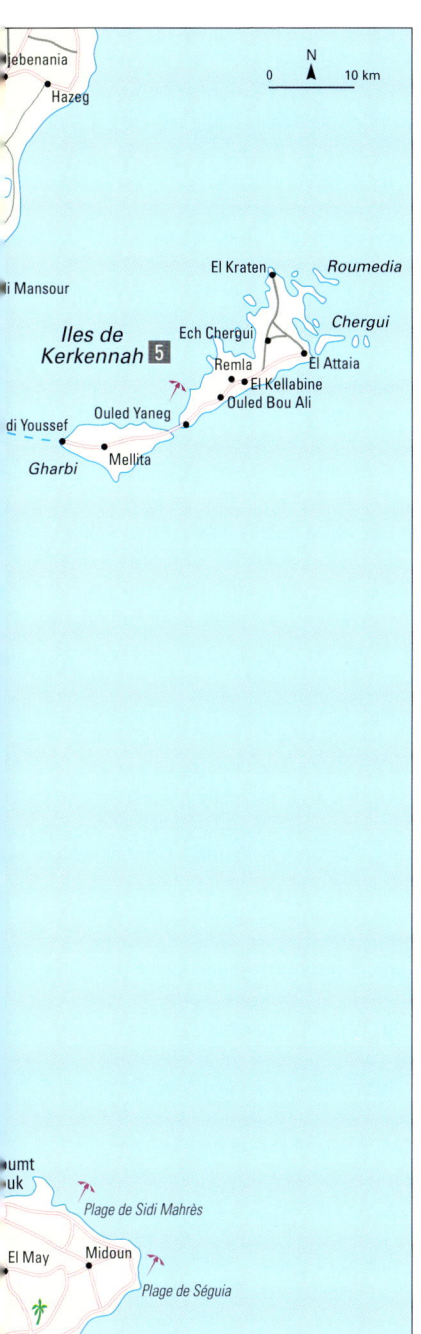

der äußeren Zone dagegen ab 1890 von den Franzosen nach einheitlichem Plan angelegt. Hier herrschte in der Kolonialzeit Großgrundbesitz mit Kleinpächtern vor, heute finden sich Staatsgüter und Kooperativen, die in der Erntezeit zahlreiche Halbnomaden der Steppe als Saisonarbeiter beschäftigen. Die Olivenkulturen des Sahel von Sfax dringen immer weiter in die Steppe ein.

12 km südwestlich von Sfax können archäologisch besonders Interessierte auf einer 2 km langen, von der P 1 abzweigenden Zufahrt die unbedeutenden Reste des antiken **Thyna** 1 besuchen, einer Numiderstadt, die den östlichsten Punkt des Juba-Reiches markierte, ehe sie sich ab 46 v. Chr. römischer Herrschaft unterwarf und deshalb schon früh den Rang einer Colonia zugesprochen bekam. Freigelegt sind die Grundmauern von Thermen, Wohnhäusern, einer Nekropole und einer christlichen Basilika.

Etwa 18 km südlich der Abzweigung nach Thyna kann man beim Dorf Nakta die Hauptstraße in Richtung **Chaffar Plage** 2 verlassen, einer Villensiedlung in maurischem Stil an einem weiten, feinsandigen, allerdings schattenlosen Strand. Die P 1 passiert den Fischerort **Mahrès** 3 mit zahlreichen Restaurants und recht skurrilen Skulpturen. Etwa 10 km dahinter zweigt nahe dem Kilometerstein ›Sfax 44 km‹ erneut eine unbeschilderte Piste zur Küste ab, die nach 3 km das am Meer gelegene **Bordj Younga Sidi Ahmed** 4 erreicht, einen aghlabidisch-fatimidischen Bau auf byzantinischen Fundamenten, den die Spanier im 16. Jh. restaurierten. Die 40 m × 40 m messende Anlage ist mit acht Basteien und vier Türmen ausge-

Zwischen Sfax und Gabès

stattet. Die Zisternen an der Nordseite gehen wahrscheinlich auf die Römer zurück, die hier eine Siedlung namens Juncta hatten. Früh morgens lassen sich hier noch zahlreiche Fischerboote unter Segeln beobachten.

20 km östlich von Sfax liegen die **Iles Kerkennah** 5 (S. 338), bestehend aus der Hauptinsel Chergui (ca. 42 km × 10 km), dem mit dieser durch einen Damm verbundenen Gharbi (ca. 15 km × 8 km) und einer Reihe von winzigen Nebeninseln, u. a. Roumedia und Rhermedia, die zusammen ca. 180 km² messen und 17 000 Einwohner zählen. Die als *Kyrannis* schon den Griechen bekannte Inselgruppe diente nach der Schlacht von Zama (202 v. Chr.) zeitweilig als freiwilliger Verbannungsort von Hannibal und später als Stützpunkt des Cäsar-Anhängers Sallust im Kampf gegen die Pompejaner. Im Mittelalter waren die Inseln häufig den Angriffen der Normannen, Spanier und Türken ausgesetzt und wurden nach Zerstörung der Dörfer schließlich ganz verlassen. Erst im 17./18. Jh. erfolgte vom Festland aus eine erneute Besiedlung. Kerkennah hat einen gewissen Namen im tunesischen Unabhängigkeitskampf als Geburtsort von Ferhat Hached und als die Stelle, von der aus Bourguiba und seine Gefährten 1945 nach Libyen übersetzten.

Die völlig flachen, bis höchstens 10 m über dem Meeresspiegel gelegenen Kerkennah-Inseln weisen wegen zu geringer Niederschläge und schlechter Böden nur eine kärgliche Vegetation auf, die Landschaft wirkt überwiegend eintönig, und das umliegende Meer ist seicht und voller Sandbänke. Die Bewohner leben in 13 Dörfern, deren Häuser – wohl zum Schutz gegen die früher häufigen Angriffe – jeweils eng aneinander gebaut sind. Haupterwerbszweig ist die Fischerei, vor allem mit Reusen in den Küstengewässern, daneben aber auch durch Treiben in Fangzäune sowie Schwamm- und Tintenfischfang, gefolgt von der Landwirtschaft. Die ca. 500 000 Dattelpalmen tragen wegen des brackigen Wassers allerdings nur wenige Früchte, man verwendet fast nur die Palmwedel für die Herstellung von Fischreusen und für Flechtarbeiten. Außerdem gibt es Öl- und Obstbäume, etwas Anbau von Getreide, Wein und Gemüse sowie Halfagrasflechterei. Angesichts der relativ hohen Bevölkerungsdichte – über 80 Einwohner/km² – sind die Erträge unzureichend, viele Männer arbeiten deshalb in Sfax oder im Ausland.

Der Tourismus spielte auf den Kerkennahs bis vor wenigen Jahren kaum eine Rolle, die 1961 gegründete Gesellschaft ›Somvik‹ bemüht sich aber um einen Ausbau der touristischen Infrastruktur, und die Zahl der Besucher wächst. Hauptattraktionen der Inselgruppe sind die schönen Strände auf der Westseite – die im Osten sind zum Baden kaum geeignet – und die lebendige Folklore, u. a. Männertänze, die an Griechenland erinnern. Besondere bauliche Sehenswürdigkeiten gibt es, abgesehen vom türkischen Befestigungsturm bei Mellita, keine. Die insgesamt sehr ruhigen Kerkennah-Inseln eignen sich also vor allem für denjenigen, der einen Badeurlaub abseits jeglichen Trubels verbringen will.

Fährhafen Kerkennahs ist der auf der Insel Gharbi gelegene winzige Weiler Sidi Youssef mit einfacher Unterkunft, einem Café und einer Polizeistation. Von hier führt eine gut ausgebaute Straße zum Hauptort Mellita und weiter über den 500 m langen, 1961 auf römischen Fundamenten angelegten Damm zur Hauptinsel Chergui. Bei Ouled Yaneg (wie auch später von Ouled Kacem) zweigt die Zufahrt zur ›Zone touristique‹ am Plage Sidi Fredj ab; vier Hotels, zwei Feriendörfer, Camping, Restaurants und Cafés erwarten den Besucher. Nördlich davon liegt auf einem kleinen Hügel die Ruine des spanischen Bordj el Hassar. Über Ouled Bou Ali gelangen wir zum Hauptort Remla und weiter nach El Kellabine und El Abassia; dahinter zweigt links eine Straße zu den Dörfern Chergui und El Krayeb ab. Etwa 2 km nach Verlassen El Krayebs in Richtung des Fischereihafens El Kraten, führt rechts ein unbeschilderter Weg zu der an einer Bucht gelegenen ehemaligen Hütte Bourguibas und dem Boot, das er bei seiner Flucht nach Libyen (1945) benutzte. Heute macht die Gedenkstätte, die früher einmal ein Museum beherbergte, einen desolaten Eindruck. Hält man sich hinter El Abassia hingegen weiter auf der Hauptstraße, erreicht man den an der Nordostspitze liegenden, recht pittoresken Ort El Attaia.

Ölbaumpflanzung

Die Zentraltunesische Steppe

Südlich des Bergzuges der Dorsale breitet sich die Zentraltunesische Steppe aus, die nur im Südwesten mit dem Bergland von Gafsa eine feste Grenze besitzt, im Südosten und Osten dagegen allmählich in die südtunesische Wüstensteppe bzw. den Sahel übergeht. Das karge, sehr trockene, dünn besiedelte und landschaftlich überwiegend reizlose Gebiet präsentiert sich im Südwesten als eine zwischen 600 und 800 m hohe Ebene, im Osten hingegen als Tiefland (100–200 m) mit dem eingesunkenen Kairouaner Becken. Verschiedene römische Ruinenstätten deuten zwar darauf hin, daß die niederschlagsarme und stets von verheerenden Dürren bedrohte Steppe in der Antike bessere Lebensbedingungen geboten hat als heute, von der am Ostrand gelegenen Stadt Kairouan abgesehen, war sie seitdem aber immer das Land von Halbnomaden. Erst in der Kolonialepoche entstanden entlang der Hauptstraßen neue Kleinstädte als Verwaltungs- und Landwirtschaftszentren. Seit jener Zeit gibt es überdies Bemühungen zur landwirtschaftlichen Erschließung durch Anlage von Oliven- und Getreidepflanzungen, um die größeren Orte auch Obst- und Gemüsekulturen, sowie zur Wiederaufforstung, die vor allem in den letzten Jahren energisch vorangetrieben wurde. Im Zuge dieser Entwicklungen ist der überwiegende Teil der Halbnomaden seßhaft geworden – z. T. unter staatlichem Druck –, lediglich im Zlassi-Gebiet

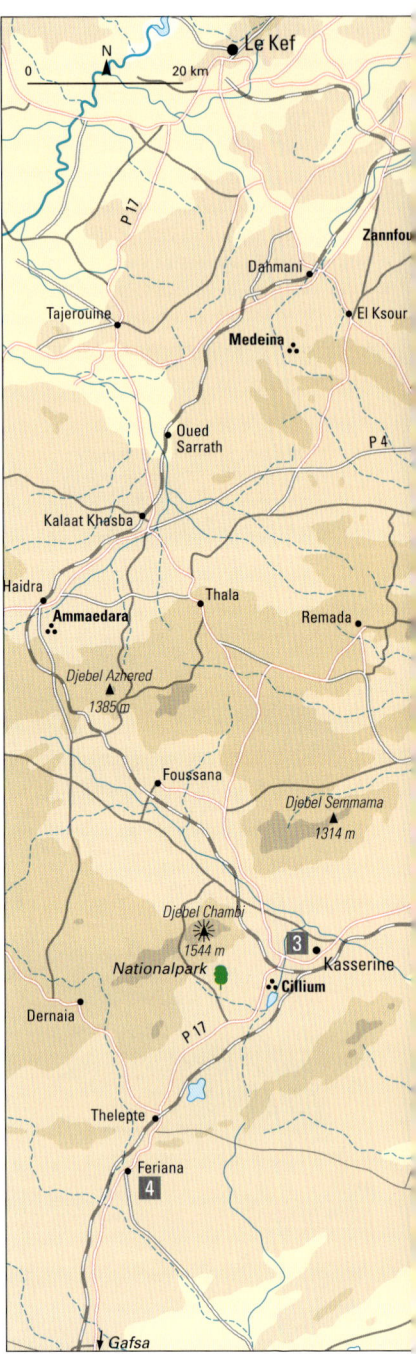

Die Zentraltunesische Steppe

südwestlich von Kairouan gibt es noch eine nennenswerte Zahl von Halbnomaden. Aufgrund der Dürregefahr, Überweidung und Bodenerosion gehört die Steppe trotz aller Bemühungen auch weiterhin zu den Problemgebieten Tunesiens.

Mit Kairouan, der heiligen Stadt des islamischen Tunesien, und der grandiosen römischen Ruinenstätte von Sbeitla besitzt die Zentraltunesische Steppe zwei der bedeutendsten Sehenswürdigkeiten des Landes. Ansonsten bietet sie nur ein monotones Landschaftsbild; die diversen modernen Marktzentren sowie einige lokale Wallfahrtsziele sind für den Touristen kaum attraktiv.

Sbeitla (Sufetula)

1 (S. 342) Das Marktstädtchen Sbeitla (Mittwochsmarkt) liegt an der Grenze zwischen Dorsale und Zentraltunesischer Steppe in unmittelbarer Nähe der römischen Ruinen von Sufetula, der nach denen von Dougga besterhaltenen des Landes.

Geschichte

Über die Geschichte des antiken *Sufetula* ist nur wenig bekannt, da zahlreiche byzantinische Umbauten Datierungen erschweren und schriftliche Quellen weitgehend fehlen. Die Gründung erfolgte wahrscheinlich in der zweiten Hälfte des 1. Jh. als Etappenstation und Landwirtschaftszentrum an einem wichtigen Verkehrsknotenpunkt. Zunächst war der Ort Municipium, später Colonia. Ab dem 3. Jh. sind christliche Bischöfe bezeugt, was auf ein wohl stets bedeutendes christliches Zentrum schließen läßt; dann war Sufetula eine wichtige byzantinische Festung an der Verteidigungslinie hinter der Küste. In der ersten Hälfte des 7. Jh. nahm hier die Rebellion des Exarchen Gregorios gegen den byzantinischen Kaiser Konstantin ihren Ausgang; Gregorios ließ sich zum Gegenkaiser ausrufen, fiel aber beim ersten Ansturm der Araber von 647, der auch die Stadt zerstörte. Eine Festung bestand hier noch bis 798, danach wurde der Ort aufgegeben. Die vorwiegend 1907–22 vorgenommenen und bis heute nicht abgeschlossenen Ausgrabungen legten ein ca. 1200 m × 500 m großes Ruinengelände auf dem Plateau oberhalb des Oued Sbeitla frei, etwa ein Drittel der antiken Stadt, die wohl um 10 000 Einwohner hatte. Im Gegensatz zu den anderen ›großen‹ tunesischen Römerstädten, die auf punischen Fundamenten aufbauten, zeigt Sbeitla eine rein römische Stadtanlage mit völlig regelmäßigem Grundriß, der auf eine einheitliche Planung schließen läßt.

Besichtigung

Das Ruinengelände beginnt kurz hinter dem Ortsausgang des modernen Städtchens nordwestlich der Straße nach Kasserine. Vom Ort kommend, erblickt man in dem mit Stacheldraht umzäunten Gelände zunächst den gut erhaltenen **Triumphbogen des Diokletian** aus der letzten Hälfte des 3. Jh., der einst das Südtor der Stadt bildete und von dem aus der Decumanus Maximus zum Forum führte. Man gelangt dann, vorbei an den Fundamenten eines byzantinischen Forts, zum Eingang mit dem Wärterhaus rechter Hand der Straße. Gegenüber liegen der Parkplatz und ein kleines Museum mit Statuen, Mosaiken und anderen Funden von der Ruinenstätte. Gleich hinter dem Eingang links (parallel zur Straße nach Kasserine) erheben sich die Ruinen einiger weiterer byzantinischer Festungsbauten und einer Kirche mit einem schönen

Die Ruinen von Sbeitla (Sufetula)

Fischmosaik, rechts davon der Rest einer Ölmühle, deren Funktionsweise auf einer in Stein geritzten Zeichnung erläutert wird. Kurz darauf nach rechts gehend (Richtung Flußbett), trifft man auf die verfallenen, aber immer noch imposanten Mauern der **Winterthermen**. Unterhalb davon, am Hang vor dem Fluß, steht ein kleines Theater. Wir wenden uns nun wieder in Richtung Kasserine, also mit Blick auf Tempel und Hotel, passieren die Säulen eines Brunnenbaus und die Fundamente der fünfschiffigen Servuskirche aus dem 4./5. Jh., möglicherweise eine Kirche der Donatisten.

Der vorzüglich erhaltene **Antoninus Pius-Bogen**, ein monumentales dreibogiges Tor von 139, bildet den Zugang zu dem 60 m × 70 m großen **Forum**, dem am besten erhaltenen Teil der Ruinen, einem Juwel römischer Architektur aus der Mitte des 2. Jh. Hier erhebt sich die Trias der Kapitolstempel für Jupiter,

Der Antoninus Pius-Bogen in Sbeitla

Juno und Minerva, die anders als etwa in Dougga nicht in einem Bau verehrt wurden, sondern wie in Rom jeweils ein eigenes Heiligtum besaßen. Da Bögen sie verbinden, wirken sie dennoch als einheitlicher Komplex. Besonders gut erhalten sind die Vorderfront des Juno-Tempels (links) und die Rückfront des zentralen Jupiter-Tempels, der optisch hervorgehoben ist (aber keineswegs größer!). Die 4 m hohe Mauer, die das Forum umgibt und auch die Tempel mit einbezieht, stammt von einem byzantinischen Festungsbau (um 544), der auch eine Basilika einschloß.

Hinter den Kapitolstempeln führt ein Weg nach rechts (Richtung Oued), vorbei an Tempelfundamenten, zum einstigen **Zentrum des frühchristlichen Sufetula**, heute ein Wirrwarr von Mauerresten (zweite Hälfte des 5. Jh.). Direkt geradeaus liegt die Jucunduskapelle, erkennbar an den Säulen. Der mit Mosaiken und schönen Taufbecken ausgestattete Bau ist nach Jucundus benannt, dem Vertreter Sufetulas auf dem Konzil von Karthago (411). Die Bellatorkirche (rechts), die erste Bischofskirche der Stadt, entstand als dreischiffiger Bau auf antiken Tempelfundamenten und verdankt ihren Namen einem hier begrabenen Bischof. In der Apsis haben sich noch einige Mosaikreste erhalten. Die fünfschiffige, 45 m lange Vitaliskirche (links), die zweite und größere Bischofskirche Sufetulas, ist nach ihrem Stifter benannt und hat ein hervorragend erhaltenes Taufbecken mit Mosaikschmuck vorzuweisen. Dahinter liegen die Reste der christlichen Thermen.

Geht man weiter in Richtung Nordwesten auf das Hotel zu Straße nach, passiert man nach einigen unbedeutenden Fundamenten die Reste eines schon weithin sichtbaren Tempels (rechts), eine weitläufige Villa (links gegenüber), die Honoriuskirche (links) aus dem 5. Jh. und schließlich eine Erdmulde, die das noch nicht ausgegrabene Amphitheater andeutet. Bevor Sie sich im Hotel ›Sufetula‹ (Bar, Restaurant), das die Ruinen überragt, erfrischen, sollten Sie rechts hinunter zum Oued gehen, den eine vierbogige, auf den Fundamenten eines römischen Aquädukts erbaute Brücke überspannt.

Ausflug: Archäologisch besonders interessierte Reisende können von Sbeitla einen Ausflug ins 40 km entfernte, an der C 71 gelegene Ausgrabungsgelände am Ortsrand von **Sbiba** 2 unternehmen. Das Dorf mit den spärlichen Überresten des römischen *Sufes* wird von den Ruinen einer mächtigen byzantinischen Festung (110 m × 190 m) beherrscht und den bescheidenen Überbleibseln einer frühen Moschee aus dem 8. oder 9. Jh. Erhalten sind überdies Fragmente eines Nymphäums, einer Thermenanlage und etlicher Ölpressen, die auf einen gewissen Wohlstand der römischen Agrarkolonie schließen lassen. Heute ist der Ort als Apfelanbaugebiet weithin berühmt.

Kasserine

3 (S. 337) Die industriell bedeutsame Provinzhauptstadt liegt am Nordwestrand der Zentraltunesischen Steppe vor der Kulisse des Djebel Chambi (1544 m) im Westen und des Djebel Semmama (1314 m) im Nordosten.

Von den Römern als *Cillium* gegründet und im 3. Jh. zur Colonia erhoben, war sie bis zur Kolonialzeit ein verschlafener Marktflecken, dann entstand um die Bahnstation eine Colonsiedlung mit regelmäßiger Stadtanlage und einem Versuchsgut für Fruchtbäume.

Das reizvoll gelegene, vom Ortsbild her aber uninteressante Kasserine erstreckt sich über ca. 4 km beiderseits der Straße Gafsa – Kairouan. Das Zentrum mit Bahnhof, Busstation und Geschäften befindet sich am östlichen Ortsende (Richtung Kairouan). An der westlichen Stadtausfahrt (Richtung Gafsa) liegen römische Ruinen. Auf halber Strecke zwischen dem Zentrum und den Ruinen passiert man den südlich der Straße ge-

Auf den Djebel Chambi

Etwa 10 km westlich von Kasserine erhebt sich Tunesiens höchster Berg, der 1544 m hohe Djebel Chambi inmitten des gleichnamigen, noch im Aufbau befindlichen Nationalparks. Bis zur offiziellen Eröffnung des Parks ist eine Besuchserlaubnis notwendig, die man beim Arrondissement Forestier in Kasserine beantragen muß. Die beschilderte Zufahrt erfolgt über eine neue Asphaltstraße, die etwa 9 km hinter Kasserine von der Gafsa führenden P 17 abzweigt. Man kann mit einem robusten Wagen problemlos bis dicht unter den Gipfel fahren und von dort in wenigen Minuten bis zu einem als Halbmond gestalteten ›Gipfelkreuz‹ aufsteigen. Die Landschaft besticht vor allem durch ihre dichte Bewaldung, den Wild- und Greifvögelreichtum sowie den großartigen Fernblick weit über die Steppe.

---

legenen Komplex der Zellulose- und Papierfabrik, den größten Industriebetrieb Zentraltunesiens, wo aus dem Halfagras der umliegenden Steppe seit 1963 neben Rohzellulose verschiedene Papier- und Pappearten hergestellt werden. Das sehr robuste Gras, das sieben bis zehn Monate ohne Regen überstehen kann, wird auch zum Flechten von Körben und Matten verwendet. Während der zwei bis drei Monate dauernden Ernte (jährlich ca. 80 000–100 000 Tonnen) verdingen sich über 100 000 Steppenbewohner als Saisonarbeiter. Die römischen Ruinen lohnen nur einen kurzen Halt: gegenüber der Kaserne, rechts der Straße, ein stark verfallenes Mausoleum, von dem nur noch der Sockel sichtbar ist; etwas weiter, hinter der Oued Derb-Brücke ebenfalls rechts, das exzellent erhaltene, dreistöckige **Flavius-Mausoleum** mit einer 110zeiligen Inschrift zu Ehren des hier mit seiner Familie bestatteten Stifters; oberhalb des Hotels ›Cillium‹ (kurz nachdem die Straße nach Thala von der Hauptroute Richtung Gafsa abzweigt links) ein **Ruinenfeld** mit gut erhaltenem Triumphbogen sowie Fundamenten einer christlichen Basilika und einer byzantinischen Festung; unterhalb davon am Fuß des Hanges vor dem Oued ein kleines Theater.

34 km südlich von Kasserine durchfährt man auf dem Weg nach Gafsa (72 km) **Feriana** 4, einen bereits zu Zeiten der Römer entstandenen Marktort des Steppenhochlandes. Die bescheidene Siedlung dient vor allem als Sammelstelle für Halfagras und ist Standort eines großen Zementwerks. Am nördlichen Ortsrand liegen – südwestlich des Dorfes **Thelepte** – verstreut die spärlichen Reste der römischen Garnison Thelepte und der byzantinischen Niederlassung Medinet el Kedima.

Kairouan – Wiege des Islam

■ (S. 336) Die Provinzhauptstadt ist nicht nur Mittelpunkt des Handels und Handwerks zwischen dem Sahel von Sousse und der Zentraltunesischen Steppe, sondern das historische und geistige Zentrum des islamischen Tunesien und eine der Heiligen Stätten des Islam. Die besterhaltene Medina des Landes und die ältesten Moscheen des Maghreb lassen den Besuch der Stadt zu einem Höhepunkt jeder Tunesienreise werden.

Geschichte

Kairouan ist die einzige größere tunesische Stadt, die nicht auf die Antike zurückgeht, sondern eine rein arabische Gründung darstellt. Um ihre Entstehung ranken sich zahllose Legenden, doch wird ihre Geburt zweifelsfrei in das Jahr 671 datiert, als der im Auftrag des Omayyadenkalifen Muawiya nach Westen vorstoßende Heerführer Oqba Ibn Nafi hier ein Feldlager *(Kairouan)* anlegte. Die Wahl des Platzes mochte für eine feste Ansiedlung zunächst noch ungünstig erscheinen, denn das trockene Kairouaner Becken leidet unter Wassermangel bei gelegentlichen verheerenden Überflutungen sowie unter extremer sommerlicher Hitze. Unter rein strategischen Gesichtspunkten, wie sie für die arabischen Eroberer ausschlaggebend waren, erwies sich der Platz jedoch als optimal. Die noch von Byzanz beherrschte Küste lag weit genug entfernt, die Berge hingegen, die das nächste Eroberungsziel darstellten, waren schnell zu erreichen und das Umland, eine flache, weithin überschaubare Ebene, konnten Reiterheere leicht verteidigen. Entsprechend diente Kairouan zunächst als Militärstützpunkt, von dem aus die Feldzüge in den westlichen Maghreb ihren Ausgang nahmen, und als Karawanenraststätte, die sich als islamischer Vorposten wiederholt gegen Berberangriffe zu wehren hatte. Der Aufstieg Kairouans begann erst im 9. Jh., als die Aghlabiden die islamische Herrschaft über Ifriqiya vollends durchsetzten. Kairouan, nunmehr Metropole des arabischen Nordafrika, erhielt prachtvolle Bauten und eine Hochschule, in der alle

Kairouan: Fayencen in der Barbiermoschee

Kairouan 1 Bab ech Chouhada 2 Zaouia des Sidi Abid el Ghariani 3 Bir Barouta
4 Tleta Bibane-Moschee 5 Souks 6 Place de Tunis 7 Sidi Oqba-Moschee 8 Bassins
der Aghlabiden 9 Zaouia des Sidi Sahab 10 Zaouia des Sidi Amor Abbada

Wissenschaften der damaligen Zeit gelehrt wurden. Überdies flossen die Reichtümer aus dem eroberten Sizilien in die Stadt. Als Bastion der islamischen Geistlichkeit und der reichen Kaufleute mußte Kairouan den Herrschern natürlich als potentieller Unruheherd erscheinen. Sie residierten deshalb nicht innerhalb der Stadtmauern, sondern in der Umgebung – Ibrahim el Aghlab, der Begründer der Aghlabiden-Dynastie, im nahen Palast El Abbasiya (nicht erhalten), sein Nachfolger Ibrahim II. in Reqqada südlich der Stadt (geringe Reste). Die nachfolgende Dynastie der Fatimiden wählte dann mit Mahdia (ab 921), zeitweise Sabra Mansouriyah (ab 948) und schließlich Kairo (ab 973) neue Metropolen, womit Kairouan seiner politischen Vormachtstellung in Nordafrika für immer verlustig ging.

In der Folgezeit erwies sich die Stadt als orthodoxes Bollwerk gegen die schiitischen Fatimiden. Deshalb wurde sie von den Beni Hilal im Jahre 1057 auch besonders gründlich zerstört. Nur die Sakralbauten blieben damals verschont. Viele der geflohenen Bewohner ließen sich übrigens im marokkanischen Fès nieder, dessen zentrales Medina-Viertel ebenso wie seine Hauptmoschee bis heute den Namen ›Kairouaine‹ trägt. Zur neuen Hauptstadt von Ifriqiya avancierte nun Tunis. Die Hafsiden bauten Kairouan ab dem Ende des 13. Jh. wieder auf, mehr als lokale politische Bedeutung konnte die Stadt aber nie mehr erlangen, zumal Steppennomaden sie wiederholt plünderten. Ab 1706 veranlaßten die Husseiniten-Beys umfangreiche Restaurierungs- und Neubauarbeiten und gaben der Stadt ihr heutiges Gesicht. Mit Einführung der Teppichknüpferei erhielt die Stadt zu Beginn des 19. Jh. wieder eine solide ökonomische Grundlage, die einen gewissen Wohlstand brachte. In politischer Hinsicht blieb das auch in der Kolonialzeit weitgehend ignorierte Kairouan eine Provinzstadt.

Unter geistig-religiösen Aspekten dagegen hat die Stadt ihre Stellung bis heute behauptet: Nach Mekka, Medina und Jerusalem gilt Kairouan als viertheiligste Stadt des Islam – Damaskus beansprucht diese Würde allerdings auch, da es keine klar festgelegte Rangordnung gibt. Für Nordafrikaner können sieben Wallfahrten hierher die Hadj nach Mekka ersetzen, und der Legende nach leben hier stets 500 Heilige. Entsprechend spielt Kairouan in Tunesien noch immer die Rolle des religiösen Zentrums, seine in älteren Reiseberichten – u. a. von André Gide – oft als fanatisch beschriebenen Bewohner zeigen sich deutlich konservativer als ihre Landsleute. 1960 kam es z. B. zu religiös motivierten Unruhen, unterstützt von den Ulema, und gerade in jüngerer Vergangenheit macht sich auch unter Jugendlichen islamischer Fundamentalismus als Opposition gegen die Regierung breit.

Kairouan lebt heute vom Handel mit dem traditionell nomadischen, jetzt aber immer mehr in der landwirtschaftlichen Erschließung – Getreideanbau, Aprikosenplantagen – begriffenen Umland sowie von seinem Handwerk, dem wohl noch am meisten traditionell geprägten des Landes. Berühmt sind vor allem die Teppiche (s. S. 236f.), aber auch Arbeiten aus Kupfer und Leder sowie Textilien und Schmuck. Als besterhaltene mittelalterliche Stadt Tunesiens lockt Kairouan zahlreiche Ausflügler aus den Badezentren an, für längere Zeit halten sich hier allerdings nur wenige Touristen auf.

Besichtigung

Kern von Kairouan ist die fast unversehrt erhaltene, ausgedehnte Medina mit den weitläufigen Souks und den meisten der großen islamischen Baudenkmäler. Im Westen wird sie von einem Kranz kleiner, älterer, mehr ländlich geprägter Vorstädte umgeben, südlich schließt die bescheidene koloniale Neustadt an. Erst in jüngster Zeit hat sich die Stadt über ihr mittelalterliches Siedlungsgebiet ausgedehnt und wird wie anderswo im Lande von modernen Vororten umschlossen.

Der Besucher wird in Kairouan zunächst die provinziell anmutende Neustadt kennenlernen, wo sich die Touristenhotels befinden. Ihr Zentrum, der Straßenzug Boul. Habib Bourguiba/Place de l'Indépendance, präsentiert sich als moderne, belebte Fußgängerzone mit Cafés, Souvenirläden, Maison de la Culture, Rathaus und kleinem Stadtpark. An der Place des Martyrs bildet das **Bab ech Chouhada** 1, das Märtyrertor von 1772, den Zugang zur Medina. Diese bedeckt eine Fläche von 900 m × 400 m und ist rundherum von der 3,5 km langen, ca. 10 m hohen und mit 20 Türmen bewehrten Stadtmauer aus Lehmziegeln umgeben, deren wichtigsten Bauphasen im 9., 11. und frühen 18. Jh. lagen. Kairouans Altstadt – die zweitgrößte des Landes nach der von Tunis – ist weit mehr als anderswo das Wohngebiet gutsituierter Bürger geblieben; ihren Rang als islamisches Zentrum belegen über 60 Moscheen und mehr als 100 Zaouias. Hinter dem Märtyrertor beginnt die Souk-Hauptachse Rue Ali Belhaouane mit ihren Souvenirgeschäften und einigen Essensständen; sie endet beim Bab et Tounes im Nordwesten der Medina (s. u.). Gleich die zweite kleine Seitenstraße rechts führt zur sehr sehenswerten **Zaouia des Sidi Abid el Ghariani** 2, einem Grabbau aus dem 16. Jh. für einen im 14. Jh. verstorbenen libyschen Heiligen. Durch das auffällige Portal betritt man einen arkadenumgebenen Innenhof, von dem verschiedene Räume abgehen. Das Mausoleum wird von einer überaus prachtvoll geschmückten, holzgeschnitzten Kuppel überwölbt.

Zurück zur Rue Ali Belhaouane und dieser weiter folgend, stößt man auf eine Y-förmige Straßengabelung, die von einem Teppichgeschäft beherrscht wird. Wir halten uns halbrechts, um kurz darauf auf die kleine Place Halfaouine zu treffen. Der Kuppelbau vis-à-vis beherbergt im ersten Stock den aus dem 17. Jh. stammenden Brunnen **Bir Barouta** 3. Sein Schöpfrad wird gelegentlich von einem Dromedar betrieben, das mit verbundenen Augen im Kreis gehend das Wasser für Touristen und Pilger fördert. Die Quelle soll der Legende nach entsprungen sein, als Oqba Ibn Nafi 671 zum Zeichen der Stadtgründung einen Speer in den Boden rammte, und mit der heiligen Zemzem-Quelle in Mekka in unterirdischer Verbindung stehen. Schräg gegenüber liegt das ONAT-Kunsthandwerkerzentrum, in dem man den Schmieden und Drechslern über die Schulter schauen kann. Gegenüber dem Brunnen führt die Rue des Cuirs (Weber, Schneider) mit ihrer Verlängerung, der Rue de la Mosqée des Trois Portes, zur **Tleta Bibane-Moschee** 4, auch ›Mosquée des Trois Portes‹ genannt, einer 866 im Auftrag eines Andalusiers aus Fès erbauten Moschee mit einem Minarett aus dem Jahr 1440. Ihren Namen verdankt sie ihrer schlichten, aber ungemein eindrucksvollen dreitorigen Fassade, die mit prächtigen Arabesken und drei Kufi-Schriftbändern aus Stein geschmückt ist. Es handelt sich hierbei übrigens um die einzige aus Stein erbaute Moschee der Stadt, alle anderen bestehen aus Lehmziegeln. 1987 wurde sie umfassend restauriert und damit vor dem endgültigen Verfall bewahrt; das Innere darf von Nichtmuslimen allerdings nicht betreten werden.

Man kann nun weitergehen zur Sidi Oqba (halblinks durch die Gassen oder rechts und dann außen an der Stadt-

Hausfassade in der Medina von Kairouan

Kairouan: Blick auf das Minarett der Großen Moscheee

mauer entlang), sollte aber zunächst zur Rue Ali Belhaouane zurückkehren, um die **Souks** 5 zu besichtigen, die zwar ländlicher wirken als die von Tunis, das traditionelle Handwerk und auch die alten Organisationsformen (s. S. 84f.) aber noch besser bewahrt haben. Zentrum eines internationalen Warenverkehrs sind sie allerdings längst nicht mehr, heute leben sie vor allem vom Handel mit den Bauern und Halbnomaden der Umgebung sowie neuerdings auch vom Tourismus. Das weitaus wichtigste Gewerbe ist die weltberühmte Teppichherstellung, es sind aber auch praktisch alle anderen traditionellen Handwerkszweige vertreten. Das Kerngebiet der Souks erstreckt sich über das Gassengewirr östlich der Hauptachse Rue Ali Belhaouane; in der Straße reihen sich Restaurants und Essensstände aneinander, Geschäfte mit Schmuck, Kupferwaren und Haushaltsartikeln. Folgen Sie der Rue Ali Belhaouane, und gehen Sie kurz hinter der Moschee rechts (Rue des Tailleurs) in die gedeckten Souks aus dem 17. und 18. Jh. In den parallel zueinander verlaufenden

Gassen werden u. a. Schuhe, Leder, Kleider und Schmuck angeboten, Teppiche vor allem rechter Hand im Souk des Tapis. Die gedeckten Souks münden in Höhe des Souk des Sandales (Schuhmacher) auf die vom Bir Barouta kommende Straße, über die Sie wieder zur Rue Ali Belhaouane zurückkehren können (rechts und dann wieder rechts halten). Wenden Sie sich jedoch vorher kurz nach links (von den gedeckten Souks aus gesehen), um einen Blick in den Lebensmittel- und Geflügelmarkt zu werfen. Sie können die Souks auch in umgekehrter Richtung durchwandern: Der am Bir Barouta vorbeiführenden Straße geradeaus folgend, treffen Sie auf den rechter Hand gelegenen Souk der Schuhmacher; der Lebensmittelmarkt liegt dann geradeaus, die zur Hauptachse führenden gedeckten Souks links.

Gehen Sie auf der Hauptachse Rue Ali Belhaouane weiter geradeaus, gelangen Sie durch das **Bab et Tounes** (Tunis-Tor) auf die weite, betriebsame **Place de Tunis** 6 mit ihren einfachen Hotels, Cafés, der Markthalle sowie einfachen Läden für Töpferei, Lebensmittel und Alltagsbedarf. Sie bildet den Mittelpunkt der bereits außerhalb der Stadtmauer gelegenen Vorstadt. Von hier führt links die geschäftige Marktstraße Rue du Haut Marché zur Barbiermoschee und zur Säbelmoschee (s. u.), geradeaus (leicht halbrechts halten) gelangt man zu den Bassins der Aghlabiden (s. u.), ganz rechts liegt vis-à-vis der Stadtmauer die Kasbah (nicht zu besichtigen). Von hier verläuft die Rue de la Kasbah zur Sidi Oqba-Moschee.

Die **Sidi Oqba-Moschee** 7 ist der bedeutendste islamische Bau Tunesiens und einer der berühmtesten der gesamten islamischen Welt; als älteste Moschee des Maghreb diente sie als Vorbild für die maurische Sakralarchitektur. Ein erstes Gotteshaus wurde hier 672 errichtet und im Verlauf des 8. Jh. mehrfach erweitert und umgebaut, bis um 836 – also kurz nach der Etablierung der Aghlabidenherrschaft – der Bau in seiner heutigen Form im wesentlichen fertiggestellt war. Zahllose Umbauten und Restaurierungen erfolgten aber auch noch später, im 9., 11., 13. und 17. Jh. sowie 1968–73. Die Moschee lag einst im Zentrum der Stadt, rückte durch deren Wachstum im Laufe der Zeit aber an den Nordostrand. Die aus hellen Ziegelsteinen bestehende Außenmauer bildet ein unregelmäßiges Rechteck von 135 m × 80 m und wird von zehn Toren durchbrochen, darunter vom prachtvollen Lalla Rihana-Tor im Osten, das um 1294 entstand und direkt in den Gebetssaal führt. Als Eingang für nichtmuslimische Besucher dient allerdings das mittlere Westtor, hinter dem sich der marmorgepflasterte, an drei Seiten von Bogengängen umgebene Innenhof öffnet. Er ist 95 m lang und zwischen 50 und 67 m breit; das eingelassene Sieb in seiner Mitte dient als Regenwasserfilter für unterirdische Zisternen. Linker Hand erhebt sich das massive, dreistöckige Minarett (11. Jh.) bis zu einer Höhe von 35 m. Sein Unterbau stammt noch aus dem 8. Jh., die kleine Kuppel mit den drei Kupferkugeln wurde im 13. Jh. angefügt. 128 Stufen führen ins Obergeschoß (nicht zugänglich). Rechter Hand bilden 17 holzgeschnitzte Türen die Zugänge zu dem ebenfalls nicht zugänglichen 40 m × 75 m großen Gebetssaal, dessen Gebetsrichtung ca. 30° von der vorgeschriebenen, nach Mekka ausgerichteten abweicht. Ein wahrer Wald von 414 Säulen mit großenteils antiken und byzantinischen Kapitellen, die aus dem ganzen Land hergebracht wurden, gliedern ihn in 17 Schiffe. Sechs Kuppeln

Teppiche aus Kairouan

Kairouan zählt zu den bekanntesten Zentren der Herstellung von Orientteppichen und dürfte wohl die besten Stücke ganz Nordafrikas liefern. Die Kunst ist hier schon für das 9. Jh. belegt, erhielt ihren charakteristischen Stil aber erst im 18./19. Jh. unter türkischem Einfluß. Heute arbeiten in Kairouan einige tausend Frauen und Kinder in der Teppichherstellung, eine Reihe von ihnen in großen Manufakturen – wo Kinderarbeit gegen geringsten Lohn noch üblich ist –, die meisten aber als Selbständige.

An Teppicharten aus Kairouan sind zu unterscheiden: die geknüpften *Zerbiya* (bunter ›türkischer‹ Teppich, Grundfarbe meist rot, daneben auch blau und grün, Arabeskenmuster mit geometrischem, meist sechseckigem Zentralmotiv, wohl bekannteste Art) und *Alloucha* (aus ungefärbter, besonders feiner Schafwolle, älter als der Zerbiya) sowie die gewebten, variantenreicheren und wegen ihrer komplizierteren Muster teureren *Mergoum* (bunt, meist rot-grün, sehr verschiedene, meist geometrische Ornamente) und *Klim* (ebenfalls bunt, aber mit Streifenmuster). Die meisten Stücke zeigen heute den barock anmutenden türkischen Stil, wirklich klassische Muster finden sich nur sehr selten – auch wenn geometrische Phantasieornamente gerne als ›typische Berbermuster‹ angepriesen werden. Wollen Sie sich einen Teppich kaufen, sollten Sie sich vorher beim ONAT über Preise und Qualitäten informieren (s. S. 232).

Mehrmals pro Woche findet in den Souks in der Nähe des Bir Barouta eine Teppichauktion statt. Die Knüpferinnen bringen ihre in Heimarbeit fertiggestellte Ware und lassen nach einer Qualitätsprüfung durch die ONAT über Agenten an Interessenten, meist Zwischenhändler, anbieten. Ein wahrhaft orientalisches Spektakel aus Gesten

---

überwölben ihn, zwei über dem breiteren und erhöhten Mittelschiff, je eine vor den vier Haupttoren. Glanzstück des Gebetssaals ist der Mihrab, dessen mit Ornamenten und Inschriften bedeckte 28 Marmorplatten, z. T. noch vom Originalbau des Sidi Oqba (also von 672) stammen. Die 130 Goldfayence-Fliesen wurde 862 aus Bagdad importiert. Rechts daneben der kaum minder bedeutende, mit feinsten Intarsienarbeiten versehene hölzerne Minbar, ebenfalls 862 aus Bagdad herbeigeschafft und damit der älteste erhaltene überhaupt. Wiederum rechts von diesem befindet sich die Maksura, der durch eine holzgeschnitzte Wand abgetrennte Betraum für den Herrscher. Einen hervorragenden Blick auf die Moschee hat man von den Dachterrassen der angrenzenden

und lautstarkem Feilschen begleitet das geschäftige Hin- und Herhasten der Anbieter. Die Frauen erhalten dabei maximal 1/3 des Verkaufspreises, nach Abzug ihrer Materialkosten verbleiben ihnen 10–12 % für ihre wochenlange harte Arbeit. Wie so häufig erzielen die Händler die höchsten Gewinne.

Teppichläden (kein Kaufzwang) und vom unmittelbar hinter der Stadtmauer liegenden Ouled Farhane-Friedhof.

Wenden Sie sich nun der Besichtigung der am Stadtrand gelegenen Sehenswürdigkeiten zu. Als nächstes Ziel empfehlen sich die ca. 700 m nördlich des Bab et Tounes jenseits der Av. de la République gelegenen **Bassins der Aghlabiden** 8, zwei Wasserbecken aus dem 9. Jh., die als Reservoirs dienten und über einen 36 km langen Aquädukt aus den Bergen gespeist wurden. Die Anlage wurde 1990 restauriert, mit einem Eingangsportal versehen und mit einer Mauer umfriedet. Das größere, kreisrund wirkende, in Wirklichkeit aber 48eckige Becken mißt 128 m im Durchmesser, ist 5 m tief und kann 50 000 m^3 Wasser fassen – der Pfeiler in seiner

Mitte trug einst einen kleinen Pavillon –, das kleinere Vorklärbecken durchmißt 37 m. Nicht nur ist der ganz in der Nähe gelegene ehemalige Aghlabidenpalast fast völlig verschwunden, auch die an die Becken angrenzenden Friedhöfe mußten in den letzten Jahren der Neustadt weichen, die den alten Kern immer dichter umschließt.

Gegenüber den Aghlabiden–Bassins liegt das Fremdenverkehrsamt; dort erhalten Sie die obligatorischen Eintrittskarten für die bedeutendsten Baudenkmäler, die Sidi Oqba-Moschee, die Zaouia des Sidi Sahab und die Zaouia des Sidi Abid el Ghariani. Von der Dachterrasse gewinnt man einen guten Eindruck von der Gesamtanlage, der ein wenig an moderne Kläranlagen erinnernden Becken. Folgt man von den Aghlabiden-Bassins der Av. de la République nach rechts (also in südwestlicher Richtung), so gelangt man zur **Zaouia des Sidi Sahab** 9, der ›Barbiermoschee‹, einem prachtvollen und unbedingt sehenswerten Mausoleums- und Medersakomplex am Nordwestrand der Altstadt, der sich über der Grabstätte des 685 verstorbenen Gefährten Mohammeds, Abu Djama el Balaoui, erhebt – er war allerdings nicht der Barbier des Propheten, dieser ruht in Gabès (s. S. 244ff.). Der heutige Bau entstand im wesentlichen um 1629, Minarett und Medersa erst 1692, unter Leitung eines indischen Architekten. Man betritt zunächst den von Arkaden und Pilgerräumen umgebenen großen Hof mit dem Minarett, gelangt dahinter zu der Medersa und von dort durch weitere Räume zu einem zweiten, kleineren Hof, an dem sich der Grabbau mit seiner weißgekalkten, innen verschwenderisch ornamentierten Kuppel befindet (Betreten verboten, Blick ins Innere aber möglich).

Folgen Sie nun der nach Süden abknickenden Av. de la République (von der Zaouia aus gesehen die Allee halbrechts geradeaus), biegen Sie gegenüber einer kleinen weißblauen Moschee in die siebte größere Straße links ein und nehmen Sie dann die dritte kleine Gasse rechts. Rechter Hand liegt nun das Portal der **Zaouia des Sidi Amor Abbada** 10, der sogenannten ›Säbelmoschee‹. In diesem Grabbau von 1860 mit seinen fünf gerippten Kuppeln liegt ein als Heiliger verehrter Schmied begraben, an dessen Leben ein kurioses Sammelsurium von Säbeln, anderen Metallgerätschaften, vier angeblich nach seinen Angaben aus dem Meer geborgenen Ankern, Truhen und Holztafeln mit seinen Prophezeiungen erinnert. Die Zaouia zählt zu den wichtigsten Pilgerzielen Kairouans.

Etwa 9 km südlich liegt etwas abseits der nach Gabès führenden P2 die aghlabidische Residenz **Reqqada,** die von Ibrahim II. (reg. 875–902) errichtet wurde, der sich in seinem extravaganten höfischen Lebensstil an den Vorbildern aus Bagdad orientierte. 921 wurde die Anlage von den Fatimiden zugunsten von Mahdia aufgegeben und später durch die Beni Hilal zerstört. Erhalten sind Reste der Palastmauern und eines 180 m × 130 m messenden Wasserbeckens. Einen Kilometer weiter zweigt von der P2 die Zufahrt zum Museum für islamische Kunst ab, das in einem ehemaligen Palast Präsident Bourguibas untergebracht ist, sich allerdings noch im Aufbau befindet. Besonderes Interesse verdienen ein Modell der Moschee von Kairouan, einige Seiten aus einem Koran aus dem 10. Jh., historische Bilder und eine Münzsammlung.

Kairouan: In der Barbiermoschee

Tunesiens Süden – Im Banne der Wüste

Südlich der Zentraltunesischen Steppe und des Sahel von Sfax beginnen die Weiten des ›Grand Sud‹, der sich vom Bergland um Gafsa bzw. dem Südrand des Sahel bis hinunter zum Dreiländereck Tunesien/Algerien/Libyen über knapp 450 km in Nord-Süd-Richtung erstreckt und mehr als die Hälfte des Staatsgebietes einnimmt. Der überwiegend wüstenhafte Raum – etwa zur Hälfte Wüstensteppe, zur anderen Vollwüste – gliedert sich in verschiedene klar begrenzte Teilgebiete: Im Norden beginnt er mit dem bis fast 1200 m hohen **Bergland um Gafsa,** das als letzte Scheidewand zwischen mediterranem Norden und saharischem Süden begriffen werden kann. Südlich schließt eine **Wüstensteppe** an, die bis zur Senke der Chotts el Djerid und el Fedjadj reicht. Südlich der **Chotts** (Salzseen), die von den größten tunesischen Oasengebieten Bled el Djerid (um Tozeur/Nefta), Nefzaoua (Kebili/Douz) und Gabès flankiert werden, beginnt dann die **Vollwüste,** ein schier unendliches Sanddünenmeer, das zum saharischen Grand Erg Oriental (Großen Östlichen Erg) gehört. Aus dieser Nord-Süd-Abfolge von Landschaftsräumen fällt das küstennahe Gebiet heraus, das sogenannte **Südtunesische Stufenland.** Südlich von Gabès erstreckt sich dort parallel zum Meer zunächst die Wüstensteppe der Küstenebene Djeffara. Aus dieser steigt die Hochfläche des Dahar hervor, die sich allmählich zum Grand Erg Oriental hin absenkt. Eine Sonderstellung nimmt schließlich die Insel Djerba ein (s. S. 306ff.).

Gemeinsam ist allen südtunesischen Landschaften die große Trockenheit. Im Norden und an der Küste fallen gerade 200 mm Niederschlag, der noch für eine magere Steppenvegetation – Dornsträucher, Akazien, in Senken auch Halfa – ausreicht. Südlich der Chotts liegt die Niederschlagsmenge unter 100 mm, so daß dort ohne künstliche Bewässerung so gut wie nichts gedeihen würde. Ganzjährig fließende Wasserläufe gibt es nirgends, die Temperaturen schwanken extrem stark (in Kebili bis zu 63 °C im Jahr) und übersteigen im Sommer gelegentlich die 50 °C-Marke. Die grundwasserreichen Großoasen Bled el Djerid, Nefzaoua und Gabès liefern dabei noch relativ hohe Erträge, die der kargen Böden im Dahar reichen hingegen kaum zur Ernährung der Bewohner aus. In den übrigen Gebieten lebten die Menschen traditionell überwiegend von der Viehzucht, in den Wüstensteppen der Djeffara und nördlich der Chotts als Halbnomaden, in den Weiten der Sahara als kamelhaltende Vollnomaden. Die Wirtschaft des tunesischen Südens hat seit der Kolonialzeit und vor allem in der jüngsten Vergangenheit einschneidende Wandlungen erfahren. Der Phosphatabbau westlich von Gafsa, die Ölquellen von El Borma sowie der große Industriekomplex von Gabès brachten Arbeitsplätze, neue Straßen und Siedlungen entstanden, und die Bemühungen um die Verbesserung der Landnutzung und Seßhaftmachung haben den Nomadismus weitgehend verschwinden lassen. Darüber hinaus hat der Tourismus im letzten Jahrzehnt auch den Grand Sud ergriffen. Tozeur mit seinem Großflughafen, Nefta, die Bergdörfer des Dahar – sie alle zählen mittlerweile zu den beliebtesten Fremdenverkehrszielen des Landes, auch wenn es die unverfälschte Wüstenromantik, mit der für den Sahara-Tourismus geworben wird, längst nicht mehr gibt.

Die rasante Entwicklung des Grand Sud darf nicht darüber hinwegtäuschen, daß das Gebiet mit großen Problemen zu kämpfen hat. Kleinpächter und Tagelöhner leben bis heute in großer Armut, die Tauschrelation für ihre Exportgüter, vor allem Datteln, verschlechtert sich permanent, seßhaftgemachte und gerade damit ›entwurzelte‹ Nomaden finden häufig keine Arbeit. Wassermangel, Versalzung und Versandung bedrohen die Oasen, Abwanderung in die Zentren Gafsa und Gabès sowie in den Norden entvölkert viele Orte, vor allem im Dahar. Auch zeigen sich in den bislang von der Außenwelt weitgehend isolierten kleinen Dörfern die negativen Folgen des Tourismus besonders kraß.

Die Hauptstraßen des Südens (z. B. P 3 Gafsa – Tozeur – Algerien, P 15 Gafsa – Gabès, P 1 Gabès – Medenine – Libyen, P 19 Medenine – Tataouine, auch die Verbindungen über Djorf und Zarzis nach Djerba sowie die P 16 Gabès – Kebili – Tozeur) befinden sich überwiegend in gutem Zustand. Die Nebenstraßen dagegen sind mäßig bis schlecht – im Bergland meist Schotter-, in der Wüste oft Sandpisten. Fast alle sehenswerten Orte und Landschaften sind jedoch – wenn auch z. T. mühsam – mit normalen Pkws erreichbar, ein Geländefahrzeug benötigt man lediglich für abgelegene Berglandstrecken, die Nebenrouten in der Nefzaoua und die Pisten südlich von Remada. Diese Strecken zu unterschätzen und sie lediglich als Übungsfeld für die ›schwereren‹ Wüstenrouten in Libyen zu betrachten, wäre allerdings sträflicher Leichtsinn: Die Sahara schert sich nicht um Landesgrenzen, ›Wüstenfahrer‹ sollten deshalb auch in Tunesien äußerste Vorsorge und Vorsicht walten lassen. Tankstellen gibt es nur in den größeren Orten, Tanken auf Vorrat empfiehlt sich also ebenso wie rechtzeitiger Geldwechsel und Einkauf von Lebensmitteln. Busse und Louages verkehren zwischen den größeren Orten relativ häufig, wobei – anders als im Norden – Louages die weitaus größere Bedeutung haben. Zu kleineren Orten fahren nur Louages (und auch die z. T. sehr selten), ›Querverbindungen‹ gibt es kaum, so daß man – wie die Tunesier auch – gelegentlich auf Autostop ausweichen und lange Wartezeiten bei großer Hitze einkalkulieren muß.

Die südliche Küstenebene

Um die Oase von Gabès erstreckt sich die von verschiedenen kleinen Oasen durchsetzte Steppenlandschaft der Arad-Ebene oder ›Littoralzone‹, die nach Süden hin ohne merkliche Grenze in die Djeffara-Ebene übergeht. Traditionell ein Land der Halbnomaden, lebt das Gebiet heute von bescheidenem Dattel- und Getreideanbau mit Kleinviehhaltung als Ergänzung. Insbesondere der Südteil war im Zweiten Weltkrieg Schauplatz erbitterter Schlachten (s. S. 250).

Gabès

1 (S. 334) Die als Industriestandort und Hafen bedeutende Provinzhauptstadt liegt am Golf von Gabès inmitten einer ausgedehnten Oase. Die überwiegend moderne Ortschaft bietet keine besonderen Sehenswürdigkeiten, der Palmenhain selbst hingegen ist beliebtes Ausflugsziel, obwohl er sich kaum mit den verwunschenen Palmengärten von Nefta, Tozeur oder Chebika messen kann.

Geschichte

Der möglicherweise schon von den Puniern gegründete Ort war unter dem Namen *Tacapae* zu Zeiten der Römer ein Knotenpunkt wichtiger Karawanenrouten und eines der großen tunesischen Tore zur Sahara. Im 5./6. Jh. residierten hier Bischöfe, dann wurde Gabès durch

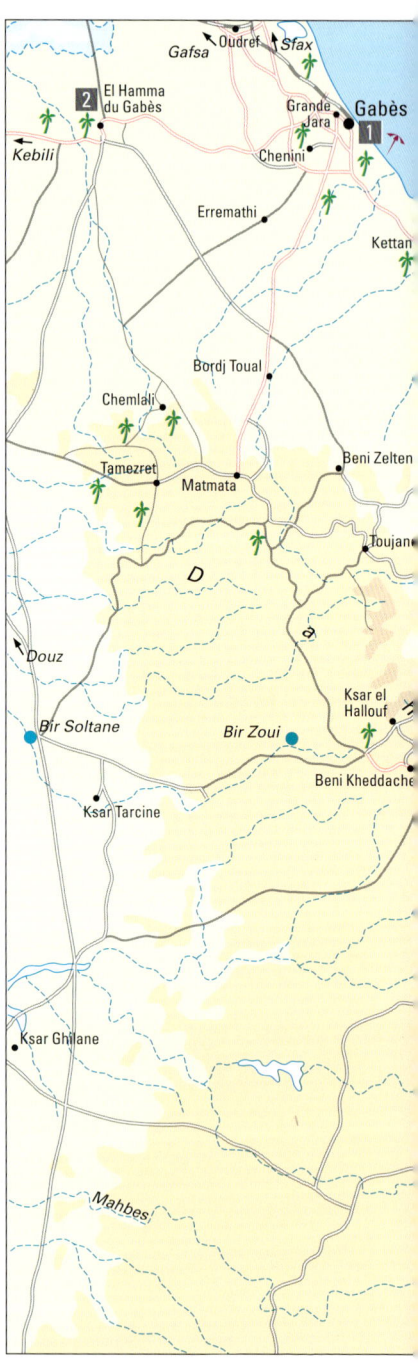

Die südliche Küstenebene zwischen Gabès und Tataouine

verschiedene Invasoren – vor allem die Beni Hilal – verwüstet, um erst im Mittelalter wieder zum bedeutenden Handelszentrum aufzusteigen, in dem Karawanen aus Innerafrika ihre Waren umschlugen. Während der Protektoratszeit trat Gabès dann immer mehr in den Schatten von Sfax und Sousse. Im Zweiten Weltkrieg war die Stadt zwischen Deutschen und Alliierten hart umkämpft und wurde durch Bombenangriffe schwer beschädigt. Der anschließende Wiederaufbau erlitt durch eine Überschwemmungskatastrophe im November 1960 zwar einen schweren Rückschlag, ließ Gabès aber wieder zum regionalen Zentrum für die nördliche Djeffara, das Bergland von Matmata und bedingt für die Nefzaoua (u. a. Lebensmittelverarbeitung) und zu einem mäßig bedeutenden Fischereihafen aufsteigen. Und auch vom beginnenden Massentourismus konnte die Stadt profitieren und hatte bald einen festen Platz in den Katalogen europäischer Reiseveranstalter.

Überregionales Gewicht erhielt Gabès erst in jüngster Zeit durch große Industrieansiedlungen: der Chemiekomplex ICM für Phosphataufbereitung und Schwefelsäureherstellung, das Wärmekraftwerk Ghannouche – das größte des Landes neben dem von La Goulette –, die größte tunesische Erdölraffinerie mit Pipeline von El Borma, daneben ein Zementwerk an der Straße nach El Hamma sowie ein neuer Hafen u. a. mit Verladeanlagen für Phosphat. Ehrgeizige Ausbaupläne für das Chemiewerk, die Raffinerie und den Hafen sollen Gabès zum künftigen Industriezentrum des Südens machen, und damit zum Konkurrenten von Sfax. Die derart massive Umgestaltung hat zu einem erheblichen Rückgang des Tourismus geführt. Wer möchte schon mit dem Blick auf rauchende Industrieanlagen am Strand liegen? Somit ist Gabès nunmehr überwiegend Durchgangsstation, in der die Reisenden vor allem wegen der Oase haltmachen.

Die Stadt
Die moderne, wenig attraktive Innenstadt von Gabès erstreckt sich südlich des gleichnamigen Oued um die von Sfax kommende und in Richtung Meer

Die Sidi Boulbaba-Moschee in Gabès

verlaufende Durchgangsstraße. Unmittelbar nördlich schließt das Altstadtviertel Grande Jara an, das sich jenseits des Oued in dem kleinen Petite Jara fortsetzt. Zum Strand hin – vom Zentrum durch ein ausgedehntes Militärlager getrennt – folgt ein Neubauviertel mit den beiden großen Hotels und dem Hafen.

Hauptdurchgangsstraße von Gabès ist die Av. Ferhat Hached, die Verlängerung der von Sfax kommenden Straße. Sie passiert zunächst den Droschkenplatz (gleich am Ortseingang links), den gegenüberliegenden Busbahnhof, dann das neue Einkaufszentrum und die Post (rechts). An der Gabelung führt rechts die Rue Mongi Slim am SCNFT-Bahnhof vorbei zur Ausfallstraße nach Medenine. Biegt man jedoch kurz hinter dem Bahnhof nach links in die Av. Mohammed Ali, erreicht man die Place de la Libération, wo die zum Strand führende Av. Habib Tameur ihren Ausgang nimmt. Auch entlang der linken von der Gabelung abzweigenden Straße, der Av. Ferhat Hached, reihen sich zahlreiche Geschäfte, Cafés und kleine Hotels. Sie trifft ebenfalls auf die Place de la Libération. Hier

Gabès

nimmt auch die Av. Habib Bourguiba ihren Ausgang, die wichtigste Geschäftsstraße von Gabès. In einem Bogen führt sie zurück in Richtung Sfax und endet vor den Souks an der Großen Moschee im **Altstadtviertel Grande Jara.**

Verglichen zu den Marktvierteln von Sousse, Tunis oder selbst Nabeul sind die von Gabès aber eher bescheiden und quellen über von mehr oder weniger geschmackvollen Andenken. Nach einem kurzen Gang durch die Innenstadt sollten Sie Ihre Aufmerksamkeit der – von der Oase abgesehen – wichtigsten Sehenswürdigkeit von Gabès widmen, der alten, am südwestlichen Stadtrand gelegenen **Sidi Boulbaba-Moschee.** Sie liegt etwas abseits der nach Matmata führenden Ausfallstraße, weithin erkennbar am hohen Minarett der neuen Grabmoschee, und ist überdies mit ›Musée ATP‹ ausgeschildert. Sidi Boulbaba, der Barbier des Propheten Mohammed, der Gabès zum Altersruhesitz erwählte, ist in einem alten, überaus ansprechend verzierten Grabbau an der rechten Seite des Platzes bestattet, dessen Innenhof auch Nicht-Muslime betreten dürfen. Beachtenswert sind die Kachelverzierungen und Schriftbänder über dem fünfbogigen Eingang. Rechts daneben beherbergt eine schlichte Medersa von 1692 ein sehenswertes **Volkskundemuseum** mit Gerätschaften für die Weberei, den Feldbau und die Essenzubereitung, sowie Hochzeitskleidung und Schmuck. Die gegenüberliegende neue Sidi Boulbaba-Moschee ist nicht zugänglich.

Die Oase
Im Westen und Norden wird Gabès von einer ca. 2000 ha großen Oase umgeben – der einzigen in Nordafrika, die am Meer liegt. Sie wird vom Oued Gabès und zahlreichen artesischen Quellen bewässert. Im Westen beginnt sie als schmaler Streifen am Oued-Ufer, wird dann immer breiter, um sich schließlich ca. 6 km entlang des Meeres nach Norden zu erstrecken, wo sie in den Hainen von Aouinet/Oudref ihre Fortsetzung findet. Außer Gabès gibt es hier neun Siedlungen – darunter als wichtigste Chenini – sowie zahlreiche Sommerhäuschen. Wichtiger als der Anbau von Dattelpalmen (ca. 500 000, davon alleine 300 000 um Chenini), die wegen der hohen Luftfeuchtigkeit relativ geringe Erträge bei schlechter Qualität hervorbringen, sind der Gartenbau (Gemüse, Tabak, Henna, Indigo, Pfeffer, Trauben, Kürbisse, Melonen, Bananen) und die Fruchtbäume (Oliven, Zitrusfrüchte, Aprikosen, Pfirsiche, Granatäpfel u. a.). Die Obst- und Gemüsepflanzungen bilden das Herz der Oase, die Palmen wachsen mehr am Rand, im Umland folgt schließlich ein bescheidener Getreideanbau, ergänzt durch Viehhaltung. Probleme bereitet – wie in anderen Oasen auch – die große Zerstückelung des Landbesitzes in ca. 7000, überwiegend von Kleinpächtern bewirtschafteten Parzellen. Schwierig ist auch die Bewässerung: Einerseits drohen Gefahren durch Sinken des Grundwasserspiegels und Versalzung infolge der hohen Verdunstung, andererseits bedroht der Oued Gabès mit Hochwasser oftmals das Ackerland.

Die ausgedehnte Oase von Gabès wird von einem dichten Wegenetz durchzogen, das zu abwechslungsreichen Spaziergängen verlockt, mehr aber noch zu beschaulichen Rundfahrten mit Pferdekutschen, die am Ortseingang ihren Standplatz haben. Der sicherlich lohnendste Ausflug führt nach **Chenini** du Gabès, einem vom Tourismus bereits stark geprägten Dorf, ca. 5 km westlich von Gabès. Zwei Wege führen dorthin: der schnellere über die Ausfallstraße Richtung Sfax und eine von dieser nach ca. 1500 m links abzweigende Straße – auf dieser Route fahren auch Busse und Taxis –, der schönere ›Circuit d'Oasis‹ über eine kurvenreiche Straße, die vorbei am Busbahnhof direkt in die Oase hineinführt. Beide treffen im Zentrum des ansprechenden, aber nicht weiter bemerkenswerten Dorfes Chenini du Gabès zusammen. Nach wenigen 100 m treffen Sie auf die überschätzte Touristenattraktion von Gabès, die ›Barrage Romain‹. Dabei handelt es sich um das Stau- und Verteilerwerk des Oued mit einem von römischen Quadern eingefaßten Becken. Der Parkplatz für die Droschken und Mietwagen ist fest in Hand der Souvenirhändler, die kaum Oasenromantik aufkommen lassen. Der ebenfalls hier eingerichtete kleine Zoo zeigt Wüstentiere und sogar Krokodile. Folgen Sie dem hinter den Wasserbecken beginnenden Pfad (halbrechts) durch den Palmenhain für einige 100 m, gelangen Sie zu dem malerisch gelegenen ›Chela Club‹, einem beliebten Ausflugsziel auch für die Bewohner von Gabès (Bar/Restaurant, Bungalows, Schwimmbad), das auch per Auto über eine beschilderte Straße ab Chenini du Gabès erreichbar ist. Von dem Plateau oberhalb der Anlage bietet sich ein herrlicher Blick auf die Oase und die Umgebung. Wenn Sie vom Club noch ein Stück den Oued aufwärts gehen, durchstreifen Sie den schönsten und ruhigsten Teil der Oase von Chenini du

Schlacht um die Mareth-Linie

Entlang des kleinen Oued Zigzaou, der, vom Dahar-Bergland kommend, einige Kilometer südlich der Ortschaft Mareth in den Golf von Gabès mündet, hatten die Franzosen zwischen 1936 und 1940 eine 15 km lange Verteidigungslinie gegen mögliche Angriffe aus dem damals unter italienischer Verwaltung stehenden Libyen errichtet. Der Sperriegel bestand aus 40 kleinen und 8 großen Bunkern, ergänzt durch etliche Befehlsposten, Stützpunkte, Stacheldrahtverhaue und Minenfelder.

Nach dem Einmarsch der Deutschen in Frankreich im Jahre 1940 wurde die Anlage entmilitarisiert, im März 1943 jedoch von den Deutschen, die Tunesien damals besetzt hielten, wieder aktiviert, um das Vordringen der Engländer aufzuhalten, die von Libyen aus anrückten. Kurz darauf kam es zur ersten Schlacht, bei der 160 000 Alliierte mit 750 Panzern und 535 Flugzeugen auf 76 000 Deutsche trafen, denen nur 150 Panzer und 123 Flugzeuge zur Verfügung standen. Der Kampf um die Mareth-Linie dauerte vom 16. bis zum 21. März. Trotz Überlegenheit konnten die Alliierten zunächst aufgehalten werden, umgingen dann aber die Verteidigungslinie durch das Bergland und zwangen die von der Einkesselung bedrohten Deutschen am 28. März zum Rückzug nach Norden.

Nur wenige Wochen später war das deutsche Abenteuer auf afrikanischem Boden beendet. Am 7. Mai nahmen die Alliierten von Westen her Bizerte und Tunis ein, am 12. Mai 1943 kapitulierte der letzte Rest des zwischen Hammamet und Zaghouan eingeschlossenen Afrikacorps; am Ende befanden sich 100 000 Deutsche in alliierter, Gefangenschaft.

Gabès, stoßen aber auch auf Stollen und Bunker aus dem Zweiten Weltkrieg, die jenseits des Oueds in die Wände gegraben wurden.

Kehren Sie nun zu der von Chenini kommenden Straße zurück und folgen Sie dieser weiter, passieren Sie linker Hand ein Café mit einem winzigen, von einem Kanal gebildeten ›Wasserfall‹ *(Cascades)*, bevor die Straße eine Schleife macht, um wieder nach Chenini zurückzuführen.

Ausflüge: Das westlich von Gabès an der Straße nach Kebili (s. S. 294f.) liegende **El Hamma du Gabès** 2 – auch Hamma de l'Arad genannt – ist die wichtigste Oase der Arad-Ebene. Das schon den Römern als *Aquae Tacapitanae* bekannte und im Mittelalter blühende El Hamma besitzt sechs bis 47 °C heiße schwefelhaltige Thermalquellen, von denen noch eine mit römischen Quadern eingefaßt ist, und zwei Hammams – eins für Männer, eins für Frauen. Freitags wird Markt abgehalten, im März ein Festival mit *Fantasias,* am 22./23. 12. eine jüdische Wallfahrt zum Grab von Rabbi Sidi Youssef. Zwischen El Hamma und Gabès verschandelt ein großes Zementwerk mit Staubschwaden die Landschaft. In Hamma beginnt auch eine Piste nach Matmata.

Etwa 35 km südlich von Gabès durchquert die Hauptstraße P 1 den kleinen Ort **Mareth** 3. Am südlichen Ortsrand verlief im Zweiten Weltkrieg die sogenannte Mareth-Linie, eine Verteidigungsstellung aus Bunkern, Gräben und Drahtverhauen, die im Zweiten Weltkrieg Schauplatz einer blutigen Schlacht zwischen dem deutschen Afrikacorps und der Armee der Alliierten war. Ein vom Verteidigungsministerium neu errichtetes Museum unmittelbar an der ehemaligen Frontlinie erinnert an diese unselige Epoche. Zu sehen sind Geschütze, Handfeuerwaffen, Dioramen und zwei Bunker. Gezeigt wird überdies ein informativer Film (auch in Deutsch) über die damaligen Ereignisse (s. S. 250).

Nur wenige hundert Meter südlich des Museums zweigt von der Hauptstraße links die Zufahrtsstraße nach **Djorf** ab, von wo aus man mit der Fähre nach Djerba übersetzen kann. Vom Ort selbst führt eine sehr schöne Straße in westliche Richtung zunächst durch kleine Siedlungen und Gärten und dann in Kehren durch die Berge zum sehenswerten Weiler Tamezret (s. S. 297).

Medenine und Tataouine

Südöstlich der Littoralzone von Gabès erstreckt sich in Richtung libyscher Grenze die Djeffara, eine halbwüstenartige, von einigen kleinen, ärmlichen Oasen durchsetzte Steppenlandschaft, die als Durchgangsgebiet traditionell von arabischen bzw. seit langem arabisierten Halbnomaden bewohnt wird. Provinzhauptstadt und Marktzentrum ist die lebhafte Kleinstadt **Medenine** 4 (S. 339) mit florierendem Handwerk. Aufgrund der Nähe zu den Badezentren von Zarsis und Djerba wird der Ort recht häufig von Touristen besucht, meist jedoch nur auf dem Weg in den Süden, denn viel zu sehen gibt es nicht. Als Knotenpunkt wichtiger Karawanenwege und Sitz des Caids der arabisierten Ouerghemma-Berber war Medenine schon in vorkolonialer Zeit bedeutend, ehe es unter den Franzosen zu einer großen Garnison und zum Verwaltungszentrum des äußersten Südens ausgebaut wurde. Bedauerlicherweise hat man unmittelbar nach der Unabhängigkeit die wirtschaftliche Bedeutung des Tourismus noch nicht erkannt und den größten tunesischen Ghorfa-Komplex – einst fast 30 Ksour mit über 6000 Ghorfas (zu Ghorfa und Ksour s. S. 223) – nahezu vollständig abgerissen und damit die Stadt ihrer größten Attraktion beraubt. So bietet sich Medenine heute als kaum sehenswerter, überwiegend moderner Hauptort der flächenmäßig größten tunesischen Provinz. Das Zentrum mit dem Marktplatz liegt nördlich des Oued Smar und östlich der von Gabès kommenden Hauptstraße Av. Habib Bourguiba. Um die Moschee erstrecken sich hübsche Gassen; eine ganze Reihe von Ghorfas liegt am Hang, der sich hinunter zur Straße nach Djorf senkt. An ihr hat auch ein großer Ghorfa-Komplex seinen Platz, der als Zentrum der Souvenirhändler restauriert wurde, allerdings kaum noch etwas vom Flair der ursprünglichen Anlagen vermittelt.

Wesentlich authentischer sind die alten Speicher im etwa 7 km westlich gelegenen kleinen Ort **Metameur** 5

Vor dem restaurierten Ghorfa-Komplex in Medenine bieten Händler ihre Waren an

(S. 339). Ein Teil des zentralen Ghorfa-Komplexes wurde restauriert und in ein malerisches, einfaches Hotel umgewandelt. Auf einfacher Piste kann man von hieraus zum Bergort Tamezret weiterfahren (s. S. 267).

Die Hauptstraße P 1 verläuft von Medenine weiter nach Südosten und erreicht nach 80 km **Ben Gardane** 6, einen unansehnlichen Ort, der nur als Durchgangsstation auf dem Weg nach Libyen von Bedeutung ist. Die eigentliche Grenze liegt 33 km entfernt in Ras Ajdir und ist derzeit geöffnet. Die andere, in Medine abzweigende Asphaltstraße (P 19) führt in südliche Richtung und erreicht nach knapp 50 km **Tataouine** 7 (S. 345). Die stark vom Militär geprägte Stadt an einem *Foum* (Durchbruchstal) des Oued Tataouine durch die Dahar-Ausläufer entstand 1912 als Garnison der Fremdenlegion, die die rebellischen Stämme des Umlandes kontrollieren sollte, und diente auch als Sträflingskolonie. Dann stieg sie zum wichtigsten Markt südlich von Medenine auf, von dem sich zahlreiche Halbnomaden angezogen fühlten und sich in den Randzonen ansiedelten. Außer dem recht lebhaften Markt (Montag und Donnerstag) bietet die Ortschaft nicht viel, ist aufgrund seiner guten Infrastruktur jedoch der beste Ausgangspunkt für den Besuch des Dahar-Berglandes.

Die bizarre Welt der Speicherburgen

Aus der Küstenebene ragt die von Nordwesten nach Südosten verlaufende Hochfläche des Dahar empor, eine öde, größtenteils nur wenig gegliederte, zwischen 500 und 700 m hohe Felswüste, dessen 200–300 m tief zur Küstenebene hin abfallender Ostrand Djebel oder Monts de Ksour genannt wird. Während in der Djeffara-Ebene traditionell arabische bzw. seit langem arabisierte Halbnomaden leben, stammen die ›Djebalia‹ genannten Berglandbewohner von Berbern ab, die zwischen dem 11. Jh. und dem 14. Jh. vor den in die Ebene vordringenden Arabern in die unzugängliche Felswüste flohen (s. S. 41). Auch wenn sie den Nomaden zeitweise Tribute leisten mußten, konnten sie ihre Unabhängigkeit, Teile ihrer alten Sitten und auch ihre Berberdialekte bis in die Kolonialzeit hinein weitgehend bewahren. Jahrhundertelang beherbergte der Dahar auch eine vor allem als Händler und Silberschmiede bedeutende Minderheit von Juden, die seit 1948 aber fast vollständig ausgewandert sind. Neben Viehzucht (Fernweidewirtschaft mit Ziegen und Schafen) und Handwerk (besonders Weben und Halfagrasflechten) betreiben die Djebalia saisonalen Getreide- und Olivenanbau. Den wohl größten Eindruck auf Besucher machen die eigentümlichen Siedlungsformen im Dahar. Während die Halbnomaden der Djeffara-Ebene traditionell in bienenkorbartigen, schnell aufzustellenden Flechtmattenhütten *(Kib)* lebten, haben die wegen der kargen Erträge notwendige Vorratshaltung sowie die stetige Bedrohung durch Nomadeneinfälle im Bergland eine charakteristische Architektur hervorgebracht: Ghorfa und Ksar.

Bei der Ghorfa handelt es sich um ein langgestrecktes, ca. 8–10 m langes und ca. 3 m breites Tonnengewölbe aus Lehm (mit Palmwedelgerüst), das als Vorratsspeicher und periodischer Wohnsitz einer Großfamilie dient. Eine Ghorfa steht niemals isoliert, sondern bildet zusammen mit anderen, z. T. mehreren hundert, größere Komplexe, die sich – um verschiedene Innenhöfe gruppiert – bis zu acht Stockwerke hoch auftürmen können; die einzelnen Einheiten sind dabei durch Treppen, Leitern und lange Gänge untereinander verbunden. Ein solcher Ghorfa-Komplex, *Ksar* (Plural *Ksour*) genannt, ist der gemeinsame Speicher, Markt-, Versammlungs- und Zufluchtsort eines Stammes oder einer Stammesfraktion, wo zeitweise mehrere tausend Menschen leben können. Häufig hat man ihn in natürlicher Schutzlage angelegt, gelegentlich auch noch mit einer besonderen, ihn überragenden Festung *(Kalaa)* versehen. Vereinzelt gibt es solche Ksour auch in der Ebene, sehr häufig finden sie sich in Südmarokko, wenn auch in anderer Form.

Die traditionellen Lebensformen in Djebel und Dahar haben in den letzten Jahrzehnten einschneidende Wandlungen erfahren: Die auf die koloniale Unterwerfung folgende ›Befriedung‹ und Seßhaftwerdung der Djeffara-Nomaden, die auch eine starke Expansion der Djessur-Felder bewirkte, machte die Schutzfunktion von Ksour und Höhlenwohnungen überflüssig; viele wurden deshalb nur noch gelegentlich als Speicher benutzt und verfielen – da aus vergänglichem Lehm erbaut – zusehends. Darüber hinaus rissen die Franzosen

manche Ghorfa-Komplexe als potentielle Widerstandszentren ab. Auch die tunesische Nationalregierung leistete mit ihren Umsiedlungsprogrammen, in deren Verlauf viele alte Bauten der Planierraupen zum Opfer fielen, einen Beitrag zur Zerstörung der traditionellen Architektur der Berber.

Heute bietet sich im südtunesischen Bergland folgendes Bild: Aufgrund der vor allem seit der Unabhängigkeit rasch fortgeschrittenen Arabisierung sind berberische Sprache und Sitten nur in sehr abgelegenen Orten noch in nennenswertem Maße lebendig, im übrigen gleicht sich die Lebensweise der Djebalia der ihrer Landsleute immer mehr an. Die Ghorfa- und Höhlenbewohner geben ihre alten, zunehmend dem Verfall ausgesetzten Siedlungen auf und ziehen – freiwillig oder unter ›sanftem‹ Druck – hinunter in die Täler und Ebenen, wo am Fuße der ehrwürdigen Trutzburgen allenthalben weitläufige, moderne Einheitssiedlungen entstanden sind. Die wirtschaftliche Entwicklung bleibt jedoch weit hinter dem Bevölkerungswachstum und den gestiegenen Ansprüchen zurück, und so zählt das südtunesische Bergland zu den Regionen des Landes mit der höchsten Abwanderungsquote. Dabei haben sich aufgrund der nach wie vor wirksamen Verwandtschaftsbindungen für einzelne Dörfer bestimmte ›Spezialgebiete‹ herauskristallisiert: So arbeiten die Männer von Chenini in Tunis, Sfax oder Sousse überwiegend als Zeitungshändler, die von Douirat als Lastenträger, die aus Guermessa als Hafenarbeiter und die aus Ghomrassen als Gebäckhändler. Diese Lage hat z. T. die Position der zurückgebliebenen Frauen, denen Handwerk, Handel und Feldarbeit in der Heimat nun oft alleine obliegen, gestärkt. Der in jüngster Zeit bis in entlegene Bergdörfer vorgedrungene Tourismus hat zwar zur Restaurierung vieler traditioneller Bauten geführt, die meisten von ihnen dienen allerdings nicht mehr ihrer ursprünglichen Bestimmung, sondern sind Hotels, Restaurants, Souvenirläden oder ›Vorzeigeobjekte‹, für deren Besichtigung die Besitzer im allgemeinen einen Obolus erwarten.

Die Dörfer im südlichen Dahar, dem Bergland westlich von Medenine und Tataouine, zählen zu den malerischsten Orten Tunesiens, was ihnen in der jüngeren Vergangenheit einen außerordentlichen Strom von Besuchern beschert hat. Sie alle zeigen die für den Dahar typische Schutzarchitektur. In die steilen, aus weichem Kalkstein bestehenden Berghänge wurden horizontale, durch mauerumgebene Vorhöfe abgeschlossene Wohnhöhlen gegraben, auf den Bergspitzen entstanden Fluchtburgen. Die neben letzteren einzigen ›oberirdischen‹ Bauten sind die blendend weißen Moscheen, einige später entstandene Ghorfas sowie wenige neuere Steinhäuser. Fast alle Orte haben sich in den letzten Jahrzehnten von den Hängen hinunter zu den Oued-Tälern ausgedehnt, wo sich neue, inzwischen bevölkerungsreichere Siedlungen erstrecken, die allerdings stark von der Abwanderung betroffen sind. Der Straßenbau hat in jüngster Zeit große Fortschritte gemacht, so daß fast alle Speicherburgen heute eine gute Anbindung haben, mit öffentlichen Verkehrsmitteln aber dennoch nur schwer erreichbar sind. Auch die Unterkünfte in dieser Region sind noch immer dünn gesät. Mit einem Mietwagen lassen sich jedoch die wichtigsten Ksour innerhalb eines Tages besuchen.

Verfallene Ghorfas

Bergdörfer des Djebel Abiod

Eine sehr zu empfehlende, von Tataouine ausgehende, etwa 80 km lange Rundfahrt abseits ausgetretener Touristenpfade führt zu den Bergdörfern des Djebel Abiod. Die Siedlungen vermitteln noch einen lebendigen Eindruck von der traditionellen Lebensform, obwohl ihnen die großartige Szenerie fehlt, der die westlich von Tataouine liegenden Dörfer auszeichnet. Dafür aber sind die Bewohner der Abiod-Region wesentlich zurückhaltender, ein Umstand, den vor allem der fotografierende Tourist respektieren sollte.

Zahlreiche, von den Touristen bisher nur wenig beachtete Speicherburgen (Ksour) krönen die kahlen Gipfel. Die meisten sind verfallen, einige aber werden von den Bewohnern der umliegenden Dörfer aber nach wie vor als Lagerräume und Stallungen genutzt.

Man folgt von Tataouine zunächst der nach Remada führenden Hauptstraße P 19 und biegt unweit des Stadtausgangs bei dem Schild ›Beni Barka/Maztouria‹ nach links auf eine Asphaltstraße ab. Bereits nach etwa 1 km bietet sich Gelegenheit, auf einer nach links abgehenden Straße, die bald in eine Piste übergeht, den abgelegenen, hoch auf einem steilen Bergrücken liegenden **Ksar Tounkett** 1 zu besuchen. Man erreicht die etwa 8 km entfernte Speicherburg, wenn man sich an der Weggabelung bei Km 6 nach links hält. Wie in vielen Bergdörfern üblich, ist der steile Hang unterhalb der Ghorfas mit zahlreichen ehemaligen Wohnhöhlen versehen worden. Man kehrt zur oben erwähnten Gabelung zurück und setzt die Fahrt fort. Zunächst stößt man auf den Weiler Tounkett, in dem die Bevölkerung des Ksar umgesiedelt wurde, und erreicht kurz darauf wieder die nach Maz-

Das Bergland des Dahar

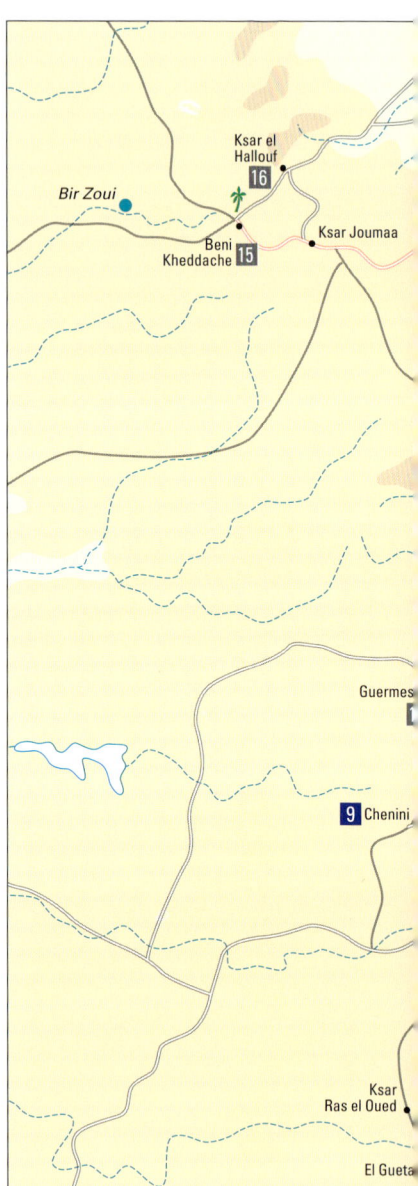

touria führende Straße. Wer diesen Abstecher nach Ksar Tounkett gewählt hat, dem ist allerdings die Abzweigung nach **Ksar Beni Barka** 2, etwa 2 km von der P 19 entfernt, entgangen. Dieser nicht mehr genutzte Komplex, dessen Ursprünge bis auf das 14. Jh. zurückgehen, thront auf einem windumtosten

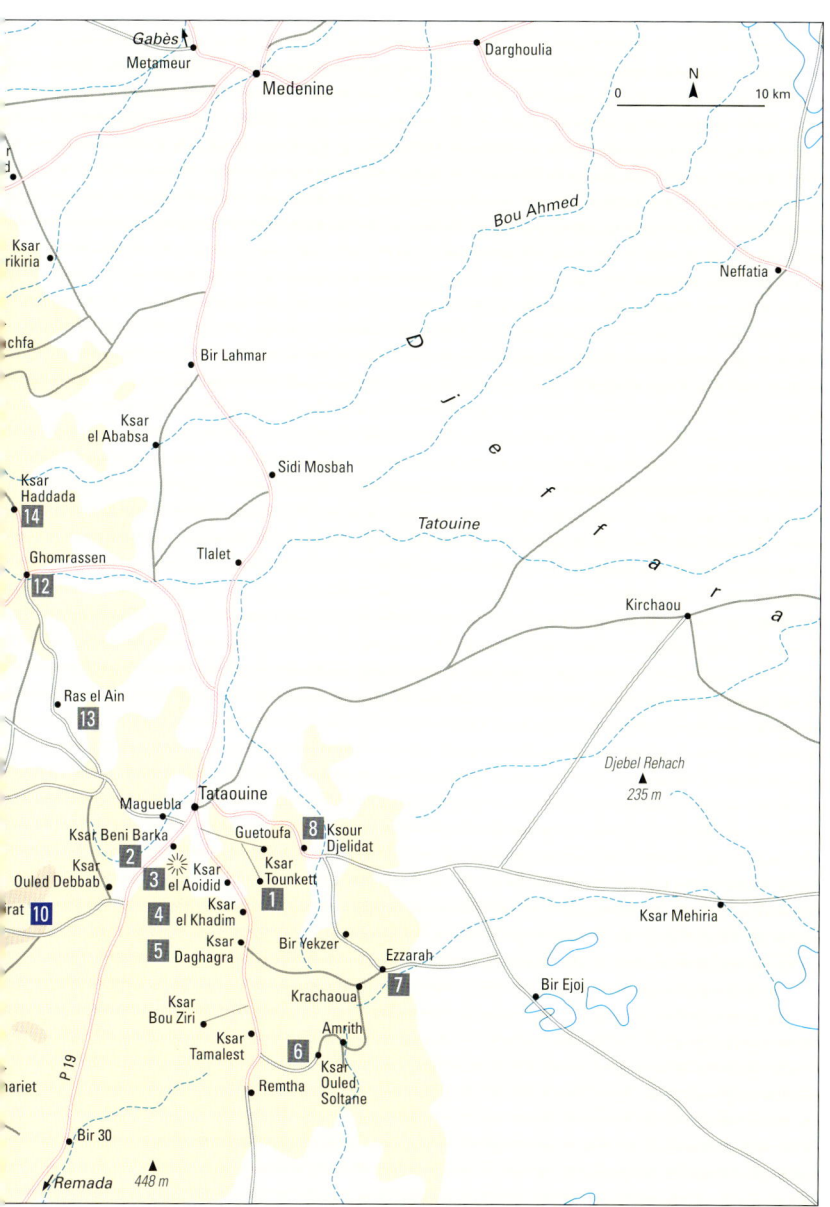

Berglandbewohner aus Chenini und ...

Bergsporn mit großartiger Fernsicht. Der letzte Abschnitt der etwa 4 km langen Zufahrt kann allerdings nur mit dem Geländewagen bewältigt werden. Aufgrund des starken Zerfalls sollte man, wie bei allen nicht mehr genutzten Ghorfas, beim Herumklettern in den Ruinen besonders vorsichtig sein.

Nur ein kleines Stück hinter der von Tounkett kommenden Einmündung lohnt sich ein etwa 6 km langer Umweg entlang einer sich nach rechts in die Berge windenden Piste, die immer wieder großartige Blicke in das fruchtbare Tal des Oued Zondag gewährt. Vier Speicherburgen liegen am Weg, von denen besonders der Besuch des zweiten, des **Ksar El Aoidid** 3 lohnt, einer bis zu drei Stockwerken aufragenden Anlage, auf die man nach etwa 3 km Fahrt stößt. Nicht weit entfernt folgt der **Ksar El Khadim** 4, geschützt von einer massiven Wehrmauer, durch die ein Tor ins Innere der Anlage führt. Obwohl der Komplex erst zu Beginn unseres Jahrhunderts von den Zeneten-Berbern angelegt worden ist, sind die Speicher stark zerfallen, zeigen aber einige schöne Details. Besser erhalten ist die letzte Speicherburg am Wege, **Ksar Daghagra** 5, in dem noch einige Gewölberäume mit Palmenholztüren verschlossen sind und sich zahlreiche der großen Tonkrüge erhalten haben, die als Vorratsbehälter dienten. Nach insgesamt etwa 5 km mündet die Piste am Ortsausgang von Maztouria wieder in die Ashaltstraße. Wir biegen nach rechts ein und setzen die Fahrt durch das Tal Oued Zondag fort. Nach etwa 6 km durchfahren wir die Ortschaft Tamellest mit seinem stark zerstörten, etwas ober-

... Ksar Ouled Soltane

halb gelegenen Ksar und folgen bei der Gabelung etwas außerhalb der Siedlung der linken, bergaufführenden Route. 3 km weiter liegt der **Ksar Ouled Soltane** 6 vor uns, die sicherlich großartigste Speicherburg in dieser Region. Ungewöhnlich sind die zwei, durch eine Passage miteinander verbundenen Höfe, die im 15. und 19. Jh. entstanden sind, gleichwohl keinen Bruch im Baustil erkennen lassen. Da der Komplex in die Ortschaft integriert ist, werden zahlreiche Gewölbe noch als Vorratskammern genutzt und sind mit rustikalen Palmenholztüren verschlossen.

Statt auf der Anfahrtsroute nach Tataouine zurückzukehren, kann man auf zunächst noch asphaltierter Straße hinab zum Weiler Amrith fahren (ca. 3 km), um dort nach links auf eine Piste abzubiegen, die über El Gabel nach **Ezzarah** 7 führt (ca. 9 km), wo man wieder auf Asphalt trifft. Lohnend ist der Besuch des dortigen, noch vollständig in das dörfliche Leben integrierten Ksar, in dem sich der Besucher in vergangene Jahrhunderte zurückversetzt fühlt. Man folgt der Asphaltstraße und erreicht nach etwa 15 km wieder Tataouine, wobei sich Gelegenheit zum Besuch der teilweise noch genutzten **Ksour von Djelidat** 8 ergibt.

Am Rande des Dahar-Berglandes

Wie an einer Perlenkette reihen sich entlang des östlichen Steilabfalls des Dahar die wehrhaften Speicherburgen in Erinnerung an längst vergangene, unruhige Zeiten, als die befestigten Ortschaften hoch oben auf dem Kamm Schutz vor

Blick auf Chenini

Überfällen nomadisierender Stämme boten. Heute gehören die teilweise zerfallenen Ksour zu den bevorzugten Zielen der Urlauber an den nicht weit entfernten Strandhotels von Djerba und Zarsis.

Aufgrund der unvergleichlichen Lage gilt **Chenini** 9 nicht zu unrecht als schönste Speicherburg des Landes und fehlt deshalb auch in keinem Programm organisierter Rundreisen. Wir verlassen Tataouine auf der nach Süden führenden Hauptstraße (P 19) und biegen nach etwa 3 km rechts ab (ausgeschildert), passieren das Hotel ›Sangho‹ und halten uns bei der folgenden Abzweigung links (rechts geht es nach Ras el Ain und Guermessa). Nach insgesamt 17 km erreichen wir die Neustadt von Chenini, 2 km weiter den oberhalb, zu Füßen der Altstadt gelegenen Parkplatz, auf dem die asphaltierte Zufahrtsstraße endet. Um als Individualtourist den Besuch ohne Belästigung durch Kinder absolvieren zu können und in den Genuß interessanter Hintergrundinformationen über Geschichte und Leben der Bewohner zu kommen, sollte man sich durchaus einem der offiziellen Führer anvertrauen, die ihre Dienste jedem Neuankömmling bereits auf dem Parkplatz anbieten (Preis vorher aushandeln).

Die Höhlenwohnungen sind in die Hänge eines steil aufragenden Kalksporns gegraben, der in einem Bogen einer Schlucht folgt und zwei Ortsteile durch einen Sattel trennt. In ihm hat die weiß leuchtende Moschee ihren Platz gefunden, leider aber auch ein nicht gerade dekorativer Wassertank. Die linke Erhebung trägt die stark zerstörte Speicherburg, die rechte noch bewohnte Höhlen und Reste von Behausungen. Vom Bergrücken mit den Höhlenwohnungen hat man den besten Blick über Chenini, die Ebenen und die Bergwelt des Dahar. Eine Besichtigung lohnt auch die am Aufstieg zur Moschee liegende Ölmühle, in der noch immer ein bedauernswertes Dromedar seinen Dienst tut (kleiner Obolus für den Müller). Zu den Attraktionen von Chenini zählen überdies sieben sagenumwobene Gräber, die man erreicht, wenn man von der Moschee zur Fahrstraße jenseits der Siedlung hinabsteigt. Wer mit dem Wagen unterwegs ist, muß vom Parkplatz 500 m zurück in Richtung Neu-Che-

nini fahren und dann rechts abbiegen. Die Fahrstraße endet nach etwa 2 km an der Jemaa Kedima-Moschee, dem ältesten Heiligtum des Ortes, mit den Gräbern von Heiligen und Inschriften in der Berbersprache. Auf dem angrenzenden Friedhof finden sich die überdimensionierten Gräber der Sieben Riesen, die der Legende nach Ruhestätte verfolgter Christen sein sollen. Man erzählt, sie hätten sich in nahegelegenen Höhlen versteckt gehalten und wären dort in eine totenähnliche Starre verfallen. Als man sie Jahrhunderte später entdeckte, hatten sie die Gestalt von Riesen angenommen und wurden – selbstverständlich erst nach ihrer Bekehrung zum Islam – auf dem Friedhof der Moschee beigesetzt.

Eine vom Parkplatz unterhalb der Altstadt in das enge, aber landschaftlich überaus reizvolle, canyonartige Tal hineinführende und gut ausgebaute Piste verbindet Chenini mit Douirat (20 km). Nach ungefähr 6 km zweigt rechts eine ausschließlich mit dem Geländewagen zu befahrende Piste zur Oase von Kar Ghilane ab (s. S. 304f.). Nach 14 km einsamer Fahrt durch schüttere Graslandschaft erreicht man Neu-Douirat. Man kann den Ort auch auf einer Asphaltstraße ansteuern, wenn man Tataouine auf der P 19 Richtung Süden verläßt, die Abzweigung nach Chenini jedoch ignoriert und nach etwa 9 km beim Ouled Debbab rechts abbiegt. Oberhalb der neuen Siedlung zieht sich das historische **Douirat** 10 über zehn Hügelkuppen, die durch einen Höhenweg miteinander verbunden sind. Der mächtige, befestigte Ksar zählt zu den größten des Südens, da Douirat als Karawanenetappe zwischen Gabès und Ghadames (Libyen) einst der wohlhabendste Ort der Region war. Douirat galt lange Zeit als eine Art ›Geheimtip‹, ist aber heute schon fast so überlaufen wie der berühmtere Nachbar Chenini. Der Ort wurde vor etwa 500 Jahren von einem marokkanischen Marabout gegründet und entwickelte sich recht schnell zu einem bedeutenden Handelsknotenpunkt zwischen Wüste, Bergen und Küstenebene sowie zu einem Zentrum der Weberei. Weit über die Region hinaus waren die Frauen für ihre farbenfrohen Umschlagtücher *(Haik)* berühmt, eine Tradition, die leider keine Fortsetzung gefunden hat. Der Ort besteht aus der für die Bergsiedlungen des Dahar typischen Kombination von befestigter Speicherburg und in die Hänge gegrabene Höhlenwohnungen, die teilweise in mehreren Etagen angelegt wurden. Im Gegensatz zu Chenini sind die meisten Wohnhöhlen heute jedoch längst aufgegeben und die ehemals mauerumschlossenen Ghorfas stark verfallen, nur einige Ölmühlen sind noch in Betrieb und können mit einem Führer besucht werden. Die etwa 1000 Einwohner leben heute in modernen Häusern am Fuß des Hügels. Unterhalb des Ksar hat man um die Moschee einige Bauten restauriert

Im Bergland bei Douirat

und damit einen pittoresken, authentischen Akzent gesetzt. Eine nur mit dem Geländewagen zu befahrende Piste führt von Douirat in den Erg Oriental zur Oase Ksar Ghilane. Auch wer von Douirat nach Chenini fahren will, folgt zunächst dieser, im ersten Abschnitt auch mit dem PKW problemlos zu befahrenden Route, muß dann aber auf den Wegweiser etwa 5 km außerhalb Douirats achten, wo man nach rechts abbiegen muß, um nach Chenini zu gelangen (s. S. 260).

Etwa 20 km nördlich von Chenini blickt **Guermessa** 11, ein äußerst reizvoll gelegenes Bergdorf mit Höhlenwohnungen und Ghorfas über die Ebene. Obwohl die Anfahrt über die neue Asphaltverbindung von Ghomrassen oder Chenini aus problemlos ist, wird das Dorf bisher nur selten besucht. Der Zugang zum alten, teilweise noch bewohnten Teil, der sich ähnlich wie in

Blick auf Guermessa

Chenini um zwei steil emporragende, durch einen Grat miteinander verbundene Hügel gruppiert, erfolgt über einen steilen Serpentinenweg mit schönem Blick in die Ebene. Auf dem höheren Berg liegt eine Ksar-Ruine aus dem 13. Jh., im Sattel eine bescheidene Moschee. Über die Siedlung verstreut trifft man noch auf etliche, sich im Betrieb befindliche Ölmühlen.

Wir verlassen die neue Siedlung zu Füßen des Bergdorfes nach links, kreuzen nach 10 km die direkte Verbindungsstraße Guermessa–Chenini und fahren ins Zentrum von **Ghomrassen** 12. Im Gegensatz zu den anderen Dörfern der Umgebung zieht sich die recht lebendige Ortschaft (Freitagsmarkt) ein schmales Tal entlang, begleitet von zahlreichen Höhlenwohnungen und Ghorfa-Komplexen, auf die man vor allem von den Seitentälern aus einen schönen Blick hat. Hoch auf einem Felsplateau thront der Marabout des Sidi Arfa, eines Verwandten von Ibn Khaldoun. Früher einmal war Ghomrassen Sitz der Sidi Moussa-Sekte, die zeitweise die Djeffara beherrschte und die Einheit aller Berber der Region anstrebte.

An der Straße nach Tataouine liegt der Weiler **Ras el Ain** 13 mit Resten des römischen Militärlagers *Talalati* (Teil des *Limes Tripolitanus*) aus dem 3./4. Jh.

Verläßt man Ghomrassen in entgegengesetzter Richtung (nach Norden), erreicht man nach 5 km **Ksar Haddada** 14 (S. 338), einen kleinen, auf einem Bergrücken gelegenen Weiler mit einem besonders schön restaurierten Ghorfa-Komplex, in dem ein einfaches, aber pittoreskes Hotel untergebracht ist, in dem der Gast allerdings in aller Frühe vom Ruf des Muezzin der angrenzenden Moschee geweckt wird. Die Asphaltstraße geht hier in eine neue Piste über, die ins 18 km entfernte **Beni Kheddache** 15

Hoch auf einem Felsplateau thront der Marabout des Sidi Arfa

führt. Obwohl der Ort schön an einem Berghang liegt, lohnt sich ein Besuch allerdings nicht. Seit der ehemals große Ghorfa-Komplex 1960 der Spitzhacke zum Opfer fiel, ist Beni Kheddache eine moderne Siedlung ohne Reiz. Allerdings erwacht hier an jedem Donnerstag das Leben, wenn am Vormittag unter den Arkaden des zentralen Platzes Markt abgehalten wird, der einen guten Einblick in die Bedürfnisse der bäuerlichen Bevölkerung vermittelt, denn mangels Touristenscharen wird das Bild nicht durch Souvenirstände verfälscht.

Von Kheddache aus kann man auf einer sehr schönen, mit einem Geländewagen leicht zu befahrenden Piste zur Oase Ksar Ghilane gelangen, wobei halbem Wegs ein kleines Wüstencafé Labsal bietet (s. S. 304).

Für Reisende mit normalem Mietwagen empfiehlt sich statt dessen der Abstecher nach **El Hallouf** 16, einer von Bergen umschlossenen, neuerdings auch über eine Asphaltstraße erreichbaren, herrlich gelegenen Bergoase. Die Straße führt zunächst über einen kleinen Paß zum Weiler Zammou und dann weiter durch Steppenland und Randzonen der Wüste. Kurz vor Erreichen der Ortschaft können Wüstenfahrer mit Geländewagen wiederum nach Ksar Ghilane abbiegen. Auf einer Hügelgruppe mit steiler Auffahrt erhebt sich die Speicherburg, von der ein Teil in ein einfaches, aber romantisches Hotel umgewandelt werden soll – leider kommen die Arbeiten nicht so recht voran. Von Beni Hellal gelangt man über Behayra und Ksar Djedid nach Medenine.

Das Bergland von Matmata

Den Nordteil des Dahar nimmt das noch einigermaßen ›fruchtbare‹ und entsprechend relativ dicht besiedelte, zerklüftete Bergland von Matmata ein. Der chronische Wassermangel hat hier eine bemerkenswerte, *Djessur* (Damm) genannte, Bewässerungstechnik hervorgebracht. An den Berghängen werden terrassenartige Felder angelegt und mit Erd- und Steinwällen umgeben. Das Wasser kann nun von oben nach unten abfließen, wobei die Wälle die fruchtbaren Sedimente zurückhalten und damit der Erosion vorbeugen.

Das Bergland von Matmata ist vor allem wegen seines einzigartigen Typs von Höhlenwohnungen bekannt, der sich außer im Hauptort auch in einigen umliegenden Dörfern findet. Der unter einer Schicht harten Felsens gelegene weiche Lehm erlaubt es hier, kreisrunde oder quadratische, ca. 10–20 m durchmessende Schächte vertikal ca. 6–12 m tief in die Berghänge hineinzutreiben. Der Boden eines solchen kraterähnlichen Schachtes – über einen eingeschnittenen Gang zugänglich – dient als gemeinsamer Hof einer Sippe (ca. 20–40 Menschen), wo sich der Gemeinschaftsbackofen befindet und das soziale Leben sich abspielt. Von diesem Hof gehen neben einigen Viehställen die horizontalen, durch verzierte Türen verschlossenen und untereinander nicht verbundenen Wohnbereiche der einzelnen Familien ab (pro Schacht fünf bis acht, z. T.

Das Bergland von Matmata

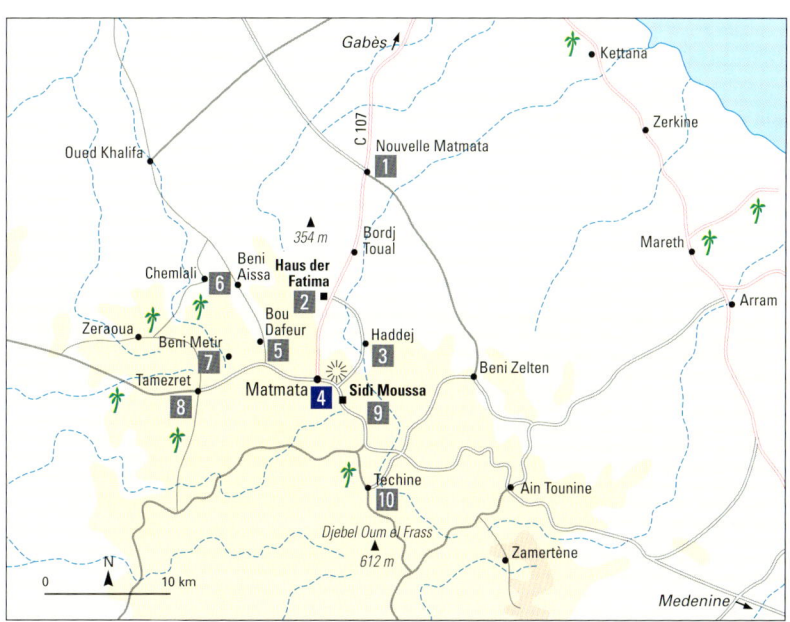

auch mehr). Sie bestehen aus einer Folge mehrerer, bis 12 m × 6 m großer und bis 4 m hoher, oft kalkverputzter Höhlenräume, über denen wiederum die Speicherräume für Lebensmittel liegen, die vom Schacht aus über Holzleitern oder Trittsteine zugänglich sind. Die teilweise mit Mauern gegen Abrutsch gesicherten Wohnschächte üben offensichtlich eine geringere militärische Schutzfunktion aus als die leichter zu verteidigenden Ksour oder die horizontalen Wohnschächte des südlichen Berglandes. Vermutlich stammen die Schächte Matmatas daher aus späteren, friedlicheren Zeiten, als die Dahar-Bewohner von ihren Zufluchtsstätten auf den Bergkuppen wieder talwärts wanderten. Die höher gelegenen Wohnschächte gehen wohl auf das 15. Jh. zurück. Die meisten, mehr zu den Tälern hin orientierten, entstanden erst ab dem 18. Jh. Funktional sind sie dennoch, bieten sie doch einen hervorragenden Schutz sowohl vor Hitze und Sandstürmen als auch vor der winterlichen Kälte. Im Bergland von Matmata gibt es noch ca. 500 Wohnschächte, die meisten in und um den touristisch schon lange erschlossenen Hauptort selbst.

Matmata

Der von Gabès auf der C 107 anreisende Besucher passiert zunächst **Nouvelle Matmata** 1. Der Ort entstand um 1960 als moderne, einheitlich geplante ›Reißbrettsiedlung‹ für Bewohner von Matmata und Umgebung, die unter ›sanftem Druck‹ aus ihren traditionellen Quartieren ausgesiedelt wurden. Nouvelle Matmata besitzt zwar eine gut ausgebaute Infrastruktur (Läden, Schule, Post, Tankstelle, Sportplatz, Gemeindehaus u. ä.), war für die Bergbewohner aber nie besonders attraktiv, zumal die ca. 400 Wohnhäuser nur für Kleinfamilien ausreichen, nicht aber auf die Bedürfnisse von Großfamilienverbänden zugeschnitten sind. Die ehrgeizigen Entwicklungspläne konnten deshalb bislang nicht erfüllt werden.

Etwa 10 km weiter liegt rechter Hand, durch den großen Parkplatz kaum zu übersehen, eine für den Tourismus präparierte Wohnhöhle, in der sich zuweilen die Reisegruppen drängen. Immerhin gewährt das **Haus der Fatima** 2 einen guten Einblick in das traditionelle Leben, auch wenn dies hier gegen ein Trinkgeld geschickt vermarktet wird. Gegenüber führt eine 3 km lange Piste vorbei am Touristenrestaurant ›Relais Touristique les Troglodytes‹ zum ehemals bedeutenden Dorf **Haddej** 3, wo bereits Jugendliche auf den neugierigen Fremden warten, um ihn zu den versteckt liegenden, verlassenen Höhlenwohnungen zu führen.

Die C 107 schraubt sich nun in Kehren in die Berge und erreicht etwa 5 km später das eigentliche **Matmata** 4 (S.339). Der Besucher passiert zunächst den kleinen modernen Ortsteil mit Marktplatz, Cafés, dem Touristenbüro und der Post. Unterhalb, in der unmittelbar anschließenden Talmulde, erstreckt sich die ›Kraterlandschaft‹ des alten Dorfes mit Dutzenden von Wohnschächten, die großenteils allerdings nicht mehr bewohnt und stark verfallen sind. Wenn Sie einem der zahlreichen ›Führer‹, die ihre Dienste anbieten, in die noch benutzten Höhlen folgen (die Bewohner erwarten ein Trinkgeld), werden Sie feststellen, daß auch dort meist nur noch Spuren der traditionellen Lebensweise vorzufinden sind: Seit 1979 gibt es hier Elektrizität, und die Einrichtung der zunächst archaisch anmutenden Behausungen entspricht inzwischen großen-

Höhlenhotels

![Höhlenhotel Sidi Idriss]

Höhlenhotel Sidi Idriss

Wer auf Komfort eines Luxushotels verzichten kann, sollte sich eine Übernachtung in einem der drei Höhlenhotels nicht entgehen lassen. Durch einen dunklen Gang geht man von der unterirdischen Rezeption zum Schacht, um den herum sich die Zimmer, der Speisesaal und die Bar gruppieren. Über schmale Stufen erklimmt man den Eingang, der mit einer nicht immer abschließbaren Holztür versehen ist. Das Innere ist spartanisch: Ein gekälkter, halbtonnenförmiger Raum, von einer losen Glühlampe in dämmeriges Licht getaucht (Fenster gibt es nicht), und ein aus dem Fels geschlagenes Bett. Dennoch schläft man hier wie in Abrahams Schoß, vielleicht wegen des angenehmen Raumklimas und der himmlischen Ruhe. Essen – das obligatorische Couscous – gibt es nur zu festgesetzten Zeiten. Zuvor hat man Gelegenheit zu einem Aperitif im Innenhof oder der urigen Bar.

Höhlenwohnung bei Matmata

teils dem üblichen tunesischen Standard. Einige Wohnhöhlen werden heute als Hotels und Restaurants genutzt. Der älteste Teil von Matmata – mit einer Höhlenmoschee und horizontalen Schächten – liegt am jenseitigen Hang.

Die Umgebung von Matmata

Interessanter als der Ort selbst ist der Besuch der landschaftlich überaus reizvollen Umgebung. Wir verlassen Matmata zunächst in Richtung Westen auf der nach Tamezret führenden Asphaltstraße und biegen gegenüber dem neuen Hotel ›Troglodyte‹ auf eine Piste ab. Als erstes erreichen wir nach 4 km den Weiler **Bou Dafeur** 5, der sich mit seinen Palmenhainen und weißen Marabouts malerisch in die Landschaft einfügt. 5 km weiter kommen wir zu dem alten Dorf **Beni Aissa** 6, wo die Bewohner ihre Höhlen in die weichen Lehmschichten beiderseits des Trockenentals gegraben haben.

Zur Hauptstraße zurückgekehrt, treffen wir 5 km weiter auf das rechts etwas

Traditionelle Frauenarbeit: Getreide mahlen

abseits der Straße liegende **Beni Metir** 7, wo sich ein Großteil des Lebens noch unterirdisch abspielt. Die Asphaltstraße schlängelt sich durch die Berge hinauf zur Ortschaft **Tamezret** 8, wo bis zum Frühjahr 1998 der Asphalt endete und die Piste zur 100 km entfernten Oase Douz begann (am besten in Matmata nach eventuell neuer Streckenführung erkundigen). Tamezret liegt wie eine abweisende, staubgepuderte Festung auf einem Bergrücken. Den größten Teil des Ortes kann man nur zu Fuß auf Treppenwegen erkunden. Einen besonders schönen Blick hat man von der Dachterrasse des kleinen Cafés ›Berbére‹ im Schatten der Moschee und vom westlichen Ortsrand entlang der nach Douz führenden Strecke. Interessant ist auch eine Exkursion in die südlich von Matmata liegenden Bergregionen. Die Asphaltstraße führt zunächst an einem Militärposten vorbei (Fotoverbot) entlang eines Bergkamms mit schöner Aussicht. Nach etwa 5 km sieht man linker Hand auf einem Berg den **Marabout Sidi Moussa** 9, zu dem ein Fahrweg hinaufführt. 4 km weiter passieren wir links die

Gasse in Tamezret

Abzweigung zur schönen Bergstrecke nach Toujane und Medenine (s. S. 300f.). Die Asphaltstraße führt hingegen weiter zu dem Berberdorf **Techine** 10. Hier kann man sich zu einer restaurierten Wohnhöhle durchfragen, die von ihren Bewohnern, ähnlich wie das Haus der Fatima, gegen einen kleinen Obolus Fremden zugänglich ist. Die Asphaltstraße führt in einer großen Schleife um den Ort zurück auf die Straße, die wir gekommen sind. Techine ist auch Ausgangspunkt recht anspruchsvoller Pisten nach Beni Kheddache und Bir Soltane, man benötigt aber ein Fahrzeug mit Allradantrieb.

Bergoasen am Rande der Wüste

Gafsa

1 (S. 335) Die Bergzüge um Gafsa – Djebel Bou Ramli (1156 m) im Westen, Djebel Orbata (1165 m) und Djebel Biada (1163 m) im Osten – markieren die deutliche Grenze zwischen der Zentraltunesischen Steppe und der bis zum Chott reichenden Wüstensteppe. Bei den Bewohnern der Region handelt es sich um die einst nomadischen, z. T. berberstämmigen Hammama, von denen die meisten heute seßhaft sind, einige aber noch als Halbnomaden leben. Außerhalb der Oasen wird eine bescheidene Landwirtschaft mit Getreide, Oliven und Obst betrieben, daneben gibt es noch viel Viehzucht und verbreitet auch Saisonarbeit bei der Halfagrasernte. Die Provinzhauptstadt Gafsa, Handels- und Verkehrszentrum des tunesischen Südwestens (Mittwochsmarkt) liegt inmitten eines ausgedehnten Oasengebiets am Durchgang des Oued Balech zwischen Djebel Orbata und Djebel Ben Younes. Der überwiegend moderne Ort mit einem kleinen alten Kern, bietet nur wenige Sehenswürdigkeiten, ist als Ausgangspunkt für Fahrten ins Bled el Djerid aber wichtige touristische Durchgangsstation.

Geschichte

Siedlungsspuren sind im Gebiet von Gafsa schon für das 6. Jt. v. Chr. nachgewiesen; hier bestand also die erste bekannte Siedlung in Tunesien, und sogar eine ganze Epoche des nordafrikanischen Mesolithikums trägt aufgrund der hier gemachten Funde den Namen *Capsien*, abgeleitet aus Gafsas antikem Namen *Capsa*. Der spätere numidische Marktort wurde 107 v. Chr. im jugurthinischen Krieg zerstört und als Capsa in der frühen Kaiserzeit neu gegründet. Unter Trajan stieg er zur Colonia auf und war eine bedeutende Garnison am Rande der Wüste sowie ein beliebter Thermalort. 540 befestigten ihn die Byzantiner und benannten ihn in *Justiniania* um. Von den Arabern wurde er bereits 640 zerstört und erhielt erst im 15. Jh. eine auf den byzantinischen Fundamenten ruhende Kasbah zum Schutz vor Wüstennomaden.

1551 griff der Pirat Dragut (Torgut Rais) die Stadt an und konnte sie fünf Jahre später erobern. In der Protektoratszeit erlebte Gafsa durch den Umschlag des in der Nähe gewonnenen Phosphats einen raschen Aufschwung. 1942 wurde die Stadt von den Deutschen besetzt und erlitt schwere Zerstörungen durch Luftangriffe und Kämpfe im Winter 1942/43, wobei sich Deutsche und Alliierte mehrfach im Besitz der Stadt abwechselten. Nach dem Krieg erfolgte der Wiederaufbau mit breiten Alleen und großzügigen Plätzen. Anfang 1980 machte Gafsa Schlagzeilen in der Weltpresse, als etwa 300 – angeblich von Libyen finanzierte – Rebellen die hier stationierte Garnison angriffen, wobei es über 40 Tote gab.

Gafsa lebt heute überwiegend von seiner Oase, in der etwa ein Drittel der Bewohner arbeitet, vom Handwerk (Teppiche, Wolldecken), von seiner Funktion als Handels- und Verwaltungszentrum für das Gebiet zwischen Bergland und den Chotts sowie vom Umschlag des Phosphats aus Metlaoui, Moulares und Redeyef, wo auch viele Bewohner der Stadt tätig sind.

Die Stadt

Zentrum und Verkehrsmittelpunkt ist der Square Bourguiba, ein belebter, von zahlreichen Geschäften und Cafés gesäumter Platz mit einer hübschen Gartenanlage. An seiner Südseite liegt der Busbahnhof, an seiner Ostseite, jenseits der breiten Verkehrsader Rue Mohammed Khadouna, die neue Markthalle, die den alten offenen Souk ersetzt hat. Der Markt von Gafsa wird als wichtiger Umschlagplatz zwischen Steppe und Wüste von zahlreichen Halbnomaden aufgesucht, die hiesige Teppich- und vor allem Wolldeckenweberei (weiß-rot gestreifte Battanias und mit geometrischen und figürlichen Motiven verzierte *Ferrachias*) ist im ganzen Land berühmt. An der der Markthalle gegenüberliegenden Seite des Square Bourguiba schließt die kleine Place de la Victoire an, um die sich das lebhafte **Altstadtviertel** mit vielen kleinen Läden und offenen Marktständen sowie etlichen bescheidenen Hotels gruppiert. Die von hier nach Westen (von der Square Bourguiba aus also nach rechts) verlaufende Rue Kilani Metoui – eine geschäftige

Die Piscines Romaines in Gafsa

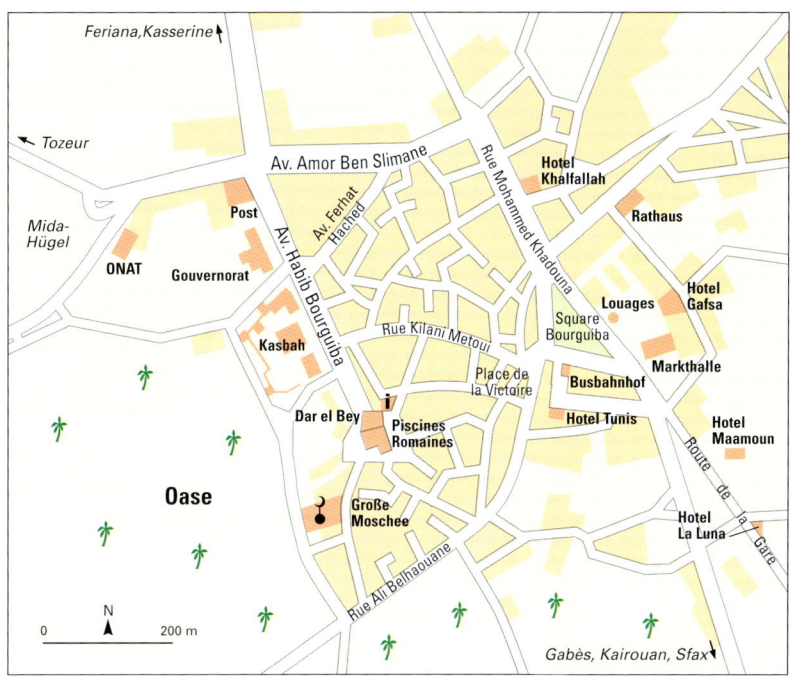

Gafsa

Marktstraße, die die Altstadt durchquert – stößt auf die breite Av. Habib Bourguiba, an der sich die **Kasbah** erhebt, eine auf byzantinischen Fundamenten errichtete hafsidische Festung von 1434; im 17. und 19. Jh. wurde sie umgebaut. 1943 explodierte während eines Luftangriffs das hier untergebrachte deutsche Munitionslager, nur die Außenmauern der Anlage blieben stehen. Dort, wo die Explosion auch diese zerstörte, wurde das moderne Gerichtsgebäude erbaut. Jüngere Restaurierungsarbeiten haben zumindest den Mauern der Kasbah ihr früheres Aussehen weitgehend wiedergegeben, im Innern allerdings ist eine moderne Freilichtbühne untergebracht.

Am äußersten Südostende der Av. Habib Bourguiba (von der Kasbah aus gesehen ca. 150 m nach rechts) befindet sich der Zugang zur wichtigsten und von Touristen auch am häufigsten besuchten Sehenswürdigkeit von Gafsa, den **Piscines Romaines** (Römische Bäder). 25° C warme Quellen speisen zwei von mächtigen Quadern aus der Römerzeit eingefaßte Badebecken, die durch einen kleinen Tunnel miteinander verbunden sind. Dieses einstige soziale Zentrum der Altstadt (u. a. Waschplatz) ist in den letzten Jahren hübsch renoviert worden. Unter den Arkaden haben auch das Touristenbüro und das kleine Archäologische Museum ihren Platz gefunden. Bekannt sind die Bäder vor allem wegen der Kinder, die – auf ein Trinkgeld der busweise anreisenden Touristen hoffend – von den hohen Beckenrändern oder gar von den danebenstehenden Palmen ins Wasser springen. An das größere, etwas tiefer liegende Becken grenzt der ehemalige Palast **Dar el Bey**, in dem antike Säulen verbaut wurden. Beachtung verdient auch das jenseits der Bäder gelegene alte Wohnviertel mit der ehrwürdigen nach den Kriegszerstörungen originalgetreu restaurierten **Großen Moschee** (14. Jh.).

Die Oase

Im Süden, Osten und Westen wird die Stadt von einer ausgedehnten Oase umgeben, die – vom Oued Baiech und zahlreichen Brunnen bewässert – unmittelbar hinter der Kasbah beginnt und die Haine von Gafsa, El Ksar und Lalla mit jeweils ca. 100 000 Dattelpalmen umfaßt. Obgleich durchaus sehenswert, wirkt sie weniger malerisch als andere Oasen des Landes, da sie nicht so klar vom Umland abgegrenzt ist wie in den Vollwüstenregionen und die Palmen infolge kühler und feuchter Nordwinde nicht besonders üppig gedeihen. Größere wirtschaftliche Bedeutung als die Dattelpalmen haben denn auch Obstbäume, Weinreben und Gemüse, die zusammen mit den Palmen im Zentrum der Oase angebaut werden sowie Oliven und Getreide, die durch Eukalyptus vor Wind geschützt am Rand wachsen. Lohnende Ausflüge führen in südöstlicher Richtung (Straße nach Gabès) zum ca. 6 km entfernten **Lalla** (Abzweig kurz hinter der Bahnlinie nach links), einem hübschen Weiler im wohl schönsten Teil der Oase mit Quellen und einem Café-Restaurant sowie in südwestlicher Richtung (Straße nach Tozeur) zum **Mida-Hügel** unweit des Zentrums, von dem man eine hervorragende Aussicht auf die Stadt und die Oase hat. Großer Beliebtheit erfreut sich auch der 5 km außerhalb an der Straße nach Sfax gelegene Tiermarkt von **Orbata** (Mittwoch vormittag) und der benachbarte Zoo, der neben Käfigen auch ein Freigelände mit Straußen und Gazellen aufweist.

Abstecher: Etwa 10 km südöstlich von Gafsa durchquert die nach Gabès führende P 15 die zwischen dem gleichnamigen Salzsee und dem Felsmassiv des Djebel Orbata gelegene Oase **El Guettar** [2], die im 15. Jh. wahrscheinlich von Leuten aus Kebili gegründet wurde, aber wie steinzeitliche Artefakten belegen, schon lange Siedlungsplatz war. Da der Djebel Orbata die kalten Nordwinde abhält, liefern die hiesigen Dattelpalmenhaine eine bessere Qualität als Gafsa oder Gabès. Die Bewässerung erfolgt heute fast ausschließlich durch Tiefbrunnen, vereinzelt aber sind noch die Foggaras erkennbar, die es in Tunesien sonst nur in den Nefzaoua-Oasen gibt (s. S. 284); die meisten der 28 je ca. 1000 m langen unterirdischen Kanäle sind mittlerweile allerdings verfallen.

Das Phosphatgebiet

Zwischen dem Djebel Mdhila südlich von Gafsa und dem Djebel Mrata an der algerischen Grenze erstreckt sich mit Zentrum Metlaoui das bei weitem wichtigste Bergbaugebiet des Landes, wo ca. 90 % des tunesischen Phosphats abgebaut werden. Die hiesigen Minen gehen auf die frühe Kolonialzeit zurück, als der französische Geologe Philippe Thomas – nach ihm ist das Düngemittel ›Thomasmehl‹ benannt – 1886 bei Ras el Aioun in der Nähe von Metlaoui auf Phosphatvorkommen stieß, die in 5–8 m mächtigen Schichten lagerten. Es gelang ihm, eine französische Gesellschaft für den Abbau zu interessieren, und so begann 1896 die ›Compagnie des Phosphats et du Chemin de fer du Gafsa‹ mit dem Untertagebau bei Metlaoui. 1899

Mit dem Zug durch die Gorges du Seldja

Weniger abenteuerlich, dafür aber nostalgischer ließ sich die Schlucht bis vor kurzem auch mit dem ›Lézard Rouge‹ (Rote Eidechse) besuchen, einem holzverkleideten Salonzug des Bey Mohammed Naceur Pacha aus dem Jahre 1910. Nachdem der Zug aus Altersschwäche und technischen Mängeln vorübergehend seinen Betrieb hatte einstellen müssen, schaukelt er - nunmehr modernisiert und aufgefrischt - wieder Touristen durch das Labyrinth der Schlucht.

Er verläßt Montag, Dienstag und Mittwoch um 10.30 Uhr, sowie Freitag und Sonntag um 11 Uhr den Bahnhof von Metlaoui, 44 km von Tozeur entfernt, und kehrt nach etwa zwei Stunden wieder zurück. Fahrkarten sind über die Agentur Hermes Travel am Abfahrtsort zu beziehen.

---

wurde eine Schmalspurbahn von Metlaoui über Gafsa nach Sfax fertiggestellt, um das Phosphat von dort verschiffen zu können; kurz darauf erfolgte die Entdeckung weiterer Lager bei Redeyef und Moulares, die 1904 bzw. 1905 ebenfalls Bahnanschlüsse erhielten. 1909 eröffnete eine Bahnstrecke über Sbeitla nach Sousse (die dortige Phosphatverschiffung wurde nach dem Zweiten Weltkrieg eingestellt), 1913 eine Stichbahn zu den Lagern am Djebel Mdhila. Völlig neue Siedlungen entstanden abseits der Minen. Im Zentrum lag jeweils das europäische Verwaltungs- und Wohngebiet mit Grünanlagen, Souk, Schule, Krankenstation und Sporteinrichtungen, darum gruppierten sich die geschlossenen Viertel der verschiedenen ethnischen Gruppen. Die ersten Arbeiter stammten vor allem aus Marokko, Libyen und dem algerischen Souf (Gebiet um El Oued), erst später warb man auch Halbnomaden aus der Umgebung an.

Heute stellt das Gebiet von Metlaoui, Moulares und Redeyef die einzige wirkliche Bergbaulandschaft Tunesiens dar. Im Untertagebau werden hier jährlich ca. 5 Mio. Tonnen Phosphat gefördert, mit Loren und Förderbändern zur Bahn gebracht und dann in Sfax sowie neuerdings auch in Gabès aufbereitet (Superphosphat) und verschifft. Phosphat (Zusammensetzung verschiedener phosphorhaltiger Mineralien) ist Grundstoff für Düngemittel und Bestandteil vieler anderer chemischer Produkte, u. a. von Wasch- und Rostschutzmitteln, und somit ein sehr begehrter Rohstoff. Gegenüber den anderen großen Produzenten befindet sich Tunesien allerdings wegen langer Transportwege und teurer Förderung (kein Tagebau) im Nachteil und ist deshalb als Exporteur in den letzten Jahrzehnten vom ersten auf den fünften Platz zurückgefallen. Hauptabnehmer ist übrigens die Bundesrepublik Deutschland.

Der wichtigste Teil des Abbaugebiets liegt heute um **Redeyef**, dicht gefolgt von dem Raum um **Moulares**. Sitz der Direktion der Phosphatgesellschaft sowie Verwaltungs- und Marktzentrum des Phosphatgebiets ist **Metlaoui** 3, ein moderner, von Industrie- und Kraftwerksbauten beherrschter Ort mit weit auseinander gelegenen, nach der Herkunft der Arbeiter getrennten Wohngebieten. Die mehrheitlich staatliche Phosphatgesellschaft ist der größte Industriebetrieb Tunesiens; sie beschäftigt 14 000 Arbeiter und Angestellte, verfügt

über ein eigenes Bahnnetz, eigene Schulen und Krankenhäuser, ein eigenes Sozialfürsorgesystem, über Ferienkolonien und die landwirtschaftliche Domäne Chaal mit ca. 26 000 ha Land. Weitere ca. 2000 Menschen arbeiten bei der für das Djebel Mdhila-Abbaugebiet (südlich von Gafsa) zuständigen ›Campagnie Tunisienne du Phosphat du Djebel Mhdila‹.

Etwa 10 km westlich von Metlaoui hat sich der Oued Seldja in einer 15 km langen und bis zu 150 m tiefen spektakulären Schlucht, genannt **Gorges du Seldja** 4, in das Gebirge eingegraben und durchbricht den Rand in dem besonders eindrucksvollen schmalen Felsspalt mit dem treffenden Namen ›Coup du Sabre‹ (Säbelhieb), den der Legende nach ein Berberprinz ausgeführt haben soll, der mit seiner Geliebten hierher geflohen war. Die Zufahrt erfolgt ab Metlaoui über eine von der P 3 (Richtung Tozeur) am Ortsausgang nach rechts abzweigenden Piste (Schild ›Seldja‹). Bei der Pistengabelung hält man sich rechts und gelangt zu einer oberhalb liegenden Pumpstation, an der der Weg endet. Von hier kann man entlang einer Rohrleitung zum ›Coup du Sabre‹, dem Eingang der Schlucht, hinabsteigen. Sollte dieser Zugang durch die Abwässer der Phosphatminen versperrt sein, kann man mit größter Vorsicht auch durch den hinter der Pumpstation beginnenden Eisenbahntunnel in die Schlucht vordringen. Sie erweitert sich zunächst zu einem Talkessel, um dann als schmaler Cañon bis zur Quelle Ras el Aioun zu führen, bei der das erste Phosphat der Region entdeckt wurde. Vorsicht: Es soll hier viele Giftschlangen geben!

Tamerza, Midès und Chebika

Westlich des Phosphatgebiets, nahe der algerischen Grenze, liegen inmitten einer wüstenhaften Bergregion landschaftlich sehr reizvoll die Oasendörfer Tamerza, Chebika und Midès. Sie ver-

Die Oase Tamerza

Wanderung nach Midès

Es lohnt sich, in Tamerza Quartier zu beziehen und Midès von dort aus zu Fuß oder auf dem Eselsrücken zu besuchen, wobei für den Ausflug mit Aufenthalt in Midès ein ganzer Tag anzusetzen ist. Nach Regenfällen oder bei drohendem Unwetter sollte man allerdings von der Exkursion Abstand nehmen, da sich die schmalen Schluchten unvermittelt in reißende Flüsse verwandeln können.

Der Fußweg beginnt am westlichen Ortsende von Tamerza, wo man nach rechts zur Schlucht des Oued el Oudei emporsteigt und dieser folgt. Bei einer Gabelung, die man nach etwa einer Stunde erreicht, halten wir uns rechts und durchwandern nun einen besonders schmalen, spektakulären Abschnitt, ehe der auf dem Plateau thronende Ksar von Midès ins Blickfeld rückt, zu dem ein schmaler Steig die Cañon-Wand hinaufführt. Wer sich lieber einem Führer anvertrauen will, kann sich an das Hotel ›Les Cascades‹ wenden.

danken ihre Existenz den hier entspringenden Bergbächen, durch die ca. 40 000 Dattelpalmen guter Qualität bewässert werden können. Alle drei Dörfer entstanden bereits in römischer Zeit als Kastelle im Vorfeld des Limes Tripolitanis – Chebika hieß *Ad Speculum,* Tamerza *Ad Turres,* Midès war *Mades.*

Die Orte liegen an einer landschaftlich besonders eindrucksvollen Strecke, die von Metlaoui in einem großen Bogen bis kurz vor Tozeur führt. Zunächst durchquert man eine kahle, von Menschenhand in eine farbige Mondlandschaft verwandelte Bergregion, durch das sich wie ein Lindwurm die Förderbänder der Phosphatminen schlängeln. Man durchfährt die staubigen Bergwerksorte Moulares und Redeyef, ehe sich die Märchenwelt der ersten Oase **Tamerza** 5 (S. 345) auftut. Vorbei am neuen Luxushotel ›Tamerza Palace‹ führt die Straße in Kehren hinab in den Oued. Am gegenüberliegenden Ufer drängen sich die lehmbraunen Ruinen der Altstadt vor der ockerfarbenen Bergkulisse. Nur die Kuppel des Marabout sticht aus dem Gemäuer weiß hervor. Der alte Ortsteil wurde nach der großen Überschwemmung von 1969 von seinen Bewohnern verlassen, verlockt aber den Besucher zu einem kurzen Bummel, der Einblicke in die traditionelle Siedlungsweise gewährt. Im Herbst 1995 forderten die Wassermassen in Tamerza erneut etliche Todesopfer und machten die einzige Zufahrtsstraße für mehrere Tage unpassierbar. Getrennt durch einen Nebenarm des Oued Khanga, schließt sich die von Palmenhainen umgebene neue Siedlung an. Nicht entgehen lassen sollte man sich den Abstecher zum kleinen Wasserfall unterhalb des Hotels ›Les Cascades‹, der ein erfrischendes Bad verspricht. Ein weiterer, größerer Wasserfall liegt am westlichen Ortsrand und ist von der nach Chebika führenden Hauptstraße auf einer kurzen Piste zu erreichen, die allerdings den Fluß durchquert.

Etwas abseits der Hauptroute versteckt sich, anstelle der alten Römersiedlung *Mades,* die Bergoase **Midès** 6, und wird daher weniger häufig von den meist unter Zeitdruck stehenden organisierten Rundfahrten besucht, obwohl sie landschaftlich noch eindrucksvoller als Tamerza ist. Man erreicht die kleine Oase, wenn man von Tamerza aus in Richtung Redeyef bis zur nächsten größeren Abzweigung zurückfährt (ca. 5 km) und dort nach links abbiegt. Nach kurvenreicher 6 km langer Fahrt durchquert man den neuen Ortsteil von Midès und hält sich dann links, um in den dichten Palmenhain einzutauchen. Der nun sandige Weg passiert die höher gelegene Altstadt, führt noch ein Stück am Rand des Cañons entlang und endet auf einem romantischen Campingplatz mit kleinem Café.

Wie eine Insel war die Ortschaft früher durch drei bis zu 40 m tiefe Schluchten geschützt, die nur mit Seilen überwunden werden konnten. Erst später hat man durch Zuschütten eines Cañons einen bequemeren Zugang geschaffen, konnte damit den Ort aber nicht vor dem Aussterben bewahren. Vor etwa drei Jahrzehnten wanderten die Bewohner in den neueren Ortsteil ab. Der Spaziergang durch die alten Gassen ist dennoch lohnend, da man wie in Alt-Tamerza einen guten Eindruck von der verwinkelten Bauweise der Bergdörfer erhält. Am Ortsende hat man von einer hochgelegenen Plattform einen tiefen Blick in den Cañon, den der aus Tamerza kommende Wanderer durchquert. Wer vom Campingplatz weiter der Schlucht folgt, sollte vorsichtig sein. Das Überschreiten der in unmittelbarer Nähe verlaufenden, nicht markierten Grenze zu Algerien kann äußerst unliebsame Folgen haben!

Hinter Tamerza windet sich die Straße in zahlreichen Kurven durch die kahle Bergwelt, wobei sie mehrere Aussichtspunkte berührt, ehe sie hinab in die kleine Oase **El Khanga** führt, die sowohl im Zweiten Weltkrieg als auch während des algerischen Freiheitskampfes mehrfach unter Feuer geriet und teilweise zerstört wurde. Etwa 5 km weiter erreicht die Straße den neuen Ortsteil der Oase **Chebika** 7. Der lateinische Namen *Speculum* (Spiegel) deutet auf die Funktion dieser Grenzfestung als Relaisstation in der römischen Befestigungskette, die den wichtigen Karawanenweg zwischen Gabès und dem algerischen Tebessa sicherte. Über Spiegel – nachts mit Signalfeuern – übermittelten die Besatzungen die Informationen von Posten zu Posten, eine Nachrichtentechnik, die später von den Ribats an der Küste übernommen wurde.

Wir biegen am Ortsanfang nach links ab und fahren bergauf bis zum Parkplatz am Rande des Palmenhains, wo zwei Cafés und Souvenirläden auf den Reisenden warten. Vom Parkplatz führt ein Weg hinab zu dem in einer Schlucht gelegenen Palmenhain mit kleinem Wasserfall und einer Quelle. Von dort kann man den Hang hinaufsteigen und in einem Bogen durch den alten, oberhalb gelegenen Ortsteil zum Ausgangspunkt zurückkehren. Hinter Chebika verläßt die Straße die Berge und durchquert den Chott el Gharsa, um bei Hamma du Djerid auf die Hauptstraße Gafsa – Tozeur zu stoßen.

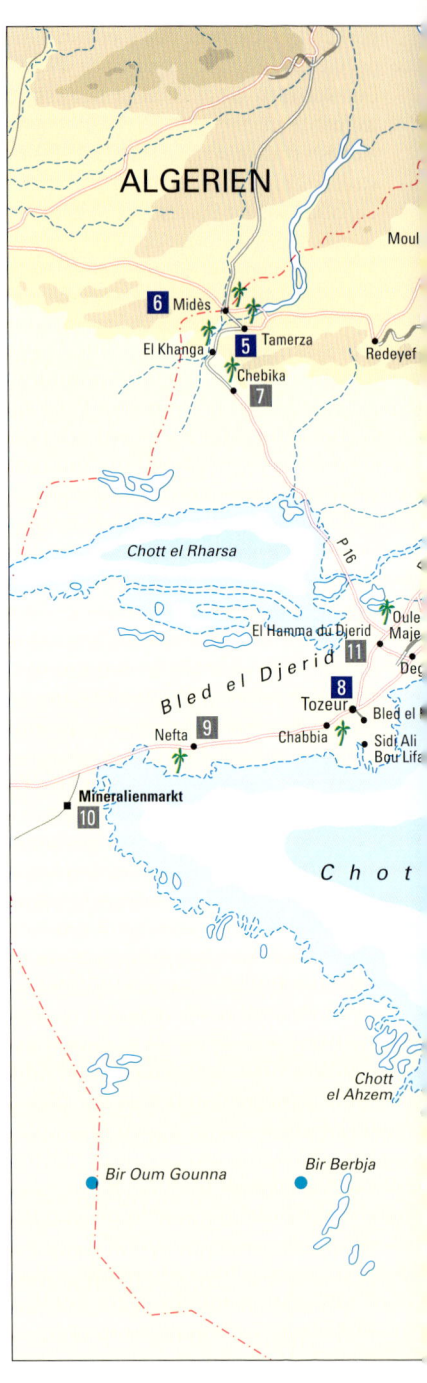

Oasen am Rande der Wüste und beiderseits des Chott el Djerid

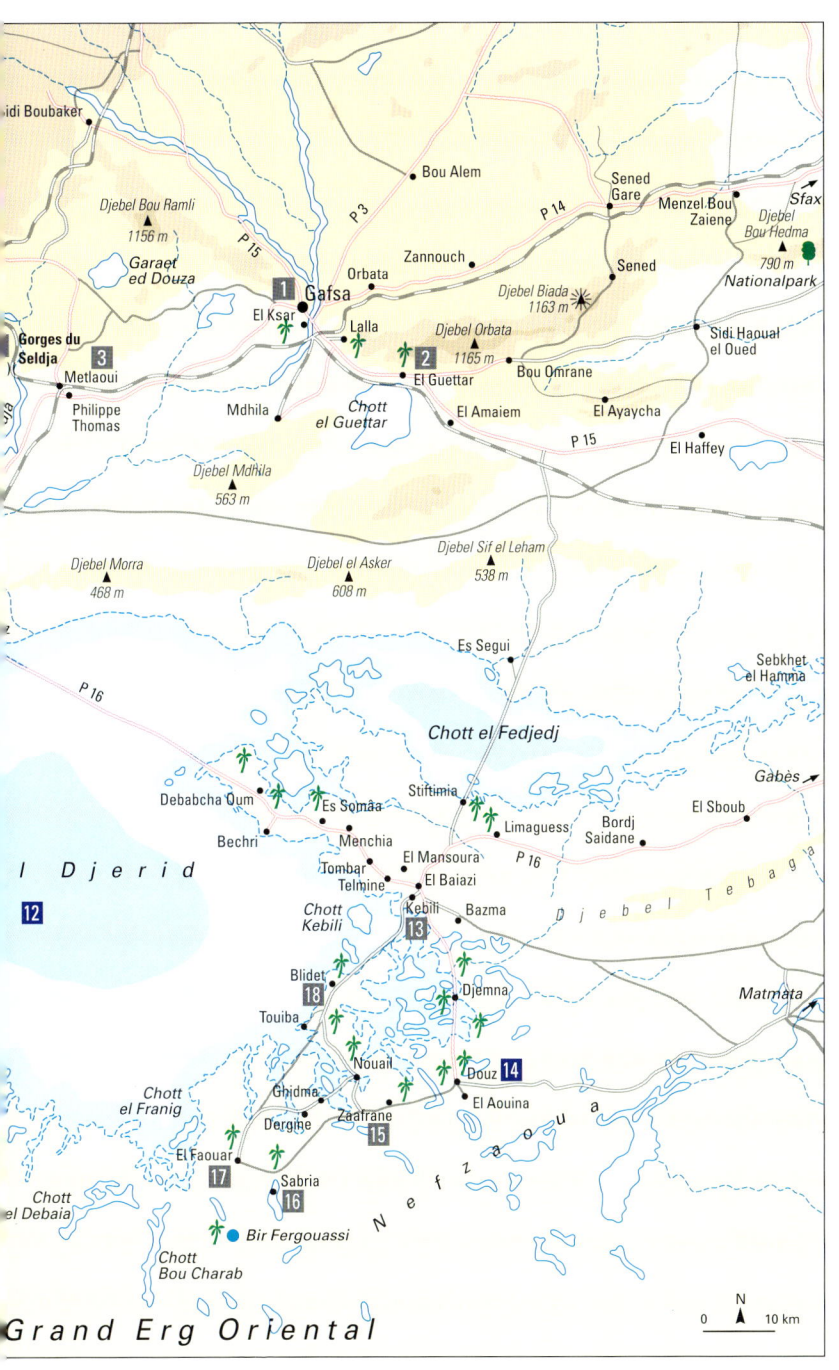

Die Oasen beiderseits des Chott el Djerid

Am Nordwestrand des Chott el Djerid erstreckt sich das **Bled el Djerid** (Land der Dattelpalmen), das produktivste Oasengebiet Tunesiens und auch eines der ertragreichsten des Maghreb. Hier stehen ca. 1,6 Mio. Palmen, die etwa die Hälfte der tunesischen Ernte an hochwertigen *Deglet en Nour*-Datteln liefert. Begrenzt wird das Bled el Djerid durch das Wüstensteppen-Hügelland im Norden, das kleine, bis 17 m unter dem Meeresspiegel liegende Chott el Gharsa im Nordwesten und die Sanddünen des Grand Erg Oriental im Südwesten. Seine Zentren sind die Städte Tozeur und Nefta, daneben befinden sich hier die Oasen von El Hamma du Djerid und der El Ouidane-Gruppe (Degache, Kriz und einige kleinere Orte). Insgesamt leben im Djerid ca. 50 000 Menschen, überwiegend eine Mischbevölkerung aus Arabern bzw. seit langem arabisierten Berbern und den Haratin, Nachkommen schwarzer Sklaven.

Das wohl schon in numidischer Zeit besiedelte Bled el Djerid wurde in karthagischer und vor allem römischer Zeit zur Kulturlandschaft. Römer wie später die Byzantiner legten hier, an der Südgrenze ihres Einflußbereiches, Kastelle zur Abwehr der Wüstennomaden an, u. a. *Thusurus* (Tozeur), *Nepte* (Nefta) und *Thigae* (Kriz). Tozeur und Nefta avancierten schließlich sogar zu Bischofssitzen. Im Mittelalter entwickelten sich die Städte des Djerid zu Zentren eines blühenden Karawanenhandels, durch den auch viele schwarze Sklaven ins Land kamen. Im 14. Jh. sollen hier 100 000 Menschen gelebt haben, also doppelt so viele wie heute (die Zahl ist allerdings möglicherweise stark übertrieben). Wiederholte Nomadeneinfälle, hohe Besteuerung durch die türkischen Beys, eine verheerende Choleraepidemie im 16. Jh. und schließlich der allgemeine Niedergang des Karawanenhandels ließen Wohlstand und Bedeutung des Djerid abnehmen.

Die Wirtschaft basiert nach dem Wegfall des Fernhandels vor allem auf den Dattelpalmen, zu deren Bewässerung traditionell zahlreiche artesische Brunnen (Grundwasser in ca. 60–100 m Tiefe) sowie neuerdings auch gebohrte Brunnen dienen. Die Verteilung des Wassers über ein weitverzweigtes Netz kleiner *Seguias* (Kanäle) vollzieht sich bis heute nach strengen Regeln, die der 1282 in Tozeur verstorbene Ibn Chabbat aufstellte. Danach steht jedem Garten ein exakt festgelegtes Maß an Zeiteinheiten zu, innerhalb dessen ihm Wasser zugeleitet wird. Obgleich das Djerid im Vergleich zu anderen Oasen ausgesprochen wasserreich ist, bereitet das Absinken des Grundwasserspiegels in Tozeur und Nefta bereits Probleme, die durch den massiven Ausbau großer Luxushotels mit Poolanlagen noch verschärft werden. Überdies sind die Gärten in den Randgebieten von der Versandung bedroht. Die Verteilung des Palmlandes ist äußerst ungleich. Einigen wenigen Großgrundbesitzern steht ein Heer armer Kleinpächter gegenüber; nur 2 % der Bewohner besitzen jeweils mehr als 1000 Palmen, die meisten müssen mit weniger als 50 auskommen! Besonders kraß zeigt sich dieses soziale Gefälle in Tozeur, wo ein Drittel des Landes den 60 angesehensten Familien gehört und weitere 10 % der einflußreichen, im ganzen Maghreb verbreiteten Tijaniya-Bru-

Das Kamel

Das Kamel – in Nordafrika und Vorderasien stets das einhöckrige Dromedar – wurde seit dem 2. Jt. v. Chr. auf der Arabischen Halbinsel domestiziert und gelangte im 3. Jh. v. Chr. mit den Ptolemäern nach Ägypten und von dort weiter auch nach Tunesien. Das Kamel ist nicht nur ein hervorragendes Lasttier, das täglich 200–300 kg bis 40 km weit tragen kann – ein unbeladenes Reittier bewältigt sogar bis 150 km –, es liefert überdies Milch, Wolle, Leder und Fleisch. Vor allem aber ist es den Bedingungen der Wüste optimal angepaßt. Es kann zwei Wochen ohne Nahrung und eine Woche ohne Wasser auskommen, um dann bis zu 180 l auf einmal zu sich zu nehmen. Bis zu 30 % seines Körpergewichts kann das Tier als Wasserreservoir anlegen. Die stark vergrößerte Oberfläche der Nasenschleimhäute entzieht in der kühlen Nacht der Atemluft Wasser und gibt sie tagsüber wieder ab, wodurch ein Kühleffekt durch Verdunsten erreicht wird. Großflächige, geschmeidige Fußballen ermöglichen die Durchquerung auch weicherer Sand- und Dünenfelder. Durch seine Nüstern kann es Sand aus der Luft ›herausfiltern‹ und zeigt sich von Strapazen kaum beeindruckt. Entsprechend waren und sind die Kamele die wichtigsten Tiere der Nomaden des Südens und ermöglichten erst die Durchquerung der Sahara. Und es ist nicht verwunderlich, daß in der Dichtung dem Tier ein hoher Stellenwert zukommt und der Kamelritt oft mit der Suche nach der Geliebten verbunden ist.

derschaft. Außer Datteln bringt das Bled el Djerid viel Obst hervor. Die Frauen haben sich überdies einen weit über die Region hinausreichenden Ruf als Kunsthandwerkerinnen erworben (u. a. Flechtarbeiten, Seidenstickerei, Teppichweberei, Schmuckherstellung) und profitieren vom stark expandierenden Tourismus.

Sehenswert sind im Djerid neben der prachtvollen Oasenlandschaft vor allem die beiden Hauptorte Tozeur und Nefta mit ihrer in Tunesien einzigartigen Architektur.

Als Gegenstück zum Bled el Djerid erstreckt sich am Südostrand des Chott el Djerid das weit auseinandergerissene **Oasengebiet der Nefzaoua**, das von der ins Chott hineinragenden Landzunge Djezira im Nordwesten und dem Rand des Djebel Tebaga im Nordosten bis hinunter zu den Ausläufern des Grand Erg Oriental (Sanddünen von El Hofra) reicht. Die Nefzaoua besteht aus der Hauptoasengruppe um Kebili, der Douz-Oase und einer Reihe kleinerer Haine (Stiftimia/Limaguess, Blidet/Nouail, El Faouar/Sabria u. a.); insgesamt finden sich hier knapp 40, meist kleine Siedlungen und ca. 800 000 Dattelpalmen. Wie auch im Djerid basiert die Bewässerung der Nefzaoua auf artesischen Quellen, die Verteilung des Wassers erfolgt hier teilweise noch über *Foggaras*, die im saharischen Raum sehr verbreitet sind, in Tunesien ansonsten aber nur in El Guettar bei Gafsa vorkommen. Bei den Foggaras handelt es sich um leicht abschüssige unterirdische Stollen, von denen in ca. 12–15 m Abstand Schächte – erkennbar an den aufgehäuften Erdwällen – an die Oberfläche führen. Ihr Nachteil liegt in dem großen Arbeitsaufwand für Ausheben und Instandhaltung, ihr Vorteil in der gegenüber offenen Kanälen stark verminderten Verdunstung. Von den einst 59, z. T. mehrere Kilometer langen Foggaras sind die meisten heute verfallen. Vor allem der Südteil der Nefzaoua ist durch die vielen Sandstürme stark von Versandung bedroht, daneben machen das Absinken des Grundwasserspiegels und das extreme Klima zu schaffen. In Kebili wurden schon 55 °C gemessen, eine der höchsten Temperaturen weltweit.

Die Nefzaoua zeigte früher deutlicher als alle anderen südtunesischen Gebiete die klassische saharische Sozialordnung: In den angrenzenden Wüstengebieten lebten arabische Nomadenstämme – darunter als bedeutendste die Marazig und die Ghrib –, die zu den wenigen wirklichen Saharanomaden Tunesiens zählten. Obgleich sie selbst zeitweise libyschen Tuareg oder den algerischen Souf-Stämmen untertan waren, gehörte ihnen fast alles Land in den Oasen, die von einer Mischbevölkerung aus Arabern, arabisierten Berbern und Haratin (Nachkommen schwarzer Sklaven) als abhängige Khammes (Kleinpächter) bewohnt wurden. Zwischen Februar und den Sommermonaten durchstreiften die Nomaden mit ihren Kamelherden die Wüsten, im Juni zog ein Teil von ihnen in die Oasen zur Getreide-, im Oktober zur Dattelernte. Seit der Protektoratszeit und insbesondere im letzten Jahrzehnt hat sich dieses Bild völlig geändert. Der Niedergang des Karawanenhandels und gezielte Ansiedlungsprogramme der Regierung haben die meisten Wüstenstämme seßhaft werden lassen; nur ein immer kleiner werdender Teil betreibt Halbnomadismus, als Vollnomaden leben nur noch wenige Familien (vor allem vom besonders ›konservativen‹ Stamm der Ghrib). Die alten Abhängigkeitsverhältnisse befinden sich in Auflösung, die einstige Macht der Nomaden ist seit langem gebrochen. Die Seßhaftmachung der Wü-

Tozeur

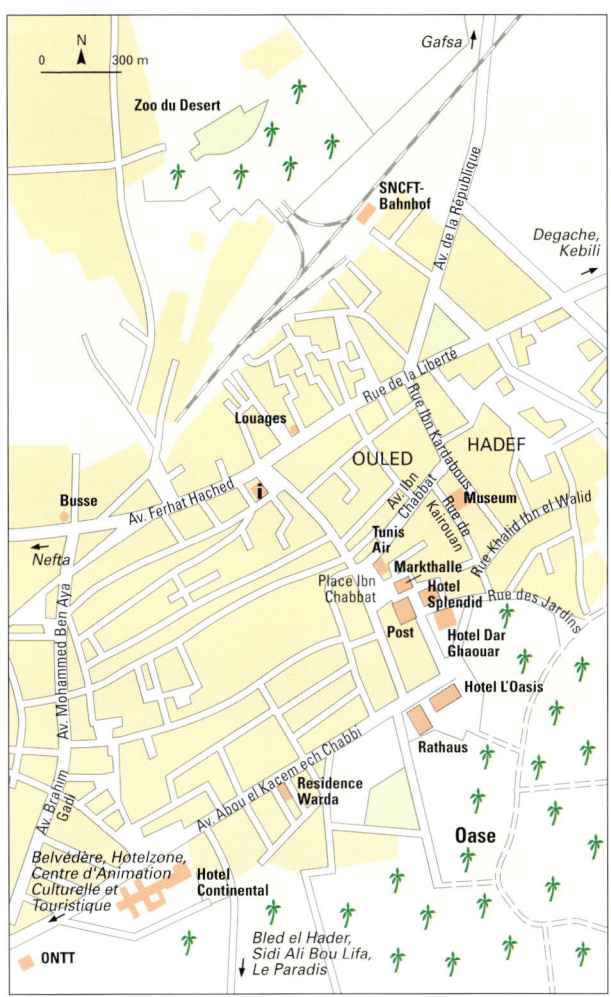

stenstämme hat neue soziale Probleme geschaffen, geprägt von Überbevölkerung der Oasen und Arbeitslosigkeit.

Tozeur

8 (S. 345) Die Provinzhauptstadt ist nicht nur Verwaltungs-, Handwerks- und Marktzentrum (Dienstagsmarkt) des Bled el Djerid, sondern neben Douz der wichtigste Fremdenverkehrsort im Süden Tunesiens. Dutzende neuer Hotels sind in den letzten Jahren entstanden, und noch immer ist das Ende des Baubooms nicht in Sicht, obwohl aus ökologischer Sicht mancherlei Einwände angebracht sind.

Die Stadt

Tozeur besteht aus der eigentlichen Stadt und der im Süden und Osten anschließenden, ca. 1050 ha großen Oase (ca. 400 000 Dattelpalmen), in der verstreut sechs kleine Weiler (u. a. Bled el Hader, Abbes und Sahraoui) liegen. Hauptstraße des eigentlichen Ortes ist die von der Durchgangsstraße Gafsa – Nefta (Av. Ferhat Hached) nach Süden abzweigende Av. Habib Bourguiba mit der zentralen Place Ibn Chabbat, um die sich die gedeckte Markthalle, die Post, zahlreiche Geschäfte sowie verschiedene Cafés und Restaurants gruppieren. Östlich davon erstreckt sich das malerische **Altstadtviertel Ouled Hadef** mit seinen winkligen, z. T. überwölbten Gassen. Die Fassaden der dortigen Altstadthäuser, die teilweise auf das 14. Jh. zurückgehen, zeigen die für diese Gegend typischen Lehmziegelmuster: Die Eigenart der Architektur liegt in den unverkleideten Fronten, die durch hervorstehende Steine in vielfältige geometrische Muster aufgelöst werden. Die Obergeschosse der Häuser sind meist vorkragend konstruiert und mit Bögen abgestützt, so daß regelrechte Tunnelgassen entstehen, die dem Ortsteil einen ›saharischen‹ Charakter verleihen. In der Rue de Kairouan (erste Parallelgasse zur Av. Habib Bourguiba) befindet sich das in der Koubba Sidi Bou Aissa untergebrachte kleine ›Musée Archéologique et Traditionelle‹, ein sehenswertes Sammelsurium von römischen Säulen und Statuen über volkstümliche Keramik bis hin zu Schmuck und Gebrauchsgegenständen. Von ganz anderer Qualität ist das ›Dar Cherait‹, ein 1990 in der Hotelzone mit großem Aufwand errichtetes Privatmuseum im Stil eines vornehmen Wohnhauses des vorigen Jahrhunderts. Die prunkvoll ausgestatteten Räume versetzen den Besucher in die Welt von Tausendundeiner Nacht. Es gibt Kachelverzierungen und Stuckdekorationen zu bewundern, Möbel, Waffen und Festtagsgewänder, die Nachbildung eines

Typische Lehmziegelarchitektur in Tozeur

türkischen Bades und einer historischen Küche. Angeschlossen ist das dem Disneyland nachempfundene ›Medina 1001 Nuit‹, ein Märchenpark, die Erzählungen aus 1001 Nacht mit lebensgroßen Figuren vor orientalischer Kulisse thematisiert. Mit der Geisterbahn durchfährt man die Höhle Aladins, wirft einen Blick auf den Sklavenmarkt und in den Harem und kann das Schiff Sindbad des Seefahrers bewundern. Museum und Park sind Teil des **Centre d'Animation Culturelle et Touristique**.

Die Oase
Die traditionelle Sehenswürdigkeit Tozeurs, die Oase, läßt sich bequem mit einer Kutsche, aber durchaus auch zu Fuß erkunden. An den Zufahrten zur Oase warten zahlreiche Kutscher auf Kundschaft (handeln nicht vergessen!). Unmittelbar neben dem Hotel Continental zweigt links ein asphaltierter

Straßenszene in Tozeur

Weg ab, der uns gleich hinein in die dichten Palmenhaine bringt. Nach Überqueren des Oueds kommen Sie zu dem kleinen Weiler **Bled el Hader** mit einigen alten Lehmziegelhäusern, der wohl die Stelle der römischen Siedlung einnimmt und im Mittelalter eine bedeutende Rolle spielte. Beachten Sie in seinem Zentrum den Minarettstumpf der Großen Moschee aus dem frühen 11. Jh., die auf den Fundamenten des antiken *Thusuros* ruht. Neben dem Minarett (von Tozeur aus gesehen rechts) führt ein Weg zu einem Friedhof, wo sich der Grabbau des 1282 verstorbenen Ibn Chabbat befindet, Verfasser des ersten grundlegenden Werks über Bewässerung. Nach Verlassen von Bled el Hader sehen Sie rechter Hand die eindrucksvolle Ruine einer Zaouia, dann durchqueren Sie das kleine, gleichfalls hübsche Dörfchen Abbes. Bald darauf, dort, wo sich die Asphaltstraße nach links wendet, sehen Sie die Kuppel des von Pilgern vielbesuchten **Marabout des Sidi Ali Bou Lifa** mit einem mächtigen, gespaltenen Brustbeerbaum *(Le Grand Jujubier)*, den der Heilige selbst gepflanzt haben soll. Ca. 200 m dahinter bzw. 3 km vom Ortszentrum folgt **Le Paradis**, ein Oasengarten mit einer Vielzahl von Blumen, und einem Erfrischungsstand, an dem verschiedene aus Blütenextrakt bereitete Getränke angeboten werden (Eintrittsgebühr). Angeschlossen ist ein kleiner Zoo, in dem die heimischen Tiere nicht gerade artgerecht zur Belustigung der Besucher gehalten werden. Zu den ›Attraktionen‹ zählen ein Cola trinkendes Dromedar und ein Skorpion in der Zigarettenschachtel. Folgt man der Asphaltstraße weiter, erreicht man beim Hotel Oasis wieder das Stadtzentrum.

Nimmt man vom Hotel ›Dar Cherait‹ aus den am Oued entlangführenden

Hotel in der Oase von Tozeur

Fahrweg, gelangt man durch den Palmenhain zum **Belvédère**, einer Felsengruppe, die die Oase überragt und noch vor einigen Jahren eine großartige Sicht über Palmenwipfel und Ortschaft ermöglichte. Leider fällt nunmehr der Blick vor allem auf Fassaden der neuen Hotels und die weitgehend abgestorbenen Palmen. Nur zu deutlich tritt hier die Problematik des knappen Wassers zutage, das vor allem den Hotels zugute kommt. Offensichtlich ist den Tourismusplanern nicht klar, daß sie mit der ungezügelten Bauwut die Existenz des Palmenhains und damit die eigentliche Attraktion des Ortes gefährden. So ist es wohl auch nur noch eine Frage der Zeit, bis die kleine Quelle Ras el Aioun am Fuß des Belvédère versiegt. Erwähnt, aber nicht empfohlen sei der sogenannte **Zoo du Desert**, nach seinem Begründer auch ›Zoo du Tidjani‹ genannt, im Norden der Stadt. Löwen, Gazellen, Affen, Wüstenfüchse, Schakale, Kamele, Schlangen, Vögel, Skorpione u. a. werden hier in wenig artgerechter Weise gehalten und als Unterhaltungsobjekte vorgeführt. Zum Zoo gelangen Sie, wenn Sie von der Straße Richtung Nefta vor der Mobil-Tankstelle rechts einbiegen und sich danach halbrechts halten (ausgeschildert).

Nefta

9 (S. 341) Die nahe der algerischen Grenze in einer ca. 800 ha großen Oase gelegene Kleinstadt, früher die wichtigste Karawanenstation Tunesiens und größter Ort des Bled el Djerid, ist heute nur noch das religiöse Zentrum der Region und bedeutender Wallfahrtsort mit alter Sufi-Tradition und reger Handwerkstätigkeit (Teppich-, Woll- und Seidenweberei). Nefta zeigt von allen tunesischen Orten am deutlichsten saharischen Charakter. Seine kuppelbedeckten, mit Lehmziegelornamenten verzierten Häuser, die vielfach völlig überwölbten Gassen, die besonders zahlreichen Sakralbauten (24 Moscheen – davon acht Freitagsmoscheen – und über 100 Marabouts!) und nicht zuletzt seine herrliche Oase machten es lange Zeit zum schönsten Ort des Djerid und zu einem der sehenswertesten des ganzen Landes. Leider haben die verheerenden Regenfälle der letzten Jahre, insbesondere von 1990, erhebliche Zerstörungen angerichtet und dem Ort viel von seinem Reiz genommen.

Die Stadt

Nefta besteht aus zwei Teilen, die durch den Talkessel Corbeille (Korb) und den hier entspringenden Oued deutlich voneinander getrennt werden: aus der östlich gelegenen Neustadt mit dem anschließenden alten Souk-Viertel und der westlichen, über einen Hügel verstreuten ›Altstadt‹ mit dem Chorfa-Viertel; im Süden schließt an beide die Oase an. Von Tozeur kommend, durchquert man auf der Hauptstraße Av. Habib Bourguiba zunächst die kleine **Neustadt**, wo sich das Syndicat d'Initiative, die Post, Tankstellen und Banken befinden. Wenn Sie in den Weg zwischen Polizei und Post einbiegen (von Tozeur aus gesehen nach links) und an dessen Ende (kurz vor der Moschee) nach links gehen, gelangen Sie durch malerische alte Gassen zur Place de la Libération, dem Zentrum des **Souk-Viertels** mit Geschäften, Cafés und dem Lebensmittelmarkt. Gleich hinter der Post überquert die Av. Habib Bourguiba den Oued. Rechter Hand beginnt der Palmenhain der Corbeille (s. u.), linker Hand sehen Sie die moderne Verteileranlage, die das Wasser des Oued in die verschiedenen Kanäle der Oase leitet.

Nehmen Sie hinter der Oued-Brücke die erste größere nach rechts ansteigende Asphaltstraße. Diese führt zur Place de l'Indépendance, dem Marktplatz des **Chorfa-Viertels**, in dessen winkligen Gassen sich zahlreiche Marabouts und Moscheen verstecken. Leider wurden viele der alten Häuser in den letzten Jahren durch Neubauten ersetzt. Gehen Sie geradeaus weiter, so gelangen Sie zu zwei schön am Südwesthang des Hügels gelegenen Heiligengrabstätten, halten Sie sich aber immer rechts, kommen Sie zum Nordrand der Altstadt, wobei sie eine ganze Kette von Sakralbauten passieren, darunter als größten die Sidi Salem-Moschee aus dem 16. Jh. An der oberen Kante liegt die Zaouia des Sidi Brahim und daneben das kleine ›Café de la Corbeille‹ mit schönem Blick hinunter auf die **Corbeille**, den Talkessel, in dem sich die meisten der 152 Quellen zu dem Oued vereinen, dem die Oase ihr Leben verdankt (u. a. eine 80 °C heiße Thermalquelle). Sie werden in einem riesigen Becken aufgefangen, das sich vorzüglich zum Baden eignet. Links am Hang: die beiden großen Hotels ›Sahara Palace‹ und ›Bel Horizon‹.

Die Oase
Die früher recht lauschigen Quellen im Herzen der Corbeille haben durch Betoneinfassungen viel von ihrer Atmosphäre eingebüßt, kaum jedoch die sich im Süden anschließende Oase, die ein Gewirr schattiger Sandwege durchzieht. Um sie zu besuchen, biegen wir in die kleine an der Post entlang des Oued nach Süden führende Gasse und gelangen nach Passieren der Moschee Sidi M'Khareg zu einem reizenden Oasencafé, in dem sogar Alkohol ausgeschenkt wird. Der Weg führt weiter durch schattiges Grün zum bedeutendsten Pilgerziel Neftas – und zugleich einem der meistbesuchten des Landes –, der von außen unscheinbaren, für Touristen nicht zugänglichen **Zaouia des Sidi Bou Ali**. Der marokkanische Heilige Sidi Bou Ali kam im 13. Jh. nach Nefta und erwarb sich großes Ansehen als Schlichter religiöser Streitigkeiten. Für längere Streifzüge durch die Oase können Sie eine Pferdekutsche oder ein Kamel mieten.

Nefta

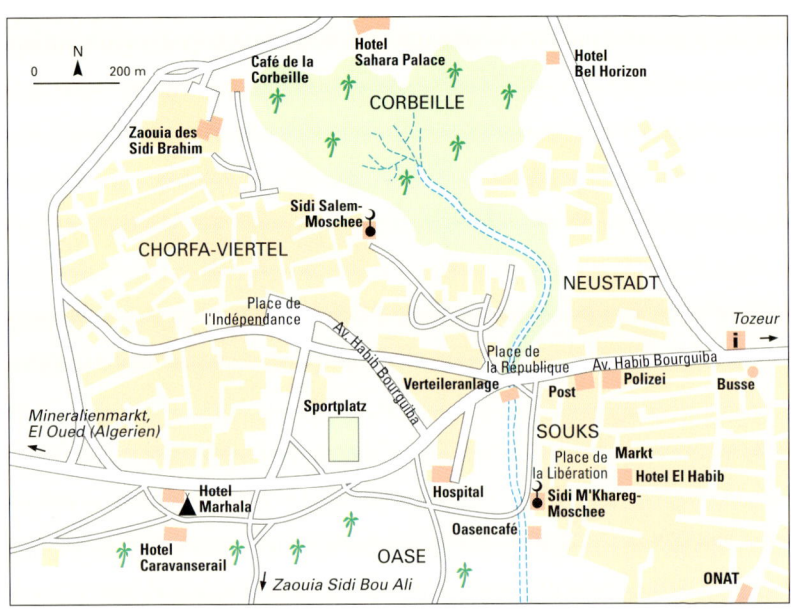

Sufis
Mystiker des Islam

Die enge Verquickung von Politik und Glauben hatte naturgemäß eine Instrumentalisierung des Islam zur Folge und damit eine Einengung der Religiosität durch pragmatische Vorschriften und Dogmen.

Somit ist es nicht verwunderlich, daß schon sehr früh, nämlich im beginnenden 8. Jh. einzelne, tief im Glauben an das bevorstehende Weltgericht verwurzelte Menschen individuelle Wege zurück zu den Ursprüngen suchten. Diese islamische Mystik wird als Sufismus bezeichnet, abgeleitet aus dem Begriff *Suf* (Wolle), der sich auf das einfache wollene Gewand der frühen Gottessucher bezieht.

Beeinflußt durch hellenistische und buddhistische Vorbilder versuchten zunächst einzelne Asketen durch Entsagung, Meditation und Kontrolle aller Gefühle, sich Gott unmittelbar zu nähern, ja, mit ihm eins zu werden. Die Sehnsucht nach der Gottesliebe fand ihren Ausdruck schließlich in der mystischen Dichtung, die vor allem im persischen Raum große Bedeutung gewann.

Im 13. Jh. begann sich der bis dahin durch einzelne Asketen getragene Sufismus zu ordensartigen Gemeinschaften, den Bruderschaften, zu formieren, in denen all jene Zuflucht fanden, denen der orthodoxe Islam zu oberflächlich erschien. Durch die Emotionalität, die in gemeinsam, oft bis zur Ekstase vorgetragenen Gebetsformeln, ihren Höhepunkt fand, fühlten sich vor allem einfache Menschen angezogen, denen die intellektuellen Auseinandersetzungen der orthodoxen Schulen unverständlich blieben. So fand der Sufismus auch in Tunesien besonders auf dem Land seine größte Verbreitung. Selbst wer nicht unmittelbar dem Orden angehörte, war ihm häufig lose verbunden und feierte alljährlich mit großer Hingabe das *Urs*, das Gedenkfest zu Ehren des Ordensstifters.

In diesen Gedenktagen tritt die für den Sufismus charakteristische und vom orthodoxen Islam strikt abgelehnte Heiligenverehrung zutage, die bis heute vor allem von den Frauen auf dem Lande mit großer Inbrunst praktiziert wird. Diese Volksfrömmigkeit ist durchmischt mit vorislamischen Riten, bei denen Magie, Amulette und Talismane eine zentrale Rolle spielen und auch Geister ihren Platz haben, vor deren bösen Blick man sich schützen muß. In enger Beziehung zum Sufismus steht in Tunesien der Ahnenkult, dem die Pflege der sozialen Bindung der Sippe obliegt. Jedes Jahr treffen sich die Angehörigen am Marabout des längst zum Heiligen verklärten Vorfahren, um ihr Zusammengehörigkeitsgefühl neu zu beleben. Der Sufismus gibt damit einen Blick frei auf weit zurückliegende Urängste des Individuums, auf die der orthodoxe Glaube bisher offenbar keine befriedigende Antwort hat.

Das Chott el Djerid

Abstecher: Durchaus lohnend ist schließlich eine Fahrt in Richtung algerische Grenze, denn ein kurzes Stück westlich der Stadt durchschneidet die Straße weite Sandfelder, die Ausläufer des Grand Erg Oriental. Nach 10 km führt links ein Weg zum **Mineralienmarkt** 10, auf dem man vor allem Sandrosen findet, dabei aber auch Fälschungen. Zwar gibt es von Nefta aus eine Piste quer über den Salzsee nach El Faouar (s. S. 297), die Befahrung ist jedoch nur in der Trockenheit möglich und ohne zuverlässigen Führer sehr riskant.

Nördlich von Tozeur schließt sich ein ausgedehntes Oasengebiet mit den Orten El Hamma, Degache, Kriz und einigen kleinen Weilern an, die vom Dattel- und Obstanbau leben und unter dem Namen El Ouidane zusammengefaßt werden. **El Hamma du Djerid** 11 weist neben seinen ca. 110 000 Dattelpalmen auf 600 ha auch 20 Quellen auf, darunter sechs 37–40 °C heiße, schwefel- und chlorhaltige Thermalquellen. Überdies betreibt hier die Gesellschaft

Das Chott el Djerid

und Kriz. Im benachbarten **El Mahassen** lockt der Marabout des Sidi Bou Hilal im Herbst zahlreiche Pilger an, in **Ouled Majed** gibt es eine alte Lehmziegelmoschee. Kurz darauf erreicht man die Dammstraße über das **Chott el Djerid** , der die beiden Oasengebiete Bled el Djerid und Nefzaoua trennt. Es handelt sich um das größte Salzseengebiet der Sahara, das sich von der algerischen Grenze bis fast hinüber zum Meer über eine Entfernung von etwa 200 km quer durch das ganze Land erstreckt und zusammen mit seinen Fortsetzungen Chott el Fedjadj und Sebkhet el Hamma eine Fläche von 7700 km² bedeckt. Den größten Teil seines Randes säumen unwirtliche Trockengebiete, Wüstensteppe mit einer bis 600 m hohen Bergkette im Norden und eine Vollwüste im Süden. Die fremdartige Landschaft verleiht dem Chott einen besonderen Reiz, der es zu einem der attraktivsten Reiseziele im tunesischen Süden gemacht hat.

Das Chott el Djerid liegt auf der Höhe des Meeresspiegels in einem tertiären Grabenbruch am Südrand des Atlas und ist durch Zuflüsse aus den nördlichen Bergen entstanden, die aus dem Gestein herausgespülte Salze mit sich führen und in der heißen Chott-Senke rasch verdunsten; die Verdunstungskapazität liegt hier 25 mal höher als der Niederschlag! Entsprechend präsentiert sich der größte Teil des Chotts als schmutzigbraune Wüste salzhaltigen Schlamms, der z. T. vom Wüstensand überweht, z. T. von einem dünnen Teppich aus Salzkristallen überdeckt ist; es finden sich hier aber auch dicke, aufgebrochene, weiß-bläuliche Salzkrusten mit herrlichen Kristallformationen. Im Sommer trocknet das Chott fast völlig aus,

Oasis eine Plantage mit ca. 30 000 Dattelpalmen, die wegen moderner Anbaumethoden und aufgelockerter Anlage – nur 150 Bäume pro Hektar anstelle der üblichen 300 – wesentlich höhere Erträge erzielt als die Bauern und etwa zwei Drittel der Gesamtproduktion der weitaus größeren Nefta-Oase erreicht. Beliebt bei durchreisenden Touristen ist der ›Complex touristique‹, ein nur mittags geöffnetes, recht preiswertes Restaurant.

Auf dem Weg zum Chott durchquert man die kleinen Ortschaften Degache im Winter und besonders nach den Frühjahrsregen (März–Mai) entstehen häufig größere Salzwasserlachen und – vor allem an den Rändern – metertiefe Salzsümpfe. Nie jedoch reichen die Zuflüsse aus, um das Chott aufzufüllen. Ende des vergangenen Jahrhunderts erwogen die Franzosen, das Chott durch einen Kanal mit dem Meer zu verbinden und somit in einen riesigen See zu verwandeln, mußten den Plan jedoch aufgeben, als sich herausstellte, daß die Oberfläche des Chott nicht unter, sondern geringfügig über dem Meeresspiegel liegt. Tief unter dem Salzsee befinden sich mächtige fossile Grundwasserstöcke, die an manchen Stellen als Süßwasserquellen an die Oberfläche treten und auch die angrenzenden Oasengebiete bewässern. Im Bereich der Quellen und der anschließenden Oueds finden sich besonders schöne Salzkristallformationen und auch Sandrosen. Diese Gipsausblühungen in kreuzweise geschichteten Kristallisationsplatten werden in allen südtunesischen Oasen als Souvenirs verkauft. Ein besonderes Erlebnis stellen die vor allem im Sommer bei hochstehender Sonne auftretenden Luftspiegelungen (Fata Morgana) dar.

Die Durchquerung des Chotts gestaltete sich bis vor einigen Jahren abenteuerlich, da die alte, von den Franzosen angelegte Dammstraße vernachlässigt und teilweise zerstört war; nach Regenfällen konnte man sie überhaupt nicht passieren. Ende 1979 begann aber der Bau einer neuen Asphaltstrecke, die seit einigen Jahren fertiggestellt ist und auch von Pkws und Touristenbussen durchgehend befahren werden kann; die Zahl der von Reiseveranstaltern angebotenen Chott-Durchquerungen hat sich seither erheblich vergrößert. Die zweite Piste über das Chott el Fedjadj von Kebili nach El Guettar wird nicht mehr unterhalten. Zwischen Tozeur und Kebili (z. T. weiter bis Douz) bestehen inzwischen auch regelmäßige Bus- und Louageverbindungen. Auf halber Strecke liegen einige kleine Cafés. Man sollte jedoch der Versuchung widerstehen, von der Straße abzuweichen. Die weiße Oberfläche ist trügerisch. Bricht man durch die harte Kruste, hilft auch Allradantrieb nicht weiter.

Kebili

13 (S. 337) Das Verwaltungs- und Marktzentrum (Dienstagsmarkt) der Nefzaoua war im Mittelalter ein bedeutender Markt für Sklavenkarawanen, unter den Franzosen eine wichtige Garnison der Fremdenlegion und 1934 zeitweise Verbannungsort von Habib Bourguiba. Heute wird der geruhsame Ort ohne besondere Sehenswürdigkeiten als Ausgangspunkt für Ausflüge nach Douz und für die Chott-Überquerung Richtung Tozeur relativ häufig von Touristen besucht. Am südlichen Ortsrand liegen an der Straße Richtung Douz eine Oasenquelle, in der man baden kann, und ein hübsches Café. Gegenüber führt ein Weg zu den Ruinen von Alt-Kebili.

Nordwestlich von Kebili erstreckt sich in Richtung Chott eine Kette meist unscheinbarer Oasendörfer. Dazu zählen **Tombar** mit seinem wunderschönen Palmenhain, **Souk Ahad** bei Menchia mit großem Sonntagsmarkt und **Es Somâa**. Die Straßen nach Gabès, Tozeur und Douz sind in gutem Zustand, die Piste C 104 nach El Hamma mit einer Abzweigung nach Matmata ist sehr mäßig und sollte nur mit allradgetriebenen Fahrzeugen befahren werden. Gleiches gilt für die von Blidet am Chottrand nach Süden führende Piste.

Palmenhain bei Douz

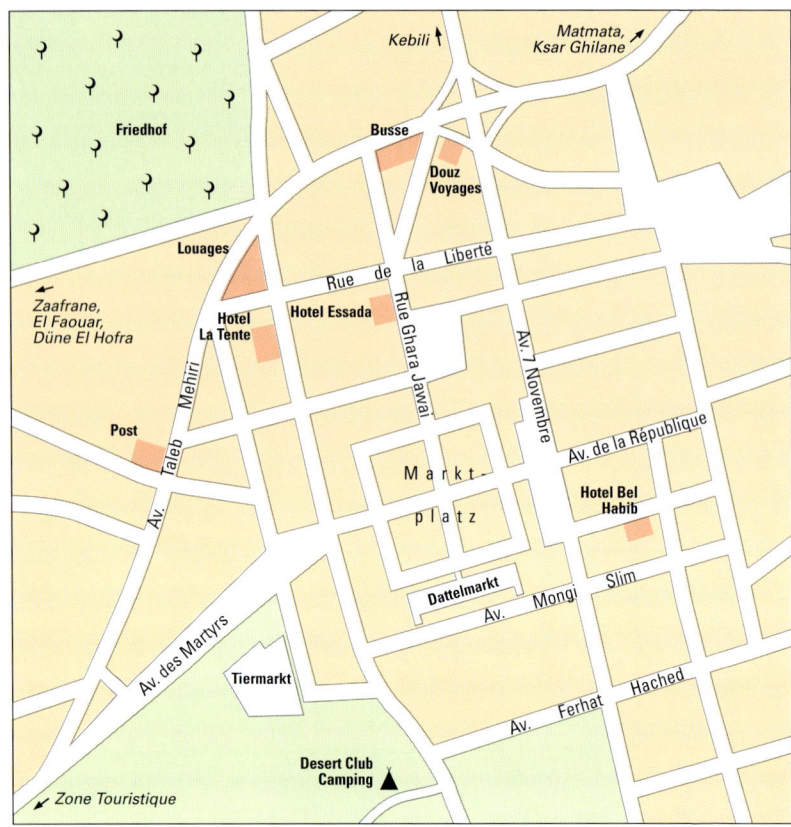

Douz

Douz

14 (S. 333) Das Zentrum des z. T. noch halbnomadischen Marazig-Stammes zählt heute neben Tozeur zum beliebtesten Touristenzentrum in der tunesischen Wüste. Immer neue Hotels entstehen am Rande der Ortschaft unmittelbar zu Füßen der Dünenausläufer des Erg Oriental. Das moderne, unscheinbare Zentrum des Ortes mit dem Marktplatz liegt unmittelbar südlich des Verkehrskreisels, auf den die von Kebili kommende Straße stößt. Links geht es nach Matmata (s. S. 264), rechts nach El Faouar. Sehenswert sind die umgebenden Wohnviertel, die inmitten von Sanddünen und Palmengärten liegen und in denen sich noch etliche alte Häuser mit den charakteristischen Tonnengewölben erhalten haben. Südlich grenzt an den Ort der dichte Palmenhain an. Der **Donnerstagsmarkt** von Douz gehört zu den größten und farbenprächtigsten in Südtunesien; hier hat der Kamelhandel noch eine gewisse Bedeutung. Besucht wird er von Angehörigen aller Nefzaoua-Stämme, gelegentlich auch von Verwandten aus dem algerischen Souf. Die früher zahlreichen Tuareg, die sich einst mit ganzen Karawanen einfanden, sieht man allerdings nicht mehr. Da der Besuch des Marktes für die Reiseleiter wohl kein Geschäft verspricht, verirren sich nur recht selten Gruppenreisende hierher.

Die ›Zone Touristique‹ liegt etwa 7 km außerhalb des Zentrums unmittelbar am Rande der Wüste. Zahlreiche neue Hotels sind hier im Laufe der letzten Jahre entstanden, und immer neue kommen hinzu. Hier haben auch die touristischen Attraktionen ihren Standort. Dutzende von Reisebussen entlassen am Fuße der **Düne von El Hofra** ihre Gäste zum obligatorischen Kamelritt, und im November und Dezember ist das Stadion Schauplatz einer farbenprächtigen Folkloredarbietung mit Kamelrennen, Tänzen, Windhundjagden auf Kaninchen, simuliertem Karawanenaufbruch, Hochzeitszug u. ä.

Die Oasen südlich und westlich von Douz

Von Douz führt ein lohnender Ausflug auf asphaltierter Straße zunächst nach **Zaafrane** 15, einem besseren Standort für Kamelausflüge als Douz. In nur wenigen Minuten reitet der Tourist in den verlassenen, vom Sand verwehten alten Ortsteil, der dem Besucher den harten und oftmals vergeblichen Überlebenskampf der Oasen deutlich vor Augen führt. Ganz ähnlich sieht es in **Sabria** 16 aus, einem kleinen Weiler, zu dem man 22 km nach Verlassen der Oase Zaafrane nach links abzweigt, und dann noch 3 km zurücklegt. An einer allmählich versiegenden Quelle inmitten weitgeschwungener Dünenformationen wurden hier die Sabria-Nomaden angesiedelt.

Als letzte größere Oase liegt **El Faouar** 17 als Außenposten der Zivilisation unmittelbar am Rande des undurchdringlichen Erg Oriental. Zwar gibt es hier ein größeres Hotel, sehr ansprechend ist die von den ehemaligen Ghrib-Nomaden bewohnte Ortschaft allerdings nicht. Die Straße führt am Rande des Chott el Djerid in einem Bogen zurück in Richtung Douz. Nach 12 km hört der Asphalt an einer Kreuzung auf. Pkw-Fahrer sollten hier nach rechts abbiegen, um über Dergine und Nouail wieder nach Douz zurückzukehren. Links führt die Straße über den Chott bis nach Nefta. Die geradeaus verlaufende, teils sehr sandige und nach Regenfällen verschlammte Piste führt nach **Blidet** 18 (ca. 16 km) und ist Geländewagen vorbehalten. Diese Oase, die man auch auf einer Asphaltstraße von Nouail und einer Piste von Kebili aus erreichen kann, liegt inmitten von Palmengärten recht hübsch zu Füßen einer Hügelkette, gekrönt von der zerfallenen Altstadt und einem leuchtend weißen Marabout.

Pisten ins Herz der Sahara

Vorsicht Sand

Für Reisende mit eigenem Wagen bieten sich im Süden des Landes zahlreiche Möglichkeiten zu lohnenden Ausflügen abseits ausgetretener Touristenpfade, verbunden mit dem Reiz mehr oder weniger abenteuerlicher Pistenfahrten. Ein vierradgetriebener Geländewagen erleichtert zwar häufig das Vorwärtskommen, ist aber nur in den wenigsten Fällen wirklich notwendig. Die meisten Strecken sind durchaus mit einem stabilen, genügend Bodenfreiheit aufweisenden Pkw zu bewältigen. Wer gar Sandbleche, einige Reservekanister, Trinkwasservorrat, Verpflegung und eine Zeltausrüstung mitnimmt, dem eröffnet sich im Bergland von Dahar, in der Djeffara-Küstenebene und im Randgebiet des Erg Oriental eine aufregende Welt, wie sie sonst nur im benachbarten Algerien oder Libyen zu finden ist. Der Pistenzustand kann sich allerdings infolge von Regenfällen in wenigen Stunden von passabel in unbefahrbar ändern. Insbesondere gilt dies für die Routen am Rande des Grand Erg Oriental (Douz – Matmata, Douz – Ksar Ghilane). Trockene Oueds verwandeln sich dann in Minutenschnelle in reißende, nicht mehr passierbare Ströme, Bergstraßen werden durch Erdrutsche blockiert. Man sollte sich deshalb zuvor bei einheimischen Autofahrern nach dem aktuellen Zustand der Piste erkundigen. Ohne Beschränkungen sind alle Pisten nördlich der Linie Kamour – Remada – Dahiba befahrbar. Zum Besuch des Sperrgebiets, das den südlichen Zipfel Tunesiens umfaßt, ist eine Sondergenehmigung erforderlich (s. u.). Daß der Wagen in einem guten Zustand sein muß, versteht sich von selbst. Von Fahrten mit Mietwagen in abgelegene Gebiete ist dringend abzuraten, zumal eventuelle Schäden infolge des Befahrens von Pisten voll zu Lasten des Mieters gehen.

Gute allgemeine Hinweise zur Vorbereitung und Durchführung von Wüstenfahrten findet man in K. Därr, Transsahara, Reihe ›Reise-Knowhow‹. Die im Handel erhältlichen Karten geben die Pistenverläufe im Süden meist ungenau oder falsch wieder. Da nicht immer Markierungen vorhanden sind, empfiehlt sich ein Kompaß.

Medenine–Matmata

(Route 1; 65 km)
Diese sehr abwechslungsreiche Piste gehört zu den schönsten Bergstraßen des Landes. Tankmöglichkeiten und Unterkunft gibt es nur in Medenine und Matmata. Man verläßt **Medenine** in Richtung Norden auf der nach Gabès führenden P16 und zweigt nach 5 km links nach Metameur ab (1 km, beschil-

◁ *Impressionen vom Sahara-Festival*

Durch die Dünen zum Ksar Ghilane

dert, s. S. 250), wo die Asphaltstraße in eine gut befahrbare Piste übergeht. Nach etwa 21 km stößt sie auf die von Mareth kommende Asphaltstraße. Etwa 6 km später beginnt die kurvenreiche Auffahrt in die Berge auf schmaler, gut befestigter Straße. Nach etwa 5 km erreicht man das malerisch, beiderseits einer Schlucht gelegene **Toujane**, das für seinen Honig und seine Webarbeiten berühmt ist. Die Straße steigt nun am gegenüberliegenden Hang weiter an und erreicht ein Plateau. Etwa 2 km nach Verlassen des Ortes muß man die nach Zmerten führende Teerstraße nach rechts verlassen, und fährt nun unmittelbar an der Abbruchkante des Dahar-Berglandes entlang. Immer wieder eröffnen sich großartige Fernblicke über die Küstenebene bis hinüber zur Insel Djerba. Auf einer sehr steinigen Abfahrt geht es schließlich in ein schmales Flußtal hinab, das nach Regenfällen unpassierbar sein dürfte, dann steigt die Piste wieder zu einem Plateau empor und trifft bald auf eine Asphaltstraße, in die wir nach rechts einbiegen und 9 km später **Matmata** erreichen.

Matmata–Douz

(Route 2; 100 km)
Obwohl diese Verbindung von Matmata nach Douz vor allem in ihrem letzten Abschnitt landschaftlich nicht sonderlich reizvoll ist, gehört sie nach wie vor zu den beliebtesten Wüstenstrecken Tunesiens, da man hier auf direktem Weg vom Bergland von Matmata zu den Oasen von Nefzaoua gelangt. Nunmehr gehört dieses Wüstenabenteuer der Vergangenheit an, ist doch seit der Asphaltierung der Verbindung (Abschluß der Arbeiten 1998) die Fahrt für jedermann in etwa zwei Stunden zu bewältigen. Dabei wurde streckenweise jedoch eine neue Route gewählt, so daß ›Wüstenfreaks‹ mit Geländewagen zumindest auf Teilstücken nach wie vor abseits vom Asphalt ihr Ziel auf der alten, hier beschriebenen Piste ansteuern können.

Man verläßt **Matmata** auf der asphaltierten Straße nach **Tamezret** (8 km; s. S. 269); hier endet der Belag. Auf einer steilen, stellenweise holprigen Abfahrt geht es in die Ebene. Nach etwa 26 km kreuzt man eine Pipeline-Trasse

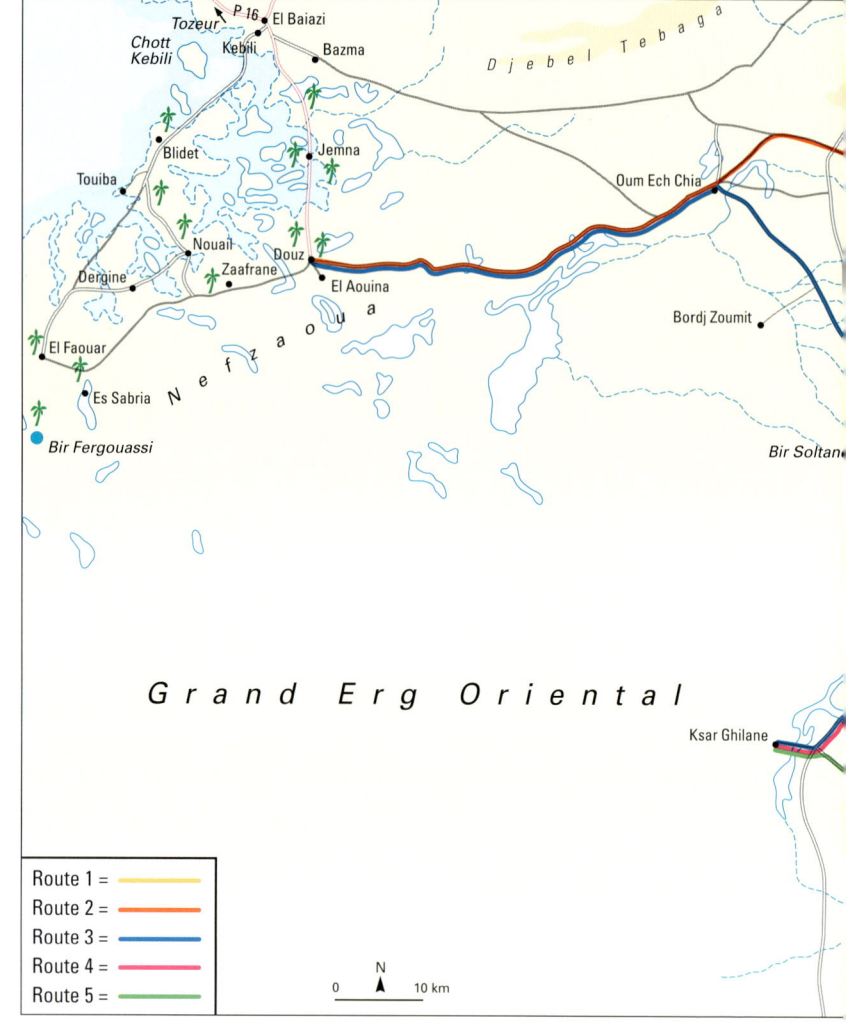

Pisten in der Sahara

mit einem verlassenen Baulager. 9 km weiter stößt man auf einen Wasserturm mit Militärposten. Die beschilderte Hauptpiste macht dort einen Knick nach rechts. Mit einem Geländewagen können Sie allerdings ohne Probleme der geradeaus führenden sandigen Spur folgen. Nach Umfahrung des linker Hand liegenden Berges erreichen wir dann wieder festeren Boden und kreuzen die breite von El Hamma über Ksar Ghilane zu den Lagerstätten von El Borma verlaufende Pipeline-Piste, eine der Leitlinien der Wüstenregion. Unmittelbar dahinter liegt inmitten verwahrloster Unterkünfte das kleine Café ›Jelili‹, geleitet von einer geschäftstüchtigen und selbstbewußten jungen Berberfrau.

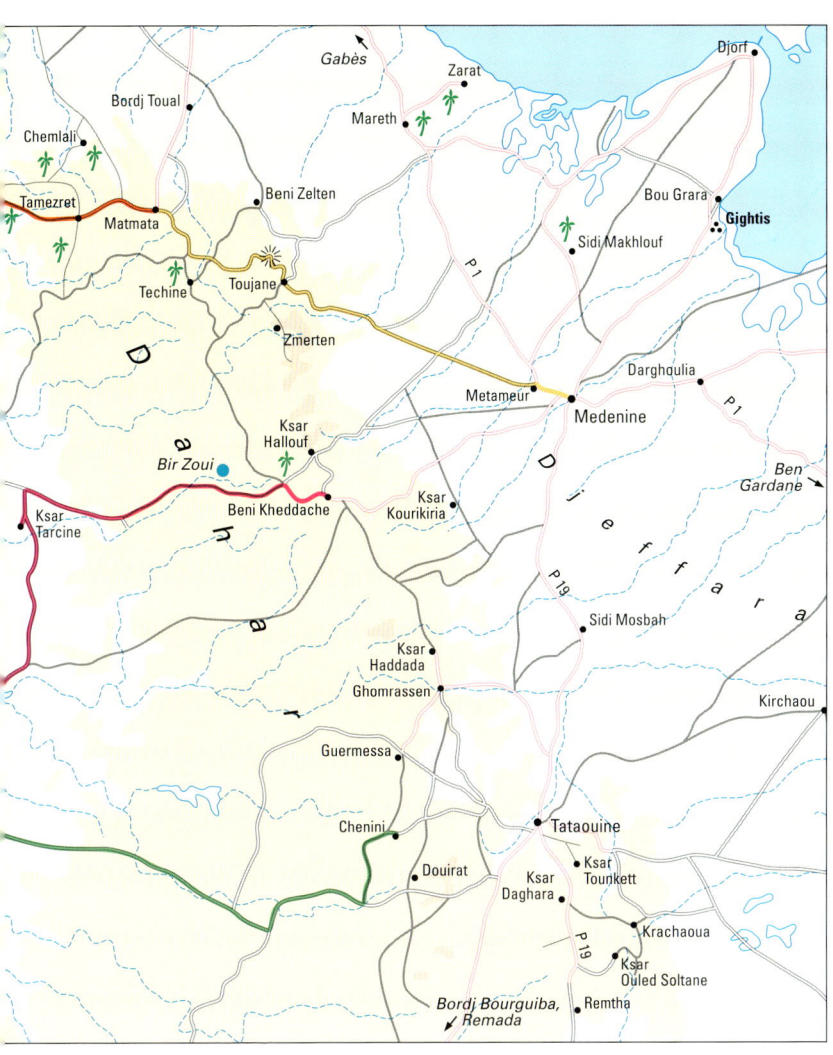

Etwa 13 km weiter bietet sich erneut die Möglichkeit zur Erfrischung im professionelleren Café ›Sahara Centre‹. Dann wird die breite Piste sehr staubig und mündet in die Straßenbaustelle ein, die sich immer weiter Richtung Matmata schiebt. Kurz dahinter erreicht man dann die neue Asphaltpiste, die bis nach **Douz** führt.

Zur Oase Ksar Ghilane

(Route 3, 4 und 5)

■ (S. 238) Für die Wüstenfahrer verkörpern die am Rande der Dünen des Erg Oriental gelegenen Thermalquellen das Traumziel schlechthin. Vor zehn Jahren noch war der Palmenhain ein lauschiger Platz, an dem sich die wenigen Individualreisenden ums Lagerfeuer scharten und von ihren Abenteuern berichteten. Seit die Oase auf dem Programm ›Landrover-Exkursionen‹ steht, herrscht abends zuweilen Parkplatznot. Inzwischen wurde ein Hotel mit Luxuszelten eröffnet. Treffpunkt ist der von zwei Cafés gesäumte Thermalpool im Schatten hoher Tamarisken, beliebtes Ausflugsziel das 5 km entfernt inmitten der Dünen gelegene Fort, das man auf dem Rücken eines Kamels, zu Fuß oder mit dem Geländewagen ansteuern kann.

Ksar Ghilane läßt sich auf mehreren Pisten erreichen. Obwohl einige Strecken, gute Bedingungen vorausgesetzt, auch mit robusten Pkw zu bewältigen sind, ist ein Fahrzeug mit Allradantrieb von Vorteil. Es gibt zwar eine Tankstelle, doch sollte man sich nicht auf die Versorgung verlassen. – Auf einer schwierigen Dünenstrecke (Orientierungsprobleme!) geht es direkt nach Douz.

Douz – Ksar Ghilane
(Route 3; ca. 135 km)
Am schnellsten läßt sich die Oase von Douz ansteuern, da man zunächst die neue Asphaltstraße in Richtung Matmata benutzen kann und keine Bergstrecken zu bewältigen hat. Bis zum Café ›Sahara Centre‹ (s. o.) folgen wir der Strecke nach Matmata und biegen dann nach rechts in die nach Bir Soltane führende Piste, die nach 20 km auf die Pipeline-Piste stößt. 24 km weiter passieren wir eine Kreuzung. Rechts geht es nach Bir Soltane, links nach Matmata und El Hallouf (s. S. 264). Nach etwa 35 km zweigt rechts eine breite Piste ab, die 12 km weiter die Oase erreicht.

Beni Kheddache – Ksar Ghilane
(Route 4; ca. 65 km)
Die recht leicht zu befahrende, gut ausgeschilderte Piste beginnt im Zentrum von Beni Kheddache (s. S. 263f.) und führt durch ein immer breiter werdendes Tal in die Wüste. Wir lassen Abzweigungen nach Guermessa und Bir Soltane unbeachtet und treffen nach etwa 35 km auf ein kleines Café im Schatten eines Wasserturms. Etwa 18 km weiter stoßen wir auf die von Bir Soltane kommende Pipeline-Piste, in die wir nach links einbiegen und bis zur Abzweigung der breiten, oben erwähnten Piste fahren, die nach Ksar Ghilane hineinführt.

Chenini – Ksar Ghilane
(Route 5; ca. 70 km)
Die aufgrund ihrer steilen Felspassagen vor allem in Gegenrichtung nur mit dem Geländewagen zu befahrende Strecke beginnt am Parkplatz unterhalb des alten Ortsteils von Chenini. Die Piste folgt zunächst, gut ausgebaut, dem romantischen, tief eingeschnittenen Oued bis zu einer Gabelung mit einem Wegweiser (6 km). Links geht es nach Douirat (s. S. 262). Wir folgen dem rechten Abschnitt, der sich nun aus den Bergen in das Tiefland hinabwindet (an der Gabelung nach einem Kilometer nach links fahren) und einige Pisten kreuzt, ehe er nach etwa 50 km auf die Pipeline-Trasse stößt. Wir überqueren sie und fahren weiter geradeaus, bis wir 11 km später beim Leclerc-Obelisken auf den ›Ortseingang‹ von Ksar Ghilane stoßen. Das Denkmal erinnert an einen französischen General, der während des Zweiten Weltkriegs vom Tschad aus Truppenverstärkung für die Alliierten quer durch die Sahara in die Kampfzone an der Mareth-Linie führte.

Fahrten ins Sperrgebiet

Die einsamen Wüstenregionen südlich der Linie Kamour – Khambout bleiben

Touristen auf Wüstensafari

gut ausgerüsteten Fahrzeugen mit Allradantrieb vorbehalten. Zum Besuch des militärischen Sperrgebietes ist überdies eine Sondergenehmigung des Gouvernorat Tataouine (M. Aidoudi Boubaker, 3200 Tataouine) notwendig. Die Wartezeit beträgt einen Tag. Organisiert, ist die Region auf Geländewagen-Exkursionen von Douz aus zu erkunden (s. S. 334). Die P 19 ist bis Remada geteert, danach handelt es sich um eine markierte Piste mit langen Sandabschnitten, die einen Geländewagen unbedingt erforderlich machen. Tankstellen gibt es südlich von Tataouine nur in Remada, auch die übrigen Versorgungsmöglichkeiten sind äußerst begrenzt, so daß sämtliche erforderlichen Vorräte mitgeführt werden müssen – Wasser bekommt man in Remada, Bordj Bourguiba, M'Chiguig und Bordj el Khadra sowie an einigen wenigen Wasserstellen an der Piste. Louages fahren nur bis Remada.

Die P 19 entstand kurz nach dem Kriege als Militärstraße, die den Zugang zum (damals französisch besetzten) libyschen Fezzan sichern und als Verbindung zu den südtunesischen, algerischen und libyschen Erdölfeldern dienen sollte. Entsprechend waren sämtliche Orte, die hier entstanden, zunächst Militärgarnisonen (Remada, Bordj el Khadra) oder Versorgungslager (M'Chiguig für die Ölfelder von Thiaret). Remada wurde später zu einem Zentrum für die Seßhaftmachung der Wüstennomaden ausgebaut. Die überwiegend modernen Orte an der P 19 wirken trostlos; lediglich Bordj el Khadra (auch Bordj el Hattaba, früher Fort Saint) mit seinem kleinen ›Wüstensee‹ zeigt etwas Charakter. Von einigem Reiz ist die Strecke, die großenteils über monotone *Reg*-(Kieselwüsten-)Flächen führt, nur auf den verschiedenen, durchaus eindrucksvollen Sanddünenabschnitten. Die schönsten findet man bei Bordj el Khadra und El Borma, die beide unmittelbar am großen Erg Oriental liegen.

Im gesamten Sperrgebiet herrscht Fotoverbot, das man vor allem nahe der Militärposten streng beachten sollte. Sämtliche in der Region liegenden Grenzübergänge nach Algerien und Libyen sind seit Jahren geschlossen.

Djerba

Mit einer Fläche von 514 km² und einer Ausdehnung von ca. 28 km von Ost nach West sowie ca. 22 km von Nord nach Süd ist Djerba die größte Insel Nordafrikas. Sie liegt im Süden des Golfs von Gabès durch einen Damm mit dem Festland verbunden. Aufgebaut ist die flache Insel aus tertiären Ablagerungen, die sich im Südwesten zu einem bescheidenen Hügelzug von 54 m Höhe aufwölben. Obwohl Flüsse fehlen, ist Djerba seit alters her landwirtschaftlich intensiv genutzt und dicht besiedelt. Weniger die Ölbaum- und Palmenbestände sind es jedoch, die den Reisenden hierher ziehen als die hohe Zahl der Sonnentage und die langen, flach ins Meer abfallenden Sandstrände.

Wie einige andere Mittelmeerinseln auch (z. B. Mallorca) erhebt Djerba den Anspruch, identisch mit der bei Homer erwähnten Insel der Lotophagen (Lotos-Esser) zu sein, deren Früchte so köstlich schmeckten, daß Odysseus seine Männer nur dadurch zur Abreise zwingen konnte, daß er sie an den Ruderbänken festband. Auch wenn es sich dabei um eine Legende handelt, eine frühe Besiedlung Djerbas ist in jedem Falle nachweisbar. Wahrscheinlich unterhielten hier die Phönizier schon im 10. Jh. v. Chr. einen Ankerplatz, aus dem später die Siedlung *Meninx* hervorging, in karthagischer Zeit ein bedeutender Handelsort, der wegen seiner Purpurmanufakturen berühmt war. Die Römer gründeten weitere Siedlungen – darunter *Girba*, das der Insel den Namen gab. Sie schütteten (möglicherweise auf punischen Fundamenten) einen Damm zum Festland auf und machten Djerba so zum Endpunkt des blühenden Karawanenhandels mit der Sahara und Innerafrika: Waren, u. a. Gold und Elfenbein sowie Sklaven wurden von Djerba aus verschifft.

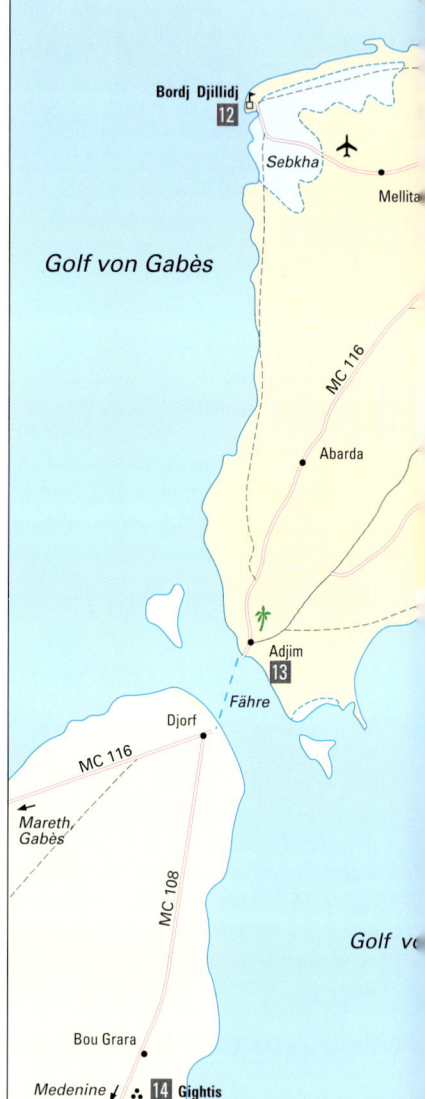

Djerba

Nach dem Vandaleneinfall (439) führte die Insel ein Schattendasein, weder Byzantiner noch anfangs die Araber übten eine nachhaltige Wirkung aus. Erst die christlich-islamischen Auseinandersetzungen um die Mittelmeerherrschaft ließen bewegte Zeiten anbrechen: 1135 erfolgte die Besetzung durch sizilianische Normannen unter Roger II., der zahlreiche Bewohner in die Sklaverei verschleppen ließ; 1155 eroberten die Almohaden Djerba zurück; 1284 setzten sich erstmals die Spanier fest, gefolgt von einem blutigen Aufstand, der

wiederum 1310 mit einem Rachefeldzug beantwortet wurde, wobei angeblich alle männlichen Bewohner über 12 Jahre getötet sowie 12 000 Frauen und Kinder versklavt wurden; 1334 führte ein neuer Aufstand zum vorrübergehenden Abzug der Europäer. Die nun folgende, meist aber nur sehr lockere hafsidische folgenden Jahr wurden seine Schiffe von der Flotte des Andrea Doria, eines Admirals Karls V., vor der Südostküste der Insel eingekreist. Dragut entkam jedoch durch eine in den Römerdamm geschlagene Bresche in den Golf von Bou Grara. 1560 kam es dann zur Entscheidungsschlacht: Ein spanisch-maltesi-

Weberei auf Djerba: Bunt gewebte Decken und Tücher mit geometrischen Mustern ...

Herrschaft ließ eine Phase der wirtschaftlichen Blüte anbrechen, die ab der zweiten Hälfte des 15. Jh. zunehmend der Piraterie zu verdanken war. Um 1510 landete deshalb ein spanisch-habsburgisches Expeditionskorps, das aber durch den hartnäckigen Widerstand der Djerbi und die Intervention des türkischen Korsaren Kheired Din Barbarossa wieder vertrieben werden konnte. Um 1550 setzte sich dann der im Auftrag des osmanischen Sultans operierende Korsar Dragut (Torgut Rais), der Nachfolger Barbarossas, auf Djerba fest und ließ die Festung von Houmt Souk ausbauen. Im

sches Expeditionskorps unter dem Vizekönig von Sizilien nahm mit 30 000 Söldnern Houmt Souk ein, verlor aber 27 seiner 30 Schiffe und angeblich 18 000 Mann, als sich die Flotte vor den Kerkennah-Inseln einer Schlacht gegen den herbeigeeilten Dragut (mittlerweile Pascha von Tripolis) stellen mußte. Dragut belagerte daraufhin drei Monate lang die in Houmt Souk verbliebene, nunmehr schutzlose christliche Garnison und metzelte sie nach ihrer Kapitulation bis auf den letzten Mann nieder. Die Schädel der 5000 Opfer ließ er vor der Festung zu einer Pyramide aufschichten, die als makabres Siegesdenkmal bis 1848 dort stehenblieb. Erst dann wurden die Gebeine auf Intervention der Franzosen begraben; ein Denkmal erinnert bis heute an diesen ›Schädelturm‹.

In der Folgezeit befand sich Djerba fest in türkischer Hand, auch wenn sich der Bey von Tunis und der Pascha von Tripolis den Besitz wiederholt streitig machten und Djerbi mehrfach gegen beide revoltierten, zuletzt 1871. Die nächste Invasion, die – von der Kolonialzeit abgesehen – kommen sollte, war die friedliche der Touristen in jüngster Vergangenheit.

Von ihrer Herkunft her unterscheiden sich die ›Djerbi‹ genannten Bewohner der Insel kaum von den übrigen Tunesiern, auch wenn sich berberische Traditionen hier stärker erhalten haben als in den nördlichen Landesteilen – ein kleiner Teil der Djerbi spricht sogar noch einen Berber-Dialekt. In religiöser Hinsicht jedoch heben sie sich deutlich von ihren Landsleuten ab, da das abseits der Machtzentren gelegene Djerba stets als Zuflucht für Verfolgte diente. Knapp 60 % der Djerbi gehören der streng puritanischen islamischen Sekte der Ibaditen an (s. S. 64). Mystisch geprägte Sufi-Bruderschaften übten hier immer einen besonders starken Einfluß aus, und früher gab es auch eine relativ große jüdische Minderheit (s. 318f.). Religiöse Sonderstellung und die relative Isolation der Insel begründeten seit jeher eine skeptische Haltung der Djerbi gegen jeglicher Fremdherrschaft, was zahlreiche Revolten zur Folge hatte. Diese Eigenständigkeit macht sich bis heute in dem ausgesprochen engen Zusammenhalt bemerkbar, den selbst die zahlreichen in die Städte abgewanderten Djerbi zeigen.

Der traditionell wichtigste Erwerbszweig Djerbas ist die Landwirtschaft. Die

... sind bei den Touristen sehr beliebt

Küste wird gesäumt von ca. 1,2 Mio. Dattelpalmen, die wegen der relativ hohen Luftfeuchtigkeit allerdings nur geringe Erträge bei mäßiger Qualität bringen. Da sie zudem relativ weit auseinander stehen, wirken die Haine weniger malerisch als die der südtunesischen Oasen. Weiter im Inselinneren gedeihen ca. 600 000 Ölbäume. Das Zentrum Djerbas aber nehmen verschiedene intensiv bewässerte Obst- und Gemüsekulturen ein – Zitrusfrüchte, Pfirsiche, Aprikosen, Äpfel, Birnen u. v. a. –, wobei stark zersplitterter Kleinbesitz vorherrscht. Der hohe Grad der landwirtschaftlichen Nutzung, der dem des Cap Bon ähnelt, hat enorme Wasserversorgungsprobleme zur Folge: Djerba verfügt weder über Flüsse noch Quellen und muß seinen gesamten Bedarf aus Regen- und Grundwasser decken, wofür über 2000 Zisternen und fast 4000 Brunnen zur Verfügung stehen. Die Niederschlagsmenge ist mit ca. 200 mm pro Jahr aber nur sehr gering, und der Grundwasserspiegel sinkt wegen erhöhten Verbrauchs (u. a. bewirkt durch die Touristenhotels!) stetig. Wasser

Blumenfeld auf der Insel

muß deshalb mittlerweile durch eine Pipeline von Medenine hertransportiert werden.

Als traditionell wichtige Ergänzung zur Landwirtschaft wird die Fischerei, meist küstennah mit Reusen oder früher mit den ›klassischen‹ Lateinsegel-Booten, heute mit motorisierten Fahrzeugen, betrieben. Auch das Handwerk spielt eine hervorragende Rolle, vor allem die Töpferei von Guellala, aber auch die Wolldeckenweberei, Stickerei, Schilfmattenflechterei und Holzschnitzerei. Als wichtigster Wirtschaftszweig hat sich in den letzten Jahrzehnten der Tourismus hinzugesellt (s. u.). Obwohl Djerba durch seine so relativ diversifizierte Ökonomie stets recht wohlhabend war, bewirkte die für tunesische Verhältnisse extrem hohe Bevölkerungsdichte von annähernd 180 Einwohner pro km² seit längerem eine starke Abwanderung der Männer, die sich in der jüngsten Vergangenheit noch beschleunigt hat. Fast 15 % der Djerbi leben inzwischen außerhalb ihrer Heimat, meist in Tunis, aber auch in anderen tunesischen Städten und in Frankreich, wo sie sich – sicherlich nicht zuletzt aufgrund ihres religiös begründeten Puritanismus, aber auch wegen ihres besonders engen verwandtschaftlichen Zusammenhalts – eine herausragende Position im Lebensmittel-, Stoff- und Teppichhandel verschaffen konnten. Die Bezeichnung ›Djerbi‹ gilt in Tunesien heute geradezu als Synonym für Geschäftstüchtigkeit.

Die meisten Djerbi leben nicht in geschlossenen Dörfern, sondern in den verstreuten *Menzel*, ummauerten Großfamiliengehöften, bestehend aus mehreren um einen Innenhof gruppierten Tonnengewölben oder Flachbauten, die jeweils im Zentrum einer von Opuntienhecken eingefaßten Gartenparzelle liegen. Aufgrund dieser für Tunesien einzigartigen aufgelockerten Siedlungsweise trifft man fast überall in Djerba auf Häuser, größere unbebaute Areale gibt es hier nicht. Als städtische Siedlungen kann man nur die Hauptstadt Houmt Souk (ca. 17 000 Ew.), die beiden alten Judendörfer Hara Kebira und Hara Seghira sowie bedingt den Marktort Midoun bezeichnen; bei den übrigen Orten handelt es sich lediglich um Verdichtungen von Gehöften und Dienstleistungseinrichtungen an Straßenkreuzungen oder Häfen. Weiter fallen in Djerba die ungewöhnlich zahlreichen Moscheen (etwa 250!) auf, die – dem vorherrschenden puritanischen Geist entsprechend – meist schlicht und schmucklos gestaltet sowie relativ klein sind. Die Gotteshäuser der Ibaditen erkennt man an dem fehlenden oder aber massiven, vierkantigen Minarett, die der ›orthodoxen‹ Malekiten an dem schlanken, spitz zulaufenden.

Djerba besitzt zwar einige recht anheimelnde Orte, aber keine herausragenden Kulturdenkmäler, und seine Landschaft mag zwar durchaus reizvoll wirken, aber keineswegs atemberaubend wie die anderer tunesischer Regionen. Was die Insel für Touristen attraktiv macht, ist vielmehr das ausgeglichene Klima mit 324 Sonnentagen pro Jahr in Verbindung mit den weiten Sandstränden, die zu den besten des Landes zählen. Das seichte und durchschnittlich 20 °C warme, wegen der ausgeprägten Gezeiten auch sehr klare Wasser erlaubt fast ganzjähriges Baden.

Das Badeparadies Djerba – über den Flughafen Mellita mit zahlreichen europäischen Städten direkt verbunden – lockt heute jährlich fast 400 000 Touristen an, darunter überproportional viele aus Deutschland, für die mehr als 20 000 Betten in über 60 Hotelanlagen und einer Reihe einfacher Herbergen bereitstehen. Djerba nimmt damit nach Hammamet und Sousse den dritten Rang unter den tunesischen Badezentren ein. Die Insel ist entsprechend weitgehend vom Tourismus geprägt, ein Großteil der Bevölkerung lebt inzwischen von diesem Wirtschaftszweig, auch wenn viele Hotelangestellte aus anderen Regionen des Landes stammen und nur ein kleiner Teil der Hotelkapazität den Djerbi gehört. Alle Orte sind ab Houmt Souk bzw. ab den Hotelzonen leicht in Tagesausflügen erreichbar.

Keramik findet man überall auf Djerba

Markt in Houmt Souk

Houmt Souk

1 (S.331) Houmt Souk ist die größte Siedlung Djerbas und strenggenommen die einzige Stadt der Insel. Der Name bedeutet ›Marktviertel‹ und geht auf die traditionelle Funktion als Warenumschlagplatz zurück. Die kleine Altstadt ist sehr hübsch, jedoch stark vom Tourismus geprägt. Neubauten haben das Gesicht der Inselmetropole vor allem an der Peripherie in den letzten Jahren stark verändert.

Hauptachse von Houmt Souk ist die Av. Habib Bourguiba/Rue du Port, die sich vom Hafen im Norden bis zum Busbahnhof im Süden durch die ganze Stadt zieht. Ihr zentraler Abschnitt – zwischen Post und Tunis Air-Büro – ist als Allee gestaltet. Begleitet wird dieser Zentralteil von drei ineinander übergehenden Plätzen mit zahlreichen Souvenirgeschäften: Place Mongi Bali, Place Ferhat Hached mit einem modernen Einkaufszentrum und der Banque du Sud sowie die baumbestandene Place Bechir Seoud. Hier befindet sich auch der Zugang zu dem kleinen Lebensmittelmarkt, der den südlichen Teil der Souks einnimmt. An die Place Ferhat Hached schließen zwei malerische Altstadtplätze an, die vor allem abends voller Leben sind. An ihrem der Av. Habib Bourguiba abgewandten Ende halblinks folgt zunächst die Place Moktir Atta mit diversen Straßencafés, von dieser wiederum gelangt man durch ein Tor links zur Place Hedi Chaker mit einigen Restaurants.

Im Gebiet nördlich dieser Plätze (von der Place Ferhat Hached aus gesehen also links) erstrecken sich die **Souks**, wo neben den üblichen Souvenirs vor allem die bekannten Webereiprodukte, einfarbige, meist rote Wolldecken mit sparsamen geometrischen Mustern, verkauft werden. Hier und in der näheren Umgebung finden sich verschiedene

Die Ibaditen

Bei den Ibaditen *(Ibadiya)*, denen mehr als die Hälfte der Djerbi angehört, handelt es sich um eine von Egalitarismus und Puritanismus bei gleichzeitiger großer religiöser Toleranz gekennzeichnete islamische Sekte, die aus den Kharedjiten (Charidschiten), einer frühen Abspaltung von den Schiiten hervorging. Die Ibaditen fordern die strikte Einhaltung der Korangebote und gehen in ihren Moralanforderungen sogar noch weit darüber hinaus: nur wer Gutes tut, ist rechtgläubig, schon kleine Verfehlungen bedeuten Abtrünnigkeit. Sie verstehen sich deshalb selbst nicht als ›Sekte‹, sondern als die eigentlichen Orthodoxen. Andere Glaubensvorstellungen (Christen, Juden, Perser) respektieren sie aber durchaus, jegliche Ungleichheit lehnen sie ab. Die Ibaditen sind gewissermaßen die ›gemäßigte‹ Variante der Kharedjiten, sie legen deren Askesegebote nicht allzu streng aus und haben auch Einflüsse anderer Schulen, z. B. der rationalistischen Mutaliziten, aufgenommen. Ibaditische Gemeinden finden sich außer auf Djerba im algerischen Mzab (als noch stärker puritanisch ausgerichtete ›Mozabiten‹), im tripolitanischen Djebel Nufusa (Libyen) und im Innern des Oman.

---

alte Fondouks, zweistöckige, um einen quadratischen Innenhof errichtete Großhandelslager und Herbergen für Kaufleute, die zum Teil auch den in der Kolonialzeit hier ansässigen maltesischen Händlern als Wohnsitz dienten. Einige von ihnen sind heute zu einfachen, aber stimmungsvollen Hotels umgebaut worden.

Geht man von der Place Hedi Chaker geradeaus weiter, stößt man auf die Place Sidi Brahim (Taxistand, Hammam) mit der **Zaouia des Sidi Brahim el Djamni** (gegründet 1674), die dem bedeutendsten der zahlreichen religiösen Orden Djerbas gehört. Gegenüber erhebt sich das viereckige Minarett der Djama el Ghorba, der **Fremdenmoschee** (17. Jh.). Wendet man sich hingegen von der Place Hedi Chaker nach links in die Av. Moncef Bey, passiert man das in einem alten Fondouk etablierte Hotel ›Marhala‹ und erblickt diesem gegenüber das runde Minarett und die sieben Kuppeln der Djama Tourk, der **Türkenmoschee** aus dem 17. Jh. Etwas westlich davon die Place Arisha mit der ehemaligen katholischen **Kirche**, in der ein Sportzentrum Einzug gehalten hat. Ein Raum allerdings ist dem sonntäglichen Gottesdienst vorbehalten. Die Umgebung von Moschee und Kirche verwandelt sich an den Markttagen in einen quirligen Basar. Biegt

Houmt Souk

Am Strand von Sidi Mahrès

man hinter der Moschee rechts in die Av. Abdelhamid el Cadhi, gelangt man zum **Volkskundemuseum** *(Musée des Arts et Traditions populaires)*. Es ist in der ehemaligen Zaouia Koubt el Khial (Kuppel der Phantome, 18. Jh.) untergebracht und umgeben von einem hübschen Garten. Gezeigt werden Festtagsgewänder, Schmuck, Töpferei, alte Holztruhen und Sarkophage.

Folgt man vom Zentrum Houmt Souks der in Richtung Norden verlaufenden Av. Habib Bourguiba, so kommt man nach ca. 1 km zu dem kleinen, neuen Hafen (Fischerei, Ausfuhr von Keramik und Olivenöl, Importe vor allem aus Sfax) mit der Fischmarkthalle. Im Hafenbereich bieten sich keineAdemöglichkeiten, da die Küste hier felsig, sehr seicht und z. T. verschmutzt ist. Wendet man sich an der Kreuzung vor dem Hafen nach links, stößt man nach wenigen Metern auf den Viehmarkt (Montag und Donnerstag). Rechts, schräg gegenüber der Kreuzung, steht auf dem freien Platz vor dem Hafenbecken der bereits erwähnte **Obelisk**, der an den makabren Schädelturm erinnert (s. S. 308f.), den der Pirat Dragut hatte aufstellen lassen. Von hier kann man bereits die mächtigen Mauern der am Meer gelegenen spanischen Festung **Bordj el Kebir** erblicken, die man über die Av. de la République erreicht. Kurz vor der Zufahrt passiert man den linker Hand liegenden, von einer Mauer umschlossenen sogenannten ›Libyschen Markt‹, der allerdings an den beiden Markttagen nur das übliche, nicht nur aus Libyen stammende Angebot an Waren des täglichen Bedarfs, insbesondere Kleidung und Schuhe, vorzuweisen hat. Das Fort, auch Bordj el Ghazi Mustafa oder Fort d'Espagnol genannt, ist der wichtigste historische Bau von Houmt Souk. Ihre heutige Form erhielt die kürzlich zumindest äußerlich restaurierte Hafenfestung im wesentlichen

Die Hotelzonen bieten vielfältige Sportmöglichkeiten

durch den Piraten Dragut zwischen 1560 und 1570, ihre Ursprünge reichen aber bis in das 13. Jh. zurück, als die Spanier hier ihren ersten Stützpunkt errichteten. Die Nutzung als archäologisches Museum ist geplant; derzeit lohnt sich der Besuch aber höchstens wegen des Ausblicks.

Die Strände

Ca. 10 km östlich von Houmt Souk beginnt bei dem neuen Luxushotel ›Athene Palace‹ die mit ›Zone Touristique‹ ausgeschilderte **Plage de Sidi Mahrès** 2 (S. 332), der sich über ca. 9 km bis zum Ras Tourgueness zieht. Vor einem kleinen Dünengürtel erstreckt sich der bis zu 50 m breite feinsandige, allerdings schattenlose Strand, der hin und wieder durch kleine Felsgruppen aufgelockert wird. Nahtlos gehen hier die großen Hotelanlagen ineinander über, so daß sich vor allem die später entstandenen Neubauten vielfach bereits mit der zweiten oder gar dritten Reihe begnügen müssen. In den letzten Jahren hat sich durch Neubau etlicher 4- und 5-Sterne-Hotels der Trend zu luxuriöserer Unterbringung bemerkbar gemacht. Nach wie vor jedoch zählt vor allem bei den deutschen Urlaubern der gewaltige Komplex des ›Dar Djerba‹ zu den Favoriten, der mit libyschem Kapital in den 70er Jahren erbauten größten ›Ferienmaschine‹ Tunesiens mit fast 2500 Betten, verteilt auf vier Hotels und verschiedenen Bungalow-Anlagen (zusammen ca. 65 ha). Alle nur denkbaren touristischen Einrichtungen sorgen dort dafür, daß die Gäste ihr Ghetto während des gesamten Urlaubs nicht verlassen müssen.

Die zweite Touristenzone Djerbas, die **Plage de Séguia** 3 (S. 332), liegt an der Südostküste, erstreckt sich allerdings dort nur über eine Entfernung von etwa 5 km zwischen Ras Lalla Hadria und Aghir. Recht schmale Sandbuchten wechseln hier mit felsigen Abschnitten. Dennoch hat die rege Bautätigkeit auch diesen Küstenstreifen erfaßt. Neben den traditionellen Ferienanlagen, darunter dem ›Club Med‹, reihen sich neue Hotels, einige von ihnen ebenfalls in der zweiten Reihe. Dennoch hat diese Touristenzone durch die Einbettung in die einheimische Kulturlandschaft einen etwas intimeren Charakter als der ganz auf den Tourismus eingestellte Küstenabschnitt von Sidi Mahrès.

Inselrundfahrt

Djerba ist von einem dichten Netz von Wegen und Straßen durchzogen, die recht abwechslungsreiche Ausflüge ermöglichen.

Wir beginnen unsere Inselrundfahrt im Zentrum von Houmt Souk, das wir auf der Av. Habib Bourguiba nach Süden verlassen. Etwa 6 km außerhalb biegen wir nach rechts ab zur Siedlung **Erriadh** 4, der alten jüdischen Niederlassung *Hara Seghira* (Kleines Ghetto). Die ersten Juden sollen schon nach 586 v. Chr. nach der Zerstörung Jerusalems durch den Babylonierkönig Nebukadnezar nach Djerba eingewandert sein, gesichert ist die Existenz einer jüdischen Gemeinde auf der Insel aber erst seit ca. 70 n. Chr., als die Römer Jerusalem zerstörten; im 16./17. Jh. erhielt die Gemeinde starken Zulauf durch in Andalusien le-

Jüdisches Fest auf Djerba

bende Juden, die zusammen mit ihren muslimischen Glaubensbrüdern vor der christlichen Reconquista flohen. Die Juden, sie waren überwiegend als Silberschmiede (Filigranschmuck) tätig, lebten mit den muslimischen Djerbi in harmonischer Eintracht. Dennoch hat ihre Zahl durch Auswanderung nach Israel stark abgenommen. Heute leben in Hara Seghira und dem früher ebenfalls überwiegend jüdischen *Hara Kebira* (Großes Ghetto), das heute mit Houmt Souk verschmolzen ist, nur noch etwa 1000 Juden. Die Männer sind erkenntlich an den schwarzen Käppis und den Gürteln, die Frauen an den bestickten Mützen. Äußerlich kann man die Ortschaft kaum von den anderen Siedlungen der Insel unterscheiden, an ihrem Rand liegt jedoch die bedeutendste jüdische Hinterlassenschaft in Tunesien, die **Synagoge La Ghriba** (Die Wundertätige). Die ausgeschilderte Zufahrt erfolgt etwa 500 m vor dem Ort nach links. Um die Entstehungsgeschichte des religiösen Zentrums der Djerba-Juden ranken sich zahlreiche Legenden. Eine besagt, daß sie an der Stelle eines 586 v. Chr. eingeschlagenen Meteoriten steht, eine andere, daß sie sich über einem Stein aus dem 70 n. Chr. zerstörten Tempel von Jerusalem erhebt. Im Zusammenhang damit stehen zahlreiche Wunder. In der Tat scheint ihr Fundament sehr alt zu sein, auch wenn der heutige Bau erst um 1920 entstand. Das Äußere der Synagoge ist unscheinbar, das Innere mit reich geschnitzter Täfelung, prachtvollen Leuchtern sowie alten Thora-Rollen und Kultgegenständen dagegen fast überladen. Beim Betreten muß man die Schuhe ausziehen und den Kopf mit einem Käppi bedecken; eine Spende wird erwartet. Im Komplex von La Ghriba, zu dem auch die gegenüber dem Sakralbau gelegene große Pilgerherberge gehört, leben noch einige alte Rabbiner, die das ansonsten selten gewordene Althebräisch bis heute pflegen, und auch Gottesdienste finden hier noch statt. Am 33. Tag nach dem jüdischen Osterfest ist La Ghriba Ziel der größten jüdischen Wallfahrt Nordafrikas, des Laghba-Omer-Festes, zu dem zahlreiche auf Djerba geborene Juden aus ganz Tunesien, Israel und Frankreich hier zusammentreffen. Dennoch haben die zweitägigen Feierlichkeiten zu Ehren der beiden Rabbi Simon und Meijir einen fast familiären Charakter. Im Mittelpunkt steht eine Versteigerung von Devotionalien, deren Erlös für den Unterhalt der Synagoge verwendet wird.

Wir kehren zur Hauptstraße zurück und folgen ihr weiter nach Süden. Bereits nach 2 km durchfahren wir den Weiler **El May** 5 mit der besonders schönen ibaditischen Moschee Umm et Turkiya (16. Jh.) im Zentrum. Wir biegen hier nach rechts ab und wenden uns an der nächsten großen Straßenkreuzung nach links, um nach etwa 9 km unser nächstes Ziel, das Töpferdorf **Guellala** 6 zu erreichen. Der heute stark auf den Tourismus eingestellte Ort verdankt seine Existenz den Tonvorkommen der einzigen Hügelkette Djerbas, zu deren Füßen er liegt, und kann bereits auf eine lange Tradition zurückblicken. Bereits in der ›Peutingerschen Tafel‹, einer im 12. Jh. entstandenen Kopie einer römischen Straßenkarte, die von den Britischen Inseln bis China reichte, war er unter dem Namen *Haribus* verzeichnet. Dahinter verbirgt sich die semitische Wurzel *Heres* (Gefäß). Der Name wurde später einfach ins Arabische übertragen, wo *K'olla* die gleiche Bedeutung hat. Entlang der Hauptstraße reihen sich etli-

In der Synagoge La Ghriba ▷

che Verkaufsausstellungen, an denen Töpfer ihre Kunst demonstrieren. Der Ton wird in den ›Carrières‹ abgebaut, bis zu 80 m tiefen Tongruben (links der Straße nach Sedouikech, bei den Hügeln). Nach der Aufbereitung, d. h. nachdem der Ton getrocknet, in Salzwasser eingelegt und anschließend mit den Füßen weichgestampft wurde, formt man ihn auf Töpferscheiben und brennt ihn dann insgesamt dreimal in tief in die Erde gesetzten Öfen, die nur an den mit alten Tonscherben besetzten Kuppeln erkennbar sind. Im Gegensatz zur Keramik von Nabeul blieb die von Djerba früher unbemalt, heute tragen viele Stücke aber gleichfalls Motive. Etliche der einst 260 Brennöfen arbeiten noch, wenn auch die traditionelle Produktion (überwiegend Vorratsbehälter nach dem Vorbild der antiken Amphoren) weitgehend der Souvenirherstellung gewichen ist. Nicht verschwiegen werden soll, daß ein Großteil der glasierten Ware aus der Töpferhochburg Nabeul stammt, die Guellala längst den Rang abgelaufen hat.

Von der Ortseinfahrt führt ein schmaler Weg nach rechts zu einer hübsch am Meer gelegenen Ibaditen-Moschee. Im Zentrum knickt die Hauptstraße nach links ab. Verläßt man sie unmittelbar danach nach rechts, kann man auf zum Teil sandiger Piste direkt den Verbindungsdamm mit dem Festland (s. u.) ansteuern. Für die Fortsetzung unserer Inselrundfahrt empfiehlt es sich jedoch, auf der Hauptstraße zu bleiben, die nunmehr nach Osten führt. Nach etwa 6 km treffen wir auf die bescheidene Ortschaft **Sedouikech** 7, in der ebenfalls Töpferei betrieben wird. Wir folgen nun der Hauptstraße nach Süden und biegen nach 9 km, unmittelbar vor Erreichen des an der Zufahrt zum Damm gelegenen Kontrollpostens von El Kantara, in die nach links führende Straße. Versteckt hinter kleinen Hügeln liegen hier links und rechts der Straße, etwa 100 m von ihrer Einmündung in die Hauptstraße entfernt, die spärlichen Reste der ehemaligen Römersiedlung **Meninx** 8. Man findet sie, wenn man einem der nach rechts zum Meer hin abzweigenden Wege folgt. Zu sehen sind vor allem Reste von Marmorsäulen und einige Architravfragmente. Die Geschichte der Stadt liegt noch weitgehend im dunkeln. Fest steht nur, daß die Römer von hier eine Verbindung zum Festland schufen, die das Fundament für den heutigen, etwa in 1 km Entfernung beginnenden Damm bildet. Später wurde diese *Pons Zita* durch Ansteigen des Meeresspiegels überflutet, erfüllte als Furt mit dem schönen Namen *Trik el Djemal* (Straße der Kamele) aber nach wie vor ihre Verkehrsfunktion. Erst der Pirat Dragut zerstörte den Damm 1550 bei der Flucht seiner Flotte vor den spanischen Belagerern. Geschlossen wurde diese Lücke erst wieder in den 50er Jahren unseres Jahrhunderts.

Folgt man der Küstenstraße weiter nach Nordosten, sieht man bald in der Ferne die auf einer schmalen Landzunge weit ins Meer vorgeschobene spanische Festung **Bordj Kastil**, zu der sogar ein 8 km langer Weg führt, auf den man beim Kilometerstein 11 einbiegen kann. Mit dem Auto sollte man ihn allerdings lieber nicht in Angriff nehmen.

Kurz darauf erreichen wir eine Abzweigung, rechts geht es zur Hotelzone der Plage de Séguia (s. 317f.), geradeaus zur hübschen Ortschaft **Midoun** 9. Aufgrund ihrer Nähe zu den Strandzonen von Séguia und Mahrès hat sie sich zu einem beliebten Ausflugsziel für die Ba-

Töpfer aus Guellala

deurlauber entwickelt, das vor allem an den Markttagen (Freitag und Sonntag) von betriebsamer Geschäftigkeit erfüllt ist. Der Ort liegt inmitten der fruchtbarsten Region Djerbas, umgeben von Gärten, Obst- und Dattelhainen. Der zuweilen bei den Bewohnern erkennbare negroide Einschlag geht auf schwarze Sklaven zurück, die hier ab Mitte des 19. Jh. einen eigenen Markt abhalten durften. Im Zentrum des Ortes liegt der von Andenkengeschäften gesäumte Marktplatz, an dem auch die staatliche ONAT eine Verkaufsausstellung unterhält.

Verläßt man den Ort nach Nordosten, trifft man nach 5 km auf **Ras Tourgueness** [10], wo Tunesiens höchster Leuchtturm (54 m) steht. Am großen Inselplan zu seinen Füßen zweigt eine Stichstraße ab, die auf eine Landzunge zwischen der Salzton-Ebene Sebkha Sidi Garous und dem Meer hinausführt. Den ehemals abgelegenen Strand haben im Laufe der letzten Jahre zahlreiche neue Hotels erobert, und weitere sind im Bau. Folgt man vom Leuchtturm hingegen der Hauptstraße in Richtung Westen, gelangt man kurz darauf zur Hotelanlage ›Dar Jerba‹, die den Beginn der Strandzone von Sidi Mahrès markiert (s. o.). In entgegengesetzte Richtung erreicht man die Hotelzone Séguia.

Ausgehend von Midoun lassen sich zwei hübsche Abstecher unternehmen. Der eine führt ins 4 km entfernte Dorf **Mahboubine** [11], wo den Besucher die recht ungewöhnliche Moschee El Kateb erwartet, die zu Beginn unseres Jahrhunderts als eine getreue, wenn auch stark verkleinerte Kopie der Hagia Sophia in Istanbul entstand. Eine andere, viel ältere Moschee liegt 3 km außerhalb Midouns, links der direkt nach Houmt Souk führenden Straße. Die äußerlich noch gut erhaltene Moschee Fadloune dient nicht mehr dem Gottesdienst und darf somit auch von Andersgläubigen betreten werden.

Reisende mit Zeit und einem Mietwagen können von Houmt Souk aus noch die Nordwestspitze der Insel besuchen, die vom **Bordj Djillidj** [12] bewacht wird. Man folgt zunächst der Ausfallstraße in Richtung Flughafen, ignoriert jedoch die Zufahrt zum Abfertigungsgebäude, umfährt die Landebahn und gelangt schließlich zu einer winzigen Bucht, über der das alte Fort aus dem Jahre 1745 thront, das heute von einem Leuchtturm gekrönt wird. Parallel zur Küste führt eine, allerdings nur bei Trockenheit befahrbare Piste zum 11 km entfernten Fährhafen von Adjim (s. u.).

Ausflüge zum Festland: Das Festland kann man auf der oben erwähnten Dammstraße erreichen, oder aber mit einer Fähre von Adjim aus, so daß sich mit dem Mietwagen eine schöne Rundfahrt bis nach Medenine machen läßt. Da vor allem abends mit längeren Wartezeiten zu rechnen ist, empfiehlt es sich, zunächst die Fähre zu benutzen und somit den Ausflug gegen den Uhrzeigersinn durchzuführen. Auf der MC 116 fährt man von Houmt Souk aus durch Ölbaumplantagen, lockere Palmenhaine und Gerstenfelder direkt nach **Adjim** [13]. Dem Ort sieht man nicht mehr an, daß sich hier einmal das wichtigste Eingangstor nach Djerba befand, möglicherweise sogar die phönizische Gründung *Tipasa* aus der Peutingerischen Tafel. Selbst von der ehemals bedeutenden Festung Bordj El Marsa sind nur bescheidene Reste erhalten. Die Straße endet an der neuen Mole, von wo aus die Fähren zu ihrer 15minütigen Fahrt nach Djorf starten. Dort angekommen, wählen wir an der Gabelung oberhalb des Anlegers die linke Abzweigung. Durch recht karge Landschaft geht es nun nach Süden, bis wir nach etwa 20 km auf die Ortschaft Bou Grara stoßen.

Etwa 500 m hinter dem Ort, dort wo die Hauptstraße einen Knick nach rechts macht, befindet sich linker Hand die unbeschilderte Zufahrt zum Ruinenfeld von **Gightis** 14, das man bereits von der Straße aus sehen kann. Wie so häufig an Tunesiens Küsten waren auch hier die ersten Siedler wahrscheinlich phönizische Seefahrer. Belegt allerdings ist erst die Besiedlung durch ihre Nachfolger, die Karthager. Ihnen folgten 46 n. Chr. die Römer, die der Niederlassung den Namen *Gightis* gaben und sie weiter ausbauten, den verbliebenen Karthagern aber weiterhin beachtliche Rechte einräumten. Gightis wurde ein bedeutender Hafen für den Export von Olivenöl und Produkten des Transsahara-Handels. Der Besucher darf allerdings keine der großartigen Ruinenstätten wie Dougga oder Sbeitla erwarten. Es gehört schon viel Phantasie dazu, sich die einstige Größe und geschäftige Atmosphäre von Gightis zu vergegenwärtigen. Zunächst stößt man auf die ausgedehnte Thermenanlage und die Reste einer Sportarena. Am besten erhalten ist das Forum mit dem Haupttempel. Zu sehen ist hier noch die Plattform des Heiligtums mit den Zugangstreppen und sechs Säulenstümpfen. Wahrscheinlich wurden hier Serapis und Isis verehrt, latinisierte Gottheiten orientalischen und ägyptischen Ursprungs, deren Kult eine Zeitlang im ganzen Römischen Reich populär war. Auch von den Säulen, die einst das 32 m × 23 m messende Forum umgaben, sind noch Reste vorhanden.

Folgt man der Hauptstraße weiter, erreicht man nach etwa 28 km Medenine (s. S. 249). Nach der Besichtigung fahren wir weiter entlang der Hauptausfallstraße in Richtung Ben Gardane und biegen nach etwa 8 km links ab in Richtung Meer. Nach etwa 50 km Fahrt durch dünn besiedelte Landschaft erreichen wir **Zarzis** 15 (S. 348), eine langgestreckte, erst in der Kolonialzeit entstandene Oase mit einigen größeren Hotelanlagen. Das kleine Zentrum ohne größere Sehenswürdigkeiten liegt ca. 1 km landeinwärts vom neuen Fischerhafen, die Touristenzone mit dem ausgedehnten, breiten, von einem dichten Palmenhain begleiteten Sandstrand beginnt ca. 3 km nördlich hinter dem kleinen Kap bei Ksar Zaouia und erstreckt sich mit Unterbrechungen bis nach Hassi Djerbi. An den Hotels vorbei führt die Straße schließlich in Richtung Damm und zurück nach Djerba.

Traditionelle schmucklose Töpferware

Schmiedeeisernes Gitter an der Synagoge La Ghriba ▷

Information
 Unterkunft

 Camping
 Restaurants

 Sehenswert
 Festivals

 Aktivitäten
 Bus

 Zug
 Fährverbindung

 Flugverbindung

Serviceteil

Serviceteil

So nutzen Sie den Serviceteil richtig

▼ Das erste Kapitel, **Adressen und Tips von Ort zu Ort**, listet die im Reiseteil beschriebenen Orte in alphabetischer Reihenfolge auf. Zu jedem Ort finden Sie hier Empfehlungen für Unterkünfte und Restaurants sowie Hinweise zu den Öffnungszeiten von Museen und anderen Sehenswürdigkeiten, zu Festen, Unterhaltungsangeboten etc. Piktogramme helfen Ihnen bei der raschen Orientierung.

▼ Die **Reiseinformationen von A bis Z** bieten von A wie ›Anreise‹ bis Z wie ›Zeitungen‹ eine Fülle an nützlichen Hinweisen – Antworten auf Fragen, die sich vor und während der Reise stellen.

Bitte schreiben Sie uns, wenn sich etwas geändert hat!
Alle in diesem Buch enthaltenen Angaben wurden vom Autor nach bestem Wissen erstellt und von ihm und dem Verlag mit größtmöglicher Sorgfalt überprüft. Gleichwohl sind – wie wir im Sinne des Produkthaftungsrechts betonen müssen – inhaltliche Fehler nicht vollständig auszuschließen. Daher erfolgen die Angaben ohne jegliche Verpflichtung oder Garantie des Verlages oder des Autors. Beide übernehmen keinerlei Verantwortung und Haftung für etwaige inhaltliche Unstimmigkeiten. Wir bitten daher um Verständnis und werden Korrekturhinweise gerne aufgreifen:
DuMont Buchverlag, Postfach 10 10 45, 50450 Köln
E-Mail: reise-@dumontverlag.de

Inhalt

Adressen und Tips von Ort zu Ort
(in alphabetischer Reihenfolge) 330

Reiseinformationen von A bis Z
Anreise 349
...mit dem Flugzeug 349
...mit dem Pkw 349
Apotheken 350
Ärztliche Versorgung 351
Auskunft 351
...in Deutschland 351
...in Österreich 351
...in der Schweiz 351
...in Tunesien 351
Autofahren 351
Camping 352
Diebstähle und Betrügereien 352
Diplomatische Vertretungen 353
...in Deutschland 352
...in Österreich 353
...in der Schweiz 353
...in Tunesien 353
Einkauf und Souvenirs 353
Einreisebestimmungen 354
Essen und Trinken 355
Feilschen 357
Feste und Feiertage 358
Fotografieren 359
Frauen als Alleinreisende 359
Fremdenführer 359
Geld und Geldwechsel 360

Gesundheitsvorsorge 360
Kleidung 361
Medien 362
Mietwagen 362
Moscheebesuch 363
Museen 363
Nachtleben 363
Naturschutzgebiete 363
Öffentliche Verkehrsmittel 364
Öffnungszeiten 365
Organisierte Rundfahrten 365
Post 366
Reisekosten 366
Reisezeit 366
Restaurants und Cafés 367
Schlangen und Skorpione 367
Sicherheit 368
Stromversorgung 368
Telefon 368
Trampen 369
Trinkgeld 369
Unterkunft 369
Verhaltensregeln 370
Zeit 370
Zollbestimmungen 370

Sprachführer und Glossar 371

Literaturauswahl 376
Abbildungsnachweis 376
Register 377

Adressen und Tips von Ort zu Ort

Anmerkungen zu den Hotels:
In den Badeorten sind vor allem jene Hotels aufgeführt, die von deutschen Chartertouristen bevorzugt aufgesucht werden. Preisklasse (pro Person im DZ mit Frühstück):

ohne Stern	ca. 6–20 DM
*	ca. 15–25 DM
**	ca. 25–30 DM
***	ca. 30–45 DM
****	ca. 50–100 DM
*****	ab 130 DM

Die Preise sind staatlich kontrolliert und müssen an der Rezeption angeschlagen sein.

Ain Draham

Information: Syndicat d'Initiative, Av. Bourguiba, ⌀ (08) 64 44 19

Unterkunft: Rihana, ***Hotel am Ortsende, ⌀ (08) 65 53 91, Fax (08) 65 53 96
La Forêt, neues ****Hotel, geschmackvoll, ⌀ (08) 65 53 34, Fax 65 53 35; 5 km außerhalb an der Straße nach Jendouba
Les Chênes, gemütliches älteres **Hotel im Wald, ca. 7 km außerhalb des Ortes in Richtung Jendouba, ⌀ (08) 65 51 11, Fax (08) 65 55 78

Verkehrsverbindungen: Busse vom Busbahnhof am nördlichen Ortsende u. a. nach Tabarka, Tunis, Jendouba und Beja

Beja

Unterkunft: Vaga, Av. Bourguiba, zentral gelegen, preiswert, ⌀ (08) 45 08 18

**Verkehrsverbindungen: Züge** nach Tunis und Jendouba; **Busse** u. a. nach Tunis, Jendouba, Teboursouk, Le Kef und Bizerte

Bizerte

Information: ONTT-Büro, 1, Rue de Constantinople, ⌀ (02) 43 27 03

Unterkunft: Corniche, an der Küstenstraße (Corniche) gelegenes ***Hotel, ⌀ (02) 43 18 44, Fax (02) 43 18 30
Ain Meriem, Corniche, ⌀ (02) 43 76 15, Fax (02) 43 97 12, gepflegtes *** Appartementhotel am Strand
Petit Mousse, an der Corniche gelegenes, kleineres **Hotel mit hervorragendem Restaurant, ⌀ (02) 43 21 85, Fax (02) 43 75 95
Africaine, einfaches Stadthotel am Rande der Medina, ⌀ (02) 43 44 12

Camping: am Strand von Remel auf dem Gelände der Jugendherberge.

Restaurants: L'Eden, an der Corniche, gehobene Preisklasse (⌀ 43 90 23) und im Hotel **Petit Mousee** (s. o.), mittlere Preisklasse

Verkehrsverbindungen: Züge mehrfach täglich nach Tunis; **Busse** u. a. nach Tunis, Beja, Tabarka und Jendouba; der Busbahnhof liegt nahe der Brücke

 Sehenswürdigkeiten: Ozeanographisches Museum, gegenüber der Kasbah, im Sommer tägl. 10–12/16–19.30 Uhr, im Winter 10.30–12/15–18.30 Uhr

 Feste: Festival de Bizerte, Sommerfestival im Juli/August mit Konzerten und Folklore

Carthage (Karthago)

 Unterkunft: Amilcar, älteres großes Strandhotel mit Schwimmbad, ✆ (01) 74 07 88, Fax (01) 74 31 39
Reine Didon, auf dem Byrsa-Hügel gelegenes ***Hotel mit schöner Aussicht, ✆ (01) 73 34 33, Fax (01) 73 25 99, (z. Zt. im Umbau)
Residence Carthage, Rue Hannibal, familiäres **Hotel neben dem Tophet, gutes Restaurant, ✆ (01) 73 10 72

Restaurants: Puniqe (im Hotel Residence Carthage, s. o.), mittlere Preisklasse
Gerry, Av. Bourguiba nahe TGM-Station Salammbo, italienische Küche, mittlere Preisklasse
Neptune, 3, Rue Ibn Chabat, mittlere Preisklasse

Verkehrsverbindungen: Karthago liegt an der Schnellbahnstrecke TGM von Tunis Marine nach La Marsa (Züge: alle 20 Min.).

 Sehenswürdigkeiten: punische und römische Stätten; zum Besuch der Ausgrabungsstätten benötigt man ein Sammelticket, das auf dem Byrsa-Hügel, bei den Antonius Thermen, beim Tophet und bei den römischen Villen erhältlich ist. Geöffnet sind die Stätten täglich von 8–19 Uhr im Sommer und 8.30–17.30 Uhr im Winter. Das Museum auf dem Byrsa-Hügel und das Römisch-Frühchristliche Museum öffnen etwas früher und schließen etwas später.
Ozeanographisches Museum, außer Mo 10–13, 14–17.30 Uhr.

 Feste: Festival International Carthage, Sommerfestival im Juli/August mit kulturellen Veranstaltungen im römischen Theater

Djerba (Houmt Souk, Plage de la Séguia, Plage de Sidi Mahrès)

Houmt Souk

Information: ONTT-Büro, Rue Ulysses (nahe Bordj El Kebir), ✆ (05) 65 00 16, Fax (05) 65 05 81, im Sommer Mo–Sa 7.30–19 Uhr, übrige Zeit Mo–Do 8.30–13/15–17.45 Uhr, Fr/Sa nur bis 13.30 Uhr.
Syndicat d'Initiative, Av. Bourguiba (neben der Post), ✆ (05) 65 01 57

Unterkunft: Djerba Erriadh, gepflegtes kleines *Hotel in altem Fondouk im Herzen der Altstadt, ✆ (05) 65 07 56, Fax (05) 65 14 87
Hadji, modernes *Hotel nahe Zentrum, ✆ (05) 65 06 30, Fax (05) 65 02 20
Essaada, Av. Thameur, modernisiertes, älteres Hotel nahe Zentrum, ✆ (05) 65 14 82

Dar Faiza, gegenüber Bordj El Kebir, familiäres *Hotel in ehemaligem Privatanwesen, kleiner Pool, großer Garten, Tennisplatz, sicherer Parkplatz, ✆ (05) 65 00 83
Sable d'Or, stilvolles Fondouk-Hotel in der Altstadt, ✆ (05) 65 04 23
Marhala (Touring Club), einfaches Fondouk-Hotel mit großem Innenhof, Zimmer ohne Bad, ✆ (05) 65 01 46

Restaurants: Princess d'Haroun, am Hafen, bestes Restaurant der Stadt, Fischspezialitäten, Terrasse am Meer, gehobene Preisklasse, ✆ (05) 65 04 83
El Hana, Place 7 Novembre am Eingang zum Markt, europäische Küche, gehobene Preisklasse
Djerba Nova, Place Sidi Brahim, italienische Spezialitäten, mittlere Preisklasse
Blue Moon, Place Hedi Chaker, Fischspezialitäten, mittlere Preisklasse
Amira, Place Mohammed Ali, tunesische Küche, preiswert

Verkehrsverbindungen (Flugzeug): Der Flughafen Mellita liegt 8 km nordwestlich der Stadt; Duty Free-Shop, Wechselschalter, Autovermietung, Busse und Taxis ins Zentrum und Linienanschluß mit Tunis, Tozeur und Monastir

Verkehrsverbindungen (Bus): Busbahnhof südlich des Zentrums von Houmt Souk an der Ausfallstraße nach El Kantara. Anschlüsse u. a. mit Tunis, Gabès, Medenine, Tataouine und Sfax. Die Linienbusse 10 und 11 fahren ca. stündl. auf einer Strecke um die ganze Insel und berühren auch die Strandzonen. Der Bus 15 fährt zum Flughafen, 13 nach Midoun, 14 über El May nach Guelalla und Erriadh (Synagoge La Ghriba).

Ein **Touristenbähnchen** verkehrt mehrmals täglich zwischen der Strandzone Sidi Mahrès (Hotel Meninx) und dem Zentrum.

Sehenswürdigkeiten: Heimatmuseum, 8.30–13 und 15–17.45 Uhr, Fr geschl.

Fest: Festival d'Ulysses, im August, mit Folkloredarbietungen und Sportveranstaltungen.

Aktivitäten: an den Stränden Wassersport, Tennis, Golf (nahe Hotel Djerba Golf am Strand Mahrès), Reiten, Fahrradverleih

Plage de la Séguia

Unterkunft (Auswahl): **Djerba la Fidele,** einfache Anlage des Club Med, vor allem für junge Alleinreisende und Paare, Unterbringung in strohgedeckten Hütten ohne Strom! ✆ (05) 65 70 27, Fax (05) 65 72 89
Djerba La Douce, Hotelanlage des Club Med mit großem Tenniszentrum, ✆ (05) 65 71 27, Fax (05) 65 71 61
Sidi Slim, bei Deutschen besonders beliebtes, preiswertes **Hotel älterer Bauart, ✆ (05) 65 70 23, Fax (05) 65 70 02
Club Calimera, **Clubhotel mit zweistöckigen Bungalows, ✆ (05) 65 73 14, Fax (05) 65 71 94
El Dorado Aladin, bei Jugendlichen beliebte Anlage, ✆ (05) 65 81 80, Fax (05) 65 81 84; **Campingmöglichkeit,** ✆ (05) 65 73 66

Restaurants: in den Hotels

Plage de Sidi Mahrès

Unterkunft (Auswahl): **Cesar Palace,** *****Luxushotel am

Strand, ca. 16 km entfernt von Houmt Souk, ✆ (05) 65 86 00, Fax (05) 65 76 35
Athenee, neues *****Luxushotel am Beginn der Hotelzone, ca. 10. km von Houmt Souk entfernt, ✆ (05) 65 76 00, Fax (05) 70 16 01
Royal Garden Palace, luxuriöse *****Hotelanlage am Strand, ca. 18 km von Houmt Souk, ✆ (05) 65 87 77, Fax (05) 65 87 70
Hasdrubal, *****Luxushotel am Strand, ca. 14 km von Houmt Souk, ✆ (05) 65 76 87, Fax (05) 65 76 30
Djerba Holiday Beach, ****Hotel am Strand mit allen Annehmlichkeiten, 11 km entfernt von Houmt Souk, ✆ (05) 65 83 33, Fax (05) 65 61 92
Dar Djerba, größter Hotelkomplex der Insel, bestehend aus vier Hotels ** bis ****, enge Bebauung, sehr populär bei deutschen Touristen, ca. 20 km von Houmt Souk, ✆ (05) 65 71 91, Fax (05) 65 71 11
Robinson Club, Clubanlage von TUI am Strand, ca. 14 km von Houmt Souk, ✆ (05) 65 76 22

Restaurants: in den jeweiligen Hotels

Dougga (Thugga)

Unterkunft: s. Teboursouk

Verkehrsverbindungen: s. Teboursouk

Sehenswürdigkeiten: Ruinen, tägl. 7.30 Uhr bis Sonnenuntergang

Fest: im Sommer **Theaterfestival** im antiken Amphitheater

Douz

Information: ONTT-Büro, Place de Martyrs, ✆ (05) 47 03 51, Mo–Sa 8.30–13/15–18 Uhr. Monsieur Amor, der hilfsbereite und bestens informierte Leiter, spricht fließend deutsch.

Unterkunft: im Ort:
Bel Habib, ✆ (05) 49 51 15; **Essada,** ✆ (05) 47 08 24; **La Tente;** alle einfach
In der Oase: Saharien, einfache, romantische **Unterkunft im Palmenhain, klimatisierte Zimmer, kleiner Pool, ✆ (05) 49 53 37, Fax (05) 43 03 39
Roses de Sable, einfach, aber auch mit klimatisierten Zimmern und kleinem Pool, ✆ (05) 49 53 66, Fax (05) 49 54 84
Bei der Düne El Hofra:
El Mouradi, neues ****Hotel, ✆ (05) 47 02 15, Fax (05) 47 09 05
Sun Palm, festungsartig wirkendes ***Hotel, ✆ (05) 47 01 23, Fax (05) 47 05 25
Touareg, gepflegtes neues ***Hotel, ✆ (05) 47 00 57, Fax (05) 47 03 13
Méhari, ***Hotel, ✆ (05) 47 10 88, Fax (05) 47 05 89
Sahara Douz, ***Hotel, ✆ (05) 47 08 64, Fax (05) 47 05 66

Achtung: Während des Sahara-Festivals ist eine Reservierung unerläßlich.

Camping: Desert Club, gepflegte Anlage (mit heißen Duschen) unter italienischer Leitung, hinter dem Viehmarkt im Zentrum gelegen, auch Vermietung von Hütten, das Restaurant ist nicht zu empfehlen, ✆ (05) 47 05 75, Fax (05) 47 04 03

Restaurants: in den großen Hotels und Restaurant **Oasis,**

neben dem Touristenbüro, Restaurant **La Rosa,** am Markt

 Verkehrsverbindungen: 1 × tägl. **Direktbus** nach Tunis über Gabès, Sfax und Kairouan; **Lokalbusse** und **Louages** zu den Dörfern der Umgebung und nach Tozeur mehrfach tägl.

 Sehenswürdigkeiten: Musée de Sahara, tägl. 9–16 Uhr.

 Feste: Festival International du Sahara (normalerweise zwischen Weihnachten und Neujahr; wegen Ramadan wird das Fest 1999 und 2000 vorverlegt auf den 5.-8.11.). Das Fest bietet u.a. Kamelrennen, Tänze, Karawanenaufbruch, Musikanten und Akrobaten.

 Aktivitäten: Ausflüge mit Kamelen an der Düne von El Hofra. Längere Wüstentouren mit Kamelen und Geländewagen bieten u. a. Douz Voyages, ✆ (05) 47 01 78, Fax (05) 47 03 15 und Ghilane Voyage, ✆ (05) 47 06 92, Fax (05) 47 06 82; empfohlen werden können auch die vom Hotel Roses de Sable (s. o.) organisierten Touren. Vom Fuß der Düne El Hofra kann man außerdem zu Rundflügen mit einem Ultraleicht-Flugzeug starten (italienisches Unternehmen) und demnächst auch mit Heißluftballons in den Himmel steigen.

El Djem

 Unterkunft: Julius, einfaches Hotel am Bahnhof, ✆ (03) 69 00 14

  Verkehrsverbindungen: Züge mehrfach täglich nach Tunis, Sousse, Sfax und Gabès; **Busse** u. a. nach Tunis, Sousse und Sfax

 Sehenswürdigkeiten: Amphitheater, Archäologisches Museum, tägl. außer Mo 8.30–12 und 14–18 Uhr

El Haouaria

 Unterkunft: L'Epervier, **Hotel im Zentrum, ✆ (02) 29 70 17, Fax (02) 29 72 58

🍴 **Restaurants:** im Hotel **L'Epervier,** mittlere Preislage; **La Dourade,** am Eingang zu den Höhlen am Cap Bon, Fischspezialitäten, mittlere Preislage

 Verkehrsverbindungen: Busse und **Louages** nach Tunis und Nabeul

🎪 **Fest: Festival de l'Epervier,** im Juni, Demonstration von Falken- und Sperberjagd

El Kantaoui
s. Port el Kantaoui

Gabès

 Information: ONTT-Büro, Av. Habib Thameur, Mo–Sa 8.30–13/15–17.45 Uhr, ✆ (05) 27 02 54

 Unterkunft: Chems, ***Hotel am Meer, nahe Zentrum, ✆ (05) 27 05 47, Fax (05) 27 44 85

Oasis, ***Hotel am Strand, nahe Zentrum, ✆ (05) 27 07 28, Fax (05) 27 17 49
Chela-Club, sehr schön in der Oase gelegenes Bungalow-Hotel, ✆ (05) 22 74 42
Nejib, **Hotel im Zentrum, ✆ (05) 27 16 86, Fax (05) 27 15 87
Tacapes, **Hotel im Zentrum, ✆ (05) 27 07 00

 Camping: Campingplatz bei der Jugendherberge in Petite Jara (nicht einladend)

 Restaurants: Khalij, Ecke Av. Ferhat Hached/Av. 5 Avril.
El Mazar, gegenüber Hotel Atlantique
Les Laternes, 4 km außerhalb Richtung Medenine, am Ortseingang von Télboulbou; **Oasis,** im Zentrum, alle mittlere Preislage

 Verkehrsverbindungen: Züge nach El Djem, Sfax, Sousse und Tunis; **Busse** u. a. nach Matmata, Sfax, Sousse, Tunis, Medenine und Djerba; Busstation am Ortsausgang Richtung Sfax

 Sehenswürdigkeiten: Volkskundemuseum, 8–19 Uhr im Sommer, 9.30–16.30 Uhr im Winter, Mo geschlossen

Gafsa

 Information: Touristenbüro an den römischen Bädern

Unterkunft: Maamoun, älteres ***Hotel in schönem Garten, ✆ (06) 22 24 32, Fax (06) 22 64 40
Gafsa, zentral gelegenes **Hotel, ✆ (06) 22 40 00, Fax (06) 22 47 47
Lune, modernisiertes *Hotel am südlichen Ortsrand, ✆ (06) 22 22 12
Khalfallah, Billigunterkunft im Zentrum, ✆ (06) 22 14 68

 Restaurants: in den Hotels **Maamoun, Gafsa** und **Khalfallah** (s. o.) sowie Restaurant **Semiramis** (neben Hotel Gafsa), alle mittlere Preisklasse

 Verkehrsverbindungen: Züge täglich über Sfax und Sousse nach Tunis, der Bahnhof liegt etwa 4 km südlich der Stadt; **Busse** u. a. nach Tozeur, Metlaoui, Kairouan und Tunis. Der Busbahnhof liegt im Zentrum südlich des Parks.

 Sehenswürdigkeiten: Archäologisches Museum, tägl. außer Mo 9–13/15–19 Uhr im Sommer und 9–16.30 Uhr im Winter

Hammamet

Information: ONTT-Büro, Av. Bourguiba, im Centre Commercial, Mo–Sa 7.30–13.30 /16–21 Uhr (Juli/August), Mo–Do 8.30–13/ 15–17.30 Uhr, Fr/Sa 8.30–13.30 Uhr (September–Juni); man spricht deutsch

 Unterkunft (Auswahl): **Stadthotels:**
Residence Hammamet, gepflegtes ***Appartementhotel im Zentrum mit Dachschwimmbad, ✆ (07) 28 07 33, Fax (07) 28 03 96
Mahmoud, kleines ***Hotel mit persönlicher Note, im Zentrum, ✆ (02) 28 37 23, Fax (02) 28 37 30
Yasmina, beliebtes ***Hotel nahe der Altstadt, ✆ (02) 28 02 22, Fax 28 05 93
Alaya, kleines, hübsches **Hotel mit privater Atmosphäre, in unmittelbarer Nähe

der Medina, ℘ (02) 28 02 18, Fax (02) 28 23 65

Strandhotels:
Club Manar (Magic Life) luxuriöses all-inclusive Hotel besonders f. Golfer, ca. 7 km nördlich, ℘ (02) 28 13 33, Fax (02) 28 07 72
Oceana Hammamet, großzügiges *****Hotel der Kette Iberotel in der südlichen Hotelzone, ℘ (02) 22 72 27, Fax (02) 22 70 03
Sol Azur Beach, gepflegtes ****Hotel in der nördlichen Hotelzone mit angrenzendem Kasino, ℘ (02) 27 95 50, Fax 27 99 72
Mirarmar El Hanna, geschmackvolles ****Bungalowhotel, 4 km südlich, ℘ (02) 28 03 44, Fax (02) 28 05 86
Palm Beach, in großem Garten liegende ****Anlage am Strand in der nördlichen Hotelzone, ℘ (02) 28 03 33, Fax (02) 28 13 57
Club Tanit, einfache **Bungalowanlage, 6 km südlich, ℘ (02) 22 61 48, Fax (02) 22 72 99

Camping: Samaris, an der Autobahnzufahrt (weit von Strand und Stadt)

Restaurants: Les Trois Moutons, Centre Commercial, Fleischspezialitäten, gehobene Preisklasse
Pomo d'Oro, neben Touristenbüro, gehobene Preisklasse
Brauhaus, an der Medina, Bier nach deutschem Reinheitsgebot! Überhaupt etliche deutsche Restaurants in der nördlichen und südlichen Hotelzone

 Verkehrsverbindungen: Nur 1 × tägl. direkte **Züge** nach Tunis, häufigere Verbindungen vom 5 km entfernten Bir Bou Rekba; **Busse** u. a. nach Tunis, Sousse, Monastir, Kairouan und Nabeul. Abfahrt an der Av. de la République; das **Touristenbähnchen** verkehrt mehrfach täglich zwischen den Hotelzonen und der Medina

Sehenswürdigkeiten: Kasbah, tägl. 8.30–21 Uhr (Sommer), 8.30–18 Uhr (Winter)
Pupput (römische Ruinen), tägl. 9–17.30 Uhr

Houmt Souk s. Djerba

Jendouba

Unterkunft: Hotel Atlas, einfaches **Hotel am Bahnhof, ℘ (08) 63 32 17
Simitthu, einfaches **Hotel am Busbahnhof, ℘ (08) 63 40 43

 Verkehrsverbindungen: Züge mehrfach täglich nach Tunis und Ghardimaou; **Busse** u. a. nach Tunis, Beja, Tabarka und Ain Draham

Kairouan

Informationen: ONTT-Büro an den Aghlabidenbassins (Verkauf des Sammeltickets), tägl. 8–18 Uhr, Fr 8–14 Uhr

Unterkunft: Amina, neues ***Hotel an der Ausfallstraße nach Tunis, ℘ (07) 22 65 55, Fax (07) 22 54 11
Continental, bewährtes ***Hotel gegenüber den Aghlabidenbassins, ℘ (07) 23 11 35, Fax (07) 22 99 00
Splendid, Rue 9 Avril, ruhig gelegenes ***Hotel im Zentrum, gegenüber Hotel Tunesia, ℘ (07) 22 75 22

Tunesia, Av. de la République, im Zentrum liegendes, älteres **Hotel, ⌀ (07) 23 18 55, Fax 23 17 75

Restaurants: Splendid im gleichnamigen Hotel, gilt als eines der besten der Stadt
Sabra, neben Hotel Tunesia, preiswert, sauber, kein Alkoholausschank
Errashid, maurisch aufgemachtes Touristenrestaurant für Reisegruppen
La Flore, neben Hotel Amina, ebenfalls auf Reisegruppen spezialisiertes Touristenrestaurant

Verkehrsverbindungen: Busse und **Louages** fahren u. a. nach Tunis, Douz, Le Kef, Sousse und Hammamet. Der Busbahnhof befindet sich an der Ausfallstraße nach Gafsa; die Louagestationen liegen u. a. an der Post und der Kasbah.

Sehenswürdigkeiten (wo nicht anders vermerkt, sind die Bauwerke im allgemeinen tägl. zwischen 9 und 18 Uhr geöffnet):
Bir Baruta (Sammelticket)
Barbiermoschee, tägl. 8–15, Fr bis 12 Uhr (Sammelticket)
Sidi Oqba-Moschee, tägl. 8–14 Uhr, Fr bis 12 Uhr (Sammelticket)
Säbelmoschee, tägl. außer Mo 9–16 Uhr, (Sammelticket)
Nationalmuseum Rekkada, tägl. außer Mo 9–12 und 14–18 Uhr (Sammelticket)

Fest: Besonders farbenprächtig wird der Geburtstag des Propheten gefeiert – **Le Mouled;** Daten s. S. 358 unter Feste und Feiertage

Karthago s. Carthage

Kasserine

Unterkunft: Cillium, ***Hotel außerhalb des Ortes bei den Ruinen, ⌀ (07) 47 46 04

Verkehrsverbindungen: Busse und **Louages** u. a. nach Tunis, Maktar, Le Kef, Gafsa und Gabès

Kebili

Unterkunft: Oasis Kebili, gepflegtes ***Hotel am Ortsrand, ⌀/Fax (05) 49 11 17
Fort des Autruches, in ehemaligem Fort untergebrachtes **Wüstenhotel mit Thermalschwimmbad, nahe Zentrum, ⌀ (05) 49 02 33, Fax (05) 49 07 37
Kitam, **Hotel an der Ausfallstraße nach Gabès, ⌀ (05) 49 13 38, Fax (05) 49 10 76

Verkehrsverbindungen: Busse u. a. nach Tunis, Gabès, Sfax, Douz und Tozeur

Kelibia

Unterkunft: Palmarina, neues ***Hotel neben dem Hafen, ⌀ (02) 27 40 62, Fax (02) 27 40 55
Mammounia, Strandhotel, ca. 2 km südlich des Ortes, ⌀ (02) 29 60 88, Fax (02) 29 68 58
Pension Anis, Av. Erriadh, im Zentrum gelegene, preiswerte Unterkunft mit nettem Restaurant

Verkehrsverbindungen: Busse und **Louages** mehrmals tägl. nach Nabeul

Tips von Ort zu Ort

**Sehenswürdigkeiten:
Festung,** tägl. 8–19 Uhr

Kerkennah-Inseln

 Unterkunft: Farhad, **Hotel am Strand von Sidi Frej, ✆ (04) 28 12 36, Fax (04) 28 12 37
Grand Hotel, schön gelegenes **Hotel am Strand von Sidi Frej, ✆ (04) 28 12 66, Fax (04) 28 14 85
Cercina, einfaches Bungalowhotel am Strand von Sidi Frej, mit gutem Restaurant, ✆ (04) 28 12 28, Fax (04) 28 12 62

 Verkehrsverbindungen: mehrmals tägl. **Fährverbindung** nach Sfax, Fahrzeit ca. 70 Minuten; auf den Inseln **Busse** und **Louages**

Ksar Ghilane

 Pan Sea, neues, komfortables Wüstenhotel gehobener Preisklasse im Herzen der Oase, ✆/Fax (05) 90 05 21

 Camping: zur Auswahl stehen drei Campingplätze: **Campament Rhilane, Le Paradis, L'Erg Camp,** teilweise laute Stromaggregate

Ksar Haddada

 Unterkunft: Ksar Haddada, uriges Ghorfa-Hotel mit Restaurant und Bar, preiswert, ✆ (05) 86 96 05; Buchungen auch über das Hotel La Gazelle in Tataouine

Le Kef (El Kef)

 Information: Syndicat d'Initiative, Place de l'Indépendance

 Unterkunft: Residence Venus, Rue Oued Smidu, westlich der Kasbah, einfaches, neues Hotel, ✆ (08) 22 16 95
Les Pins, an der P5 in Richtung Dougga, ✆ (08) 20 43 00, Fax (08) 20 24 11

 Verkehrsverbindungen: Busse und **Louages** u. a. nach Tunis, Sfax, Gafsa, Tabarka und Bizerte

 Sehenswürdigkeiten: Musée des Arts et Traditions Populaires, im Sommer tägl. außer Mo 9–13 und 16–19 Uhr, übrige Zeit 9.30–16.30 Uhr

Mahdia

 Unterkunft: Mahdia Palace, etwas protzig wirkendes *****Hotel mit schöner ›Poollandschaft‹, ✆ (03) 60 67 77, Fax (03) 69 68 10
El Mansour, gepflegtes ****all-inclusive-Hotel der Kette Iberotel mit orientalischem Flair
El Mehdi, beliebte, kinderfreundliche ***Anlage am Strand, ✆ (03) 68 13 00, Fax (03) 68 03 09

Restaurants: Le Lido, am Fischereihafen, offeriert Fischspezialitäten, preiswert

 **Verkehrsverbindungen: Züge** 2 × tägl. nach Tunis; **Metro du Sahel** (S-Bahn) fährt

mehrmals tägl. nach Monastir und Sousse; **Busse** mehrmals tägl. nach Sousse, El Djem und Sfax, vom Fischereihafen aus; **Louages** ab Bahnhof nach Monastir, Sousse und Sfax

Sehenswürdigkeiten: Bordj el Kebir, tägl. außer Mo 9–12 und 14–18 Uhr (Sommer), 9.30–16.30 Uhr (Winter);
Musée de Mahdia, tägl. außer Mo 9–16.30 Uhr

Maktar (Mactaris)

Verkehrsverbindungen: Busse und **Louages** mehrmals täglich u. a. nach Le Kef und Sbeitla

Sehenswürdigkeiten: Ausgrabungsgelände tägl. 9 Uhr bis Sonnenuntergang, das dazugehörige **Museum** hat montags geschlossen

Matmata

Information: Syndicat d'Initiative, im Zentrum, 8–12 und 15–19 Uhr, sehr hilfsbereite Mitarbeiter, organisieren auch Ausflüge

Unterkunft: Ksar Amazigh, (ehem. Les Troglodytes), ***Hotel im Stil eines Forts, etwas außerhalb des Zentrums, ✆ (05) 23 00 88, Fax (05) 23 02 73
Kouseila, neues ***Hotel im Zentrum, ✆ (05) 23 03 30
Matmata, modernes **Hotel nahe Zentrum, ✆ (05) 23 00 66, Fax (05)23 01 77
Les Berberes, Höhlenhotel, preiswert, ✆ (05) 23 00 24, Fax (05) 23 00 97
Sidi Driss, Höhlenhotel, preiswert, ✆ (05) 23 00 05

Marhala, Höhlenhotel des Touring Club, preiswert, ✆ (05) 23 00 15

Restaurants: in den Höhlenhotels nur Frühstück und Abendessen für Gäste; À-la-carte-Restaurants in den Hotels **Ksar Amazigh** und **Matmata** (s. o.)

Verkehrsverbindungen: häufig **Busse** nach Gabès und 1 × tägl. auch nach Tunis

Medenine

Unterkunft: Ibis, Place 7 Nov., neues **Hotel im Zentrum, ✆ (05) 64 38 78, Fax (05) 64 05 50
Hana, Av. Bourguiba, einfach, ✆ (05) 64 61 90

Restaurant: im Hotel **Ibis** (s. o.), mittlere Preislage

Verkehrsverbindungen: Busse und **Louages** u. a. nach Tunis, Gabès, Djerba, Zarsis, Tataouine, Metameur

Metameur

Unterkunft: Hotel el Ghorfa, pittoreskes Hotel in einem Ghorfa mit eigenwilligem Eigentümer, der nur Reisende aufnimmt, die ihm zusagen, billig, ✆ (05) 64 02 94 (derzeit im Umbau)

Verkehrsverbindungen: gelegentlich **Louages** von Medenine

Monastir

Information: ONTT-Büro, gegenüber Bourguiba-Moschee, Mo–Do 8.30–13 und 15–17.30 Uhr, Fr/Sa nur bis 13 Uhr (offiziell)

Unterkunft (Auswahl):
Strandhotels:
Amir Palace, neues *****Luxushotel in Skanes, ✆ (03) 46 79 00, Fax (03) 46 38 23

Skanes El Hana, großes ****Hotel nahe Flughafen, ✆ (03) 46 20 55, Fax (03) 46 27 09

Skanes Beach, geschmackvolles neues ****Hotel in Skanes, ✆ (03) 46 69 99, Fax (03) 46 62 08

Ruspina, von Deutschen bevorzugtes, älteres ***Hotel mit freundlichem Service, ✆ (03) 46 13 60, Fax (03) 46 03 64

Club Tanit, **Bungalowanlage in Skanes, ✆ (03) 46 47 97, Fax (03) 46 27 69

Residence de la Marina, Appartements am Yachthafen, ✆ (03) 46 23 05, Fax (03) 46 49 99

Yasmin, gemütliches *Hotel an der Corniche (Route de la Falaise), ca. 2 km nördlich des Zentrums (sicherer Parkplatz, gutes Restaurant), ✆ (03) 46 25 11

Stadthotels:
Club Med Regency, *****Clubhotel am Yachthafen, ✆ (03) 46 00 33, Fax (03) 46 07 27

Mezri, nettes***Hotel an der Küstenpromenade, ✆ (03) 46 84 00, Fax (03) 46 24 25

Restaurants: La Candilier und **Marina the Captain** am Yachthafen, gehobene Preisklasse
La Plage, Corniche, neben Hotel Mezri

Verkehrsverbindungen (Flugzeug): der Flughafen (vor allem Charterverkehr) liegt in Skanes, ca. 8 km vom Zentrum entfernt, jedoch nahe an der Hotelzone; Verbindung mit der Metro du Sahel

Verkehrsverbindungen (Bahn): Züge nach Tunis und Mahdia; die **Metro du Sahel** fährt oft nach Sousse, selten nach Mahdia; Stationen auch am Flughafen und in der Hotelzone von Skanes.

Verkehrsverbindungen (Bus): Busse und **Louages** fahren ab der westlichen Medinamauer nach Tunis, Sousse, Sfax und Nabeul

Sehenswürdigkeiten: Ribat, von April bis Mitte Sept. tägl. außer Mo 8–19 Uhr, übrige Zeit 8.30–17.30 Uhr
Musée du Costume Traditionel, 9–17.30 Uhr, Mo geschl.

Feste: Festival International, Juli/August, mit Aufführungen im Hof des Ribat
Olivenfestival, im November, Folklore

Nabeul

Information: ONTT-Büro, Av. Taieb Mehiri, tägl. außer So 7.30–13.30 und 17–19.30 Uhr

Unterkunft: Kheops, großzügige ****Anlage, etwas abseits vom Strand, ca. 1 km vom Zentrum, ✆ (02) 28 65 55, Fax (02) 28 60 24

Byzance, Blvd. Corniche, neues, kleines ****Hotel am Strand mit maurischem Flair, ✆ (02) 27 10 00, Fax (02) 28 71 64

Les Pyramides, Av. Bourguiba, älteres ***Hotel am Strand, ✆ (02) 28 54 44, Fax (02) 28 74 61

Fakir, Route Touristique, gebenüber Ausgrabung Neapolis, ✆ (02) 28 54 77, Fax (02) 28 76 16, preiswert, schweizerische Leitung
Les Olivier, 7 Rue de Havane, Pension genüber Zufahrt zum Camping Jasmin (s.u.), ✆ (02) 28 68 65

Camping: im Garten des Hotels **Les Jasmins** (nahe den römischen Ausgrabungen), ✆ (02) 28 53 43, Treffpunkt der Wüstenfahrer, vor allem am Tag vor den Fährabfahrten nach Europa recht beengt

Restaurants: L'Olivier, Av. Hedi Chaker, mittlere Preislage
Bon Kif, Av. Marbella, Zentrum, bekannt für Fischgerichte, mittlere Preislage

Verkehrsverbindungen: Züge 1 × tägl. nach Tunis; **Busse** und **Louages** häufig nach Hammamet und Tunis, mehrfach täglich auch nach Sousse, Sfax, Gabès, Kairouan, El Djem und Zaghouan. Ein **Touristenbähnchen** verkehrt mehrfach täglich zwischen Nabeul und Hammamet via Zone Touristique

Sehenswürdigkeiten: Archäologisches Museum, Nov. bis März tägl. außer Mo 9–16 Uhr, übrige Monate 8–13 und 16–19 Uhr

Feste: Blumenfest, April/Mai, Corso durch die Innenstadt mit geschmückten Wagen und Musik

Nefta

 **Information:** Syndicat d'Initiative, Av. Bourguiba, tägl. 9–17 Uhr (offiziell)

 Unterkunft: Sahara Palace, ****Hotel mit großartigem Blick (Wiedereröffnung 1998)
Bel Horizon, neues ***Hotel mit Blick auf die Corbeille, ✆ (06) 43 03 28, Fax (06) 43 05 00
Caravanserail, schön am Palmenhain gelegenes ***Hotel, ✆ (06) 43 03 55, Fax (06) 43 03 44
La Rose, modernes ***Hotel am Palmenhain, ✆ (06) 43 06 96, Fax (06) 43 03 85
Mirage, einfaches **Hotel oberhalb der Corbeille, ✆ (06) 43 06 22, Fax (06) 43 06 44
El Habib, Billigunterkunft im Zentrum, ✆ (06) 43 04 97

Verkehrsverbindungen: häufig **Busse** nach Tozeur, Gafsa, Sfax und Tunis

Plage de la Séguia, s. Djerba

Plage de Sidi Mahrès, s. Djerba

Port el Kantaoui

 Unterkunft: Marhaba Imperial, luxuriöses *****Hotel am nördlichen Strandabschnitt, ca. 2 km vom Yachthafen, ✆ (03) 24 64 77, Fax (03) 24 36 39
Hannibal Palace, anspruchsvolles ****Hotel am Strand, ✆ (03) 24 15 77, Fax (03) 24 23 21
Royal Kenz, komfortables neues ****Hotel, nicht direkt am Strand, ✆ (03) 24 61 00, Fax (03) 24 60 69
Marhaba Palace, elegantes ****Hotel nahe Golfplatz und Yachthafen, direkt am Strand, ✆ (03) 24 36 33, Fax (03) 24 36 39

Abou Sofiane, in schönem Garten gelegenes ***Hotel, am Strand nördl. des Zentrums, ✆ (03) 24 64 44, Fax (03) 24 64 22
Club Selima, ***Clubanlage am Strand, 2 km nördlich des Yachthafens, ✆ (03) 24 61 20, Fax (03) 24 63 11

 Restaurants: in den Hotels und am Yachthafen (La Mediterranée, Dourade, Les Emirs, alle gehobene Preisklasse)

 Verkehrsverbindungen: Busse und **Touristenbähnchen** nach Sousse vom Eingangstor des Yachthafens

Raf Raf

 Unterkunft: Dalia, einfaches Hotel im Zentrum, ✆ (02) 44 76 68

 Verkehrsverbindungen: Bus und **Louages** von Ras Djebel

Salakta

 Verkehrsverbindungen: mehrfach täglich **Busse** nach Mahdia und Sfax

 **Sehenswürdigkeiten: Archäologisches Museum,** Apr.–Sept. 9–13 und 14–18 Uhr, übrige Zeit 9–16.30 Uhr

Sbeitla (Sufetula)

Unterkunft: Sufetula, etwas heruntergekommenes **Hotel neben den Ruinen, ✆ (07) 46 50 74, Fax (07) 46 55 82

Bakini, **Hotel im Zentrum (sicherer Parkplatz), ✆ (07) 46 52 44

 Verkehrsverbindungen: mehrfach tägl. **Busse** und **Louages** nach Kasserine, Tunis, Kairouan, Maktar und Sfax

Sfax

Information: Syndicat d'Initiative, Place de l'Indépendance (Pavillon)

 Unterkunft: Abu Nawas Sfax , Av. Bourguiba, modernes, zentral gelegenes *****Hotel mit allen Annehmlichkeiten, ✆ (04) 22 57 00, Fax (04) 23 59 60
Novotel Syphax, Route de la Soukra, modernes ****Hotel außerhalb des Zentrums, ✆ (04) 24 33 33, Fax 24 52 26
El Andalous, Av. des Martyrs, neueres, nahe der Nordmauer der Medina gelegenes ***Hotel, ✆ (04) 29 91 00, Fax (04) 29 94 25
Les Oliviers, Av. Habib Thameur, gemütliches ***Hotel im Kolonialstil der 20er Jahre, ✆ (04) 22 51 88
La Medina, Rue Mongi Slim, einfache Unterkunft in der Medina, ✆ (04) 22 03 54

Restaurants: Le Corail, Av. Haazoum, vornehm, gehobene Preisklasse
Le Bagdad, Av. Ferhat Hached, beliebtes Mittelklasserestaurant
Carthage, Rue Ali Belhaouane, gegenüber Bab Diwan, einfache, gute Küche
Le Printemps, Av. Habib Bourguiba, spezialisiert auf Meeresfrüchte, mittlere Preislage

 Verkehrsverbindungen (Bahn): mehrfach täglich Züge

über El Djem nach Tunis sowie nach Gabès, 1 × tägl. nach Gafsa und Metlaoui

 Verkehrsverbindungen (Busse): der wichtigste Busbahnhof liegt am SNCFT-Bahnhof. Von hier u. a. Anschlüsse nach Tunis, Sousse, Kairouan, El Djem, Gabès, Djerba, Tataouine und Douz, zumeist mehrfach täglich

 Verkehrsverbindungen (Schiff): täglich mehrmals Fähren zu den Kerkennah-Inseln

Sidi Bou Said

 Unterkunft: Sidi Bou Said, ****Hotel in Sidi Dhrif, ca. 1 km außerhalb, ✆ (01) 74 04 11, Fax (01) 74 51 29
Sidi Boufares, 15, Rue Sidi Boufares, zentral gelegen, einfaches Hotel in historischem Wohnhaus mit Tonnengewölbe, mit gemütlichem Innenhof, ✆ (01) 74 00 91

Restaurants und Cafés: Au Bon Vieux Temps, Rue Hedi Chaker, gepflegtes Restaurant im Zentrum, ✆ (01) 74 47 88
Chergui, gegenüber Café des Nattes, mittlere Preislage
Le Pirate, am Yachthafen, gehobene Preisklasse
  Nicht entgehen lassen sollte man sich, trotz überhöhter Preise, das durch Mackes Bild berühmt gewordene
Café des Nattes mit seinem stilechten Interieur, im Zentrum.
Café Sidi Chebaane, etwas außerhalb in Richtung Aussichtspunkt, großartige Sicht über den Yachthafen und den Golf von Tunis

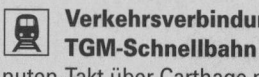 **Verkehrsverbindungen: TGM-Schnellbahn** im 20-Minuten-Takt über Carthage nach Tunis

Sousse

 Information: ONTT-Büro, 1, Av. Habib Bourguiba, ✆ (03) 22 51 57, Fax (03) 22 42 62, im Sommer Mo–Sa 7.30–19 Uhr, So 9–12 Uhr, im Winter Mo–Do 8.30–13/15–17.45 Uhr, Fr/Sa 8.30–13.30 Uhr
Pavillon des Syndicat d'Initiative am Place Ferhat Hached, tägl. 9–18 Uhr (offiziell)

Unterkunft: Orient Palace, luxuriöses *****Hotel am Strand, 5 km nördlich des Zentrums, ✆ (03) 24 28 88, Fax (03) 24 33 45
Chems el Hana, modernes ****Hotel in Zentrumsnähe, ✆ (03) 22 81 90, Fax (03) 22 60 76
Tej Marhaba, komfortables ****Hotel mit großem Hallenbad, ca. 1,5 km nördlich des Zentrums, ✆ (03) 22 98 00, Fax (03) 22 98 15
Abou Nawas Boujaafar, modernes ****Hotel in Zentrumsnähe, ✆ (03) 22 60 30, Fax (03) 22 65 75
Justinia und **Nour,** preiswerte ***Hotels in Zentrumsnähe, ✆ (03) 22 63 81, Fax (03) 52 59 93
Medina, einfaches *Stadthotel mit orientalischem Flair, an der Großen Moschee, ✆ (03) 22 17 22, Fax (03) 22 17 94
Emira, Rue de France, familiäres, einfaches Hotel in der Medina, ✆ (03) 22 63 25
Hotel de Paris, Rue du Rempart Nord, beliebte Billigunterkunft in der Medina, ✆ (03) 22 05 64

Restaurants: Le Golf, Av. Bourguiba, neben Hotel Abou Nawas Boujaafar (s. o.), gehobene Preisklasse

Lido, Av. Mohammed V, am Hafen, es werden Fischspezialitäten serviert
Hotel du Peuple, Rue de Rempart, neben Hotel de Paris (s. o.), preiswert und gut
Les Jasmins, 22, Av. Bourguiba, reichhaltige und preiswerte Speisen

Verkehrsverbindungen (Flugzeug): der Flughafen Monastir-Skanes liegt etwa 15 km südlich; Station der Metro du Sahel

Verkehrsverbindungen (Bahn): Züge nach Tunis, Sfax, Gabès mehrfach täglich; mit **Metro du Sahel** (S-Bahn) etwa stündlicher Verkehr zwischen Sousse und Mahdia über Monastir. Ein **Touristenbähnchen** verkehrt mehrmals täglich entlang der Uferpromenade zwischen Hotel Abou Nawas Boujaafar und dem Yachthafen von El Kantaoui.

Verkehrsverbindungen (Bus): Sousse ist Drehscheibe des Busverkehrs und hat mehrere Busbahnhöfe. Vom Bab el Djedid fahren die Fernbusse nach Süden, vom Place du Port Busse nach Norden, vom Gare Routière Busse ins Landesinnere und von der Haltestelle am Place Sidi Yahia an der Nordmauer Nahverkehrsbusse nach El Kantaoui, Hergla, Monastir und Mahdia

Feste: Theater- und Musikfestival im Juli/August

Tabarka

Information: Commissariat du Tourisme, 3 Rue de Bizerte, nahe Stadteinfahrt, Mo–Do 8.30–13 und 15–17 Uhr, Fr/Sa nur bis 13 Uhr

Unterkunft: Strandhotels: Mehari Tabarka, neues ****Hotel mit Blick über die Bucht, 3 km südlich, ✆ (08) 67 00 01, Fax (08) 64 39 43
Morjane, älteres ****Hotel, 3 km südlich des Ortes, ✆ (08) 64 31 07, Fax (08) 64 38 88
Abou Nawas Montazah, großzügige ***Clubanlage an der Bucht, 2 km südlich, ✆ (08) 67 15 06, Fax (08) 64 35 30
Royal Golf Marhaba, neues ***Hotel am Golfplatz gelegen, ca. 2,5 km vom Ort entfernt, ✆ (08) 64 36 25, Fax (08) 64 38 38
Stadthotels:
Mimosas, ***Hotel oberhalb der Ortschaft, in ehemaliger Kolonialvilla, ✆ (08) 64 30 18, Fax (08) 64 32 76
Novelty, Av. Bourguiba, mittlere Preisklasse, ✆ (08) 17 66 43, Fax (08) 64 30 43
Mamia, Rue de Tunis, gemütliche Pension, ✆ (08) 64 40 58

Restaurants: Café Andalous, im Zentrum
Le Pirate, am Yachthafen

Verkehrsverbindungen (Flugzeug): der neue Flughafen liegt etwa 14 km südlich der Stadt, Verbindungen mit Tunis (Charterflüge ausgenommen); keine Zubringerbusse

Verkehrsverbindungen: Busse u. a. nach Tunis, Bizerte, Ain Draham und Le Kef. Der Busbahnhof liegt in der Av. Bourguiba, nahe des Verkehrskreisels.
Ein **Touristenbähnchen** verkehrt etwa stündlich zwischen der Stadt und der Hotelzone.

Sehenswürdigkeiten: Musée de Tabarka, tägl. außer Mo 9–12 und 14.30–17 Uhr

Musée de Liège (Korkmuseum), an der Straße nach Ain Draham, Mo–Fr 7.30–17, Sa/So 9.30–13 Uhr

Tamerza

 Unterkunft: Tamerza Palace, ****Hotel mit großartigem Blick auf Altstadt, gutes Restaurant, ✆ (06) 45 37 22, Fax (06) 45 38 45
Les Cascades, einfaches Hotel mit angenehmer Atmosphäre, im Palmenhain gelegen, ✆ (06) 24 85 20

 Verkehrsverbindungen: Busse nach Metlaoui; nach Chebika nur **Louages**

 Aktivitäten: Wanderungen in die Umgebung

Tataouine

 Unterkunft: Sangho, ***Hotel, ca. 3 km außerhalb an der Straße nach Chenini, ✆ (05) 86 01 24, Fax (05) 86 21 77
La Gazelle, zentral gelegenes **Hotel, ✆ (05) 86 00 09, Fax (05) 86 28 60
Dakyanus, neues **Hotel, ca. 8 km außerhalb bei El Ferch, nahe der Abzweigung nach Chenini, ✆ (05) 86 29 32
Residence Hotel Hamza, Av. Hedi Chaker, preiswerte Unterkunft im Zentrum, ✆ (05) 86 20 68

 Restaurants: in den Hotels

 Verkehrsverbindungen: Busse u. a. nach Tunis, Gabès, Medenine und Houmt Souk. Zu den Bergdörfern der Umgebung nur **Louages** oder **Taxis**

 Fest: Festival International des Ksour Sahariens, Anfang April, mit Folklore, Tänzen und Kamelrennen

Teboursouk

 Unterkunft: Hotel Thugga, im Olivenhain unterhalb des Ortes gelegenes **Hotel, mit Restaurant, sicherer Parkplatz, ✆ (08) 46 66 47 od. 46 67 21 (Reservierung ratsam)

 Verkehrsverbindungen: Busse und **Louages** u. a. nach Tunis, Le Kef und Beja

Tozeur

Information: ONTT-Büro, Av. Abou Kacem, nahe Hotelfachschule, Mo–Sa 8.30–13 und 15–17.45 Uhr, ✆ (06) 45 45 03, Fax 45 20 51
Syndicat d'Initiative, Av. Bourguiba, Mo–Sa 8–13 und 15–18 Uhr

Unterkunft (Auswahl): **am Ortsrand:**
Dar Cherait, neues *****Luxushotel neben dem gleichnamigen Museum, ✆ (06) 45 48 88, Fax (06) 45 32 71
Palm Beach Palace, neues *****Luxushotel, ✆ (06) 45 32 11, Fax (06) 45 39 11
La Palmerai, neues ****Hotel, ✆ (06) 45 45 99, Fax (06) 45 48 33
Abou Nawas, ****Hotel, ✆ (06) 45 35 00, Fax (06) 45 26 86
Basma, ***Hotel, ✆ (06) 45 23 40, Fax 45 22 94
Stadthotels:
L'Oasis, älteres, mehrfach renoviertes ***Hotel im Zentrum, ✆ (06) 45 05 22, Fax (06) 45 21 59

Dar Ghaouar, neues **Hotel am Markt, ✆ (06) 45 28 70, Fax (06) 45 26 66
Residence Warda, einfache Unterkunft, ✆ (06) 45 25 97, Fax 45 27 44
Ksar El Djerid, Abou El Kacem, preiswertes *Hotel, ✆ (06) 45 43 57, Fax 45 45 15

Camping: Beaux Rêves neben Hotel Continental am Ortsrand
Bedouine Camping, im Nachbarort Degache, 8 km Richtung Kebili, ausgeschildert, Palmenhain, Restaurant, klimatisierte Zimmer in gesondertem Komplex

Restaurants: Petit Prince, im Zentrum, hinter dem Hotel L'Oasis, mittlere Preisklasse
Les Andalous, im Zentrum, mittlere Preisklasse
Le Soleil, Zentrum, gegenüber Residence Warda, preiswert

Verkehrsverbindungen: mit dem **Flugzeug** 3 × wöchentlich Linienverbindung nach Tunis und Djerba; **Busse** mehrmals täglich nach Tunis, Kebili, Douz und Gafsa, ca. stündlich nach Nefta und Degache

Sehenswürdigkeiten: Museum Dar Cherait, tägl. 8–24 Uhr
Musée Archéologique et Traditionel, tägl. außer Mo 8–12 und 15–18 Uhr (offiziell)
Zoo Paradies und **Zoo du Desert,** tägl. ab 8 Uhr bis Sonnenuntergang

 Feste: Festival International des Oasis in der 2. Dezemberhälfte (wegen Ramadan 1998/99 möglicherweise Terminverschiebung)
Festival de Tourisme, jährlich am 11. November.

Zu beiden Festen gibt es Musikanten, Akrobaten, Tänze und Pferdedarbietungen.

Aktivitäten: Ballonfahrten, Buchung: Aeroasis, Av. de Chabi, ✆ (06) 45 23 61; Geländewagenausflüge, Buchung über Reisebüros und ONTT; Kutschfahrten durch die Oase, Standplatz vor dem Hotel Continental.

Tunis

Information: ONTT-Hauptbüro, 1, Av. Mohammed V, am Place du 7 Nov., ✆ (01) 34 10 77, Mo–Do 8.30–13/15–17.45 Uhr, Sa 8.30–13.30 Uhr, nicht sehr ergiebig.

Einen Informationsstand gibt es auch am Flughafen und am Bahnhof (jeweils mit Zimmervermittlung). Mit viel Glück kann man am Informationskiosk Av. Bourguiba/Ecke Av. de la Carthage einen Stadt- und Medinaplan bekommen.

Unterkunft (Auswahl):
Abu Nawas Tunis, Place Kennedy, Av. Med V., auf dem Kongreßgelände gelegenes *****Luxushotel der bekannten Hotelkette, ✆ (01) 35 03 55, Fax (01) 35 28 82
El Hana International, 49 Av. Bourguiba, Luxushotel in zentraler Lage, ✆ (01) 33 11 44, Fax 43 11 99
Africa Méridien, 50, Av. Habib Bourgouiba, ✆ (01) 34 74 77, Fax (01) 34 74 32, zentral gelegenes *****Hotel älterer Bauart
Hilton, Av. de la Ligue Arabe, ✆ (01) 78 28 00/-1 00, Fax (01) 78 17 13, am Belvedère-Hang gelegenes *****Luxushotel
Le Bahy, 14, Av. Bourguiba, ✆ (01) 33 03 23, Fax (01) 33 04 25, neues ***Hotel nahe der Endhaltestelle der TGM
Carlton, 31, Av. Bourguiba, ✆ (01) 33 06 44, älteres, renoviertes ***Hotel im Zentrum

Majestic, 36 Av. de Paris, beliebtes, älteres Hotel mittlerer Preislage, ✆ (01) 33 28 48, Fax (01) 33 69 08

Salammbo, 6, Rue de Grèce, nahe Place Barcelone, ✆ (01) 33 74 98, einfaches, jedoch sauberes *Hotel in zentraler Lage

Auberge de Jeunesse Tunis-Medina, 25 Rue Saida Ajoula, ✆/Fax (01) 56 78 50

Restaurants (Auswahl):

Dar el Djeld, 5, Rue Dar el Djeld, La Kasbah, Nobelrestaurant in einem ehemaligen Palast am Westrand der Medina, Reservierung erforderlich, ✆ (01) 26 09 16

L'Àstralgale, 7, Rue Dauphine, luxuriös, Reservierung erforderlich, ✆ (01) 58 70 80

M'Rabet, im Souk el Truk, bei Touristen beliebtes Medina-Restaurant, mittlere Preisklasse

La Mamma, 17, Rue Marseille, gute italienische Küche, preiswert

Bagdad, Av. Bourguiba, neben Hotel Carlton (s. o.), tunesische und internationale Küche, mittlere Preisklasse

Brasserie de Strassbourg, 100, Rue de Yugoslavie, u. a. Elsässer Spezialitäten, gehobene Preisklasse

Le Malouf, 108, Rue de Yugoslavie, tunesische Küche, Live-Musik, mittlere Preisklasse

Madhdaoui, Rue Djama ez Zitouna, in der Medina, unmittelbar vor der Moschee, nur mittags geöffnet, preiswert

Auch in der Umgebung der Markthalle gibt es kleine, preiswerte Restaurants.

Gute **Fischrestaurants** findet man in Goulette (10 Minuten Fahrt mit der TGM-Schnellbahn bis zu den Stationen Goulette Neuve oder Le Casino). Dazu zählen das **Café Vert** und das Restaurant **Victoire** (Av. Roosevelt) sowie das Restaurant **Venus** (Av. Bourguiba).

Achtung: Die meisten Restaurants in Tunis sind sonntags geschlossen, einige auch in den Sommermonaten Juli/August.

 Sehenswürdigkeiten: Musée de Timbres, 3, Rue d'Angleterre (in der Hauptpost), Mo–Do 8.30–13/15–17.45 Uhr, Fr/Sa 8.30–13.30, Eintritt frei

Zoo, Park du Belvédère, tägl. außer Mo 9–17.30 Uhr, im Winter bis 17 Uhr

Große Moschee (Djama ez Zitouna), tägl. außer Fr und den islamischen Feiertagen 8–12 Uhr

Museum Dar Ben Abdallah, Rue Sidi Ben Abdallah, tägl. außer Mo 9.30–16.30 Uhr

Bardo-Museum, im Vorort Bardo, tägl. außer Mo und hohen islamischen Feiertagen 9.30–16.30 Uhr; Anfahrt aus dem Zentrum mit Bus 3 ab TGM-Station oder Metro 4 vom Place de Barcelone

Tourbet El Bey, Rue Tourbet El Bey, tägl. außer So 9.30–16.30 Uhr

Verkehrsverbindungen (Flugzeug):

der internationale Flughafen Tunis-Carthage liegt etwa 8 km nördlich der Stadt. Zubringerbus Nr. 35 fährt über die Av. Bourguiba bis Busbahnhof Tunis Marine (TGM-Bahnhof). Auf gleicher Route verkehrt etwa stündlich der Zubringerdienst Transtour. Im Abfertigungsgebäude befinden sich Touristeninformation mit Hotelvermittlung, Wechselstube und Autovermietung. Auskunft über Flugverbindungen ✆ (01) 23 50 00

Verkehrsverbindungen (Bahn):

der Bahnhof der SNCFT liegt recht zentral an der Place de Barcelone, die mit allen Straßenbahnen (Metro) erreichbar ist. Alle Eisenbahnstrecken Tunesiens nehmen hier ihren Ausgang. Im Bahnhof befinden sich Touristeninformation mit Hotelvermittlung, Wechselstube und Gepäckaufbewahrung. Auskunft und Buchung ✆ (01) 24 44 40 und 24 99 99

Verkehrsverbindungen (Fernbusse): Busse in den nördlichen Landesteil fahren vom Gare Routière du Nord – Bab Saadoun im Nordwesten der Stadt ab (erreichbar mit Metro 3 und 4); Auskunft und Buchung ✆ (01) 56 22 99. Busse nach Südtunesien fahren vom Gare Routière du Sud – Bab el Fellah ab, ein Stück südlich des Bahnhofs (erreichbar mit Metro 1); Auskunft und Buchung ✆ (01) 39 92 55.

Verkehrsverbindungen in der Stadt: Metro (Straßenbahn): derzeit gibt es vier, teilweise noch nicht ganz fertiggestellte Linien, die alle an der Place de Barcelone ihren Ausgang nehmen; für den Touristen am wichtigsten ist wohl die Linie 4 zum Bardo-Museum.
TGM (S-Bahn): Diese Schnellbahn verkehrt im 20-Minuten-Takt zwischen der Endstation Tunis Marine und der Ortschaft La Marsa nördlich von Karthago.
Stadtbusse: Wichtigster Abfahrtsplatz ist der Busbahnhof Tunis Marine. Von dort bestehen Verbindungen zum Flughafen (Nr. 35), zur Westseite der Medina (Nr. 2), zum Belvédère-Park (Nr. 36) und zum Bardo-Museum (Nr. 3); Der Bus Nr. 50 verkehrt zwischen den beiden Fernbusbahnhöfen.

Zaghouan

Unterkunft: Les Nymphes, schön am Berghang gelegenes **Hotel nahe dem Nymphäum, ✆ (02) 67 50 94

Verkehrsverbindungen: häufig **Busse** u. a. nach Tunis, Sousse, Hammamet und Nabeul

Zarsis

Information: ONTT-Büro in der Hotelzone an der Hauptstraße

Unterkunft: Oamarit, große, weitläufige ***Hotelanlage am Strand, 13 km vom Ort entfernt, ✆ (05) 68 07 70, Fax (05) 68 06 85
Sangho Club, in üppigem Garten am Hang gelegenes ***Hotel, 12 km von Zarsis entfernt, ✆ (05) 68 01 24, Fax (05) 68 07 15
Giktis, neben Sangho, ***Hotel, ✆ (05) 68 28 00, Fax 68 30 02
Zarsis, bei Deutschen beliebte ***Anlage, ca. 4 km vom Ort entfernt, ✆ (05) 68 01 60, Fax (05) 68 02 92
Zita, preiswertes **Hotel aus den 60er Jahren, ca. 4 km von Zarsis entfernt, ✆ (05) 68 03 46, Fax (05) 68 02 92
Nozha, kleines modernes *Hotel am Strand, ohne Grünanlage und Pool, ca. 3 km von der Stadt entfernt, ✆ (05) 68 15 93
Amira, kleines Hotel am Strand, ca. 4 km außerhalb, Stellplatz für Wohnmobile, Eigentümer spricht deutsch, ✆ (05) 68 01 88
El Medina, einfaches Stadthotel im Zentrum, ✆ (05) 68 08 01

Restaurants: À-la-carte-Restaurants in den Hotels **Amira** und **Nozha** (s. o.; preiswert)
La Pacha an der Route des Hôtels (mittlere Preislage)

Verkehrsverbindungen: mehrfach täglich verkehren **Busse** nach Medenine, Houmt Souk (Djerba) und Gabès, einmal täglich nach Tunis

Reiseinformationen von A–Z

Anreise

...mit dem Flugzeug

Tunesien wird im Liniendienst regelmäßig von Lufthansa, Tunis Air und LTU angeflogen. Von Frankfurt nach Tunis fliegt die Lufthansa, von Berlin-Schönefeld, Hamburg, Düsseldorf, München, Wien und Zürich die Tunis Air. Nach Djerba verkehren Tunis Air von Frankfurt und Zürich, LTU von Düsseldorf, Köln, Frankfurt, Stuttgart und München. Nach Monastir fliegt LTU von allen größeren deutschen Flughäfen, nach Tabarka von Düsseldorf. Die Preise liegen je nach Fluggesellschaft und Saison zwischen 500 und 1000 DM. Man kann aber auch Charterflüge ohne Hotelarrangement zu günstigen Preisen buchen. Die entsprechenden Angebote finden sich z. B. in den Broschüren ›Tip-Flüge‹ (NUR) und ›Hit-Flüge‹ (TUI). Die Charterfluggesellschaften sind darauf eingestellt, auch sperriges Sportgerät, etwa Surfbretter und Fahrräder, gegen eine geringe zusätzliche Gebühr zu transportieren. Das Zusatzgepäck muß bereits bei der Buchung angemeldet werden. Hingewiesen sei auch auf die sogenannten ›Last Minute-Angebote‹, bei denen die Gesellschaften kurz vor Reisebeginn noch freie Plätze anbieten. Derartige Angebote findet man an speziellen Schaltern auf einigen Flughäfen, kann sie aber auch per Fax-Abruf z. B. bei Air Marin (01 90/25 20 00) oder Reise & Preise (01 90/25 25 00) einholen. Auch im Internet sind zahlreiche Anbieter vertreten (z.B. www.charterflug.de; www.reise-preise.de).

...mit dem Pkw

Tunesien mit dem eigenen Fahrzeug zu erreichen, ist verhältnismäßig einfach, da zwischen Tunis und Frankreich sowie Italien regelmäßige Verbindungen mit modernen Autofähren bestehen.

Fährverbindungen: Auf der Route **Marseille – Tunis** verkehren die gepflegten Schiffe der französischen Reederei SNCM in der Hauptsaison (Juni–Oktober) bis zu 4 × pro Woche sowie die ›Habib‹ der tunesischen Reederei CNT 2–3 × pro Woche (Fahrzeit 24 Stunden); in der Nebensaison jeweils nur 1 × wöchentlich. Von **Genua nach Tunis** verkehren CNT und SNCM jeweils 1 × pro Woche, in der Hochsaison mit zwei Schiffen mehrmals wöchentlich (Fahrzeit 24 Stunden). Die kurze Route, **Trapani auf Sizilien – Tunis** (Fahrzeit 8 Stunden), wird von der italienischen Reederei Tirrenia ganzjährig 1 × pro Woche bedient und ist vor allem für Touristen mit großen Fahrzeugen interessant, die dem teuren Lkw-Tarif unterliegen. Neu ist die Verbindung der italienischen Reederei Grandi Navi Veloci auf der Route **Genua – Palermo – Tunis – Malta – Palermo – Tunis**. Wer in Palermo unterbricht, bekommt einen Rabatt von 50 % auf das Fahrzeug.

Weitere Verbindungen mit italienischen Reedereien bestehen zwischen Livorno und Tunis (über Palermo), Neapel und Tunis sowie Mazara (Sizilien) und Tunis. Die Schiffe verkehren jedoch nicht das ganze Jahr über.

Nicht einfach ist es, den günstigsten Tarif ausfindig zu machen, insbesondere, wenn man ein Campingfahrzeug verschiffen will. In die unterste Preiskategorie fallen PKW bis 1,80 m Höhe. Bis zu einer Höhe von 2,30 m sind die Tarife für Campingfahrzeuge nach Länge gestaffelt, über 2,30 m Höhe werden sie zum sehr teuren Frachttarif befördert. Eine Ausnahmeregelung besteht während der Nebensaison

(16.8.–24.6.). Der dann gültige *Tarif Jasmin*, der für alle Autos gleich ist, schließt dann den Transport von Campingfahrzeugen bis 3 m Höhe und 6 m Länge ein. Für einen großen Camper sind z.B. für Hin-/Rückfahrt statt 2500 DM in der Hochsaison nur ca. 900 DM zu bezahlen.

Pro Person zahlt man für Hin-/Rückfahrt in der Hauptsaison zwischen 530 DM (Sitz ohne Verpflegung) bis etwa 1400 DM (2-Bett-Luxuskabine mit Verpflegung). In der Nebensaison zahlen 2–5 Personen einen Pauschalpreis von 780 DM in der einfachen Klasse ohne Kabine, 1300 DM in der einfachsten Kabinenklasse inkl. Verpflegung.

Wer mit dem Fahrzeug in Tunesien einreist muß neuerdings aufgrund zunehmender Bürokratie (Erfassung der Fahrzeugdaten und Erhebung einer Straßennutzungsgebühr) mit langen Wartezeiten vor diversen Schaltern rechnen. Da den Touristenfahrzeugen eigene Spuren zugewiesen werden, geht die Zollabfertigung hingegen schnell vonstatten (nur oberflächliche Kontrolle). Wer mit der tunesischen Habib anreist, kann den Papierkrieg z.T. schon auf dem Schiff erledigen.

Auskünfte und Buchungen bei:
SNCM Germany GmbH
Berliner Str. 31–35
65760 Eschborn
✆ (0 61 96) 4 29 11-13
Fax (0 61 96) 48 30 15
A. Farina GmbH (für Tirrenia)
Postfach 71 01 03
60491 Frankfurt/M.
✆ (0 69) 6 66 48 91
Fax (0 69) 6 66 84 77

Bei der Einreise ist neben den üblichen Kfz-Papieren eine Kfz-Versicherung vorzuweisen (s. auch Einreise- und Zollbestimmungen). Der Auslandsschutzbrief des ADAC gilt auch für Tunesien. Eine temporäre Vollkaskoversicherung ist dringend zu empfehlen, da die Deckungssummen in Tunesien weit unter denen Deutschlands liegen und nicht jeder einheimische Autofahrer versichert ist.

Landverbindungen: Derzeit sind die Grenzen zu den Nachbarländern Algerien und Libyen geöffnet. Zum Besuch beider Staaten ist ein Visum erforderlich, das in Deutschland besorgt werden muß. Von einer Einreise nach Algerien ist allerdings momentan aus politischen Gründen dringend abzuraten. Der Grenzübertritt nach Libyen ist problemlos und das Land angenehm zu bereisen. Autofahrer müssen jedoch zum offiziellen Wechselkurs (auf tunesischer Seite werden libysche Dinar zum Zwanzigfachen des offiziellen Kurses angeboten!) ein *Carnet de Passage* erwerben, eine Versicherung abschließen und libysche Kennzeichen ›ausleihen‹. Der Gesamtbetrag beläuft sich auf etwa 450 DM, zahlbar an der Grenze in Devisen (abgezählt bereithalten!). Auch Rechnungen großer Hotels muß man mit offiziell getauschten Devisen begleichen, wodurch sich abenteuerlich hohe Preise von mehr als 500 DM/Nacht ergeben. Wer mit dem Camper unterwegs ist und sich auf tunesischer Seite mit lybischem Geld eingedeckt hat, reist hingegen sehr preiswert.

Apotheken *(Pharmacie)*

Öffnungszeiten: Mo–Fr 9–13 und 15–19 Uhr, Sa 9–13 Uhr, So geschlossen.

Die Apotheken in den größeren Ortschaften sind gut sortiert und führen die gängigen Mittel aus französischer, schweizerischer und deutscher Produktion. Die Preise liegen deutlich unter den hiesigen; Verschreibungspflicht besteht nur in Ausnahmefällen. Da die Medikamente unter anderem Namen geführt werden, ist die

Mitnahme deutscher Beipackzettel hilfreich.

Ärztliche Versorgung

Die großen Touristenhotels können in der Regel gute Ärzte vermitteln; sehr große Anlagen haben sogar eine eigene Krankenstation. Obwohl ein bilaterales Abkommen besteht, werden deutsche Krankenscheine nicht immer anerkannt. Man setze sich vor Abreise mit seiner Krankenkasse in Verbindung.

Zuständig in Tunesien ist die Caisse Nationale de Sécurité Social (CNSS, 12, Rue de Madrid, 1001 Tunis), die in allen größeren Orten Niederlassungen unterhält. Vor der Behandlung einen tunesischen Krankenschein *(Carte de soigns)* besorgen.

Ratsam ist eine zusätzliche private Reisekrankenversicherung, die meist auch Rücktransport im Notfall eingeschließt

Auskunft

...in Deutschland
Fremdenverkehrsamt Tunesien
Goetheplatz 5
60313 Frankfurt/M.
✆ (0 69) 29 70 64-0
Fax (0 69) 29 70 66-3

Büro 10707 Berlin:
Kurfürstendamm 171
✆ (0 30) 8 85 04 57
Fax (0 30) 8 85 21 98

Büro 40210 Düsseldorf:
Steinstr. 23
✆ (02 11) 8 42 18
Fax (02 11) 32 27 73

Deutsch-Tunesische Gesellschaft
Meckenheimer Allee 87
53115 Bonn
✆ (02 28) 65 69 69

...in Österreich
Tunesisches Fremdenverkehrsamt
Landgerichtsstr. 22
1010 Wien
✆ (01) 40 83 94 40
Fax (01) 4 08 39 10 18

...in der Schweiz
Tunesisches Verkehrsbüro
Bahnhofstr. 69
8001 Zürich
✆ (01) 2 11 48 30/31
Fax (01) 2 12 13 53

... im Internet
http.//www.tourismtunisia.com

... in Tunesien
An allen touristisch bedeutsamen Orten gibt es ein regionales Fremdenverkehrsbüro (Syndicat d'Initiative), in größeren Städten zusätzlich noch ein staatliches Fremdenverkehrsbüro (Office Nationale du Tourisme Tunisien). Die örtlichen Fremdenverkehrsämter haben in der Regel ein Hotelverzeichnis ausliegen und sind über die Verkehrsverbindungen gut informiert.

Öffnungszeiten: werktags 9–12 und 15–17 Uhr, samstags nur am Vormittag, sonntags geschlossen. Im Sommer und während des Ramadans sind die Büros nachmittags häufig geschlossen. Auch sonst werden die Öffnungszeiten nicht immer eingehalten, so daß der Tourist nicht selten vor verschlossenen Türen steht. Überdies läßt die Hilfsbereitschaft oftmals zu Wünschen übrig.

Autofahren

Ausflüge mit dem eigenen oder gemieteten Wagen sind die ohne Zweifel angenehmste Art, Land und Leute auf eigene Faust kennenzulernen. Da sich die Straßen in Südtunesien überwiegend in gutem Zustand befinden und der Straßenverkehr, abgesehen von der großen Nord-Süd-Verbindung Tunis–Sfax–Gabès–Medenine–Tataouine, gering ist, verspricht die Fahrt mit dem Auto ungetrübte Reisefreuden, sofern man **einige Grundsätze** beachtet:

Nie unvorbereitet in abgelegene Wüstengebiete fahren; nur in Ausnahmefällen Anhalter mitnehmen; nicht in der Dunkelheit fahren; Geschwindigkeitsbegrenzungen (innerhalb geschlossener Ortschaften km/h 50, außerhalb 90, auf Djerba 70) genau beachten, da es viele Polizeikontrollen gibt. Grundsätzlich gilt strikt rechts vor links, auch im Kreisverkehr. Rot-weiße und gelbe Markierungen am Bordstein bedeuten Parkverbot.

Die Autobahnstrecke zwischen Tunis und Sousse ist neuerdings gebührenpflichtig.

Das Tankstellennetz ist entlang der Hauptstraßen sehr dicht, auch bleifreies Benzin *(Sans plomb)* ist mittlerweile in fast allen größeren Städten erhältlich (Liste beim ADAC). Wüstenfahrer sollten jedoch Treibstoffkanister mitführen, da die Versorgung in den südlichen Regionen nur beschränkt ist, insbesondere gilt dies für das Sperrgebiet südlich von Remada, wo keine offiziellen Tankstellen vorhanden sind.

Bei Bagatellschäden einigt man sich mit dem Kontrahenten durch Austausch der Personalien und Versicherungsnummern, bei Personenschäden muß die Polizei oder Garde National benachrichtigt werden. Hilfreich ist das vom ADAC herausgegebene Merkblatt: Schadensfälle in Tunesien.

Camping

Campingplätze im europäischen Sinn gibt es nur wenige, wobei man allerdings auch bei diesen keinen Komfort erwarten darf. Selbst warme Duschen sind eher die Ausnahme. Die Plätze sind in ›Adressen und Tips von Ort zu Ort‹ unter den einzelnen Orten aufgeführt. Freies Campieren ist außerhalb von Privatgelände und touristischen Strandzonen problemlos möglich; man sollte jedoch den Grundstückseigentümer um Erlaubnis bitten, sofern man in der Nähe von Häusern sein Nachtlager aufschlägt.

Diebstähle und Betrügereien

Verglichen zu manch anderen Mittelmeerländern, ist Tunesien ausgesprochen sicher. Dennoch sollte man Papiere, Tickets und Geld nicht sorglos in der Handtasche aufbewahren. In fast allen Hotels kann man kleine Schließfächer mieten. Bei Reisen mit überfüllten öffentlichen Verkehrsmitteln bieten ein verdeckt getragener Brustbeutel oder ein Geldgürtel die größte Sicherheit. Etwas martialisch, aber sehr sicher und komfortabel ist ein Brustbeutel in Form eines Schulterhalfters (erhältlich bei Globetrotter-Ausstattern).

Auf kleinere und größere Betrügereien muß man sich als Tourist allerdings einstellen, wobei dieser Tatbestand von Einheimischen und Fremden unterschiedlich interpretiert wird (s. S. 357/Feilschen). Besondere Vorsicht sollte man beim Erwerb von Schmuck walten lassen, dessen Silbergehalt nicht immer der Angabe des Verkäufers entspricht. Größte Zurückhaltung ist auch beim Erwerb von Antiquitäten geboten. Sind sie wirklich echt, darf man sie nicht ausführen, sind es Fälschungen, ist der geforderte Preis zu hoch. Bei den angebotenen römischen Grabungsfunden und Münzen kann man ohnehin davon ausgehen, daß es sich um Nachbildungen handelt.

Diplomatische Vertretungen

…in Deutschland
Botschaft von Tunesien
Godesberger Allee 103
53175 Bonn
✆ (02 28) 37 69 81/83
Fax (02 28) 37 42 23

Generalkonsulat
Esplanade 12
13187 Berlin
✆ (0 30) 4 72 20 64/87
Fax (0 30) 4 78 49 96

Generalkonsulat
Graf-Adolf-Platz 7–9
40213 Düsseldorf
✆ (02 11) 37 10 07/09
Fax (02 11) 37 40 05

Generalkonsulat
Seidlstr. 28
80335 München
✆ (0 89) 55 46 35
Fax (0 89) 5 50 25 18

Konsulat
Overbeckstr. 19
22085 Hamburg
✆ (0 40) 2 20 17 56
Fax (0 40) 2 27 97 86

…in Österreich
Tunesische Botschaft Konsularabteilung
Opernring 3/5
1010 Wien
✆ (01) 5 81 52 80, Fax (01) 5 81 55 92

…in der Schweiz
Tunesische Botschaft Konsularabteilung
Kirchenfeldstr. 63
3005 Bern
✆ (0 31) 3 52 82 26/27
Fax (0 31) 3 51 04 45

…in Tunesien
Botschaft der Bundesrepublik Deutschland
1, Rue el Hamra
1002 Tunis-Mutuelleville
✆ (01) 78 64 55
Fax (01) 78 82 42

Botschaft der Republik Österreich
16, Rue Ibn Hamadis
1004 Tunis-El Menzah
✆ (01) 75 10 91, Fax (01) 76 78 24

Schweizer Botschaft
12, Rue Chankiti
1002 Tunis-Mutuelleville
✆ (01) 28 01 32, 28 19 17, Fax (01) 78 87 96

Einkauf und Souvenirs

Das Angebot ist weit gefächert und stützt sich auf eine lange Handwerkstradition. Neben dem unvermeidlichen Touristenkitsch lassen sich daher auch sehr schöne, landestypische Andenken erwerben. Im Vordergrund stehen geknüpfte und gewebte Teppiche, die zumeist aus der Region des Sahel stammen. Eine Ausnahme bilden die dicken Nomadenteppiche mit ihren geometrischen Mustern; sie haben ihre Heimat in den Oasen des Djerid, werden aber auch auf Djerba gefertigt und angeboten. Detaillierte Auskünfte erteilen die Verkaufsstellen der ONAT (Organisation Nationale d'Artisanat Tunisien), die streng über die Einhaltung der Qualitätsnormen wachen und eine Liste mit Richtpreisen bereithalten. Wer direkt bei der ONAT kauft, geht kein Risiko ein (Festpreise), ist aber in der Auswahl beschränkt. Bei 30 % Anzahlung übernehmen die Teppichgeschäfte die Versendung per Nachnahme nach Europa, wo allerdings nochmals 25 % Zoll zu zahlen sind. Dazu muß die Kaufquittung vorgelegt werden.

Sehr reichhaltig ist auch das Angebot an Silberschmuck im Berberstil, insbesondere Armreifen, Ketten, Broschen und Haarklammern; alte Stücke sind jedoch selten und nicht immer so alt, wie sie aussehen.

Vielfältig ist auch die Keramik, die in Nabeul und in Guellala auf Djerba ihre Zentren hat, jedoch in allen Touristenorten vertrieben wird.

Im Gebiet des Chott el Djerid werden ›Sandrosen‹ *(Roses de sable)* angeboten, zu bizarren kristallinen Strukturen geformte Gipsausblühungen, die aber sehr zerbrechlich sind. Im Gebiet des Phosphatabbaus lassen sich zudem schöne Mineralien und Versteinerungen erwerben.

Einreisebestimmungen

Reisedokumente: Reisende aus der Bundesrepublik Deutschland, Österreich und der Schweiz benötigen für die Einreise lediglich einen Reisepaß (der bis zum Ausreisedatum gültig sein muß), Kinder bis 16 einen Kinderausweis mit Lichtbild oder einen Eintrag im Paß der Eltern. Die maximale Aufenthaltsdauer für Deutsche beträgt vier Monate, für Österreicher und Schweizer drei Monate. Eine Verlängerung kann bei der Direktion der Nationalgarde in Tunis beantragt werden. Pauschalreisende mit festen Flugterminen und bestätigter Hotelbuchung für den gesamten Aufenthalt können auch mit dem Personalausweis einreisen. Für Fahrten mit dem Pkw genügt der nationale Führerschein.

Autopapiere: bis zu einem Aufenthalt von drei Monaten genügen für die Einreise mit dem eigenen Fahrzeug die internationale grüne Versicherungskarte (sie muß unbedingt für Tunesien gültig geschrieben sein) und der Kfz-Schein, außerdem muß sich am Auto ein Nationalitätenkennzeichen befinden. Der Wagen wird bei der Abfertigung in den Paß eingetragen. Ohne internationale Versicherungskarte muß man an der Grenze eine (recht teure) Haftpflichtversicherung abschließen (Büro im Hafen). In diesem Fall kann man sich allerdings unter dem Hinweis auf Risikofortfall bei seiner deutschen Versicherung später den Betrag in der Höhe gutschreiben lassen, den man in Deutschland während der Abwesenheit zu entrichten hatte, beziehungsweise den in Tunesien entrichteten Betrag, sofern dieser darunter lag. Der Abschluß eines Auslandsschutzbriefes (der Euro-Schutzbrief des ADAC ist auch für Tunesien gültig) und/oder einer Reise-Kaskoversicherung empfiehlt sich, da viele tunesische Autofahrer nicht versichert sind.

Impfungen sind nicht zwingend vorgeschrieben (s. a. S. 360).

Devisenvorschriften: die Einfuhr von Devisen in jeglicher Form ist in unbegrenzter Höhe möglich. Wollen Sie mehr als den Gegenwert von 500 TD, ca. 1000 DM, wieder ausführen, müssen Sie bei der Einreise allerdings eine Deviseneinfuhrerklärung abgeben.

Ein- und Ausfuhr von Tunesischen Dinar sind untersagt. Überschüssige Dinar können bis zu 30 % des insgesamt eingetauschten Betrages, maximal aber bis 100 TD (ca. 200 DM), zurückgewechselt werden. Dazu sind die Umtauschquittungen der Banken erforderlich, heben Sie diese also unbedingt auf!

Haustiere: für Hunde und Katzen müssen ein amtstierärztliches Gesundheitszeugnis und eine Bescheinigung über Tollwut- und Staupeimpfung (nicht älter als 6 und nicht jünger als 1 Monat) vorgelegt werden. Von der Mitnahme von Haustieren ist allerdings dringend abzuraten (hohe Infektionsgefahr, schlechte Behandlung von Hunden seitens der Tunesier).

Essen und Trinken

Die tunesische Küche basiert auf der Verwendung von Olivenöl, zahlreichen Gewürzen (Pfeffer, Kümmel, Koriander, Knoblauch, viele Kräuter u. v. a.) und allerlei Gemüse (Tomaten, Möhren, Kartoffeln, Kichererbsen, Bohnen, Paprika u. a.); scharf ist sie gelegentlich, aber nicht immer. An Fleisch dominiert Hammel, daneben gibt es auch Rind, Geflügel und Fisch, dagegen nie (außer als Konzession an die Touristen) Schweinefleisch, dessen Genuß Moslems verboten ist. Die tunesische Küche ist ausgesprochen schmackhaft, vielfältig und – von der üppigen Verwendung von Olivenöl vielleicht abgesehen – im allgemeinen auch für Europäer gut verträglich.

Traditionell aßen die Araber gemeinsam aus einer Schüssel, wobei drei Finger der rechten Hand als ›Besteck‹ dienten; heute herrschen im allgemeinen europäische Eßsitten. Das Mahl begleiten Brot (das klassische Fladenbrot oder – heute überwiegend – Baguettes nach französischem Vorbild) und Wasser; nach dem Essen wird Kaffee oder Tee serviert, zuweilen auch Obst. Die tunesische Kochkunst zeigt heute starke Einflüsse der französischen Eßkultur, vor allem natürlich in den vornehmeren Restaurants der Städte und der Touristenzonen und noch mehr in den Urlauberhotels.

Das Frühstück folgt heute meist dem französischen Vorbild – zu Café au lait oder Tee ißt man Baguette mit Butter und Marmelade oder Croissants. Wem das nicht ausreicht: nirgendwo wird es Ihnen verwehrt, die morgendliche ›Grundlage‹ mit im Laden gekauftem Käse oder Joghurt etwas kräftiger zu gestalten.

Auswahl typischer Gerichte

Brik à l'œuf: in Öl gebackenes Omelett mit Petersilie und Zitronensaft, in das ein Eigelb eingeschlagen ist; äußerst schmackhafte Spezialität; als Variante auch mit scharfer Hackfleischfüllung; sehr populär, wird sehr häufig in einfachen Restaurants angeboten
Brochettes: über Holzkohle gebratene Fleischspießchen; oft an Straßenständen
Cassecroute: ausgehöhltes, mit Harissa (s. u.), Olivenöl, Oliven, Kapern, Thunfisch, Gemüse u. a. gefülltes Weißbrot; z. T. sehr scharf; oft an Straßenständen angeboten, sehr populär
Chakchouka: Eintopf aus verschiedenem Gemüse (Tomaten, Zwiebeln, Paprika u. a.), oft mit Spiegelei serviert, gelegentlich auch mit Fleisch
Chorba: Suppe aus Nudeln oder Gerste, mit sehr verschiedenen Fleischzutaten
Couscous: tunesisches Nationalgericht; Eintopf aus gemahlenem, dann angefeuchtetem, zu Kügelchen gerolltem und getrocknetem Buchweizen (Hartweizen), der in einem speziellen Topf über einer Gemüsesuppe gargekocht und mit dieser sowie mit Fleisch serviert wird; zahllose Varianten, z. T. sogar süße Rezepte mit Rosinen und frischem Obst *(Mesfoul)*
Doulma: Zucchini mit Fleischfüllung
Felfel: mit Hackfleisch gefüllte Paprikaschoten in Tomatensoße
Gnaouia: Hammel in Harissa-, Kapern- und Krabbensoße
Harissa: scharfe Paste aus Paprikaschoten, Tomatenpüree und verschiedenen Gewürzen; Bestandteil vieler Gerichte, z. T. auch als Beilage
Kaftadji (Diyari): gebratene Fleischstückchen mit Leber, Paprika und Zucchini
Kamounia: Leber in gewürzter Sauce
Klaia: Rind- oder Hammelnieren in Tomaten-/Knoblauchsoße
Koucha: Hammel mit Pfeffer und Kartoffeln
Leblebi: Suppe aus Kichererbsen, Harissa und Olivenöl; sehr billig und populär
Markouna: Makkaroni
Mdames: Suppe aus Bohnen und Harissa; ähnlich wie Leblebi

Mechoui: am Spieß gebratener Hammel; traditionelles Festmahl, heute oft auch zu besonderen Gelegenheiten als Attraktion für Touristen
Mechouia: scharfer Salat aus gerösteten Tomaten, Pfefferschoten, Zwiebeln mit Thunfisch und Eiern und weiteren Zutaten
Merguez: meist scharf gewürzte, dünne, über offenem Feuer geröstete Hammelfleischwürstchen; meist an Straßenständen
Mirmiz: Hammeleintopf mit Pfefferschoten, Paprika, Zwiebeln und Bohnen
Mosli: gebratenes Lammfleisch, mit Kartoffeln gedünstet
Odja: Fleisch- oder Fischbällchen mit scharfer Soße aus Harissa, Rührei und verschiedenen Gemüsen; sehr beliebt
Tajine (Malsouka): in spezieller Terrine zubereiteter Eintopf aus Hammel, Kartoffeln und Gemüse; viele Varianten; ähnlich populär wie das Nationalgericht Couscous

Daneben werden oft gebratene Hähnchen und in den Küstenregionen auch Fische angeboten.

Süßspeisen: die Auswahl an Gebäck und Süßspeisen ist in Tunesien äußerst reichhaltig, vor allem in den zahllosen Patisserien, die sich in allen größeren Orten finden. Die meisten Süßspeisen werden mit Nüssen, Mandeln sowie Honig zubereitet und sind stark gesüßt; daneben gibt es häufig auch Gebäck und Kuchen französischer Machart (z. B. Croissants). Tunesische Spezialitäten sind u. a. **Halwa** und **Baklawa** (verschiedene Arten von Honig-Mandel-Gebäck), **Bouza** (Hirse mit Nüssen, Zucker und Sesamkörnern), **Makroud** (Dattelpaste in Teig), **Ftair** (in Öl gebackener Brotfladen, eine Art Pfannkuchen) und **Amida** (Pudding mit Nüssen, Pinienkernen und getrocknetem Obst).

Getränke

Tunesische Nationalgetränke sind der espressoähnliche **Kaffee** sowie **Tee**, beide stark, heiß und sehr süß in kleinen Gläsern serviert (der Tee wird z. T. mit Pinienkernen und Mandelstückchen versetzt oder – als *Thé à la menthe* – mit Pfefferminze; der Kaffee ist als *au lait* auch mit Milch erhältlich). Groß ist in allen Cafés und Restaurants auch das Angebot an **Erfrischungsgetränken**, das von Cola und Limonade (internationale und verschiedene tunesische Marken) über Mineralwasser (mit viel oder wenig Kohlensäure) bis hin zu frischgepreßtem Orangensaft, Möhrensaft und Bananenmilch reicht.

Obgleich ›**Alkohol**‹ ein arabisches Wort ist (von al kahal = das Zarte) und der Koran den Rechtgläubigen im Paradies Bäche von Wein verheißt, verbietet die Religion Moslems den Alkoholgenuß strikt, weswegen Cafés, Restaurants und Geschäfte normalerweise auch keine alkoholischen Getränke führen. Seit der Kolonialzeit und insbesondere durch den Einfluß des Tourismus haben sich die Sitten aber merklich gelockert, vor allem in der europäisierten Oberschicht; in den Städten und Touristenzentren, auch in weiteren Kreisen, wird das Gebot immer weniger beachtet. Alkohol ist heute erhältlich in allen Restaurants und Hotels der gehobenen Preisklasse, in den großen Supermärkten (Monoprix und Magazin Général) und in wenigen Spezialgeschäften (stets unauffällig, oft abgelegen: also nachfragen). Freitags und im Ramadan sind Verkauf und Ausschank außer in den Touristenhotels und -restaurants allerdings untersagt. Bei aller ›Liberalität‹ in Sachen Alkohol gilt es jedoch zu beachten, daß Trunkenheit in der Öffentlichkeit weiterhin streng verpönt ist, daß man Alkohol nur dort öffentlich zu sich nehmen sollte, wo er ausgeschenkt wird, und daß es eine grobe Unhöflichkeit wäre, einen Tunesier zum Trinken zu animieren.

Wichtigstes alkoholisches Getränk Tunesiens ist traditionell der **Wein**, dessen Anbau schon von Puniern und Römern betrieben wurde, in seiner heutigen Form aber im wesentlichen auf die französischen Siedler zurückgeht. Er konzentriert sich auf das Umland von Tunis (Mornag-Ebene, Berge um Karthago), das Cap Bon (Kelibia, Nabeul), Bizerte und Teile des Medjerda-Beckens (insbesondere Thibar). Die jährliche Produktion wird zu 90 % exportiert. 80 % der Erträge liefert der Genossenschaftsverband UCCVT. In Tunesien keltert man Rot-, Weiß- und Roséweine, die meist stark und recht herb sind, es gibt aber auch süße Sorten (z. B. Muskateller aus Kelibia) und auch Sekt (z. B. aus Thibar). Als bester Wein gilt der Magot, weit verbreitet ist der auch bei uns erhältliche Haut Mornag. Noch größerer Beliebtheit erfreut sich inzwischen **Bier**; die heimischen Marken und (seltener) Stella sind von recht guter Qualität (gelegentlich gibt es auch in Lizenz hergestelltes Tuborg oder Heineken). Unter den **Spirituosen** dominiert der Feigenschnaps Boukha, der pur oder mit Cola getrunken wird, daneben kennt man einige Liköre (besonders den süßen Thibarine aus Thibar) sowie die üblichen internationalen Drinks (relativ teuer). Den Dattelpalmenschnaps Laghmi erhält man nur im Frühjahr in den Oasen, da er ausschließlich frisch getrunken werden kann.

Feilschen

Im arabischen Raum ist das Handeln wesentlicher Bestandteil eines jeden Kaufs. Sieht man einmal von Produkten mit fixierten Preisen ab (etwa Grundnahrungsmittel, Fahrkarten oder Briefmarken), unterliegt die Preisgestaltung allein dem ›Kräftespiel‹ zwischen Käufer und Verkäufer, das nach ganz bestimmten Regeln wie ein Ritual abläuft. Die Tasse Tee, das Lob des Heimatlandes, ein kleines Kompliment, sie sind Teil der Klaviatur, auf der

ein Verkäufer virtuos zu spielen weiß, vor allem dann, wenn ihm ein Tourist gegenübersitzt. Man sollte sich als Käufer klar darüber sein, daß die ausgesuchte, in unserem Geschäftsleben kaum anzutreffende Freundlichkeit des Verkäufers sehr geschickte Verkaufspsychologie ist und daher die Schmeicheleien nicht zu wörtlich nehmen. Ziel des Verkäufers ist es, unabhängig vom tatsächlichen Wert, einen maximalen Kaufpreis zu erzielen; Ziel des Käufers, die Schwelle zu erreichen, wo der Händler auf keinen Fall mehr am Verkauf interessiert ist. Das Verkaufsgespräch kann durchaus zu einer bühnenreifen Aufführung ausarten, angereichert mit Freundschaftsbekundungen, dem Willen, sich für den Fremden zu ruinieren und der fast tränenerstickten Klage über die hungrigen Münder zu Hause. »There is no business without showbusiness« ließe sich der bekannte amerikanische Slogan für den orientalischen Handel treffend abwandeln.

Über den Handelsspielraum lassen sich kaum verbindliche Angaben machen. Grundsätzlich ist er in Touristengeschäften größer als in kleinen Läden, kann aber wegen der vielen Fremden, die stark überhöhte Preise zahlen, nur selten ausgeschöpft werden. Als grobe Richtlinie für einen reellen Preis können ein Drittel bis die Hälfte des ursprünglich geforderten Preises gelten. Beim Erwerb kostbarer Stücke sollte man keineswegs sofort kaufen, selbst wenn der Nachlaß großzügig erscheint und der Käufer noch so jammert. Tatsächlich steigt derjenige in seinem Ansehen, der wiederkommt und sich zwischendurch einen Marktüberblick verschafft. Beim nächsten Mal wird man wie ein alter Freund begrüßt und der Preis ist schon wieder ein Stück gesunken, weiß der Verkäufer nun doch genau, das er sich mit seiner Preisgestaltung in einem realistischen Rahmen bewegen muß, um das Geschäft nicht an seine Konkurrenten zu verlieren. Eine gute Gelegenheit zur Marktforschung bieten die staatlichen ONAT-Niederlassungen mit ihren reellen und fixen Preisen. Beim Feilschen sollte man nie den Anfangspreis nennen, wie es Verkäufer von Touristen gern verlangen, kann man sich damit doch leicht den Weg zum weiteren Handeln verbauen, denn der einmal genannte Preis kann nicht mehr nach unten korrigiert werden. Es ist auch nicht ratsam, zu großes Interesse an einem bestimmten Stück zu bekunden, da dies den Preis ungünstig beeinflußt.

Trotz allem wird es kaum ausbleiben, daß der Tourist hier und da übervorteilt wird. Das Wort Betrug ist hierfür nicht ganz zutreffend, da es ja dem Geschick des Käufers überlassen ist, den richtigen Preis herauszufinden. Um sich später nicht zu ärgern, sollte man sich angewöhnen, den Wert als Maßstab zugrundezulegen, den das Produkt für einen selbst verkörpert.

Feste und Feiertage

Staatliche Feiertage

1. Januar:	Neujahr
18. Januar:	Tag der Revolution
20. März:	Tag der Unabhängigkeit
9. April:	Tag der Märtyrer
1. Mai:	Tag der Arbeit
1. Juni:	Nationalfeiertag
2. Juni:	Tag der Jugend
25. Juli:	Tag der Republik
13. August:	Tag der Frau
7. November:	Tag der Erneuerung

Religiöse Feiertage

Die islamischen Feiertage richten sich in der Regel nach dem Mondkalender und sind daher beweglich.

Aid es Seghir: die beiden letzten Tage des Fastenmonats Ramadan (1999: 20./21 Januar, 2000: 10./11. Januar, 2001: 31. Dezember/1. Januar

Aid el Kebir: ›großes Hammelfest‹ in Gedenken an das Opfer Abrahams (1999: 31. März, 2000: 21. März, 2001: 11. März)

Rais el Am: islamisches Neujahrsfest (1999: 20. April, 2000: 10. April, 2001: 31. März)

Le Mouled: Geburtstag des Propheten (1999: 1. Juli, 2000: 20. Juni, 2001: 10. Juni)

Zu diesen wichtigsten überregionalen Feiertagen treten noch lokale Feste, einmal als Wallfahrt *(Moussem)* zum Grab eines Heiligen *(Marabout)*, zum andern als bäuerliche Feste in Verbindung mit den Jahreszeiten (z. B. Dattelbestäubung und Olivenernte). Angeschlossen ist meist ein großer Markt; zuweilen finden auch folkloristische Darbietungen und Umzüge statt.

Unter den Familienfeierlichkeiten nimmt die Hochzeit *(Aars)* als mehrtägiges Fest den wichtigsten Platz ein. Begleitet von Musik und Tanz werden Braut und Bräutigam in getrennten Umzügen durch das Dorf geleitet. Den Höhepunkt bildet die eigentliche Vermählung, die mit einem prächtigen Festmahl verbunden ist, das es den Familien ermöglicht, ihren sozialen Status demonstrativ zur Schau zu stellen.

Kaum minder bedeutsam ist die feierliche Beschneidung *(Khitan)* des etwa siebenjährigen Knaben, mit der die Aufnahme in die islamische Gesellschaft vollzogen wird. Der Eingriff wird meist im Elternhaus von einem Arzt, auf dem Land zuweilen aber auch von einem ›Heiligen‹ vorgenommen. Das Ritual endet mit der Geschenke-Überreichung an den Jungen.

Festivals

Speziell auf Touristen abgestimmt, sind die Festivals mit folkloristischen Darbietungen. Am bekanntesten sind das Festival d'Ulysse (Juli/August) auf Djerba und das Festival de Douz (Ende Dezember) in der gleichnamigen Oase. Kleinere Veranstaltungen finden auch in Nefta, Tataouine und Gabès statt.

Fotografieren

In Anbetracht der vielen exotischen Motive sollte man genug Filme mitnehmen. Man kann sie zwar auch in Tunesien kaufen (meist nur Farbnegativ), sie sind jedoch wesentlich teurer und möglicherweise durch Klimaeinflüsse bereits verdorben. Nicht benutztes Material läßt sich zu Hause einfrieren und so auch nach Ablauf des Verfallsdatums verwenden. Da die Filme recht wärmeempfindlich sind, dürfen sie nie in der Sonne oder im Handschuhfach des Wagens liegen. Bewahrt man sie in klimatisierten Räumen auf, so müssen sie in geschlossener Dose eine Weile der neuen Umgebungstemperatur ausgesetzt werden, um ein Beschlagen beim Öffnen zu vermeiden.

Vor der Abreise sollte man die Kamerabatterien testen und im Zweifelsfall erneuern und/oder Ersatzbatterien mitnehmen. Es empfiehlt sich, die Objektive mittels UV-Filter gegen Salzwasser, Staub und Blaustich zu schützen. Sehr hilfreich ist ein Polarisationsfilter, mit dem sich auch bei grellem Mittagslicht unter bestimmten Umständen eine gute Farbsättigung erzielen läßt.

Beim Fotografieren von Menschen sollte man sich immer vor Augen führen, daß man in einem islamischen Land zu Gast ist, wo das Abbild des Menschen traditionsgemäß mit einem Tabu belegt ist. Insbesondere gilt dies für die Aufnahme von Frauen. Nach Möglichkeit sollte man bei der Ablichtung von Menschen vorher um Erlaubnis bitten und notfalls auch einmal auf ein Foto verzichten können. Bei Folkloreveranstaltungen und auf viel besuchten Märkten ist das Fotografieren hingegen meist problemlos möglich. Zum Fotografieren in Museen muß man vor Ort ein gesondertes Ticket lösen (TD 2), darf aber auch dann nur ohne Blitz und Stativ fotografieren.

Frauen als Alleinreisende

In einer Kultur, in der die Frau der Idealvorstellung (der Männer) nach wohlbehütet in den eigenen vier Wänden ihre Rolle als Hausfrau und Mutter wahrnimmt und nur in Begleitung von nahen Verwandten die Straße betritt, stoßen alleinreisende Frauen verständlicherweise auf großes Interesse, vor allem der jüngeren männlichen Bevölkerung. Bereits das Unterwegssein ohne Begleitung wird als Indiz einer lockeren Moral gesehen und zum Anlaß für mehr oder weniger plumpe Annäherungsversuche genommen. Dezente Kleidung, Vermeidung von Blickkontakten und sicheres Auftreten sind die besten Schutzmaßnahmen. Bei ernsthafter Belästigung hilft lautes Schimpfen, das die Aufmerksamkeit auf sich zieht und den Übeltäter in der Öffentlichkeit als Unhold entlarvt. Zimperlichkeit ist hier nicht am Platz. Vor allem die männlichen Jugendlichen in den Touristenzentren haben bereits eine Papagalli-Mentalität an den Tag gelegt, die oft beleidigend wirkt und noch weit entfernt ist von der ihrer italienischen Meister.

Wer sich allerdings als Frau mit allzu luftiger Kleidung in die Öffentlichkeit begibt, sollte sich nicht über Belästigungen beklagen. Die Mißachtung islamischer Sitten hat bereits zu der weit verbreiteten Ansicht geführt, daß die Europäer es mit der Moral nicht so genau nähmen und viele Frauen mit eindeutigen Absichten ins Land kämen. Als eklatanter Verstoß gegen die guten Sitten gilt auch der Austausch von Zärtlichkeit in der Öffentlichkeit.

Fremdenführer

Die Vielzahl der Touristen bringt es mit sich, daß das Fremdenführergewerbe unter allen Berufen des Landes die wohl größte Zuwachsrate aufweist. Die Qualitätsunterschiede sind allerdings gewaltig. Da das Gelingen einer organisierten Rundfahrt ganz wesentlich vom Fremdenführer abhängt, sollte man vor Buchung einer derartigen Fahrt andere Hotelgäste nach ihren Erfahrungen befragen. Selbst unter den Profis gibt es nämlich genug Führer, die ihre Hauptaufgabe darin sehen, die Touristen in Souvenirläden zu schleppen, um ihre Kommission zu kassieren. Aber es gibt auch viele, die es verstehen, der Fahrt Leben einzuhauchen und den Reisenden durch die Fülle interessanter Details das Land nahezubringen und so den Ausflug zu einem unvergeßlichen Erlebnis machen.

An größeren Sehenswürdigkeiten bieten sich häufig staatliche Fremdenführer an, die sich durch einen entsprechenden Ausweis legitimieren können. Ihr Wissen ist in der Regel außerordentlich detailliert, Probleme gibt es allerdings zuweilen mit der Sprache, zumal nur wenige Deutsch sprechen. Wer Französisch beherrscht, hat eine größere Auswahl. Neben diesen professionellen Führern tummelt sich ein ganzes Heer von ›Amateuren‹, meist Kinder und Jugendliche, die sich mit allerlei Tricks um den Reisenden bemühen. Man sollte sich auf keinen Fall auf das Angebot eines unentgeltlichen Freundschaftsdienstes einlassen, der Weg endet unausweichlich in einem Souvenirladen, für den der ›Führer‹ als Schlepper arbeitet. Auch bei Kindern, die sich z. B. als Führer durch die Bergdörfer im Dahar anbieten, handle man den Preis vorher aus, um später vor unliebsamen Überraschungen sicher zu sein.

Geld- und Geldwechsel

Die Währung lautet auf Tunesische Dinar (TD), unterteilt in 1000 Millimes. In Umlauf sind Scheine zu 20, 10, 5 und 1 Dinar sowie Münzen von 1 und 0,5 Dinar, bzw. 200, 100, 50, 20, 10 und 5 Millimes.
Wechselkurs:
1 Tunesischer Dinar = 1,60 DM
1 DM = 640 Millimes

Als Zahlungsmittel empfehlen sich Eurocheques (Tauschbetrag maximal 200 TD pro Scheck), die in den Touristenzentren bei Vorlage von Paß und Scheckkarte problemlos eingetauscht werden können und ein hohes Maß an Sicherheit bieten. DM-Reiseschecks erfüllen den gleichen Zweck, müssen aber zusätzlich mit 1 % Tauschgebühr bezahlt werden. Für die Reisekasse sollten die Schecks durch einen geringen Bargeldbetrag in kleinen Noten ergänzt werden, die in Geschäften und Hotels sehr willkommen sind und den Umtausch auch an Sonn- und Feiertagen sichern. Wer sich einen Wagen mieten will, sollte eine Kreditkarte in der Brieftasche haben, um die Hinterlegung einer größeren Kaution zu vermeiden. Die gängigen Karten werden auch von den Hotels und Geschäften in den Touristenzentren akzeptiert, nicht jedoch auf dem Lande.

Zum Rücktausch unverbrauchter Dinar (maximal 100 TD oder 30 % des getauschten Betrags) müssen der Bank die Tauschquittungen vorgelegt werden.

Die Banken sind von Juli bis Mitte September im allgemeinen Mo–Fr von 8–11 Uhr und in den übrigen Monaten von 8–11 und 14–16 Uhr geöffnet, in den Touristenzentren auch länger. Die Wechselstuben in den Touristenzentren haben auch am Samstag offen.

Gesundheitsvorsorge

Magen- und Darmverstimmung sowie Schädigung durch zu starke Sonneneinstrahlung sind die häufigsten Touristenkrankheiten. Meiden sollte man deshalb ungeschältes Obst, frischen Salat,

Muscheln, Leitungswasser, eiskalte Getränke und Speiseeis. Wenn es einen dennoch erwischt, beginnt man mit der Einnahme von Kohletabletten oder Metifex, trinke viel ungesüßten Tee und ruhe sich aus. Tritt nach einem Tag keine Besserung ein, kann man zu Imodium greifen. Bei blutigem Stuhl liegt eine ernsthafte Infektion vor, die eventuell eine Behandlung mit Sulfonamid (z. B. Baktrim) notwendig macht. In diesem Falle sollte man den Arzt aufsuchen. Wichtig ist ein Ausgleich der verlorenen Flüssigkeit in Verbindung mit einem Elektrolytpräparat (Elotrans).

Die starke Sonneneinstrahlung wird häufig unterschätzt, besonders, wenn eine kühle Meeresbrise weht. Die Folgen können nicht nur Sonnenbrand sein, sondern in ernsten Fällen auch Hitzschlag und Kreislaufkollaps. Zu berücksichtigen ist außerdem erhöhte Hautkrebsgefahr durch den Ozonabbau in der Atmosphäre. Wichtig ist eine Kopfbedeckung, die auch den Nacken schützt und Sonnenmilch mit einem hohen Lichtschutzfaktor. Bei Fahrten in die Wüste und die Chott-Region ist eine dunkle Sonnenbrille angebracht, um Bindehautentzündungen zu vermeiden.

Vor allem bei klimatisierten Hotelzimmern besteht die Gefahr der Erkältung durch die starken Temperaturgegensätze, denen der menschliche Organismus nicht gewachsen ist. Man sollte die Kühlung nur sehr vorsichtig dosieren und nachts abschalten.

Die starke Dehydrierung des Körpers durch die trockene Hitze erfordert eine erhebliche Flüssigkeitszufuhr und den Ausgleich der verlorenen Mineralstoffe durch gut gewürztes und gesalzenes Essen. Preiswertes Mineralwasser gibt es überall im Lande in großen Plastikflaschen. Vor allem bei längeren Busfahrten, Wanderungen oder organisierten Landrover-Touren sollte man nie die Wasserflasche vergessen. Zur Desinfektion von Leitungswasser eignet sich insbesondere das geschmacksneutrale Micropur, das u. a. in Tablettenform für jeweils einen Liter in deutschen Apotheken erhältlich ist.

Es ist angeraten, so wenig wie möglich barfuß zu laufen, um sich nicht unnötig den Sandflöhen (Tetanus) und in der Wüste den Skorpionen (s. auch S. 367/ Schlangen und Skorpione) auszusetzen. Zu vermeiden ist auch das Baden in stehenden Gewässern und Oasenkanälen (Bilharziose, Hepatitis).

Besondere **Impfungen** sind nicht vorgeschrieben. Achten sollte man jedoch auf einen noch gültigen Schutz gegen Polio und Tetanus. Zu empfehlen ist eine orale Typhusprophylaxe mit Typhoral L. Reisende, die häufiger in hygienisch etwas problematische Gebiete fahren wollen, sollten sich gegen die gefürchtete Hepatitis A durch eine dreimalige Impfung mit Havrix schützen.

Kleidung

Man achte auf eine pflegeleichte Ausstattung aus Baumwolle oder atmungsaktivem Mischgewebe. Frauen sollten auch Blusen mit Ärmeln im Gepäck haben, um bei Stadtausflügen nicht unangenehm aufzufallen. Während am Strand europäische Bademoden üblich sind und auch ›Oben ohne‹ innerhalb der Hotelanlagen toleriert wird, sollte man außerhalb des Hotels auch in bezug auf seine Kleidung die Sitten des Landes unbedingt respektieren. Kurze Hosen bei Frauen gelten als anstößig und sind auch bei Männern nicht gern gesehen.

Für Fahrten in Wüsten- und Bergregionen sind warme Kleidungsstücke unbedingt erforderlich. Regenkleidung wird man hingegen nur in den Wintermonaten benötigen, einen Sonnenhut schon viel öfter.

Waschmittel sind überall erhältlich, wirken aber wesentlich aggressiver als bei uns üblich.

Medien

Radio und Fernsehen: die Deutsche Welle läßt sich im Mittelwellenbereich auf 1557 kHz empfangen, im Kurzwellenbereich u. a. auf den Frequenzen 6075 kHz und 6115 kHz (49-m-Band), 15 275 kHz (25-m-Band) und 11 795 kHz (19-m-Band) nach Einbruch der Dunkelheit gut empfangen. Ein Programm mit Frequenzhinweisen erhält man kostenlos von der Deutschen Welle, 50588 Köln, Postfach.

Auf 901 kHz (Mittelwelle) sendet die Chaine International stündlich Nachrichten auch in Deutsch. Auf 6075 kHz (Kurzwelle) sendet Radio Monastir um 15 Uhr ein Urlaubsprogramm in Deutsch.

Fernsehen wird auf einem arabischen und einem französischen Kanal zwischen 16 und 24 Uhr ausgestrahlt. Die meisten Touristenhotels verfügen mittlerweile über Satelliten-Schüsseln, so daß der Gast nicht auf sein gewohntes deutsches Programm verzichten muß.

Zeitungen und Zeitschriften: außer diversen arabischsprachigen Publikationen sind Zeitungen und Zeitschriften in Französisch (u. a. La Presse, Le Temps) und in den Touristenzentren, etwas verspätet, auch die gängigen deutschen Blätter erhältlich.

Mietwagen

Den Mietwagenmarkt teilen sich mehrere internationale und nationale Firmen. Aufgrund der Preisunterschiede, aber mehr noch wegen der Serviceleistungen sollte man vor Vertragsabschluß verschiedene Angebote einholen und die Fahrzeuge begutachten. Es handelt sich vornehmlich um Modelle der Firmen Renault, Peugeot, Citroën und Fiat. Wer eine längere Tour plant, sollte unbedingt darauf achten, in welchen Ortschaften die Mietwagengesellschaft Niederlassungen hat, da der Tourist im Falle einer Panne den Transport des Wagens zur nächstgelegenen Zweigstelle aus eigener Tasche zahlen muß. In Südtunesien hat Avis das weitaus dichteste Netz, gefolgt von Hertz. Die Preise sind nach Dauer gestaffelt. Bei ein- und zweitägiger Miete zahlt man einen relativ geringen Grundpreis zuzüglich eines Kilometergeldes; bei mehr als drei Tagen beinhaltet der Mietpreis eine unbegrenzte Kilometerleistung. Für einen Kleinwagen (Visa, Uno) muß man mit etwa 100 DM pro Tag, ohne Benzin, rechnen. Der Benzinpreis liegt bei etwa 1,10 DM/l. Auf den in den Prospekten aufgeführten Mietpreis sind 17 % Steuer zu entrichten. Hinzuzurechnen ist überdies eine Vollkasko- und eine Insassenversicherung, die man unbedingt abschließen sollte.

Das Anmieten eines Fahrzeugs ist für Kreditkartenbesitzer besonders einfach, da keine Kaution hinterlegt werden muß. Der Mieter muß mindestens 21 Jahre alt sein und den Führerschein länger als ein Jahr besitzen. Günstiger als vor Ort ist aber meist die Reservierung des Fahrzeugs bereits bei Buchung der Reise zu Hause. Die Wahl des Fahrzeugs hängt natürlich einmal vom Anspruch an die Bequemlichkeit ab, sollte sich aber auch nach der ›Geländetauglichkeit‹ richten, sofern man Pistenfahrten plant (die vertraglich allerdings verboten sind). Vor Abfahrt kontrolliere man Ersatzreifen und Wagenheber und versuche, ob sich mit dem Radschlüssel die Radmuttern öffnen lassen.

Gemietet werden können in den Touristenzentren auch **Mofas** und **Fahrräder**. Vereinzelt werden auch **Geländemotorrä-**

der, zu allerdings sehr hohen Preisen (teurer als Mietwagen) angeboten.

Moscheebesuch

Generell dürfen in Tunesien Andersgläubige die Moscheen nicht betreten, selbst wenn die entsprechenden Verbotstafeln fehlen. Ausgenommen sind die Innenhöfe einiger großer, kunsthistorisch bedeutsamer Moscheen (Tunis, Sousse, Kairouan). In abgelegenen Regionen können Einzelreisende, vorausgesetzt sie sind dezent gekleidet, einen anwesenden Wächter um Erlaubnis fragen. Möglicherweise wird er den Zutritt gestatten. Vor Betreten der Gebetshalle sind die Schuhe auszuziehen. Ein kleines Trinkgeld für den Wächter ist angebracht.

Museen

Die tunesischen Museen sind in der Regel täglich außer montags und den staatlichen Feiertagen von 9–12 und 14–17.30 Uhr geöffnet, in den Sommermonaten April bis September von 9–12 und von 15–18.30 Uhr (manche größeren machen keine Mittagspause; abweichende Öffnungszeiten sind im allgemeinen vermerkt).

Es wird eine nach Bedeutung des Monuments gestaffelte Eintrittsgebühr erhoben (zwischen 500 Millimes und 3 TD), eine Fotoerlaubnis ist zusätzlich zu entrichten (1 TD). Eventuelle Führer erwarten ein Trinkgeld.

Viele Museen sind in historischen Gebäuden untergebracht. Am bedeutendsten: das Nationalmuseum Bardo (Tunis), das Museum von Sousse, das Nationalmuseum Karthago, in zweiter Linie die Volkskundemuseen von Tunis, Sfax, Le Kef und Houmt Souk, das Museum im Ribat von Monastir, die Archäologischen Museen von El Djem und Sfax, das Römisch-Frühchristliche Museum in Karthago und das Privatmuseum Dar Cherait in Tozeur.

Nachtleben

Von einem Nachtleben in unserem Sinne kann man selbst in den Touristenzentren oder in Tunis kaum sprechen. Die großen Ferienanlagen haben jedoch überwiegend eine eigene Disco und ein eigenes abendliches Unterhaltungsprogramm.

Naturschutzgebiete

Tunesien hat schon seit 1957 einige Regionen unter Naturschutz gestellt (heute fünf Nationalparks und drei Schutzgebiete), um die Flora und Fauna charakteristischer Lebensräume zu schützen, und verfolgt dieses Programm weiter. Bis auf Ausnahmen, ist zum Besuch eine besondere Genehmigung erforderlich, um die man sich bei der Direction Général des Fôrets, 30, Rue Alain Savary, 1002 Tunis bemühen muß. Bedauerlicherweise erhält man oft eine Absage.

Als **Nationalpark** ausgewiesen ist die 125 km² große Sumpflandschaft um den Ichkeul-See, die man meist problemlos ohne Genehmigung besuchen kann, der Djebel Chambi, die Savannenlandschaft Bou Hedma südwestlich von Sfax, die Inseln Zembra und Zembretta vor Cap Bon mit ihren Mönchsrobben und das Waldgebiet Forêt dar Chichou auf dem Cap Bon bei Kerkouane mit seiner Schutzzone für Büffel. Zwei weitere Nationalparks am Rande der Sahara sind in Planung.

Zu den **Schutzgebieten** zählen die frei zugängliche Gipfelregion des Bou Kornine bei Hammam Lif, die Waldlandschaft des Forêt el Feidja bei Ghardimaou, in dem der seltene Altashirsch unter Naturschutz gestellt ist, und die Galite-Inseln vor Tabarka mit ihren Kolonien der seltenen Mönchsrobben.

Wer den Besuch des einen oder anderen Naturschutzgebietes plant, sollte sich vorher mit dem Fremdenverkehrsamt in Verbindung setzen, um die aktuellen Besuchsregelungen in Erfahrung zu bringen.

Öffentliche Verkehrsmittel

Flugzeug: aufgrund der geringen Entfernungen spielt der Inlandflugverkehr eine untergeordnete Rolle. Für den Touristen am wichtigsten dürften die Verbindungen Tunis–Djerba und Tunis–Tozeur sein.

Eisenbahn: das Streckennetz der staatlichen SNCFT umfaßt etwa 2200 km. Die Hauptroute verläuft von Bizerte über Tunis und Sfax nach Metlaoui; Nebenstrecken von Tunis über Beja nach Ghardimaou und weiter nach Algerien, von Tunis nach Kalaat Kasbah und von Sfax nach Gabès. Auf der Hauptstrecke verkehren Schnellzüge *(Direct)* und Nahverkehrszüge *(Omnibus)*. Die Preise sind sehr niedrig. Es gibt auch eine Netzkarte *(Carte bleue)* für ein, zwei oder drei Wochen. Für Touristen interessant, ist die zwischen Mahdia und Sousse verkehrende Schnellbahn *Metro du Sahel*.

Bus: Busse sind das Hauptverkehrsmittel in Tunesien. Die von Tunis ausgehenden Überlandstrecken werden vor allem von der SNTRI (Société National de Transport Rural et Interurban) bedient, die einzelnen Regionen von den Bussen der SRT (-Société Régional des Transportes). In kleineren Orten nutzen beide Gesellschaften einen gemeinsamen Busbahnhof, in größeren Städten gibt es mehrere, zumeist etwas außerhalb des Zentrums gelegene Abfahrtsstellen. Es ist nicht immer einfach, herauszufinden, von welcher Station der gewünschte Bus abfährt. Hilfreich ist hier im allgemeinen das Touristenbüro.

Kleinere Gepäckstücke können Sie mit in den Innenraum nehmen, größere werden im Gepäckraum oder auf dem Dach verstaut. Auf Langstrecken werden unterwegs Pausen an einfachen Restaurants eingelegt.

Louages (Sammeltaxis): in Konkurrenz zu den Bussen fahren auf den meisten Strecken, auf langen wie kurzen, auch Louages, die in abgelegenen Gebieten, vor allem im Süden, sogar den Hauptanteil am Personentransport haben. Bei den Sammeltaxis handelt es sich um Kombiwagen (vorwiegend Peugeot 404 oder 504) mit sieben Sitzplätzen in drei Reihen. Sie warten an festen Stationen, meist am Busbahnhof oder in dessen Nähe, und fahren los, wenn sich genügend Passagiere für einen bestimmten Zielort gefunden haben.

Achtung: Die am Wagen angebrachten Schilder nennen nicht den Zielort, sondern den Standort des Wagens, was identisch sein kann, aber nicht muß!

Sie sind erheblich schneller als der Bus (auf Hauptrouten bis 80 km/h oder mehr) und auch komfortabler, da sie nur sechs Fahrgäste mitnehmen dürfen, was streng kontrolliert wird.

Ihre festen Tarife liegen etwa 20 % über dem der Busse (die meisten Fahrer sind ehrlich; sicherheitshalber sollten Sie dennoch vorher fragen). Sie müssen nicht bis zum Zielort mitfahren, sondern können früher aussteigen, auf Nebenstrecken wird man aber eventuell den vollen Fahrpreis fordern! Ebenso können Sie, falls die Platzverhältnisse es erlauben, unterwegs zusteigen.

Als Nachteil der Louages ist zu vermerken, daß es für selten angefahrene Ziele oft mehr Passagiere als Plätze gibt; um an der Station haltenden Wagen entbrennt oft ein wahrer Kampf, bei dem es auch für Sie gilt, schnell zu sein, zu drängeln und lautstark zu fluchen. Mit längeren Wartezeiten ist dann ohnehin zu rechnen. (Umgekehrt kann es natürlich auch vorkommen, daß ein Louage länger auf Passagiere wartet.)

Taxis: in jedem größeren Ort des Landes finden Sie zahlreiche Taxis, die wegen ihrer niedrigen Tarife ein überaus attraktives Nahverkehrsmittel darstellen. Zu unterscheiden sind zwei Arten:

die *Taxis bébés*, meist französische, italienische oder deutsche Kleinwagen dienen dem Verkehr in den Großstädten; sie dürfen nur drei Passagiere ohne größere Gepäckstücke mitnehmen und die Stadtgrenzen nicht überschreiten. Man erkennt sie an den großen Nummernschildern auf dem Dach. Sie besitzen Taxameter (gegebenenfalls auf deren Einschalten bestehen) und fahren nach festgelegten Tarifen (sehr niedrig; Stadtfahrten meist nur wenige DM; ab 21 Uhr 50 % Nachtzuschlag).

Die auf dem Lande häufigeren *Grands taxis* (erkennbar an dem Taxischild auf dem Dach), größere Limousinen wie Peugeot 404 oder 504, gelegentlich auch Mercedes, dürfen vier Personen und größere Gepäckstücke befördern; sie fahren auch Ziele außerhalb der Ortschaften an. Auch sie besitzen im allgemeinen Taxameter.

Für längere Ausflüge können Sie ein Grand taxi auch ganztägig mieten (Preis vorher aushandeln).

Taxis haben feste Standplätze (an den zentralen Punkten des jeweiligen Orts), sie halten aber auch jederzeit auf Handzeichen.

Öffnungszeiten

Geschäfte sind meist von 8 oder 9 bis 12 Uhr und 14–18 Uhr geöffnet (im Sommer nachmittags 16–19 Uhr), freitags nachmittags und sonntags geschlossen. Läden in den Souks und Touristengeschäften haben oft bis 20 oder 21 Uhr geöffnet (auch sonntags), die Shops in den Hotels teilweise bis 22 Uhr.

Apotheken haben montags bis freitags von 9–13 Uhr und 15–19 Uhr und samstags von 9–13 Uhr geöffnet.

Die Geschäftszeit der **Banken** ist in den Monaten Juli bis Mitte September meist Montag bis Freitag von 8–11 Uhr und in der übrigen Zeit von 8–11 Uhr sowie 14–16 Uhr.

Museen sind üblicherweise täglich außer montags und den staatlichen Feiertagen in den Monaten April bis September von 9–12 Uhr und 15–18.30 Uhr geöffnet, in der übrigen Jahreszeit von 9–12 Uhr und 14–17.30 Uhr. Verschiedentlich sind größere Museen auch über Mittag geöffnet; in der Regel sind abweichende Öffnungszeiten vermerkt.

Postämter haben normalerweise montags bis freitags von 8–12 Uhr und 15–18 Uhr sowie samstags von 8–12 Uhr geöffnet. In den Sommermonaten Juli bis Mitte September allerdings lediglich montags bis samstags von 8–13 Uhr; im Ramadan von 8–15 Uhr. Örtliche Abweichungen sind möglich, daher im Zweifelsfall immer in den Vormittagsstunden gehen.

Büros und Behörden sind montags bis donnerstags von 9–13 Uhr und 15–18 Uhr geöffnet; samstags vormittags und im Sommer (Juli bis September) nur von 7–13 Uhr.

Die örtlichen **Fremdenverkehrsämter** haben Montag bis Freitag 9–12 Uhr und 15–17 Uhr geöffnet, am Samstag nur vormittags. Im Sommer sind die Ämter häufig nachmittags geschlossen und auch sonst werden die Öffnungszeiten nicht unbedingt eingehalten.

Im Ramadan wird allgemein früher geschlossen, meist am frühen Nachmittag.

Organisierte Rundfahrten

Rundreisen in großen und kleinen Gruppen, mit Bus oder Geländewagen, werden in zahlreichen Varianten angeboten. Sie bieten die Möglichkeit, in kurzer Zeit sehr viel zu sehen, bringen aber einen beträchtlichen Streß mit sich und hängen in ihrer Qualität nicht zuletzt von den Fähigkeiten des Fremdenführers ab (s. S. 359/Fremdenführer).

Post

Die Aufschrift PTT (Post, Télégraphe, Téléphone; schwarze Buchstaben in gelbem Schild) kennzeichnet die Postämter, die es im Zentrum jedes größeren Ortes gibt; in den Großstädten jeweils mehrere. Sie sind in der Regel montags bis freitags von 8–12 und 15–18 Uhr sowie samstags von 8–12 Uhr geöffnet, im Sommer, Juli bis Mitte September, montags bis samstags nur von 8–13 Uhr, im Ramadan 8–15 Uhr (z. T. lokale Abweichungen; im Zweifelsfall immer vormittags hingehen).

Postsendungen sollten Sie **von Tunesien** aus per Luftpost (Aufschrift: *Par avion*) verschicken. Sie ist ab den Hauptpostämtern ca. 4–6 Tage nach Mitteleuropa unterwegs, von kleinen Ämtern erheblich länger. Die Gebühren entsprechen etwa den mitteleuropäischen. **Briefmarken** erhalten Sie außer in den Postämtern auch in größeren Tabakläden und in Touristenhotels. In den größeren Touristenhotels können Sie auch Ihre Briefe und Karten bei der Rezeption abgeben; im übrigen sollten Sie aber stets zum Postamt gehen, da die ohnehin seltenen **Briefkästen** (gelb mit Aufschrift ›Postes‹) z. T. nur selten oder unregelmäßig geleert werden (mit Ausnahme der Briefkästen an den Postämtern).

Sendungen nach Tunesien können an Ihr Hotel adressiert oder postlagernd aufgegeben werden (in letzterem Fall mit dem Vermerk *Poste restante*, dann Name der Stadt, dann *Poste centrale*). Postlagernde Sendungen können Sie gegen Zahlung einer kleinen Gebühr und Vorlage des Reisepasses abholen.

Beachten Sie, daß Sendungen eventuell nicht unter dem Nachnamen eingeordnet sind, sondern unter dem Vornamen oder der Anrede; lassen Sie den Beamten gegebenenfalls auch dort nachschauen.

Reisekosten

Da die Pauschalarrangements bereits den größten Teil der Reisekosten beinhalten, hängt die Höhe der zusätzlichen Ausgaben von den persönlichen Ansprüchen ab. Für ein gutes Essen zahlt man zwischen 10 und 25 DM, für eine Flasche einheimischen Wein etwa 5–7 DM, ein Mietwagen kostet 100 DM pro Tag, für 100 km Busfahrt sind etwa 5 DM zu entrichten, für eine Taxifahrt von 10 km etwa 10 DM. Individualtouristen mit geringen Ansprüchen können sehr billig reisen. Bereits für 7–8 DM ist ein passables Hotel zu bekommen, ein einfaches Essen für 3–4 DM. Grundnahrungsmittel sind teilweise subventioniert und ausgesprochen preiswert.

Reisezeit

Das Land wird das ganze Jahr über bereist, wobei die heißen Sommermonate (Anfang Juni bis Mitte September) aufgrund der tunesischen Schulferien und der vielen französischen Besucher als Hauptsaison gelten. Die angenehmste Reisezeit liegt jedoch zwischen Mitte April und Ende Mai sowie Mitte September bis Ende Oktober. Ungetrübten Badegenuß hat man zwischen April und Oktober. Für den Besuch der Wüstengebiete eignen sich besonders auch die Wintermonate, obwohl dann mit Regenfällen und teilweise sogar Überschwemmungen zu rechnen ist.

Restaurants und Cafés

Obwohl entsprechend der islamischen Tradition ein Restaurantbesuch weit weniger populär ist als in Europa, gibt es doch zahlreiche gute **Restaurants**, vor allem in den größeren Städten und natürlich in den Touristenzentren.

Die billigsten Restaurants – kleine, einfachst eingerichtete, meist aber saubere Etablissements – finden Sie in der Nähe der Markthallen, des Busbahnhofs und bei den Hauptplätzen der einfacheren Viertel; in kleineren Orten stellen sie oft die einzige vertretene Kategorie dar. Angeboten wird eine begrenzte Auswahl einfacher, tunesischer Gerichte. Couscous, Tajine o. ä. kosten nur wenige DM (nicht immer ist eine Speisekarte vorhanden!). Hier generell kein Alkoholausschank.

Größere, ansprechender eingerichtete Restaurants mittlerer Preislage, die eine größere Auswahl an Speisen und Getränken führen (gelegentlich auch Wein und Bier), gibt es in den Zentren aller größeren Orte und auch in manchen Hotels der mittleren Kategorie. Sie bieten neben tunesischen Gerichten auch einfache internationale Küche (Steak, frites u. ä.). In den Touristenzentren werden Pizzerien und Schnellimbisse immer beliebter.

Gehobene, d. h. ausschließlich auf wohlhabende Tunesier und Touristen eingestellte, Restaurants finden Sie in den Großstadtzentren, den Luxushotels und den Strandzonen der großen Badeorte; ihre Auswahl umfaßt neben tunesischen auch internationale Gerichte; alkoholische Getränke sind stets erhältlich. Manche Luxusrestaurants sind in traditionellem Stil eingerichtet und erfreuen ihre Gäste mit Musik- und Tanzdarbietungen. Die Preise liegen unter europäischem Standard.

Straßenstände in den Städten verkaufen zu günstigen Preisen Orangen- und Möhrensaft, Bananenmilch, verschiedene Limonaden und z. T. auch Fleischspieße, Spritzgebäck oder Cassecroutes.

Weitaus verbreiteter als das Restaurant ist das **Café;** beliebtester Treffpunkt der tunesischen Männer, die sich hier oft stundenlang aufhalten. Angeboten werden Tee, Kaffee, verschiedene Erfrischungsgetränke, dazu oft Croissants und Gebäck (für Pfennigbeträge). In manchen Cafés kann man auch Wasserpfeife rauchen.

Die meisten Cafés besitzen lediglich eine spartanische Einrichtung. Nur in den Großstadtzentren und den Badeorten trifft man zuweilen auf einige, die an elegante, französische Straßencafés erinnern; selten sind auch ›maurische Cafés‹ mit traditionell orientalischem Ambiente. Zunehmend hält auch in Tunesien die Moderne mit Chrom, Plastik und Neonlicht Einzug.

Schlangen und Skorpione

Vor Schlangen brauchen Sie sich in Tunesien nicht zu fürchten. Zwar gibt es einige hochgiftige Arten, wie Sandvipern und Puffottern (vor allem im Süden), die Tiere sind jedoch ausgesprochen scheu und weichen dem Menschen möglichst aus. Tagsüber verbergen sie sich wegen der großen Hitze ohnehin, erst in der abendlichen Kühle verlassen sie ihre Verstecke. Häufiger – wenngleich immer noch selten – kommt es zu Skorpionstichen (vor allem im Hochsommer, im Winter fallen die Tiere in eine Art Halbschlaf). Die nachtaktiven Skorpione greifen zwar ebenfalls nie von alleine an, verbergen sich wegen der Wärme aber gerne in Schuhen, Schlafsäcken, Betten oder unter Kleidung. Von den knapp zehn tunesischen Arten sind zwei hochgiftig, Lebensgefahr aber meist nur bei Bissen in den Hals-/Mundbereich: der über 10 cm lange, grau-gelbliche und mit dunklen Scheren versehene Androctonus australis (kommt im südlichen Bergland, der Steppe und im äußersten Süden vor) sowie der weniger gefährliche, zwischen 5 und 7 cm lange, strohgelbe Buthus occitanus (überall südlich von Sousse).

Vorsichtsmaßnahmen: tragen Sie außerhalb von Ortschaften stets festes Schuhwerk, vor allem im Süden! Greifen Sie nicht in Felsritzen oder unter Steine und heben Sie keine größeren Steine auf (Schlangen und Skorpione suchen dort tagsüber Schutz vor der Hitze)! Falls Sie im Freien übernachten (auch im Zelt) oder in offenen, ebenerdigen Unterkünften im Süden: kontrollieren Sie abends vorsichtig Schlafsack bzw. Bett und morgens ihre Kleidung und Schuhe.

Treffen Sie auf eine Schlange bzw. einen Skorpion, vermeiden Sie abrupte Bewegungen und schneiden Sie dem Tier nicht den Fluchtweg ab (Sie sollten nur dann versuchen, es zu töten, wenn Sie einen geeigneten Gegenstand zur Hand haben)!

Sollte der seltene Fall eintreten, daß Sie gebissen werden: binden Sie die Wunde zum Herzen hin ab (nicht zu fest, die Binde ca. alle 20 Minuten lockern, gebissene Stelle nach unten halten)! Desinfizieren Sie die Wunde vorsichtig (nicht durch Ausbrennen, was mehr Gefahren als Nutzen bringt)! Gehen Sie sofort zum Arzt bzw. bringen Sie den Gebissenen dorthin! Beschreiben Sie dem Arzt die Schlange bzw. den Skorpion genau (oder besser, nehmen Sie das Tier mit, falls es Ihnen gelingen sollte, es zu töten), damit der Arzt das richtige Serum wählen kann. Auch bei harmlosen Bissen empfiehlt sich, falls nicht schon ein entsprechender Schutz besteht, eine Tetanusimpfung (bannt die Gefahr von Wundstarrkrampf).

Sicherheit

Verglichen zu manchen europäischen Mittelmeerländern kann Tunesien als sehr sicheres Land gelten. Dies gilt in erster Linie für Gewaltdelikte wie Raub und Überfall. Vor Taschendieben allerdings sollte man sich vor allem in den Touristenregionen, insbesondere im Gewühl der Altstädte, durchaus in acht nehmen. Deshalb gehören Paß, Geld und Flugtickets nicht in die Handtasche, sondern sollten verdeckt am Körper getragen oder im Hotelsafe aufbewahrt werden.

Stromversorgung

Fast überall im Land beträgt die Netzspannung 220 V/50 Hz. Da unsere Stecker nicht immer passen, empfiehlt sich die Mitnahme eines Eurosteckers (erhältlich im Fachhandel).

Telefon

Ortsgespräche und Verbindungen mit anderen Städten Tunesiens können zu einer Geduldsprobe werden und aufgrund der schlechten Übertragungsqualität manche Verständigungsprobleme aufwerfen. Wer etwa ein Hotel reservieren oder eine Auskunft einholen will, sollte die Rezeption seiner derzeitigen Unterkunft um Hilfe bitten.

Bei Ferngesprächen ins Ausland treten diese Probleme hingegen nicht auf. Fast in jeder Ortschaft gibt es private Telefonbüros *(Taxiphone)*, die bis spät in den Abend geöffnet sind und auch die zum Telefonieren benötigten Münzen wechseln. Wer sich vom Hotel aus ein Gespräch ins Ausland vermitteln lassen will, muß mit zusätzlichen Kosten rechnen.

Vorwahlen: nach Tunesien 0 02 16, nach Deutschland 00 49, nach Österreich 00 43, in die Schweiz 00 41. Es folgt die Ortsnetzkennzahl ohne Null und die Nummer des Teilnehmers.

Trampen

Autostop ist in Tunesien durchaus üblich, vor allem natürlich auf Strecken, wo wenige oder keine Busse bzw. Louages verkehren; meist werden Ausländer ebenso mitgenommen wie Einheimische (wenn auch nach gewissen Wartezeiten). Viele Lkw- und Lieferwagenfahrer, die oft regelmäßig Passagiere mitnehmen, erwarten eine Bezahlung, die sich in etwa nach den Bustarifen richten sollte; in privaten Pkws wird man im allgemeinen kostenlos mitgenommen.

Trinkgeld

Trinkgeld ist in Tunesien im Dienstleistungsbereich üblich. Insbesondere erwarten Fremdenführer, Kellner besserer Restaurants und Zimmerpersonal eine zusätzliche Entlohnung, die für sie eine wichtige Einnahmequelle darstellt. Aber auch kleine Gefälligkeiten sollte man honorieren. Bei Taxifahrten runde man den auf dem Taxameter angezeigten Betrag auf, es sei denn, man hat vorher einen festen Preis ausgehandelt. Bei ganztägigen Ausflugsfahrten hingegen wird ein zusätzliches Trinkgeld erwartet, und es versteht sich von selbst, daß man den Fahrer anläßlich der Pausen ebenfalls zum Essen einlädt.

Unterkunft

Tunesien verfügt mittlerweile über fast 500 klassifizierte Hotels mit zusammen fast 100 000 Betten, jedes Jahr wird eine ganze Reihe weiterer eröffnet. Hinzu kommen zahllose einfachste Herbergen, so daß für jeden Geldbeutel und in jedem wichtigeren Ort ein ausreichendes Angebot an Unterkünften bereitsteht. Dennoch kann es während der Ferienzeit im Sommer zu Engpässen, vor allem außerhalb der Touristenzonen, kommen.

Klassifizierte Hotels: das tunesische Fremdenverkehrsamt ONTT unterscheidet fünf Kategorien, vom *****Luxushotel bis zur einfachen *Herberge, wobei die Zahl der Sterne zwar den Preis bestimmt, nicht aber unbedingt auch etwas über die Qualität aussagt. Vor allem bei den *, ** und ***Hotels gibt es innerhalb einer Kategorie oft erhebliche Qualitätsschwankungen, manchmal erscheint es sogar rätselhaft, warum ein Haus eine hohe bzw. niedrige Einstufung erhalten hat.

Marhalas: eine tunesische Besonderheit sind die Marhalas, einfache, landestypische Unterkünfte in den vielbesuchten Orten des Südens, die in historischen Gebäuden wie Fondouks (in Karawansereien, z. B. Houmt Souk), Ghorfas (Speichergewölben, z. B. in Ksar Haddada, Metameur, Ksar el Hallouf), Höhlenwohnungen (Matmata), Festungen (Kebili) oder als Nomadenlager (Ksar Ghilane) eingerichtet wurden. Sie bieten eine zwar recht spartanische, dafür aber stilvolle Unterkunft.

Einfache Hotels: während es sich bei den klassifizierten Hotels überwiegend um Häuser handelt, die von wohlhabenden Arabern und/oder Touristen frequentiert werden, wohnt die Mehrheit der Tunesier auf Reisen in einfachen Herbergen, von denen es im ganzen Land eine fast unüberschaubare Zahl gibt. Dabei finden sich kleine Hotels, die sich in der Qualität von der *Kategorie kaum unterscheiden(kleine, saubere Zimmer mit Waschbecken, eigene Dusche) ebenso wie sehr spartanische Etablissements mit Gemeinschaftsschlafsälen oder – vor allem auf dem Lande – solche, deren Zimmereinrichtung sich auf bloße Holzpritschen beschränkt und wo sich lediglich eine offene Wasserstelle auf dem Hof befindet. In manchen (aber keineswegs in allen) einfachen Herbergen ist die Wäsche stark verschmutzt, gelegentlich muß auch mit Ungeziefer gerechnet werden.

Verhaltensregeln

Der Reisende sollte sich immer wieder vor Augen führen, daß er sich als Gast in einem islamischen Land befindet, das hinsichtlich seiner Gewohnheiten, vor allem aber bezüglich der Sitten erheblich von Westeuropa abweicht. Leider ist zu beobachten, daß viele Touristen, sei es aus Unwissenheit, sei es aus Gleichgültigkeit, diese islamischen Traditionen mißachten und sich dann noch über die Zurückhaltung oder Aufdringlichkeit der Einheimischen beschweren. Daß die Moscheen für Fremde geschlossen wurden, ist allein diesem Fehlverhalten zuzuschreiben. Es sei nochmals auf **dezente Kleidung** außerhalb der Hotelanlagen hingewiesen.

Es ist streng darauf zu achten, die **Privatsphäre der Wohnhäuser** nicht zu verletzen. Selbstverständlich bedarf auch das Betreten des Gartens, der auf Djerba nur durch einen Erdwall markiert wird, der ausdrücklichen Genehmigung des Besitzers.

Auf die besondere **Problematik des Fotografierens** von Personen wurde bereits weiter oben (s. S. 359) eingegangen.

Besondere Zurückhaltung sollte sich der Tourist während des **Fastenmonats Ramadan** auferlegen, wenn die Atmosphäre ohnhin recht angespannt ist. Selbst das Essen und Trinken in der Öffentlichkeit sollte man dann tagsüber unterlassen.

Darüber hinaus sollte man sich den **Genuß von Alkohol** grundsätzlich nur dort gönnen, wo er serviert wird und keinesfalls einen Tunesier zu einem alkoholischen Getränk verleiten. **Trunkenheit** in der Öffentlichkeit ist immer noch streng verpönt.

Zeit

Es gilt das ganze Jahr über die mitteleuropäische Zeit (MEZ). Dadurch verschiebt sich die Uhrzeit während unserer Sommerzeit (Juni–September) um minus 1 Stunde.

Zollbestimmungen

Zollfrei eingeführt werden dürfen neben dem üblichen, persönlichen Reisebedarf 2 Fotoapparate und 1 Videokamera mit Filmen, 1 Tonband- bzw. Kassettengerät, 1 Kofferradio, 1 Laptop, 1 Fernglas, Sport- und Campingausrüstung (wozu auch ein Schlauchboot und ein Fahrrad zählen). Von Personen über 16 darüber hinaus 400 Zigaretten oder 100 Zigarren oder 400 g Tabak, 1 Liter Alkohol über 25 % und 2 Liter Alkohol unter 25 %, 1/4 l Parfüm und 1 l Eau de Toilette und Geschenkartikel bis zum Gegenwert von 10 TD. Im Zweifelsfall sollten mitgeführte Gegenstände (etwa eine besonders wertvolle Kameraausrüstung, Laptop etc.) im Paß registriert werden, um ihre Wiederausfuhr zu garantieren.

Strengstens verboten ist die Einfuhr von Rauschgift, Pornographie (bei der die Grenzen enger gezogen werden als in Deutschland), Gold (ausgenommen Schmuck zum persönlichen Gebrauch), Waffen (Ausnahme bei Jagdwaffen, für die besondere Bestimmungen gelten) sowie Sprechfunkgeräte jeder Art (auch CB-Funk).

Die **Ausfuhr** von Antiquitäten bedarf einer staatlichen Genehmigung. Von allen anderen im Land gekauften höherwertigen Gegenständen sollte man sicherheitshalber die Rechnung und die Umtauschquittung der für den Kauf benötigten Barmittel aufbewahren, falls bei der Zollabfertigung hiernach gefragt wird.

Sprachführer und Glossar

Sprachführer

Die tunesische Staatssprache und Muttersprache fast aller Bewohner ist **Arabisch**, eine der großen Weltsprachen, die von ca. 170–200 Millionen Menschen in Nordafrika und Vorderasien gesprochen wird. Die von rechts nach links verlaufende Schrift ist nur schwer zu erlernen: jeder Buchstabe hat verschiedene Formen, die sich danach richten, ob er isoliert, am Anfang, in der Mitte oder am Ende eines Wortes steht. Niedergeschrieben werden nur die 28 Konsonanten, die Vokale fallen entweder völlig weg oder werden lediglich durch Auslassungszeichen angedeutet. Außerdem finden verschiedene Schriftstile Verwendung. Dieser außerordentliche Formenreichtum hat der arabischen Schrift einen herausragenden Platz in der Ornamentalkunst verschafft.

Vom Arabischen gibt es sehr verschiedene Varianten: Das klassische Schrift- oder Hocharabisch *(Arabiya)* ist die Sprache des Koran, die stets nur von einer kleinen Elite gebraucht wurde. Als tunesische Umgangssprache dient dagegen der maghrebinische Dialekt, der zahlreiche berberische, französische und spanische Lehnworte enthält und auch in der Aussprache stark vom Hocharabischen abweicht. Ein Tunesier kann sich deshalb mit einem Syrer kaum verständigen (außer über die Schrift). Der Dialekt ist innerhalb des Landes recht einheitlich, die größten Unterschiede bestehen zwischen den Städten des Nordens und den Nomaden des Südens. Die meisten Tunesier verstehen inzwischen auch den ägyptischen Dialekt, der wegen der überragenden Stellung Ägyptens im Medienbereich (Radio, Film), seiner Mittelstellung zwischen den verschiedenen arabischen Idiomen und wegen seiner unkomplizierten Grammatik immer mehr zum Universalarabisch wird.

Berbersprachen, die in Algerien und vor allem in Marokko noch große Bedeutung haben und ursprünglich auch von den Bewohnern Tunesiens gesprochen wurden, spielen kaum noch eine Rolle. Nur eine kleine Minderheit im Dahar und bei den Ibaditen Djerbas (zusammen ca. 1–3 % der Gesamtbevölkerung) verwendet noch dieses älteste bekannte nordafrikanische Idiom, das zusammen mit dem Arabischen, Hebräischen, Altägyptischen und verschiedenen anderen Sprachen (aus Äthiopien, Somalia und anderen Teilen Afrikas) die afroasiatische (hamito-semitische) Sprachgruppe bildet und in zahllose verschiedene, stark voneinander abweichende Mundarten zerfällt.

Französisch dient seit der Kolonialzeit als zweite Bildungs-, Verwaltungs- und Handelssprache. Offizielle Dokumente, Straßenschilder und viele Beschriftungen sind zweisprachig verfaßt. In den Volksschulen ist Französisch ab dem 3. Schuljahr Pflichtfach, in den Höheren Schulen z. T. sogar die dominierende Unterrichtssprache (bedingt durch französische Lehrer und französische Unterrichtsmaterialien). Alle Tunesier mit Schulbildung verfügen deshalb über Kenntnisse in dieser Sprache, viele beherrschen sie fließend.

In den Touristenzentren nimmt die Verbreitung von **Englisch** und vor allem **Deutsch** rasch zu; besonders unter Fremdenführern, Hotelangestellten und Souvenirhändlern, für die Sprachkenntnisse gewissermaßen ein Geschäftskapital darstellen. Die Touristenzonen der Badeorte können inzwischen fast schon als ›deutschsprachig‹ gelten.

Mit Französisch ist eine Verständigung überall in Tunesien problemlos möglich. Falls Sie keine Französischkenntnisse besitzen, sollten Sie sich unbedingt die wichtigsten arabischen Grußformeln, Redewendungen und Grundbegriffe einprägen, dies macht stets einen guten Eindruck, und ein französisches Wörterbuch mitführen, sonst werden Sie außerhalb der Touristenzentren oder Reisegruppen auf große Verständigungsschwierigkeiten stoßen.

Schreibweise

Die Umschreibung des Arabischen in die lateinische Schrift wird sehr verschieden gehandhabt, vor allem bei Ortsnamen und geographischen Begriffen, wo die offiziell gültige Bezeichnung oft von dem jeweils ersten dort befindlichen Kolonialbeamten nach dem Gehör notiert wurde, was Irrtümern und Uneinheitlichkeiten natürlich Tür und Tor öffnete. Die hier gewählte Schreibweise entspricht der **französischen Transliteration**, da diese auch in Tunesien selbst Verwendung findet (s. auch S. 8).

Wer sich intensiver mit Arabisch (ägyptischer Dialekt) befassen möchte, dem sei folgender Sprachführer empfohlen: H. G. Semsek, ›Arabisch für Globetrotter‹, Reihe ›Kauderwelsch‹, Reise Know-How Verlag Peter Rump, Bielefeld.

Ausspracheregeln

ch	– entspricht dem deutschen *sch*
dh	– entspricht dem weichen englischen *th*
e	– am Ende wird nicht gesprochen
eu	– entspricht dem offenen deutschen *ö*
gue und **gui**	– werden *ge* bzw. *gi* gesprochen
h	– ist ein stark gehauchtes *h*, niemals stumm
j und **dj**	– werden als weiches *dsch* (wie in Journalist) ausgesprochen
kh	– wird etwa wie *ch* in ›Nacht‹ ausgesprochen, nur stärker (ähnlich dem spanischen *j*)
ou	– entspricht dem deutschen *u*
q	– ist ein tief in der Kehle gesprochenes *k*
rh oder **gh**	– wird als Zäpfchen-*r* gesprochen (etwa wie in ›warum‹)
r	– ist ein Zungenspitzen-*r* (rollendes r)
s	– wird als stimmloses *s* gesprochen (wie in ›essen‹)
w	– entspricht dem englischen *w*
y	– entspricht dem deutschen *i*
z	– wird als stimmhaftes *s* gesprochen (wie in) Süden

Begrüßungsformeln und wichtige Redewendungen

Guten Tag	marhaba
Allgemeiner Gruß	salam, assalama (›Friede‹); *förmlicher:* assaiam-eleikum (›-Friede sei mit Dir‹)
Guten Morgen	s'bah el kheir
Guten Abend	msa el kheir
Gute Nacht	litek saida
Auf Wiedersehen	beslama
Bis bald	filaman
Danke	shukran; *förmlicher:* barak-allahu fik (›Allah segne Dich‹)
Verzeihung	sahmani
Ja	n'am
Nein	la
Entschiedene Verneinung	makasch
Nein danke	la barak-allahu
Guten Appetit	bismillah (›im Namen Allahs‹)
Sie sind sehr freundlich	inti nas mlah
Ich freue mich	ana ferhan
Wie geht es Ihnen?	kief halek?
Achtung	balek
Gut	uakha
Schön	mezian
Schlecht	duni
Wieviel?	asch-hal, qaddash?
Viel	ktir
Zu teuer	rali jasser
Wenig	shu'ia
Genug	barka *oder* ikfi
Geld	flus
Geh' weg	sir *oder* (sehr grob) barra
Herr	sidi
Frau	lalla
Deutscher	Almani
Österreicher	Nimsewi
Schweizer	Swissri

Glossar

Adrar	Gebirge
Aid	Fest
Ain (Plural Aioun)	Quelle
Ait	berberisch für ›Die Söhne von …‹; wird dem Stammesnamen vorangestellt (vgl. auch Beni und Ouled)
Aziz (weiblich Aziza)	Liebling, Geliebte(r)
Bab	Tor
Babouches	pantoffelartige Schuhe
Baraka	heilige, segensbringende Kraft
Ben, Bel	›Sohn von …‹ (Bel ist die Zusammenziehung von Ben el)
Beni	›Die Söhne von …‹; wird dem Stammesnamen vorangestellt (vgl. auch Ait und Ouled)
Bhar	Meer
Bidonville	Slum (französisch für Kanisterstadt)
Bir	Brunnen
Bled	Land (im Gegensatz zu Stadt)
Bordj	Fort, kleinere Festung (vgl. auch Kalaa und Kasbah)
Bou (hocharabisch Abou)	›Vater von …‹
Burnus	weiter, schwerer Kapuzenmantel
Caid	Stammesführer
Chott	Salzsee
Dar	Haus
Derb	Gasse
Diwan	Ratsversammlung; auch Bezeichnung für die Thronräume eines Palastes

Djama (Djema)	Versammlung; auch Bezeichnung für den Freitag und die Freitagsmoschee
Djebel	Berg, Gebirge
Djellabah, Djebbah	leichtes Übergewand; typische städtische Männerkleidung
Djessur	Damm
Djezira	Insel
Djihad	Heiliger Krieg
Djinn	Geist
Douar	Nomadenzeltlager
El	bestimmter Artikel (er, sie, es); wird oft mit dem Anfangskonsonanten des folgenden Wortes zu er, es oder ech zusammengezogen bzw., wenn das folgende Wort mit a beginnt, zu al verändert)
Erg	Sandwüste
Fantasia	Reiterspiel bei Festen
Fellah	Bauer
Foggara	unterirdischer Bewässerungskanal
Fondouk	einfache Herberge, Karawanenraststätte; Großhandelslager
Foum	enges Durchbruchstal
Ghar	Höhle
Ghorfa	Tonnengewölbe aus Lehm; im tunesischen Süden Grundbaustein des Ksar
Gourbi	einfache, ärmliche Lehm-/Strohhütte
Hadj	Pilgerfahrt nach Mekka
Hadji	Mekkapilger
Haik	weiter Überwurf der Frauen
Hammada	Geröllwüste
Hammam	heiße Quelle; Dampfbad (›Türkisches Bad‹)
Hara	Judenviertel
Haratin	dunkelhäutige Oasenbewohner, Nachkommen schwarzer Sklaven
Harem	Privat- und Frauengemächer eines Palastes
Henchir	Bauernhof
Houmt	Viertel
Imam	Vorbeter in der Moschee, eine Art ›Gemeindeleiter‹
Kabila	Stamm
Kadi	Richter
Kaftan	besticktes, wertvolles Kleid
Kalaa	Festung
Kasbah	große Festung; Stadtfestung
Kebir	groß
Khaima	Nomadenzelt
Khammes	Kleinpächter, der ein Fünftel (Khammes) der Ernte erhält
Khamsa	fünf; auch Bezeichnung für Silberamulett (›Hand der Fatima‹)
Koubba	kuppelbedeckter Grabbau
Ksar (Plural Ksour)	befestigtes Dorf
Mahdi	gottgesandter Glaubenskämpfer; Erlöser
Makhzen	Regierung
Marabout	Heiliger; auch Grabstätte eines Heiligen
Marsa	Hafen
Medersa (hocharab. Medresse)	theologische Hochschule
Medina	Altstadt
Menzel (Singular	Rastplatz; Siedlung,

Manzel)	Gehöft		unser ›Razzia‹)
Mesdjid	Moschee	Riad	Innenhof, Garten
Mihrab	Gebetsnische in der Moschee	Ribat	›Wehrkloster‹, Küstenfestung mit religiös-militärischem Orden als Besatzung
Minarett	Moscheeturm		
Minbar	Gebetskanzel in der Moschee	Sahel	Ufer, Küste (auch für Randgebiete der Wüste verwendet, die ja gleichsam Ufer des Sandmeeres sind)
Moussem	jährliches Fest für einen Heiligen		
Muezzin	Gebetsausrufer in der Moschee		
Muquarnas	Gewölbe mit Stalaktiten	Sebkha, Sebkhet	Salztonsenke
		Seghir	klein
Oued	Fluß, Flußbett (in englischer Schreibweise Wadi)	Seguia	Bewässerungskanal in den Oasen
		Sharia	Rechtssprechung nach dem Koran
Ouled	›Kinder von …‹; wird dem Stammesnamen vorangesetzt (vgl. auch Ait und Beni)	Sheikh	Führer eine Sippe, entspricht ›Scheich‹
		Si, Sidi	Herr (Ehrentitel)
Qibla (Kibla)	nach Mekka gerichtete Gebetsmauer; in bzw. an ihr befinden sich Mihrab und Minbar	Souk	Markt, Marktstraße
		Ulema (Singular Alim)	Gelehrte des islamischen Rechts, Religionsgelehrte
		Zaouia	Religiöser Orden, auch Stammsitz einer solchen Bruderschaft
Ras	Kap, Gipfel		
Razu	Raubzug der Nomaden (davon abgeleitet	Zitouna	Olive, Ölbaum

Literaturauswahl

Bagnall, N.: Rom und Karthago – der Kampf ums Mittelmeer, Siedler, Berlin 1995

Choukri, M.: Zeit der Fehler (Roman), Eichborn Verlag, Frankfurt/M. 1994

Därr, K.: Transsahara, Afrika-Führer Bd. 1, Reise Know-How Verlag Därr GmbH, Tuntenhausen, 9. Aufl. 1995

Eberhard, I.: Briefe an drei Männer (Roman), Rowoldt Verlag, Reinbek 1993

Flaubert, G.: Salammbô (historischer Roman), Reclam Verlag, Ditzingen 1970

Güse, E. G.: Die Tunisreise (Klee, Macke, Moilliet), Gerd Hatje Verlag, Stuttgart 1982

Haarmann, M. (Hrsg.): Der Islam, ein historisches Lesebuch, Beck Verlag, München 1995

Haefs, G.: Hannibal (historischer Roman), Heyne Verlag, München 1994

Hellenkemper Salis, G./Prittwitz, H.-M. von/Bauchhenß, G.: Das Wrack, der antike Schiffsfund von Mahdia, Ausstellungskatalog, 2 Bde., Rheinland Verlag, Köln 1994

Heller, E./Mosbahi, H.: Hinter dem Schleier des Islam. Erotik und Sexualität in der arabischen Kultur, Beck Verlag, München 1994

Huß, W.: Karthago, Beck Verlag, München 1995

Kirchhoff, B.: Der Sandmann (literarischer Krimi), Suhrkamp Verlag, Frankfurt/M. 1992

Mosbahi, H.: So heiß. So kalt. So hart., Tunesische Erzählungen, Eichborn Verlag, Frankfurt/M. 1991

Moskati, S.: Die Karthager, Belser Verlag, Stuttgart 1994

Roli, G. (Fotos): Tunesien, Landschaft – Kultur – Geschichte (Bildband), Belser Verlag, Stuttgart 1994

Schimmel, A.: Die Zeichen Gottes, die religiöse Welt des Islam, Beck Verlag, München 1995

Schimmel, A.: Der Islam, eine Einführung, Reclam Verlag, Stuttgart 1991

Semsek, H. G.: Ägyptisch-Arabisch für Globetrotter, Reise Know-How Verlag Peter Rump, Bielefeld

Abbildungsnachweis

Archiv für Kunst und Geschichte, Berlin S. 32, 52 links und rechts, 103

Werner Gartung/laif, Köln S. 6 unten, 7 oben, 18, 25, 67 unten, 73, 74, 120, 121, 124, 126/127, 148/149, 151, 154, 185, 240/241, 262, 295, 310/311, 312, 313, 320/321,322

Christian Heße, Köln S. 71

Gernot Huber/laif, Köln S. 9, 24, 133, 134/135, 137, 298 oben, 298 unten, 299

Volkmar E. Janicke, München Titelbild, S. 237, 258, 259, 268, 269

Abbildungen S. 44/45 mit freundlicher Genehmigung: © VG Bild-Kunst, Bonn 1996

Abbildungen S. 54/55, 63 Mohamed Sijelmassi, aus: Die Kunst der islamischen Kalligrafie, © DuMont, Köln 1995

Abbildungen S. 200/201, 207 mit freundlicher Genehmigung: © Musée du Bardo, Tunis /Rheinisches Landesmuseum, Bonn 1996

Alle anderen Abbildungen: Hans Joachim Aubert, Bonn

Kartographie: Berndtson & Berndtson, Fürstenfeldbruck

Register

Ortsregister

Abbes 286
Abiod-Region 256
Adjim 324
Aiguilles (Felsen) 155
Ain Draham 141, **160**, 330
Ain el Atrous 124
Ain Oktor 124f.
Ain Tounga 173
Aousja 145
Arad-Ebene 244
Arch Zara, Katakomben 210
Ariana 81
Atlas-Gebirge 10, 12, 140

Barrage Mellègue 175f.
Béja 166, 330
Ben Gardane 252
Beni Aissa 268
Beni Kheddache 263f., 304
Beni Metir 269
Beni Mtir-Damm 160
Bizerte 43, 48, 51, 56, 140, 141, **146ff.**, 330
Bled el Djerid 242, **282**, 293
Bled el Hader 286, 287
Blidet 284, 297
Bordj Cedria 21, 49, 51, **113**
Bordj Djillidj 324
Bordj el Khadra 305
Bordj Kastil 323
Bordj Younga Sidi Ahmed 219f.
Bou Argoub 123
Bou Dafeur 268
Bulla Regia 141, 157, **160ff.**

Cap Bizerte 151
Cap Blanc 151
Cap Bon 12, 14, 26, 31, 112, **120f.**, 159, 310
Cap Negro 153
Cap Serrat 152

Carthage s. Karthago
Chaffar Plage 219
Chebika 244, 279, **280**
Chemtou (Simitthus) 141, 164ff.
Chenini (Dahar) 260f.
Chenini du Gabès 249, 255
Chergui (Insel) 220f.
Chott el Djerid 10, 242, **293f.**
Chott el Fedjadj 242, 293
Coup du Sabre 277

Dahar 10, 12, 14, 17, 242, 243, **253f.**, 300
Dar Chaabane 129
Degache 282
Djebel Abiod 256
Djebel Azhered 159
Djebel Bou Kornine 113
Djebel Bou Ressas 113
Djebel Chambi 159, 227
Djebel Ghorra 167
Djebel Ichkeul 145
Djebel Khaoui 110
Djebel Mdhila 275, 277
Djebel Mrilha 159
Djebel Nadour 145, 151
Djebel Rorra 157
Djebel Semmama 227
Djebel Serdj 181
Djebel Sidi Abd Er Rahmane 120
Djebel Sidi Abiod 125
Djebel Zaghouan 114, 117, 119
Djebenania 217
Djeffara 12, 242, 244, 246, **251**, 253, 300
Djerba (Insel) 10, 11, 12, 17, 42, 43, 56, 64, 65, 130, 198, 242, **306ff.**, 331
Djerissa 140
Djorf 251
Domaine de Thibar 166f.
Dorsale 12, 140, 141, **159**, **181**, 184
Dougga (Thugga) 53, 92, 141, 157, **167ff.**, 226, 333
Douaria 140
Douirat 255, 262
Douz **296f.**, 304, 333

El Borma 22, 242, 246
El Djem 53, 92, 184, **210ff.**, 214, 334
El Fahs 112
El Faouar 284, 297
El Guettar 274, 284
El Hallouf 264
El Hamma du Djerid 282, 292f.
El Hamma du Gabès 250f.
El Haouaria 125, 334
El Kef, s. Le Kef
El Khanga 280
El Mahassen 293
El May 319
El Ouidane 282, 292
Enfida(ville) 184, 185, **186f.**
Erriadh 318f.
Ezzarah 259

Feriana 228
Forêt dar Chichou 128

Gabès 23, 25, 184, 193, 242, 243, **244ff.**, 334
Gafsa 22, 30, 49, 51, 242, 243, **271ff.**, 335
Gammarth 109f.
Garaet Ichkeul s. Ichkeul-See
Ghar el Kebir 126
Ghar el Melh 141, 143ff.
Ghomrassen 255, 263
Gightis 325
Gorges du Seldja 275, 277
Grand Erg Oriental 12, 242, 300
Grombalia (Ort) 123
Grombalia-Ebene 121, 123
Guellala 311, 319f.
Guermessa 255, 262f.

Haddej 266
Hadrians-Aquädukt 114f., 119
Haidra 176f.
Hammam Lif 112f.
Hammam Mellègue 176
Hammam Oust 115
Hammamet 11, 107, **133ff.**, 198, 312, 335

Hara Kebira 311
Hara Seghira 311
Haus der Fatima (bei Matmata) 266
Hergla 184, 188f.
Hoher Tell 26, 159f.
Houmt Souk 308, 309, 311, **313ff.**, 331

Ichkeul-See 15, 141, **145**
Ile el Oustania 200
Ile Sidi el Gadamsi 200
Iles Kerkennah 184, 214, 220f., 338

Jendouba 336

Kairouan 39, 43, 50, 56, 59, 61, 70, 75, 107, 203, 224, **229ff.**, 336
- Bab ech Chouhada 232
- Bassins der Aghlabiden 237f.
- Bir Barouta 232, 236f.
- Medina 85, 229
- Place de Tunis 235
- Reqqada 55, 231, 239
- Sidi Oqba-Moschee 55, 77, 193, 205, **235ff.**
- Souks 234f.
- Tleta Bibane-Moschee 232
- Zaouia des Sidi Abid el Ghariani 232
- Zaouia des Sidi Amor Abbada (Säbelmoschee) 239
- Zaouia des Sidi Sahab (Barbiermoschee) 238
Kairouaner Becken 184, 222, 229
Kalaat Khasba 140
Karthago **30ff.**, 35, 36, 37, 39, 49f., 53, 70, 92, **95ff.**, 114, 331
Kasserine 193, 227f, 337.
Kebili 242, 284, **294**, 337
Kef el Gafia 181
Kelibia 91, 128, 337
Kerkennah-Inseln, s. Iles Kerkennah
Kerkouane 53, 127f.
Khéreddine 95
Korba 129
Korbous 123f.
Kriz 282

Kroumirie 12, 14, 15, 45, 140, 141, 152, **157**
Ksar Beni Barka 257f.
Ksar Daghagra 258
Ksar El Aoidid 258
Ksar El Khadim 258
Ksar Ghilane 303f., 338
Ksar Haddada 263, 338
Ksar Hellal 203
Ksar Lemsa 181
Ksar Ouled Soltane 259
Ksar Tounkett 256
Ksiba el Mediouni 203
Ksour von Djelidat 259
Kuriate-Inseln 203

La Galite-Inseln 152
La Goulette 42, 43, 72, **94**, 246
La Kesra 181
La Marsa 109f.
La Mohammedia 113f.
Lalla 274
Le Kef 173ff., 338
Le Kram 95
Leptis Minor 203

Mactaris s. Maktar
Maharès 184, 217
Mahboubine 324
Mahdia 23, 41, 42, 50, 55, 185, **203ff.**, 231, 338
Mahrès 219
Maktar (Mactaris) 141, **177ff.**, 339
Marabout Sidi Moussa 269
Mareth 251
Matmata 162, 246, **266f.**, 301, 339
Matmata, Bergland von 265f.
Medeina 176
Medenine **251**, 255, 300, 339
Medjerda (Fluß) 12, 111, 140, 141, 143, 157, 165
Medjerda-Tal 26, 140, 157
Mellita 220, 312
Meninx 323
Menzel Bourguiba 140, 146
Menzel Bouzelfa 123

Menzel Temime 129
Menzourah, Strand 128
Metameur 251f., 339
Metlaoui 271, 274f., 275, 276f.
Midès 278, 279
Midoun 311, 323f.
Mineralienmarkt (bei Nefta) 292
Mogod 12, 14, 140, 146, 152
Moknine 203
Monastir 11, 29, 55, 185, 194, **198ff.**, 340
Monts de Ksour 253
Monts de Medjerda 157
Monts de Teboursouk 157, 166
Moulares 271, 275, 276
Musti 141, 173

Nabeul **129ff.**, 323, 349
Nationalpark Garaet Ichkeul 145
Nefta 244, 282, 284, **289f.**, 341
Nefzaoua 242, 243, 246, 274, **284**, 293, 294

Ochtata 153
Orbata 274
Oued Miliane 111
Oued Tindja 145
Oued Zigzaou 250
Oued Zondag-Tal 258
Ouled Majed 293

Pilau, Insel 145
Plage de Sèguia 317f, 332.
Plage de Sidi Mahrès 317, 332
Plage du Remel 151
Pont de Trajen 166
Port el Kantaoui 29, 189, 341

Radès 94, 112
Raf Raf 145, 342
Raouad, Sandstrand 110
Ras Ajdir 252
Ras ben Sekka 151
Ras Bou Tria 210
Ras el Ain 260, 263
Ras el Aioun 274

Ras el Drek 126
Ras Kaboudia (Halbinsel) 210
Ras Sidi Ali el Mekki 141, 145
Ras Tourgueness 324
Redeyef 271, 275, **276**
Remada 243, 305

Sabra Mansouriyah 204, 231
Sabria 297
Sahara 10, 12, 30
Sahel 12, 14, 16, 24, 26, **184f.**, 222
Sahel von Bizerte s. Satfoura
Sahel von Sfax 184, 185, **217f.**
Sahel von Sousse 184, 185, 229
Sahraoui 286
Saida 203
Salakta 209f.
Satfoura 141
Sbeitla (Sufetula) 39, 170, 211, **224ff.**, 342
Sbiba 227
Sebkhet el Hamma 293
Sebkhet Sedjoumi 70
Sedjenane-Tal 140
Sedouikech 323
See von Bizerte 141, 145
See von Tunis 94
Seldja 275
Sfax 11, 23, 185, 190, 193, **213ff.**, 246, 342
Sgarnia 188
Sidi Abd el Ouahed, Bucht von 151
Sidi Abiche 188
Sidi Bou Said **105ff.**, 107, 343
Sidi Daoud 125
Sidi Djedid 137
Sidi Mechrig, Strand von 153
Sidi Rais 123
Sidi Salem (Stausee) 173
Sidi Youssef 220
Simitthus s. Chemtou
Soliman 121ff.
Souassi-Land 184, 212
Souk Ahad 294
Sousse 11, 91, 92, 185, **190ff.**, 198, 213, 246, 312, 343

St. Germain 107
Südtunesisches Bergland 255
Südtunesisches Stufenland 242
Sufetula s. Sbeitla
Synagoge La Ghriba (bei Erriadh) 319

Tabarka 11, 140, 141, **154f.**, 344
Table de Jugurtha 160, 176
Takrouna 118, 186
Tamellest 258f.
Tamera/Sedjenane 140
Tamerza 279, 345
Tamezret 269
Tataouine **252**, 255, 256, 345
Taubeninsel 201
Teboulba 203
Tebourba 81
Teboursouk 167, 345
Techine 270
Tell-Atlas s. Atlas-Gebirge
Testour 173
Thelepte 228
Thuburbo Majus 91, 92, **115ff.**
Thugga s. Dougga
Thyna 219
Tombar 294
Toujane 301
Tounkett 256
Tozeur 242, 244, 282, 284, **285ff.**, 345
Tunis 11, 16, 26, 42, 43, 46, 50, 51, 65, **70ff.**, 107, 119, 190, 346
- Almohaden-Moschee 82f.
- Avenue (Av.) Habib Bourguiba 73f.
- Bab Djedid 86
- Bab el Djazira (Vorstadt) 70, 72, 75
- Bab el Khadra 88
- Bab Souika (Vorstadt) 70, 72, 75, 89
- Bardo (Vorort) 70, 89
- Bardo-Museum 38, 52, 53, **89ff.**, 98, 114, 117, 207, 210, 212
- Belvédère (Stadtviertel) 70, 72, **93**
- Café de Paris 75
- Café de Tunis 75
- Café M'rabet 81
- Collège Sadiki 83
- Dar Ben Abdallah 86

- Dar el Bey 82
- Dar el Hussein 81
- Dar Lasram 88
- Dar Othman 86
- Djama el Djedid (Färbermoschee) 86
- Djama ez Zitouna 77f.
- Fondouk der Franzosen 82
- Fondouk el Ghalla 75
- Hammouda Pascha-Moschee 82, 201
- Haus Sidi Bou Krissan 83
- Kasbah-Moschee s. Almohaden-Moschee
- Kathedrale 72, 75
- Maison des Arts 93
- Mausoleum der Aziza Othmana 82
- Medersa Bachiya 88
- Medina 70, 72, **75ff.**, 85, 232
- Moschee Sidi Mahrez 56, 87f.
- Nationalbibliothek 80
- Ölbaummoschee s. Djama ez Zitouna
- Place Bab Djazira 87
- Place Bab Menara 83
- Place Bab Souika 87
- Place de la Kasbah 82
- Porte de France 75f.
- Sidi Bou Abdallah-Sarkophag 81
- Sidi Youssef-Moschee 81
- Souks 76f., **80ff.**, 83
- Théatre de la Ville de Tunis 75
- Tourbet el Bey 86
- Zaouia Sidi Mahrez es Sadiki 87
- Zoologischer Garten 93

Upenna 188
Utica 92, 141, **142f.**

Zaafrane 297
Zaghouan 81, 105, 117f., 140, 159, 348
Zarzis 325, 348
Zembra (Insel) 15, 126
Zembretta (Insel) 15, 126
Zentraltunesische Steppe 12, 13f., 181, 184, **222f.**, 229, 271
Zlassi-Gebiet 222f.
Zouara, Strand von 153f.
Zriba Ancien 118

Personen- und Sachregister

Abbasiden (Dynastie) 41
Abu Djama el Balaoui 238
Abu Hanifa 64
Abu Yazid 41, 70, 87, 204
Abu Zakkaria 71
Abul Abbas 42
Achour, Habib 20, 154
Agathokles, Tyrann von Syrakus 30f., 128, 146
Aghlabiden (Dynastie) **41**, 50, 75, 190, 194, 215, 229, 230
Ahmed Ben Salah 21, 48
Ahmed Bey 110, 114, 123
Al Mustansir 42, 50
Ali Pascha 190
Ali Turki 174
Almohaden (Dynastie) 42, 50, 71, 307
Andalusier 10, 17, 42, 44, 50, 108, 120, 122, 141, 146, 150, 167, 173, 318f.
Araber **39ff.**, 50, 54ff, 70, 146, 190, 229, 253, 271, 282, 307
Ataban (numid. Fürst) 171
Augustinus 38, 97
Augustus (Octavius) 36, 50, 70, 97
Aziza Othmana 82

Belisar 39, 210
Beni Hilal-Nomaden 10, **41f.**, 50, 70, 100, 157, 186, 198, 231,
Berber 10, 16f., 30, 39, 41, 49, 50, **118**, 186, 211, 253, 255, 282, 309
Bey Othman 82, 86
Bourguiba, Habib 10, 21, 46ff., 51, 154, 175, 198, 201, 202, 220, 221, 294
Briten 44, 144, 250
Byzantiner 10, 39, 50, 53, 97, 178, 188, 224, 282, 307

Cäsar 36, 97, 143, 190, 198, 203, 210, 220
Capsien 39, 49, 271
Cato 36, 102, 143
Chaker, Hedi 48, 154

Chorassaniden 71, 83
Christen 11, 16, 38, 39, 50, 59, 71, 94

Dattel 11, **25**, 26, 220, 249, 274, 279, 282, 284, 286, 292f., 310
D'Erlanger, Baron Rudolphe 108
Diokletian 38, 180
Djebalia 253, 255
Djessur 265
Donatisten 38, 169
Donatus Magnus (Bischof) 38
Doria, Andrea 308
Dragut (Torgut Rais) 43, 154, 204, 271, 308f., 317, 323

Elissa (phön. Prinzessin) 30, 96, 98
Eudj Ali (Pirat) 150

Fatimiden (Dynastie) **41**, 50, 194, 203f., 205, 231, 239
Flaubert, Gustave 99, 134
Foggaras 284
Franzosen 10, 11, 16, **44ff.**, **46f.**, 51, 72, 112, 122, 123, 146f., 154, 157, 160, 178, 186, 213, 250, 294, 309

Geiserich 39
Ghorfa 251, 252, **253f.**
Ghrib (Nomaden) 284
Gide, André 134, 231
Gordianus-Aufstand 178, 180, 190, **210f.**
Gracchus 97
Gregorios 39, 224

Hached, Ferhat 47, 82, 220
Hadrian 37, 114, 143
Hafsiden (Dynastie) **42**, 50, 71, 75, 77, 128, 146, 190, 273, 308
Hamilkar Barkas 31, 33
Hammama 271
Hanefiten 64, 150
Hannibal 31f., **32f.**, 50, 190, 203, 220
Haratin 282, 284
Harun al Rashid 41
Hasdrubal 31, 97

Hassan 42
Hiarbas 96
Höhlenwohnungen 265f., 266f., **267**
Homer 306
Hussein Bey Ali 44, 51
Husseiniten-Beys (Dynastie) **44**, 51, 72, 86, 174, 231

Ibaditen 11, 64, 309, 312, **314**
Ibn Chabbat 282, 287
Ibn Khaldoun 75, 77, 82, 263
Ibrahim II. 231, 239
Ibrahim Ibn al Aghlab 41, 230
Islam 59ff., 64, 198, 199
Italiener 11, 16, 112, 121, 123, 213

Janitscharen 43, 51
Jucundus 227
Juden 11, 16, 17, 44, 59, 65, 94, 181, 251, 253, 309, 311, 318f.
Justinian (röm. Kaiser) 39, 190

Kahina (Berberführerin) 39, 211
Karl V. (habsburg. Kaiser) 42, 72,, 94, 104, 144, 308
Karl von Anjou 71
Karthager 52, 129, 142, 165, 173, 185, 282, 306, 325
Katholiken 38, 169
Kheired Din Barbarossa 42, 43, 308
Klee, Paul 107, 108, 134
Konstantin (byzant. Kaiser) 38, 224
Koran 18, 59ff., 60, **62f.**
Ksour 253, 256ff.; s.a. Ghorfa

Lavigerie (Kardinal) 101
Libyen-Konflikt 49, 51
Licinius 169
Livius (röm. Historiker) 34
Lomellini, Grafen 154, 155
Ludwig IX., genannt der Heilige (franz. König) 42, 50, 71, 98, 101, 104

Macke, August 107, 108, 134
Malekiten 18, 64
Malik Ibn Anas 64

Malteser 11, 16, 205, 213, 308
Marazig (Nomaden) 284
Mareth-Linie 250, 251
Massinissa 35, 36, 161, 165, 168, 177
Maupassant, Guy de 134
Maximinus Thrax (röm. Kaiser) 210f.
Medina 84f.
Mendès France 48
Merlin, Alfred 206
Mohammed (Prophet) 50, 59, **60f.**, 62, 238, 248
Mohammed Ali 46
Mohammed Bey 114, 211
Moillet, Louis Ren 107
Mourad Dey 43
Muawiya 39, 229

Nebukadnezar (Babylonierkönig) 318
Nero 37
Normannen 120, 190, 204, 213, 220, 307
Numider **34f.**, 161, 164, 168, 172, 173, 219, 271

Obeid Allah, genannt Al Mahdi 41, 203
Odysseus 306
Olive **24f.**, 26, 185, 210, 213, 217
Omar (Kalif) 62
Oqba Ibn Nafi 39, 50, 190, 229, 232

Pères Blancs (Missionsorden) 101f., 105, 166
Philipp II. 44
Phönizier 10, 30, 49, 52, 127, 142, 146, 161, 185, 190, 306, 324, 325
Phosphat 11, 22, 193, 213, 242, 246, 271, 274ff.
Polybios (griech. Historiker) 33, 102
Pompejus 36, 143, 190
Prusisas von Bythnien (König) 33
Ptolemäer 283
Punier 105, 127, 128, 157, 168, 171, 177f., 196
Punische Kriege 31f., 49, 50, 97, 127, 142, 146, 173, 190
Pyrrhus von Epiros 31

Rachid el Gannouche 21
Regulus, Konsul 128
Roger II. 307
Römer 10, 32f., 35, **36ff.**, 38, 50, 53, 95ff., 115, 117, 127, 128, 146, 157, 161, 162, 164, 167ff., 172f., 176, 185, 197, 211, 219, 225, 286, 306, 323

Sallust (röm. Historiker) 34
Schiiten 62, 314
Schlacht von Zama 220
Scipio 33, 36, 97, 102, 142
Sebastian, Georges 137
Senam (Berberfürst) 176
Septimus Severus 33, 210, 211
Severer 37, 50, 168
Sidi Ali Azouz 119
,Sidi Arfa 263
Sidi Bou Abdallah 81
Sidi Bou Hilal 293
Sidi Bou Mendil 189
Sidi Boulbaba 248
Sidi Mahrez es Sadiki 87f.
Slim, Mongi 154
Spanier 42, 50, 72, 121, 128, 146, 198, 204, 205, 208, 219, 220, 307, 308, 317
Sufis 64, 105, 198, 291
Suleiman der Prächtige (Sultan) 122
Sunniten 62, 64

Tertullian (Bischof) 38
Theodosius 38
Thomas, Philippe 274
Tiberius (Kaiser) 166, 168
Trajan (röm. Kaiser) 178, 179, 271
Türken **43f.**, 51, 72, 75, 94, 113, 146, 154, 155, 190, 198, 205, 208, 215, 220, 282

Vandalen 10, 39, 50, 53, 97, 143, 146, 169, 173, 178, 190, 210, 307

Zait ibn-Thabit 62
Zine el Abidine Ben Ali 21, 49, 51
Ziriden (Dynastie) 41, 50, 204

Umschlagvorderseite: Ksar Ouled Soltane
Umschlaginnenklappe: Hochzeitszug in Nefta
Umschlagrückseite: Impressionen vom Sahara-Festival

Über den Autor: Hans-Joachim Aubert, geboren 1942, studierte Wirtschaftswissenschaften und promovierte mit einer wirtschaftsgeographischen Arbeit über Sri Lanka. Er ist seit über zehn Jahren als Sachbuchautor, Reisejournalist und Fotograf tätig und hat zahlreiche Bildbände und Reiseführer verfaßt. Im DuMont Buchverlag sind bisher erschienen »Richtig Reisen: Nepal«, »Richtig Reisen: Nord-Indien«, die Reise-Taschenbücher »Djerba und Südtunesien«, »Mallorca« und »Mexiko: Yucatán und Chiapas« sowie DUMONT EXTRA »Nord-Tunesien«
Michael Köhler, Ethnologe, machte sich als Afrikaspezialist und -autor einen Namen.

© DuMont Buchverlag
2., aktualisierte Auflage 1998
Alle Rechte vorbehalten
Satz und Druck: Rasch, Bramsche
Buchbinderische Verarbeitung: Bramscher Buchbinder Betriebe

Printed in Germany   ISBN 3-7701-3482-6